GABRIEL HANOTAUX
de l'Académie Française

HISTOIRE ILLUSTRÉE
DE LA

GUERRE DE 1914

24 PAGES DE TEXTE ET D'ILLUSTRATIONS

FASCICULE N° 40

L'ÉDITION FRANÇAISE ILLUSTRÉE
(GOUNOUILHOU, Éditeur)
30, Rue de Provence, Paris

PRIX NET
1 franc
ÉTRANGER, PORT EN PLUS

A NOS LECTEURS

AVEC le fascicule 40 a commencé le tome IV de l'*Histoire illustrée de la Guerre de 1914;* les deux premiers volumes parus ont donné l'exposé des faits historiques et diplomatiques qui ont précédé et amené la guerre, et qui engagent si lourdement la responsabilité de l'Allemagne. Il était nécessaire de faire connaître et comprendre les causes profondes qui ont déchaîné ces formidables événements

Le volume III a commencé le récit de la guerre proprement dite. Les opérations militaires y sont exposées sur tous les fronts au fur et à mesure qu'elles se sont déroulées. Le volume IV et les suivants continueront ce récit. Grâce à la quantité innombrable de documents parus ou inédits qu'il s'agissait de réunir, de compulser, d'étudier, l'historien est parvenu à s'arracher à la confusion des premières heures. Par les renseignements qu'il a recueillis, par les travaux d'enquête et de recherches auxquels il s'est livré, par les conversations qu'il a eues avec les personnages officiels et les hommes politiques de l'Europe entière, il a approché, d'aussi près que peut le faire un contemporain, de la source où peut se découvrir la vérité sincère et impartiale.

Si le lecteur veut bien considérer l'importance que l'auteur a donné à l'exposé qui ne forme que le prologue, il comprendra les proportions qu'exige la suite du récit. Toutes les questions y seront abordées de front et le drame se déroulera dans son ampleur magistrale.

L'*Histoire illustrée de la Guerre de 1914* va donc mettre à la disposition du lecteur l'instrument qui lui permettra d'atteindre la raison profonde des faits militaires qui ne peuvent manquer d'assurer le triomphe de la Justice et de la Civilisation.

HISTOIRE ILLUSTRÉE

DE LA

GUERRE DE 1914

GABRIEL HANOTAUX

de l'Académie Française

HISTOIRE ILLUSTRÉE

DE LA

GUERRE DE 1914

TOME QUATRIÈME

GOUNOUILHOU, ÉDITEUR

PARIS, 30, RUE DE PROVENCE. — BORDEAUX, 8, RUE DE CHEVERUS

1916

TROISIÈME PARTIE

CHAPITRE PREMIER

LA CAMPAGNE DE BELGIQUE
CONCENTRATION DE L'ARMÉE ANGLAISE
L'ARMÉE BELGE SE REPLIE SUR ANVERS

L'Armée anglaise. — Lord Kitchener. — Le Maréchal French. — Les Anglais se concentrent entre Maubeuge et Mons. — L'Armée belge sur la Gette. — Combat de Hautem-Sainte-Marguerite. Les Armées allemandes sur Namur. — Repli de l'armée belge sur Anvers.

'ARMÉE française est massée devant la Sambre et la Meuse pour s'opposer au grand mouvement de l'aile droite allemande. Elle a contenu, à Dinant, l'offensive dont l'armée saxonne du général von Hausen menaçait son flanc droit; en même temps, la présence de cette armée se révélait à elle. Sur l'aile gauche, elle attend des réserves qui l'aideront à soutenir la lutte qu'elle est sur le point d'engager contre l'aile droite allemande.

Mais cette armée compte aussi, pour cela, sur la coopération de l'armée anglaise et de l'armée belge, la première à sa gauche et la deuxième la couvrant, en quelque sorte, dans la région Gette-Namur. Le groupement de ces forces pourrait donner un total d'environ 420.000 hommes. Nous sommes au 18 août. Namur n'est pas encore assiégée : mais il faut se hâter, car l'armée allemande s'est concentrée de ce côté et elle se met en mouvement avec une force irrésistible.

Voyons donc quelle est la situation de l'armée anglaise et celle de l'armée belge au moment où l'armée française leur tend la main pour prendre ensemble l'offensive.

CONCENTRATION DE L'ARMÉE ANGLAISE SUR LE FRONT BELGE Dès le 5 août, lord Kitchener était nommé ministre de la Guerre en Angleterre. Le vainqueur d'Omdurman, le courtois adversaire de Marchand à Fachoda, le pacificateur du Transvaal, l'homme que l'Angleterre salua, en 1902, des titres de vicomte Kitchener of Khartoum of the Vaal, est trop connu pour qu'il y ait lieu de rappeler autrement qu'en quelques lignes les étapes de sa brillante carrière et la confiance absolue que lui faisait son pays. Ses services au Soudan, en Égypte, en Afrique du Sud, aux Indes l'ont mis au premier rang ; mais son caractère et son impeccable énergie l'ont placé plus haut encore. Un spirituel écrivain a dit à son sujet : « Vous ne pouvez imaginer le sirdar autrement que voyant exactement ce qu'il y a à faire et le faisant. Sa précision est d'une infaillibilité si surhumaine qu'il ressemble plus à une machine qu'à un homme. Vous sentez

DEVANT LE PALAIS DE BUCKINGHAM LE ROI GEORGES V ET LA FAMILLE ROYALE ASSISTENT AU DÉFILÉ D'UN BATAILLON DE GRENADIERS GARDES

qu'il devrait être patenté et exposé fièrement à l'Exposition internationale de Paris avec cette étiquette : « Empire britannique. Sujet nº I. Hors Concours : *La Machine du Soudan.* »

Ce n'est pas une machine, non ; c'est un cheval de race, un pur sang anglais. Kitchener est le soldat, l'administrateur idéal tel que le conçoit le monde britannique avec toutes ses qualités de simplicité, de décision, de netteté. Il a soixante - quatre ans ; de sang irlandais, il a vécu en France et il aime la France : en 1870, il avait pris du service comme volontaire dans les mobiles des Côtes-du-Nord. Son corps robuste, ses traits réguliers, son regard clair et droit, tout donne l'idée du chef. L'Angleterre, en mettant ses destinées militaires entre les mains de lord Kitchener, savait, qu'avec lui, il n'y aurait pas de demi-mesure et qu'on irait « jusqu'au bout ».

Lord Kitchener s'était embarqué le 2 août à Douvres pour Calais ; il fut rappelé par télégramme et dut rentrer à Londres par le premier train. Il avait à prendre immédiatement les dispositions nécessaires pour qu'un corps expéditionnaire anglais fût en mesure de coopérer, le plus tôt possible, avec l'armée belge et l'armée française sur le continent.

Cette collaboration, à la fois militaire et navale, se produisait selon les termes de l'entente des états-majors conclue le 22 novembre 1912. A cette date, sir Edw. Grey avait échangé avec M. Paul Cambon des lettres constituant engagement et dont les phrases principales étaient les suivantes :

J'accepte que si l'un ou l'autre des gouvernements a de graves raisons de craindre une attaque sans provocations de la part d'une tierce puissance ou tout autre événement menaçant pour la paix générale, mon gouvernement devrait examiner immédiatement avec le gouvernement français s'ils ne doivent pas agir tous deux ensemble pour empêcher l'agression et maintenir la paix, et, dans ce cas, rechercher les mesures qu'ils seraient disposés à prendre en commun.

Si ces mesures comportaient une action militaire, les plans des états-majors seraient aussitôt pris en considération et les deux gouvernements décideraient alors la suite qu'il conviendrait de donner...

LORD KITCHENER

Le 5 août, l'ambassadeur de France, en vertu de cet accord, se mettait en rapport avec le ministre des Affaires étrangères britannique et il était avisé que la mobilisation de toutes les forces métropolitaines était ordonnée. Deux divisions et une brigade de cavalerie de l'armée des Indes ont reçu l'ordre de se tenir prêtes à partir pour rentrer dans la métropole. Le ministre anglais estime, d'autre part, que les Dominions peuvent fournir pour la défense du

LA FOULE DEVANT LE MINISTÈRE DE LA GUERRE LE JOUR DE LA NOMINATION DE LORD KITCHENER
(5 AOUT 1914)

Royaume-Uni les forces suivantes : Australie, 20.000 hommes ; Nouvelle-Zélande, 5.000 hommes ; Canada, de 8 à 10.000 hommes.

Le 7 août, un communiqué français annonçait les premiers débarquements de troupes anglaises en France. Le 8 août, 20.000 hommes étaient mis à terre à Boulogne et au Havre, puis à Calais, Dunkerque, Ostende. Un accueil enthousiaste était fait partout au soldat anglais.

Un journal du nord de la France écrivait :

Ceux de nos compatriotes qui ont assisté depuis samedi (15 août) au passage des trains transportant des soldats anglais, n'oublieront jamais les minutes qu'ils ont vécues sur le quai de la gare... La réception faite aux soldats anglais fût certainement chaleureuse. Le long des trains, « femmes de France », membres de la Croix-Rouge, soldats français et civils, tous se pressaient pour distribuer à ceux qui partaient à la bataille, fleurs, gâteaux, cigares et cigarettes. Heureux de se voir aussi chaudement accueillis, heureux de manifester eux aussi leurs sentiments pour la nation amie, ne sachant comment remercier, ils distribuaient de leur côté des insignes, des boutons qu'ils arrachaient de leurs vêtements, des souvenirs divers... Le train était déjà loin de la gare que les hourras retentissaient encore et que les bras s'agitaient à toutes les portières.

Sir John French prenait, dès le 7 août, le commandement du corps expéditionnaire. Ses

LE FELD-MARÉCHAL SIR JOHN FRENCH
COMMANDANT EN CHEF DU CORPS EXPÉDITIONNAIRE ANGLAIS
EN FRANCE

services antérieurs le désignaient pour ce poste de confiance.

C'est un homme de soixante-deux ans, officier de carrière, soldat de métier, s'il en fut. Né dans le comté de Kent, il a, lui aussi, du sang irlandais dans les veines ; il s'était destiné d'abord au service naval ; cadet de marine à quatorze ans, en 1866; mais il prend du service dans l'armée de terre à partir de 1874. Comme beaucoup de marins, il adore le cheval : il entre au 3e hussards. Il prend part à la campagne d'Égypte sous les ordres de lord Wolseley qui le remarque. Colonel à trente-sept ans, il est attaché à l'état-major et devient assistant adjudant général au grand Quartier général, de 1895 à 1897. Il est nommé général de brigade en 1897 et reçoit le commandement de la cavalerie dans la guerre sud-africaine. Il est le bras droit de lord Roberts, puis de lord Kitchener. Après les victoires de Kimberley et de Bloemfontein, il reçoit, à son retour en Angleterre, le commandement du Ier corps d'armée à Alderschot et succède au duc de Connaugth en qualité d'inspecteur général. Il devient chef de l'état-major général en 1911.

DEVANT LA GARE DU NORD AU MOMENT DE L'ARRIVÉE DE SIR JOHN FRENCH A PARIS
(15 AOUT 1914)

Après une telle carrière, l'expérience du chef de l'armée anglaise est un fait acquis. On loue aussi sa belle prestance sous l'uniforme, l'aménité de son commandement, son sang-froid, l'opportunité de ses mesures et la fermeté de ses décisions. On savait que la bonne ou la mauvaise fortune le trouveraient toujours égal. Il avait des attaches françaises et se plaisait à passer ses vacances en Normandie, à l'ombre de la forêt de La Londe, près de Moulineaux ou de Maison-Brûlée ; il avait pour gendre un officier français. Ayant assisté à diverses reprises aux manœuvres françaises, il était prêt à assurer l'entente nécessaire entre les états-majors.

Le 14 août, le général commandant en chef des troupes britanniques débarquait en France. Il se rendait, d'abord, au grand Quartier général où il conférait avec le général Joffre. Le lendemain, 15 août, il allait à Paris rendre ses devoirs au président de la République.

Paris fit au général allié un accueil enthousiaste. Les cris de : « Vive l'Angleterre ! vive la France ! vive la Russie ! » ne cessent de retentir : c'est une pluie de bouquets sur l'automobile qui s'avance par la rue Lafayette vers l'Opéra et l'Élysée. Le général French rend visite au président de la République à 3 heures et ensuite au ministre de la Guerre. Il quitte Paris le soir même pour rejoindre l'armée dont il a le commandement.

Cette armée était composée ainsi qu'il suit :

Commandant en chef :
Feld-maréchal Sir JOHN FRENCH,
chef de l'état-major
Lieutenant général : Sir ARCHIBALD MURRAY.
Major général : Sir W. ROBERTSON.
Quartermaster général : Major général Sir NEVIL MAC-READY.

Ier CORPS D'ARMÉE

Adjudant général : Sir DOUGLAS HAIG.

Ire DIVISION. — Major général LOMAX. 3 brigades d'infanterie, l'artillerie divisionnaire, 3 brigades d'artillerie de campagne, une brigade d'obusiers, une d'artillerie lourde, formation du génie, un régiment de cavalerie.

2e DIVISION. — Même composition.

IIe CORPS D'ARMÉE

Général SMITH DORRIEN

3e DIVISION. — Général HAMILTON.

4e DIVISION. — Général SNOW.

5e DIVISION. — Général FERGUSON. La composition de ces divisions étant la même que celle de la Ire division.

En outre, la cavalerie formait 5 brigades : généraux Briggs, de Lisle, Gough, Bingham, Sir P.-W. Chetwode. Sur ces 5 brigades de cavalerie, les 4 premières seulement formaient la division de cavalerie sous les ordres du général Allenby. Elles étaient accompagnées de 2 brigades d'artillerie à cheval (24 canons) et de 2 mitrailleuses par régiment formant un total de 24.

Chaque brigade d'infanterie anglaise ou de cavalerie est formée de 4 régiments. La force moyenne d'une division d'infanterie peut être évaluée à 12.000 hommes. Le corps expéditionnaire débarqua en France progressivement, avec un équipement, un approvisionnement, un armement au complet et en parfait état (1) :

... Car ils sont d'abord une armée sportive. De l'arrière au front, elle s'annonce par un impressionnant circuit automobile qui précipite sur nos routes les moteurs de tous calibres et les carrosseries de tous luxes. Les parcs des poids lourds s'alignent et se groupent en villages roulants; des ambulances-palaces glissent avec souplesse entre les fastueuses limousines d'état-major. C'est la guerre à l'essence. Tous ces grands boys glabres s'amusent de leurs machines. Plus à l'avant, le sport évolue, mais c'est encore du sport. Les joyeux garçons kakis partent aux champs d'entraînement avec des

sonores hourras et rythment leurs marches de sifflements aigus; ils ne manqueront pas de parier sur les ratages de marmites et de chronométrer les shrapnells. Sans doute, à la pratique des tranchées, ces équipiers perdront un peu de leur netteté reluisante: l'inimitable patine des combats en terre ternira le cuir qui sertit leurs sveltes silhouettes. Mais ils restent « les hommes de cinq repas, bien nourris de viande » qu'a chantés Kipling.

Même sous le feu, ils sont confortables. Et ils sont satisfaits. Ils promènent à cette guerre des visages placides et souriants. — « Vous parlez que ceux-là ne s'en font pas », constatent avec considération nos hommes de liaison (1).

Pour l'état d'esprit de cette armée, un mot cité par un des hommes qui connaissent le mieux l'Angleterre le résume :

Nous pensions, me disait un volontaire anglais, commencer une partie de football un peu rude (2).

Au moment où les premières troupes britanniques quittèrent l'Angleterre, le roi Georges leur adressa la proclamation suivante :

Vous quittez votre pays pour combattre pour la sécurité et l'honneur de mon empire. La Belgique, dont nous nous sommes engagés à défendre le territoire, a été attaquée; la France est sur le point d'être envahie par le même ennemi puissant.

J'ai une confiance absolue en vous, mes soldats. Le mot devoir sera votre mot d'ordre et je sais que votre devoir sera fait noblement. Je suivrai tous vos mouvements avec le plus profond intérêt et j'enregistrerai avec la plus vive satisfaction vos progrès quotidiens.

D'ailleurs, j'aurai toujours présent à l'esprit le souci de votre bien-être.

Je prie Dieu de vous bénir, de vous protéger et de vous ramener victorieux.

GEORGES R. I.

De son côté, lord Kitchener faisait distribuer à chaque soldat du corps expéditionnaire des instructions individuelles; elles sont tellement caractéristiques de l'esprit anglais en présence de cette guerre, elles portent une marque si haute de civilisation, de tact et de noblesse d'âme qu'il convient de les citer dans cette histoire où l'humanité apparaît parfois sous un jour si abominable.

(1) Sur la constitution de l'armée anglaise, v. l' « Histoire de la guerre » publiée par le *Times*. — Cfr. « Silhouettes de guerre », par Miles : « Lord Kitchener » (*Correspondant* du 10 fév. 1915) et « Sir John French » (*Correspondant* du 25 décembre 1914). — *Lord Kitchener*, par H. Groser. Londres, 1914.

(1) Maurice Gandolphe, *La Marche à la victoire. Tableaux du front*, p. 118.

(2) Voir les remarquables études de M. André Chevrillon : « L'Angleterre et la Guerre » dans *Revue de Paris* du 1er novembre 1915 et suiv.

L'ENTHOUSIASME DES TROUPES ANGLAISES ARRIVANT EN FRANCE

LE DÉBARQUEMENT DES TROUPES ANGLAISES

Vous avez reçu l'ordre de partir à l'étranger comme soldats du roi pour aider vos camarades français contre l'invasion d'un ennemi commun.

Vous avez à accomplir une tâche qui exigera de vous du courage, de l'énergie et de la patience.

Rappelez-vous que l'honneur de l'empire britannique dépend de votre conduite individuelle.

Ce sera votre devoir de donner l'exemple de la discipline et de la bravoure sous le feu, mais aussi de maintenir les relations les plus amicales avec ceux que vous aidez dans cette lutte.

Les opérations auxquelles vous allez participer se dérouleront en plus grande partie dans un pays ami, et vous ne pouvez rendre un plus grand service à votre pays que de vous montrer en France et en Belgique sous le vrai caractère du soldat anglais.

Soyez invariablement courtois, attentionnés et bons. Respectez la propriété d'autrui, et considérez toujours le pillage comme une action indigne.

On se prépare à vous accueillir et à vous accorder la plus entière confiance. Votre attitude doit justifier cet accueil et cette confiance. Votre devoir ne pourra être accompli que si votre santé est bonne, aussi soyez constamment en garde contre les excès de toute nature. Dans cette nouvelle entreprise, vous pouvez être en butte aux tentations sous la forme du vin et des femmes. Vous devez résister victorieusement à ces deux tentations, et tout en traitant les femmes avec une parfaite courtoisie, vous devez éviter toute intimité avec elles. Faites votre devoir bravement, craignez Dieu et honorez le roi.

Lord KITCHENER.

Le 17, le maréchal French gagnait le front de Belgique par le Cateau. A partir de cette date, il prend ses dispositions pour « commencer, selon ses propres paroles, les opérations que le général Joffre, commandant en chef des armées françaises, me demandait d'entreprendre conformément à son plan de campagne ».

Remarquez cette date du 17, elle est capitale pour la suite des événements.

Déjà la concentration de l'armée française selon la variante est un fait accompli ; déjà les engagements des gros se sont produits même sur ce front, par exemple à Dinant. La cavalerie

UN QUAI DE ROUEN AU MOMENT DE L'ARRIVÉE D'UN VAISSEAU DE TROUPES ANGLAISES

française, fatiguée de sa pénible randonnée, s'est repliée sur la Sambre ; mais elle n'a pas passé cette rivière et la tient vigoureusement. L'armée du général Lanrezac, qui se renforce considérablement, est entrée en Belgique et continue son mouvement vers la Sambre pour tenter de s'opposer à l'avance des armées allemandes.

Mais celles-ci, à cette même date du 17-18, commencent leur grand mouvement.

Il était donc déjà bien tard, quand l'armée britannique s'avançait pour appuyer à l'extrême-gauche le mouvement prémédité par l'état-major français. L'observation en est faite dans un exposé d'une grande autorité : « Dès la première semaine d'août, on dut constater que la longueur du délai nécessaire à l'armée anglaise pour commencer son mouvement retarderait notre action liée à la sienne. Ce retard est une

des raisons par quoi s'expliquent nos insuccès de la fin d'août. »

La bonne volonté du gouvernement britannique et du général en chef ne fait aucun doute ; mais la guerre surprit l'Angleterre et on se trouva là, comme partout ailleurs, dans l'état d'infériorité où l'organisation offensive élaborée de longue main par l'Allemagne plaça, dès le début, les puissances alliées surprises en pleine illusion pacifiste. (1)

A cette date du 17, le maréchal French était sur les lieux ; mais son armée n'était pas encore au complet. Seules les 1re, 2e, 3e et 5e divisions d'infanterie et une division de cavalerie étaient

(1) V. les articles de M. Chevrillon cités ci-dessus : « L'Angleterre était innocente de la guerre et elle allait à la guerre en innocente. Elle n'avait jamais combattu l'Allemagne; elle n'avait aucune idée des méthodes allemandes de la guerre... » etc., etc. (Revue de Paris du 1er novembre 1915, p. 45.)

UN RÉGIMENT D'ÉCOSSAIS MUSIQUE EN TÊTE, DÉFILE DANS UNE RUE DE LONDRES

LE DÉBARQUEMENT DES CHEVAUX

débarquées; la 4e division d'infanterie ne s'embarqua pour la France que le 23 août. Pour compléter immédiatement les données générales de la concentration anglaise, il suffit d'ajouter que la 6e division, embarquée le 7 septembre, fut disponible le 16 septembre; la 7e division d'infanterie et la 3e division de cavalerie débarquèrent à Ostende du 6 au 8 octobre et formèrent le IVe corps; la 8e division et le corps indien ne furent disponibles qu'à partir du 27 octobre.

Le maréchal French, à la date du 17 août, disposait de 50 à 60.000 hommes au plus. C'étaient, !il est vrai, des troupes de premier choix qui se concentrèrent à partir du 14 août aux confins de la Thiérache et du Cambrésis.

Le Ier corps établit son quartier général à Wassigny, le IIe corps au Nouvion-en-Thiérache et la division de cavalerie en avant de cette zone, à Maubeuge.

On voit, par ce dispositif, quelle était la pensée du général en chef : placer l'armée anglaise à la gauche de l'armée Lanrezac et lui donner pour rôle de déborder, si possible, les armées allemandes au nord de la Sambre en coopérant au mouvement offensif de la Ve armée sur cette rivière. Mais on sait aussi de quelle importance il eût été de gagner quelques jours, puisque l'armée allemande était encore arrêtée le 17 au nord de la Gette et qu'elle ne se mettait en marche que le 18.

Le rapport officiel du maréchal French dit : « *La concentration était pratiquement achevée le vendredi soir* 21 *août* et je pus prendre, *dès le* 22, mes dispositions pour envoyer les troupes sur les positions que je trouvai les plus favorables. »

D'autre part, le haut commandement fran-

L'ARTILLERIE ANGLAISE DÉFILE DANS LES RUES DE ROUEN

çais sentait si bien le prix des minutes qu'il considéra la concentration britannique comme suffisante dès le 20. Voici, en effet, le texte de l'*Exposé de six mois de guerre* : « La bataille du Nord est remise parce qu'il fallait attendre l'armée britannique. *Le 20 août, la concentration était terminée* et le général en chef donna l'ordre à notre centre et à notre gauche de prendre l'offensive. »

L'armée anglaise ne fut, en fait, concentrée *pratiquement* que le 22 au matin. Selon les dispositions prises par le maréchal French à cette date, la ligne s'étendait le long du canal de Condé, à l'ouest, vers Mons et Binche : le IIe corps était établi de Condé à Mons, le Ier corps au delà de Mons vers l'est, la 5e brigade de cavalerie était à Binche. « En l'absence de mon IIIe corps, dit le maréchal French, j'ai désiré garder la division de cavalerie autant que possible comme réserve pour agir sur mon flanc extrême ou soutenir n'importe quelle partie menacée de la ligne. » La reconnaissance d'avant-garde fut confiée au général de brigade sir Philipp Chetwode avec la 5e brigade de cavalerie, et le général Allenby reçut l'ordre de compléter le service d'avant-garde par l'envoi de quelques escadrons de cavalerie.

La droite de l'armée anglaise était en liaison avec la gauche de l'armée Lanrezac qui tenait le front entre Thuin et la zone d'action des forts de Namur. En arrière de l'armée anglaise, les trois divisions de réserve françaises avançaient à marches forcées dans la région de Merbes-le-Château et deux d'entre elles venaient s'établir entre l'armée anglaise et le XVIIIe corps, au nord de Thuin.

Comme on le voit, à cette date, en somme tardive du 23 qui avait permis à l'armée allemande d'accomplir son mouvement à travers toute la Belgique sans être troublée, et de commencer l'attaque de Namur et du front français de la Sambre, les armées française et britannique formaient un front face au nord qui, à partir de Namur, par Charleroi et Marchiennes, chevauchait la Sambre, et de là s'éloignait de cette rivière pour gagner Binche, Mons, Jemmapes, Condé, ayant encore, à son extrême-gauche, des éléments d'active, de réserve et de territoriale français jusque dans la région de Courtrai.

Cette disposition dévoile la pensée qui reste, malgré tout, celle de l'état-major français : il a conçu le dessein, en s'appuyant sur Namur, d'entrer en contact avec l'armée belge et de prendre, par une vigoureuse offensive des trois forces réunies, l'armée allemande de flanc avant qu'elle ne débouche sur la frontière française.

Nous avons dit dans quelles conditions se fit la liaison de l'armée française avec l'armée britannique. Voyons maintenant ce qui se passait du côté de Namur et ce que devenait l'armée belge.

COMBAT DE LA GETTE. REPLI DE L'ARMÉE BELGE SUR ANVERS On pouvait s'attendre à ce que, aussitôt maîtres de la place de Liége, les Allemands marcheraient sur Namur et tenteraient de s'assurer de cette place forte qui commande le passage principal de la Meuse vers l'ouest. Nous avons vu, en effet, leurs patrouilles apparaître, le 5, dans le Condroz, le 7, dans la Hesbaye. Quelques engagements se produisent avec la

L'ARTILLERIE ANGLAISE QUITTE LES QUAIS DU HAVRE

cavalerie belge, notamment à *Boneffe* le 13. Mais ce sont de simples tentacules jetées au loin par les forces allemandes.

Cependant après le combat de Dinant, l'état-major belge rapproche de Namur la 8e brigade qui occupait Huy ; elle se porte à Andenne ; on craint évidemment que ce corps ne soit cerné par les troupes allemandes qui commençaient à se développer le long de la Meuse. Cette brigade, en se retirant, détruit les passages du fleuve. C'est seulement le 17 que le document officiel belge signale des rassemblements ennemis au nord de Liége entre le Démer et la Meuse et la présence de groupements importants vers Huppaye, Jauchelette, Piétrebois, ainsi que de forces s'avançant sur les passages de la Meuse, qui ne sont plus défendus, à Ampsin et à Huy dont le pont est réparé en hâte.

Le 19, la 8e brigade belge se repliait d'Andenne sur la position fortifiée de Namur après avoir détruit les ponts et obstrué le tunnel de Seilles. C'est seulement à partir de ce jour que la place de Namur est sérieusement visée. On signale des troupes de toutes armes dans le rayon de la place, à l'est vers Faulx, au nord vers Ramillies-Offus ; des pièces de gros calibre commencent à arriver. Le 20 août, l'ennemi aborde le refoulement des avant-gardes du secteur nord-est de la forteresse. La place canonne les premières batteries ennemies qui sont signalées de part et d'autre de la Meuse. Une attaque d'infanterie est esquissée dans les intervalles du fort de Marchovelette. En fait Namur n'est assiégée qu'à partir du 21 ; mais la 4e division belge qui défend cette place et que

LE SERVICE DE RAVITAILLEMENT DES TROUPES ANGLAISES

plusieurs bataillons français vont renforcer n'a plus aucune liaison avec l'armée belge. Celle-ci avait pris, en effet, une autre direction.

Quinze jours s'étaient écoulés depuis l'entrée des armées allemandes en Belgique. Leur inaction relative était due d'abord à la belle résistance de la place de Liége, puis à la nécessité d'opérer, à l'abri de la Meuse, leur véritable concentration. L'armée belge, maintenue sur la Gette, s'était appliquée surtout à protéger ses communications avec la place d'Anvers, réduit du royaume et base de ses ressources et de ses approvisionnements.

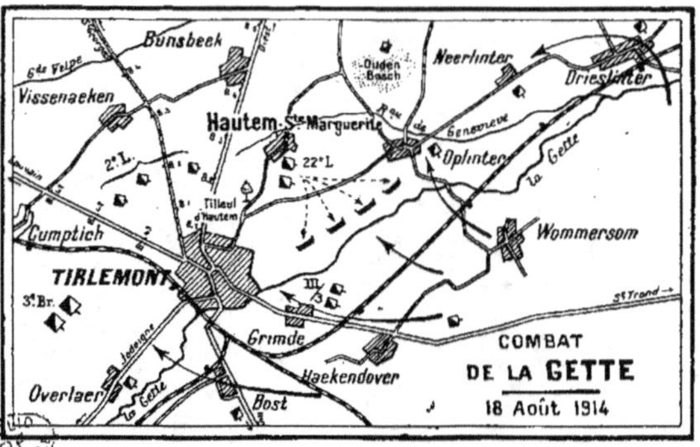

Au moment où l'armée allemande franchit les ponts de la Meuse à Ampsin et à Huy, l'armée française s'avance sur la Sambre ; elle a repoussé, le 15, une première offensive allemande à Dinant. La cavalerie du général Sordet a refoulé la cavalerie allemande à Gembloux ; il est vrai que sa 5e division sera repoussée elle-même à Perwez le 19; mais elle maintient le contact partout.

Or, à cette date, l'état-major belge se trouvait dans un grand embarras, selon la propre expression du rapport officiel : « La situation devient nettement critique le matin du 18 août. »

En effet, la cavalerie allemande commençait à presser le front belge, tranquille depuis le combat d'Haelen. Ce n'étaient encore que des engagements d'avant-gardes, mais ils signalaient, sans doute, la marche de gros plus puissants.

La Gette était gardée, en première ligne, de Diest à Jodoigne, par la division de cavalerie, la 1re et la 5e division d'armée ; les 2e, 3e et 6e divisions étaient en réserve.

De Budingen à Diest, la cavalerie belge occupait un front assez étendu. Le 18 août, à 7 heures du matin, elle est attaquée à Budingen et Geet-Betz ; un fort détachement d'infanterie allemande soutenu par de l'artillerie passe la Gette à gué vers 10 heures. La division de cavalerie se replie à 11 heures sur les bois du plateau, couverte à Diest par la résistance de 250 cyclistes et 2 mitrailleuses qui contiennent, pendant près de deux heures, une brigade entière du IIe corps allemand. Haelen était défendu par deux pelotons de carabiniers cyclistes et un escadron du 5e lanciers qui durent se replier sur Loxbergen, des fractions ennemies du IIe corps jetant des ponts sur la Gette.

Plus au sud, l'avant-garde du IXe corps allemand refoula les avant-postes de la 1re division; Tirlemont fut occupé par l'ennemi et la position d'Hautem-Sainte-Marguerite abordée en front et en flanc. La 2e brigade belge avait résisté opiniâtrement ; elle fut décimée dans cet engagement obstiné. Les 3e et 22e de ligne ayant reçu à 4 h. 30 du soir l'ordre de rompre le combat, le 2e de ligne contint l'ennemi qui débouchait de Tirlemont. Sur 37 officiers du 22e, 23 étaient restés sur le champ de bataille et le régiment était réduit à 900 hommes, environ moitié de son effectif. Le roi rendit hommage à la brillante conduite du régiment en faisant inscrire sur son drapeau le nom de Hautem-Sainte-Marguerite.

Cette phase de la campagne n'avait pas donné lieu à un engagement de l'armée tout entière ; notamment l'effort de cette journée avait été supporté par des troupes extrêmement vaillantes, mais peu nombreuses ; le compte rendu officiel dit 1.800 hommes et

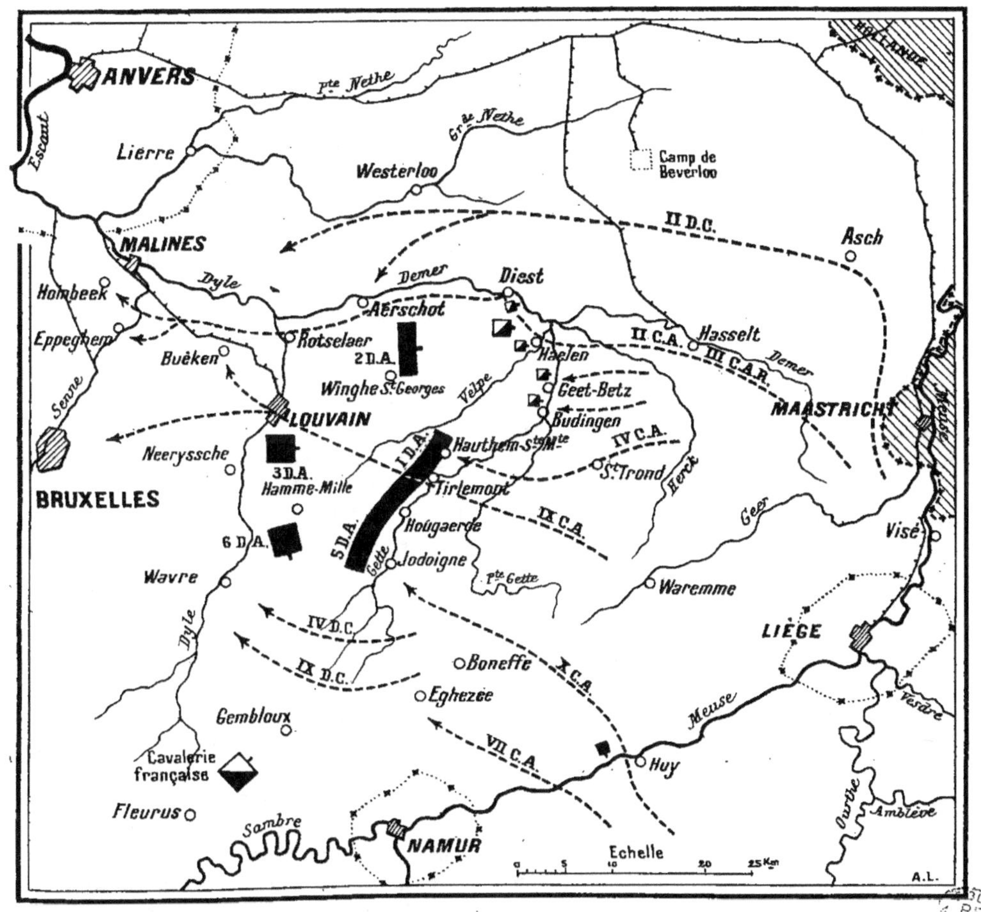

RETRAITE DE L'ARMÉE BELGE SUR ANVERS (18, 19 ET 20 AOUT 1914)

12 canons sur un front de 7 kilomètres. L'armée belge ne se laisse pas « accrocher ».

Les Allemands prétendirent avoir capturé vers Tirlemont une batterie de campagne et une batterie lourde, un drapeau et 500 prisonniers, plus 2 pièces d'artillerie et 2 mitrailleuses prises par la cavalerie. A 8 heures du soir, les trompettes allemandes sonnèrent « cessez le feu »; l'état-major belge en profita pour se dégager. Une demi-heure plus tard, la 1re division d'armée, dit le communiqué officiel, se dirigeait vers Louvain.

Au sud, entre Tirlemont et Jodoigne, la 5e division n'avait pas été attaquée; enfin, à Gembloux, les escadrons français du général Sordet avaient dispersé l'ennemi.

Le haut commandement belge avait considéré, pendant cette journée du 18, la gravité de la situation et il avait pris une résolution de la plus haute importance et au sujet de laquelle il s'explique lui-même en ces termes : « Dès ce moment, la présence des masses d'infanterie ennemie sur le flanc gauche et sur le front, la violence de leurs attaques, les nouveaux renseignements reçus dans la journée, notamment concernant le passage continuel de nouvelles masses d'infanterie de la rive sud à la rive nord de la Meuse par les ponts de Huy, d'Ampsin, de Flône, ne laissèrent plus aucun doute au haut commandement sur l'approche imminente de forces ennemies très considérablement supérieures, s'avançant sur le front et sur le flanc de l'armée. Le mouvement enveloppant dessiné vers Diest et vers Aerschot montrait de plus que celle-ci était menacée d'être tournée sur son aile gauche et coupée de la base d'Anvers. En fait, les événements qui se précipitèrent les jours suivants devaient confirmer ses vues.

« Il y avait effectivement, le 18, au nord de la Meuse, d'abord les IIe, IVe et IXe corps qui se dirigeaient sur l'aile gauche de l'armée, entre Diest et Tirlemont; ils étaient flanqués par la 2e division de cavalerie allemande s'avançant entre la grande Nèthe et le Démer (cette force paraissait avoir pour objectif de couper les communications de l'armée belge avec Anvers); ensuite les IIIe, VIIe et Xe corps qui, ayant passé entre Liége et Huy, de la rive sud de la Meuse à la rive nord, marchaient sur le front Jodoigne-Namur ; ils étaient précédés par les 4e et 9e divisions de cavalerie qui se dirigeaient vers Wavre et Gembloux (l'objectif était, sans doute, Bruxelles); enfin ces six corps de première ligne étaient suivis de cinq corps de réserve; en sorte qu'il y avait alors environ 500.000 hommes en marche sur la rive gauche de la Meuse.

« Or, dans l'après-midi du 18, tandis que l'armée belge se trouvait ainsi au contact immédiat des forces allemandes immensément supérieures en nombre, la situation des armées française et anglaise en Belgique était la suivante : d'après les renseignements fournis par le commandement français la Ve armée française, avait un corps (le Ier corps) tenant les ponts sur la Meuse, de Hastière à la position fortifiée de Namur, et les ponts sur la Sambre, de Floreffe à Tamines ; les trois autres corps de cette armée devaient arriver le 19 dans la région de Philip-

peville. (Nous avons vu que deux de ces corps, les IIIe et Xe, cantonnent en réalité le 19 soir sur la ligne générale Ham-sur-Heure-Mettet, à 15 kilomètres au nord de Philippeville). Cette armée était menacée par un groupement ennemi, qu'on signalait fort de quatre corps (armée von Hausen), s'étendant d'Yvoir à Beauraing et qui avait attaqué Dinant le 15 au soir.

« Quant à l'armée anglaise, elle débarquait, à ce moment, au sud de la Sambre vers Maubeuge ; sa division de cavalerie avait seule effectué ses débarquements : l'armée devait être prête à faire mouvement le 22 août peut-être, le 23 certainement.

« Ainsi l'armée belge, forte de deux corps environ, demeurait seule au contact immédiat de onze corps ennemis appartenant aux Ire et IIe armées (1). L'ACTION COMMUNE en liaison avec les armées française et anglaise était impossible à réaliser sur la position occupée. Une décision immédiate s'imposait.

« Si l'armée belge restait en place, elle devait livrer, le 19, dès l'aube, une bataille dont le résultat défavorable n'était pas un instant douteux : assaillie sur son front et ses deux flancs par des forces immensément supérieures, elle aurait eu ses débris coupés d'Anvers où se trouvaient toutes ses ressources et toutes ses munitions. L'armée avait conservé sa position d'observation du 5 au 18 août, soit pendant treize jours. Elle avait résisté aux attaques de la cavalerie et des troupes légères de l'ennemi ; elle l'avait obligé à opérer la concentration de sa droite dans la région frontière, à perdre un temps précieux pour prendre avec ces masses des dispositions d'enveloppement. Au moment où celles-ci allaient produire leur effet, il ne restait plus à l'armée qu'à se dérober pour échapper à la destruction.

« Le 18 août, dans l'après-midi, le roi décida la retraite de l'armée vers le nord-ouest (c'est-à-dire dans la direction d'Anvers). A 19 h. 30

(1) De ces onze corps, quatre seulement (IIe, IVe, IXe, Xe) étaient en première ligne et non déployés, à une journée de marche de l'armée belge.

GABRIEL HANOTAUX
de l'Académie Française

HISTOIRE ILLUSTRÉE
DE LA
GUERRE DE 1914

24 PAGES DE TEXTE ET D'ILLUSTRATIONS

FASCICULE N° 41

L'ÉDITION FRANÇAISE ILLUSTRÉE
(GOUNOUILHOU, Éditeur)
30, Rue de Provence, Paris

PRIX NET
1 franc
ÉTRANGER, PORT EN PLUS

A NOS LECTEURS

VEC le fascicule 40 a commencé le tome IV de l'*Histoire illustrée de la Guerre de 1914*; les deux premiers volumes parus ont donné l'exposé des faits historiques et diplomatiques qui ont précédé et amené la guerre, et qui engagent si lourdement la responsabilité de l'Allemagne. Il était nécessaire de faire connaître et comprendre les causes profondes qui ont déchaîné ces formidables événements.

Le volume III a commencé le récit de la guerre proprement dite. Les opérations militaires y sont exposées sur tous les fronts au fur et à mesure qu'elles se sont déroulées. Le volume IV et les suivants continueront ce récit. Grâce à la quantité innombrable de documents parus ou inédits qu'il s'agissait de réunir, de compulser, d'étudier, l'historien est parvenu à s'arracher à la confusion des premières heures. Par les renseignements qu'il a recueillis, par les travaux d'enquête et de recherches auxquels il s'est livré, par les conversations qu'il a eues avec les personnages officiels et les hommes politiques de l'Europe entière, il a approché, d'aussi près que peut le faire un contemporain, de la source où peut se découvrir la vérité sincère et impartiale.

Si le lecteur veut bien considérer l'importance que l'auteur a donné à l'exposé qui ne forme que le prologue, il comprendra les proportions qu'exige la suite du récit. Toutes les questions y seront abordées de front et le drame se déroulera dans son ampleur magistrale.

L'*Histoire illustrée de la Guerre de 1914* va donc mettre à la disposition du lecteur l'instrument qui lui permettra d'atteindre la raison profonde des faits militaires qui ne peuvent manquer d'assurer le triomphe de la Justice et de la Civilisation.

PENDANT LA RETRAITE BELGE SUR ANVERS
LA DÉFENSE D'UNE VOIE FERRÉE PRÈS DE TERMONDE

(c'est la fin du combat de Hautem-Sainte-Marguerite), l'ordre est donné de gagner, dès le
lendemain 19, à l'aube, *la rive gauche de la Dyle*
et d'arrêter l'armée sur le front Neeryssche-
Louvain-Rotselaer.

« Aux premières lueurs du jour, le 19, une
vive action d'arrière-garde s'engage entre
le IIe corps allemand et la brigade (9e et 14e
de ligne) de la 3e division portée vers Aerschot
(pour couvrir la retraite au nord). Il devient
visible, dès lors, que la droite ennemie déborde
la gauche belge (à 8 heures du matin,
sa mission terminée, la brigade se repliait sur
Louvain) et qu'il n'est pas possible de tenir
le front assigné la veille (front qui avait
pour objet de protéger Bruxelles). *Le mouvement de repli est aussitôt accentué* vers

la ligne des forts de la position d'Anvers.

« Le 20, l'armée atteint le camp retranché
d'Anvers sans avoir été sérieusement entamée...
L'ennemi, suivant de près l'armée belge, entre
le 19 à Louvain et le 20 à Bruxelles... A partir
du 20 août, l'armée belge est sur le Rupel et la
Nèthe, avec détachement à Termonde : elle
est appuyée sur sa base d'Anvers et elle reste
sur la ligne des forts qui défendent la place. »

Tel est, d'après le document officiel, l'historique de l'armée belge dans ces deux journées
dramatiques du 18 et du 19.

Deux communiqués belges, publiés le 19 et
le 20 août, prirent le soin de prévenir l'opinion :

« En ce moment, la situation générale sur le théâtre
belge des opérations se présente comme suit : après

avoir perdu beaucoup de temps et un grand nombre d'hommes, ainsi qu'un important matériel, l'aile droite prussienne est parvenue à gagner du terrain sur les deux rives de la Meuse jusqu'au contact avec les armées alliées... Au sud de la Meuse, la cavalerie allemande s'est heurtée aux troupes belges et aux troupes françaises et elle a été repoussée. Au nord, au contraire, elle a eu le champ libre et elle a pu pousser des pointes hardies par petites fractions pour pénétrer loin dans la campagne; en un mot, les Allemands ont pris le moule des positions belges. Leur avoir fait perdre plus de quinze jours pour arriver à ce résultat est tout à l'honneur des armées belges. Cela peut avoir des conséquences incalculables pour la suite des opérations. Le développement normal de celles-ci, d'après le plan concerté avec les alliés, peut amener l'une ou l'autre armée à manœuvrer. Il ne s'agit pas actuellement de manœuvrer et de combattre seuls. La couverture de telle ou telle partie du pays, de telle ou telle ville (il s'agit de Bruxelles) devient secondaire; la poursuite du but assigné à nos troupes dans le dispositif général devient prépondérante... »

Cet exposé était suivi de la décision officielle libellée en ces termes:

« Comme le *Journal officiel belge* l'a annoncé lundi dernier, le gouvernement belge a transporté la plupart de ses services de Bruxelles à Anvers. La famille royale, à l'exception du roi qui commande l'armée, et le corps diplomatique ont également quitté la capitale.

« Cette décision n'est que la mise en vigueur, assez tardive d'ailleurs, d'une loi qui remonte à 1859 et qui prévoit le transfert des pouvoirs publics à Anvers lorsque le territoire de la Belgique est envahi

« Au cours des vastes opérations militaires qui se développent en Belgique, il se peut qu'une fraction de l'armée allemande, un corps d'armée par exemple ou une division de cavalerie, arrivent au voisinage de Bruxelles. Même si ces troupes arrivaient vaincues aux portes de la capitale belge, elles pourraient être tentées de faire un raid jusque dans la ville si elles avaient la perspective d'y trouver les sommes d'argent considérables qui forment l'encaisse du Trésor belge et de la Banque nationale de Belgique.

« D'un autre côté, emporter ces sommes au dernier moment, sous la menace d'un raid allemand, pourrait être une tâche assez difficile. Il a donc paru plus raisonnable de les déposer immédiatement à Anvers qui peut être considérée comme imprenable. Un grand nombre de services publics ont nécessairement suivi le Trésor et la Banque. Et le corps diplomatique lui-même trouvera à Anvers, pour communiquer librement avec l'étranger, des facilités que Bruxelles ne pouvait lui garantir. »

On sent au milieu de quels déchirements ces résolutions furent prises et publiées. Nous aurons à exposer les terribles événements qui marquèrent les pas de l'invasion allemande en Belgique et la férocité de cette ruée sur un peuple pacifique et hors d'état de se mesurer avec un tel ennemi.

Pour le moment, nous nous efforçons d'indiquer les grandes lignes, les dispositions générales, ainsi que les raisons supérieures qui imposèrent au haut commandement belge ces cruels sacrifices.

Sauver l'armée belge et la conserver pour la nation et pour les alliés en la mettant sous la protection des forts de la fameuse place construite par Brialmont, telle fut la pensée directrice. Les places fortes ont exercé, de tous temps, une puissante fascination sur les armées en état d'infériorité numérique. La Belgique avait promis de défendre ses villes fortifiées : or, elle avait défendu Liége; elle allait défendre Namur ; elle comptait défendre Anvers pendant de longs mois. Cette place n'était-elle pas consacrée, pour ainsi dire, à jouer ce rôle? Elle était la ressource suprême, la suprême pensée ! L'armée, le gouvernement, la nation devaient y trouver un asile inexpugnable. Toute autre considération s'effaçait devant celle-là.

Appuyée sur Anvers, l'armée belge servirait encore la cause des alliés; selon les termes mêmes du rapport officiel, « l'armée est prête à jouer un rôle nouveau dans l'action concertée avec les armées des nations garantes, en retenant devant elle des effectifs au moins égaux aux siens propres ». Et telle fut, en effet, la tâche que l'armée belge s'imposa, dès lors, avec une vaillance au-dessus de tout éloge.

Mais, si l'on se place au point de vue purement stratégique de l'unité d'action et de la concentration des forces, une décision différente eût pu être envisagée. Laissant à Anvers une forte garnison, l'armée belge pouvait, le 18, se replier sur l'armée française et sur l'armée britannique, faire avec celles-ci sa jonction le 19 ou le 20 sur la Meuse ou sur la Sambre.

Il faut se rappeler qu'à cette date le mouvement général de l'armée allemande venait à peine de commencer. De quel puissant secours

SOLDATS DÉFENDANT UNE ROUTE ENTRE TERMONDE ET ANDOGEN

les six divisions qui composaient l'armée belge eussent été pour l'offensive dont l'ordre était donné dès lors par le général Joffre! Une liaison complète des trois armées alliées progressant vers Gembloux eût singulièrement inquiété le mouvement des armées allemandes se dessinant sur Louvain et Bruxelles à cette même date du 19 et du 20; il est vrai que le retard de l'armée anglaise compromettait de trois jours cette liaison. Mais l'ensemble de la manœuvre complètement exécutée eût présenté ainsi un caractère tel que les armées allemandes ne se fussent pas exposées à laisser sur leurs flancs une armée puissante de 400 à 420.000 hommes pouvant les surprendre dans leur marche. A supposer même que la bataille de la Sambre ne se fût livrée que le 23 ou le 24, le renfort des 6 divisions de l'armée belge eût apporté un appui considérable à l'effort des armées alliées s'avançant pour protéger le territoire belge.

Ces mesures simultanées ne purent être prises pour les raisons qui viennent d'être indiquées, mais il importe de signaler de combien peu il s'en fallut.

Il faut voir les choses comme elles sont : la France, la Belgique et l'Angleterre furent surprises par la déclaration de guerre. Leurs bonnes volontés mutuelles se cherchèrent sur le terrain stratégique sans s'y rencontrer tout de suite. La « variante » de la concentration française s'accomplit un peu lentement et, si l'on considère ce retard, porta peut-être notre offensive un peu loin sur le territoire belge ; l'armée britannique opéra sa concentration plus lentement encore ; l'armée belge subit l'attraction de la grande place forte d'Anvers.

Si l'unité d'action avait été bien scellée dès

le début, elle eût paré à ces flottements qui, en somme, n'avaient rien d'essentiel. Mais, comment l'eût-on décidée elle-même dans le délai si court imparti aux trois peuples alliés et en présence de la brutale agression de l'Allemagne préméditée de longue main sur la Belgique? L'Allemagne avait fait d'énormes sacrifices pour obtenir cet avantage. Elle l'obtint en effet; mais ce fut le seul bénéfice de sa longue préparation et de son ignominieuse agression. La première surprise passée, les puissances alliées se ressaisissent, et l'Allemagne commence à régler le compte qu'elle avait ouvert en les provoquant.

Quoi qu'il en soit, ces journées du 18 et du 19 furent, si j'ose employer cette expression, celles des « rendez-vous manqués » et il faut reconnaître leur influence sur toute la première partie de la campagne. Leurs suites immédiates se firent sentir, d'abord, sur le front de Sambre-et-Meuse : l'offensive combinée de l'armée franco-britannique manqua de simultanéité et de clarté ; elle était hors d'haleine, pour ainsi dire, avant d'être commencée. L'armée allemande, par contre, put prendre dans ces quatre jours,

du 18 au 22, une avance uniforme et redoutable qui donna la plus grande assurance à ses chefs. Enfin, la fausse position où se trouva placée l'extrême-gauche de l'armée alliée eut son retentissement sur tout le front français depuis Dinant jusqu'aux Vosges.

On peut imaginer ce qu'eût été notre offensive générale si une masse de manœuvre composée de la Ve armée, renforcée de l'armée belge et de l'armée britannique, eût fait face, dès le 17, de Wavre à Gembloux et Huy, s'appuyant sur Namur, tandis que nos autres armées opéraient plus à l'Est.

La liaison des événements militaires demande à être précisée dans leurs origines afin d'aborder en toute clarté le récit général de la « bataille des frontières ». Nous allons donc reprendre l'exposé de la situation sur les autres fronts, pendant cette semaine du 12 au 19 qui prépare de si grands événements. Nous essaierons ensuite de percer le voile qui recouvre la concentration et la marche des armées allemandes au moment où elles font les premiers pas dans le sens du mouvement général visant Paris à travers le territoire belge.

CHAPITRE II

LE FRONT D'ENTRE MEUSE ET VOSGES
(12-19 AOUT 1914)

Retour sur le plan des états-majors. — Dernière concentration en Woëvre et en Lorraine. La Veillée des armes. — La Région frontière du Luxembourg et de Lorraine annexée.

OUS sommes arrivés à la phase ultime de la préparation : tandis que la *variante* de la concentration vers le nord s'achève, les troupes, sur le reste du terrain, sont mises à pied d'œuvre : ce . n'est plus qu'une question d'heures, et la *bataille des frontières* va se déclencher.

Avant de passer la revue des positions prises à cet instant suprême, il convient d'avoir bien présente à l'esprit la pensée des deux états-majors.

L'un et l'autre sont imbus de l'idée que la meilleure des stratégies est la stratégie de manœuvres ; l'un et l'autre sont résolus à une prompte et soudaine offensive. Ces deux volontés se précipitant, pour ainsi dire, l'une sur l'autre, produiront une immense bataille par choc. Il ne s'agit même pas d'une attaque brusquée ; c'est une rencontre, une rencontre brutale. Les troupes sont animées du même esprit que les chefs : on vole au combat.

Chacun des deux commandements a son idée, suit son idée. Le commandement allemand, selon les conseils du général von Blume, « a dirigé habilement les menées tortueuses de la diplomatie et, en provoquant la rupture à point nommé (c'est-à-dire en lançant l'ulti-matum serbe à l'heure où la préparation avait toute l'avance désirable), s'est assuré la probabilité de prompts succès militaires ».

Le commandement français se trouvait en face de cette réalité redoutable ; il connaissait la difficulté du terrain ; il s'ingéniait à parer le coup fourré de l'invasion du Luxembourg et de la Belgique : mais il savait aussi la puissance de sa force agglomérée, bien en mains, et le magnifique élan de ses soldats. Par ces belles journées d'août, il y avait dans l'air un parfum de victoire.

La pensée de l'état-major français explique les dispositions qu'il prend pendant cette semaine du 12 au 19 août, qui est la semaine d'attente et de suprême préparation ; un document de grande autorité s'exprime en ces termes : « Ce que les opérations d'Alsace avaient pour objet de faciliter, — savoir retenir une partie notable des forces ennemies loin du théâtre des opérations, — notre offensive en Lorraine devait le préparer plus directement encore en fixant devant elle les corps d'armée allemands engagés au sud de Metz. »

L'exécution de ce dessein fut nécessairement retardée pendant les jours consacrés à la mise au point de la *variante* dans le plan de concentration. Les moyens matériels et l'attention des états-majors durent être retenus par ce labeur inopiné. Ainsi s'explique sans doute l'espèce de suspension d'armes qui se produisit sur la plus grande étendue des fronts, précisément du 12 au 19, et que le soldat subit avec une véritable impatience. La règle très sage formulée par le général C..., à savoir « qu'il ne faut partir qu'après avoir réuni tous ses moyens », guide la pensée de l'état-major français. Il paraît en être de même du côté allemand. On dirait que les armées hésitent avant de s'aborder et de frapper les coups terribles qui vont préluder à la grande guerre. On avait pensé que les Allemands seraient prêts le neuvième jour de la mobilisation : en fait, quinze jours s'écoulèrent avant que le signal définitif fût donné. Les premiers faits d'armes appartiennent encore à la période de concentration, mais déjà élargie et « se donnant de l'air ».

L'occupation, contraire au droit des gens, du Luxembourg, l'invasion de la Belgique avaient assuré à l'Allemagne l'avantage du choix du terrain, des vastes espaces et d'une manœuvre à large envergure par le mouvement tournant de l'aile droite. C'est le bénéfice d'une initiative qui, pour être félonne, n'en reste pas moins une initiative. Ce serait une erreur de croire que le plan du grand état-major allemand s'en tint là et qu'il se soit condamné à l'immobilité ou à une simple surveillance devant notre « force de l'Est ». En fait, les Allemands étaient résolus à la briser. Leur offensive sur l'aile gauche est aussi nette, aussi soutenue, aussi vigoureuse que leur offensive sur l'aile droite. Seulement, comme elle était davantage prévue, elle a moins frappé les esprits. L'opinion française, préoccupée surtout du danger que courait Paris, s'est attachée moins passionnément à la belle contre-manœuvre qui para au danger couru par nos places de l'Est.

L'état-major allemand comptait procéder par surprise. Cette surprise, il nous la ménageait sur trois points à la fois : au nord, par la violation de la neutralité belge ; au centre, par l'invasion du Luxembourg ; sur la frontière de l'Est, par une organisation défensive puissamment établie entre Metz et Strasbourg. En outre, à l'abri de ces deux camps retranchés,

on avait réuni des forces considérables destinées à se glisser entre les Vosges et la Moselle, de façon à gagner, si possible, par Blamont et par Lunéville, la trouée de Charmes et à tourner, ainsi, la frontière de fer. Ce qui est certain, c'est que la direction donnée par l'état-major allemand était *Brouvelieures*. Il s'agit, comme on le voit, de l'autre branche de la « tenaille ». Si cette manœuvre avait réussi, l'armée française, séparée de Paris, eût été enveloppée à l'ouest et à l'est simultanément, à moins qu'elle ne prît le parti de se replier hâtivement vers l'intérieur de la France.

Par contre, le projet du haut commandement français, tel que l'indiquent les documents officiels, était de foncer sur le vaste demi-cercle que présentait l'armée allemande, de couper son aile droite et de la rejeter vers le Nord, tandis que notre propre aile droite, pénétrant en territoire annexé, entre Metz et Strasbourg, retiendrait dans ces régions les troupes qui s'y trouvaient rassemblées.

Ces deux données générales étant connues, il est plus facile de jeter quelque lumière sur les dispositions qui, du côté français, amènent les troupes en contact avec l'ennemi : à l'aile gauche, une nouvelle concentration a porté en Belgique les troupes de la Ve armée renforcée; elle doit entrer en liaison avec l'armée anglaise et l'armée belge pour s'opposer au mouvement tournant de l'aile droite allemande ; vers le centre, on masse, en secret, une puissante force de manœuvre destinée à briser l'élan des troupes allemandes; sur notre aile droite, une prompte offensive pénètre d'abord en Lorraine annexée et bientôt reprend la campagne d'Alsace.

Suivons le détail de ces larges préparations.

CONCENTRATION DERNIÈRE SUR LE FRONT DE SEDAN, DE WOEVRE ET DE LORRAINE Par suite de la nécessité qui s'est imposée de renforcer la Ve armée par des troupes primitivement destinées aux armées du Centre et de l'Est, certaines modifications se sont produites dans la concentration de ces armées. Nous allons relever leurs

LE GÉNÉRAL DE MOLTKE, GÉNÉRALISSIME DES TROUPES ALLEMANDES

positions définitives, à la veille des premiers engagements, en suivant de l'ouest à l'est (1).

La IVᵉ ARMÉE, sous les ordres du général de Langle de Cary, vint se glisser, comme nous l'avons dit, entre l'armée Lanrezac et les armées de Woëvre et de Lorraine. On l'avait considérée d'abord comme une armée de réserve : c'est sa concentration qui subit les modifications les plus profondes. Elle se compose, finalement, des 52ᵉ et 60ᵉ divisions de réserve, d'une partie du IXᵉ corps (général Dubois), du XVIIᵉ corps (général Poline), du XIIᵉ corps (général Roques), du XIᵉ corps (général Eydoux), et du IIᵉ corps (général Gérard) ; elle peut disposer, en outre, de deux divisions de cavalerie, la 9ᵉ et la 4ᵉ ; enfin le corps colonial va établir sa liaison avec la IIIᵉ armée.

Le IXᵉ *corps* s'est concentré dans la région de Pont-Saint-Vincent, sur la Moselle, entre Toul et Nancy. Le 11 août, le corps d'armée se met en marche vers Nancy. On l'emploie à organiser les collines du Grand-Couronné. Par le labeur de ces troupes, « les sommets boisés se transmuaient en forteresses, les pentes se creusaient de tranchées et se hérissaient de canons ». Le quartier général de la 17ᵉ division se déplace de Faux-Saint-Pierre à Lay-Saint-Christophe et Eulmont; les avant-postes du IXᵉ corps sont sur la Seille. Le 18 au matin, le corps d'armée s'est ébranlé vers l'Est. Mais, le soir même, l'ordre lui parvient de se porter sur l'Ardenne belge. Deux brigades débarquent à Charleville le 21 au matin ; nous les retrouverons sur la Semoy, au cours des combats difficiles qui se livreront dans cette région, vers Bièvre et Nafraiture. Les 34ᵉ et 35ᵉ brigades actives ne purent être embarquées à temps ; elles renforcèrent provisoirement le 2ᵉ groupe de divisions de réserve pendant la retraite de Lorraine et la bataille du Grand-Couronné jusqu'au 2 septembre, date à laquelle elles rejoignirent seulement le corps d'armée.

La 60ᵉ *division de réserve*, concentrée au nord-est de l'Argonne, entre l'Aire et la Meuse (quartier général : Apremont) se portera plus tard sur la Semoy, vers Rochehaut.

La 52ᵉ *division de réserve* couvrira, elle aussi, au moment de l'offensive, la forêt des Ardennes et la Meuse, en se portant vers Willerzies, comme extrême-gauche de la IVᵉ armée.

Le XIᵉ *corps* a opéré sa concentration au sud-est du Xᵉ corps, à la lisière septentrionale de l'Argonne. Le quartier général est à Monthois. Il remonte ensuite, avec les autres corps, vers le nord, par Raucourt et Bouillon. Sa droite est à Dohan le 21, à l'aube.

Le XVIIᵉ *corps* se concentra en Champagne et sur la lisière occidentale de l'Argonne, du 6 au 9. Le quartier général est à Suippes. Le corps a ses cantonnements entre Cernay-en-Dormois, Jonchery-sur-Suippes et Valmy, la 33ᵉ division à gauche avec Suippes comme gare de ravitaillement, la 34ᵉ à droite avec Valmy. L'avant-garde du XVIIᵉ corps pousse ses éléments vers Autry et Vienne-le-Château, aux défilés de l'Argonne. Le 14 août, le corps d'armée remonte vers le nord et le quartier général se trouve le 16 à Mouzon, sur la Meuse. On prépare la manœuvre du Luxembourg belge.

Le XIIᵉ *corps* s'est concentré dans l'Argonne : le quartier général est à Givry-en-Argonne et les avant-gardes occupent les défilés de la Chalade et du Four-de-Paris. Ce corps se porte ensuite dans la direction du nord, sur Stenay. Le 21, à l'aube, sa brigade de gauche tient Florenville.

Le IIᵉ *corps* est, pendant cette période de la concentration, le corps de couverture de la IVᵉ armée. Débarqué à Stenay, il opère ses rassemblements entre la Meuse et la Chiers, entre Montmédy et le Loison. Nous avons vu des éléments de la 4ᵉ division engager le combat de Mangiennes. Dans la nuit du 21, le IIᵉ corps pénétrera dans le Luxembourg belge entre Montmédy et Virton.

Le *corps colonial* (général Lefèvre) s'est concentré dans la région de Vitry-le-François.

Il remontera ensuite vers le Nord et prendra ses cantonnements sur la frontière belge au nord de Montmédy jusqu'au 22, à l'aube.

La IIIᵉ ARMÉE est sous les ordres du général Ruffey. Comme la IVᵉ armée, elle reçoit des forces sans cesse accrues dans la période préparatoire : on entend confier à ces deux armées la tâche spéciale de lutter contre le centre allemand et de briser l'élan des deux armées d'invasion du duc de Würtemberg et du kronprinz, qui s'avancent en rangs serrés sur la France. C'est pourquoi on a versé dans cette armée des troupes d'élite. Placée au centre, elle est, selon l'expression très juste du général Malleterre, « l'armée charnière ».

Outre la 7ᵉ division de cavalerie, elle comprend, tout d'abord, le IVᵉ *corps* (général Boëlle) qui opère sa concentration entre la Meuse à Consenvoye et les abords de Damvillers; ce corps fait face au nord-est, ses avant-gardes sur le Loison, entre Villers-les-Mangiennes et Loison. Après le combat de Mangiennes, il occupera la région des Hauts-de-Meuse comprise entre les Jumelles d'Ornes et le bois de Damvillers. Puis il se relève vers le Nord le 18, et se porte en direction générale de Virton.

Le Vᵉ *corps* (général Brochin) a débarqué sur la Meuse, entre Verdun et Saint-Mihiel. Le 10, il s'est porté vers le Nord, le long de la Meuse, se rapprochant de Verdun. Le 17, le Vᵉ corps serre ses cantonnements sur la droite du IVᵉ corps, dans la zone Azannes-Grémilly. Les journées paraissent interminables. Nous retrouvons, ici, un sentiment que cette longue attente éveille partout : « Je passe ces journées qui furent monotones et qui, pourtant, ont été remplies du désir ardent de faire quelque chose. Nous avons fait du service en campagne devant un ennemi qui ne se montrait pas et pourtant que l'on sentait présent. Que font donc les Allemands ?..... L'ennemi occupe la région de Briey, qui n'a pas été défendue, et exploite ce pays » (1). Le 21, le corps recevra l'ordre de se porter sur la frontière belge pour l'aborder entre Virton et Longwy.

LE GÉNÉRAL DE LANGLE DE CARY 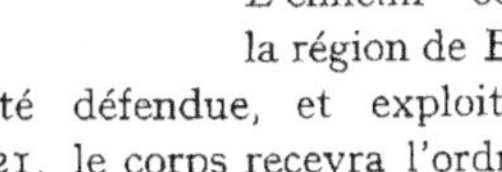
COMMANDANT LA IVᵉ ARMÉE

(1) *Souvenirs de guerre* du général Malleterre — qui commandait alors comme colonel le 46ᵉ régiment d'infanterie.

Le VIe *corps* (général Sarrail), dont le quartier général est à Vigneulles, s'est concentré dans la plaine de Woëvre selon un dispositif sensiblement face à l'est, lui permettant de s'opposer à une offensive ennemie venue de Metz. De Brainville (12e division) à la Moselle (40e division), ses avant-gardes surveillent les sorties de Metz, par Conflans ou Arnaville; son centre (42e division) est en arrière et s'appuie au promontoire d'Hattonchâtel. Bientôt, le corps d'armée, suivant le mouvement général de l'armée, se redressera vers le nord.

Le 3e *groupe de divisions de réserve* (général Pol Durand), organisé le 17 août en subdivision d'armée, comprend les 54e, 55e et 56e divisions, qui se concentrent en Woëvre et peu à peu se déplacent vers le nord, afin de remplacer les corps actifs sur les Hauts-de-Meuse, quand ils se porteront pour l'offensive, en direction générale d'Arlon. En position au nord-est de Verdun, dans la région des Jumelles d'Ornes, nous retrouverons ces divisions plus tard, faisant mouvement pour tenter de tourner l'aile gauche allemande.

Il faut signaler également la présence, sous *Verdun*, des forces de la *défense mobile*, qui vont se composer progressivement des 72e, 75e et 67e divisions de réserve.

Voici, maintenant, les deux armées qui auront pour tâche de tenir tête aux forces massées devant Metz ou dissimulées dans les deux camps retranchés de Metz et de Strasbourg : c'est la IIe armée (général de Castelnau) et la Ire armée (général Dubail). Elles sont, pour ainsi dire, liées pour s'enfoncer comme un coin sur les deux rives de la Sarre.

La IIe ARMÉE établit sa couverture de droite et sa liaison avec l'armée Dubail par deux divisions de cavalerie, la 2e et la 6e.

De l'ouest à l'est, les corps d'armée qui la composent se sont groupés ainsi qu'il suit :

Le 2e *groupe de divisions de réserve* (général Léon Durand) comprend les 59e, 68e et 70e divisions. Il s'est concentré sur la Meurthe et la Moselle ; il organise le Grand-Couronné jusqu'au 18 août. A partir de cette date, la 68e division de réserve prendra part à l'offensive en Lorraine annexée à la gauche du XXe corps, tandis que les 59e et 70e divisions seront maintenues en avant du Grand-Couronné jusqu'à la Seille et la Moselle.

Le XXe *corps* (général Foch) est sur son terrain ; il s'est concentré à l'est et au nord-est de Nancy, entre le Sanon, la Seille et Nancy.

Une *brigade coloniale de réserve* (41e et 43e régiments) se concentre avec les troupes du XXe corps.

Le XVe *corps* (général Espinasse) se concentre sur les bords de la Meurthe, dans la région de Lunéville. Dès le 12 au plus tard, il est porté sur la frontière entre le Sanon et la Seille, vers le front Xures-Coincourt-Bures : c'est là que nous le retrouverons dès la première offensive.

Le XVIe *corps* (général Taverna (prend la droite du XVe corps, entre la Mortagne et la Meurthe.

Trois divisions de réserve, qui arriveront progressivement, seront en outre chargées, pendant l'offensive en Lorraine annexée, de l'organisation du terrain arrière. La 64e *division de réserve* organisera ainsi la position du plateau de Saffais, entre Meurthe et Moselle, au sud de Saint-Nicolas-du-Port.

La 74e *division de réserve* (général Bigot) organisera, au sud de Saffais, la hauteur de Belchamps, qui bat la route Lunéville-Bayon et défend les avancées de la trouée de Charmes.

Quant à la 73e *division de réserve*, elle s'installera, après la retraite de Lorraine annexée, sur la rive gauche de la Moselle, au sud de Pont-à-Mousson.

La Ire ARMÉE (général Dubail) dispose de la 8e division de cavalerie qui opère à l'extrême droite, en Haute-Alsace. Avec ses cinq corps d'armée et ses formations de réserve, la Ire armée couvre toute la Lorraine et

CARTE DES ZONES D'ÉVOLUTION DES IIIe ET IVe ARMÉES

LA VALLÉE DE LA MEUSE DE MONTHERMÉ.

les Vosges depuis Lunéville jusqu'à Belfort.

Les troupes sont disposées ainsi qu'il suit :

Le VIIIe *corps* (général de Castelli), entre la Meurthe et la Mortagne au nord-ouest de Baccarat. Le 10 août au matin, il se trouve sur le front Vathiménil-Glonville, le long de la Meurthe, la 15e division à gauche, la 16e division (général de Maudhuy) à droite sur le front Flin-Glonville. Entre la Vezouse et la frontière, le 17e et le 20e bataillons de chasseurs opèrent en couverture. Une brigade d'infanterie allemande fait un mouvement offensif à cette date du 10, et le soir le quartier général de la 16e division est en retrait à Domptail. C'est dans ces conditions que s'engage un combat qui commence à révéler les intentions de l'ennemi.

Les renseignements recueillis apprennent que des tranchées existent vers Avricourt-Repaix et qu'une division d'infanterie et une division de cavalerie, ayant franchi la frontière, opèrent vers Domèvre. Le 11 août, la 16e division se porte au nord de la Meurthe sur la ligne Brouville-Reherrey. Mais le haut commandement préfère achever ses formations derrière la Meurthe. Tout le corps se replie, la 16e division ayant son quartier général à Fontenoy-la-Joute, le 12 et le 13 au soir. Nous assisterons bientôt aux combats d'avant-garde livrés du 13 au 18 pendant l'offensive en Lorraine. Ce corps a pour mission, sans qu'il puisse le discerner encore exactement, de barrer la route à la puissante offensive qui, de Sarrebourg à Blamont, Baccarat, Rambervillers, Saint-Dié, Brouvelieures, doit à la fois tourner Épinal et envelopper les forces françaises par la trouée de Charmes.

Le XIIIe *corps* (général Alix), après s'être concentré dans la région de Raon-l'Étape, se porte, par la vallée de la Plaine, vers Celles et Saint-Quirin. Par sa 25e brigade à gauche, il se trouve en liaison étroite de position et de manœuvre avec le VIIIe corps.

Le XXIe *corps* (général Legrand) se concentre sur la Meurthe, dans la région d'Étival, et se porte vers la vallée de la Bruche où une de ses divisions, la 13e, livre le 14 août le combat de Saint-Blaise. Nous allons le suivre dans ce brillant fait d'armes et nous le retrouverons ensuite se portant vers le Nord.

Le XIVe *corps* (général Pouradier-Dutheil) s'est concentré dans la région de Saint-Dié ; c'est ce corps qui a procédé à l'occupation du col de Sainte-Marie-aux-Mines.

La concentration de la 58e *division de réserve* se fera vers Salcée ; celle de la 66e *division de réserve* vers Wisembach et Diarupt.

Nous avons vu le VIIe *corps* (général Bonneau, puis général Vauthier), après s'être concentré sous Belfort, opérer la première offensive sur Mulhouse. Il s'est replié sur la frontière. Bientôt, ayant reçu le renfort de quatre divisions de réserve, dont les 63e et 57e, ces forces, placées sous les ordres du général Pau, reprendront la seconde offensive dans le Sundgau.

D'une façon générale, la Ire armée, après une concentration rapide et après avoir occupé, comme nous l'avons vu, les cols des Vosges méridionales, devait être en mesure de franchir la Meurthe le 14 ; elle put le faire dès le 12. Elle se porte alors dans la direction générale de Sarrebourg-Dabo pour couvrir, à l'est, l'offensive de l'armée de Lorraine. Cette marche s'exécute ; le XXIe corps est même transporté du sud au nord par le Donon. Mais nous sommes déjà arrivés à la période des opérations, et il faut considérer, maintenant, l'état général de cette armée amenée à pied d'œuvre si brusquement sur la frontière et les conditions du terrain sur lequel elle est appelée à manœuvrer.

LA VEILLÉE DES ARMES Il est presque impossible de traduire par des mots les admirables dispositions du soldat et de ses chefs ; mais elles auront une telle influence sur la suite des événements que l'histoire véridique ne peut les omettre. Au contact de ses frères d'armes, le Français avait senti sourdre en lui les qualités militaires de la

CAVALIERS FRANÇAIS AU REPOS

race. L'Allemagne avait éveillé, d'un seul coup, le souvenir des vexations brutales qu'une nation fière avait eu tant de peine à supporter pendant quarante-quatre ans. C'était avec joie que cette belle jeunesse courait au-devant de la mort. La même parole est répétée partout : on y va comme aux manœuvres. Ces journées d'août sont splendides, les nuits lumineuses ; on dort à peine ; on prête l'oreille ; dans les bruits de la nature, on cherche à saisir le son du canon. « On ne verra donc jamais les Boches! » c'est le cri qui, au réveil, salue l'aurore et qui, à la nuit, retentit dans les veillées prolongées. Les longues marches, les repas abrégés, les nuits sans sommeil, les sueurs, le froid, les fronts ruisselants, les barbes hirsutes, la bretelle coupant l'épaule, on supporte tout, pourvu qu'on finisse par les tenir au bout du fusil ou, plus près encore, à la pointe de la baïonnette : car, c'est ainsi qu'on s'imagine les rencontres prochaines.

« Le régiment débarquait à une heure mystérieuse, sur un quai sans lanternes, dans une campagne inconnue, dont on savait seulement que c'était « la frontière ». Les hommes, bouche bée, levaient les yeux vers le ciel immense. Etoiles lointaines. On entendait le vent dans les hauts peupliers ; et, pour les yeux saisis, l'horizon semblait une ligne noire, fermé par une colline droite, qui formait un mur à la plaine, derrière quoi... l'on se figurait l'ennemi. Le régiment traversa deux villages organisés pour la défense, de vieilles charrettes barricadant à demi la route. Des patrouilles de dragons, les hommes tout secoués sur leurs bêtes au galop, débouchaient tout à coup d'un chemin creux ou d'un champ. Les fantassins se garaient, pestaient, dédoublaient les rangs, puis couraient avec un bruit de gamelles pour rattraper la colonne... Puis, la fatigue tua les idées. Après trois heures d'une marche rapide et presque haletante, par une nuit molle, ces hommes ne songeaient plus à l'ennemi invisible, mais seulement à leurs pieds, et au bonheur de s'arrêter. « — C'est pas possible, dit Gaspard qui traînait

« la patte, ils ont tous foutu le camp. On va-t-être à Berlin « demain matin » (1).

Que ces cinq jours d'attente parurent longs ! Aucun ordre ne venait ; les chefs se voyaient entre eux et se livraient à d'infinies hypothèses ; on consultait les cartes ; ceux de l'Ecole de guerre donnaient des leçons de stratégie et expliquaient les mouvements tournants. Les capitaines multiplient les revues, surveillent les paquetages, les harnachements : « Soignez le détail, une aiguille peut avoir autant d'importance qu'un obus. » Les bruits les plus contraires circulent, répandant la joie ou le deuil : la mort de Jaurès, la prise de Mulhouse, des émeutes à Paris. Mais l'idée qui planait au-dessus de tout et qui soulevait les cœurs, c'est qu'on allait se battre et qu'on se battrait bien.

« Ce matin, dans la marche en colonne, on a pris pour la première fois les dispositions de combat, une patrouille de cavalerie allemande ayant été signalée aux environs. En vain, d'ailleurs. Mais l'entrain joyeux que cela a déterminé a suffi à dissiper toute mauvaise humeur » (2).

« Je fais partie de l'armée du général Ruffey, je ne peux t'en dire plus, cela nous est formellement interdit, mais j'ai grand espoir que nous marchons à la victoire. ... Depuis peu le brave Collignon (3) mange à notre popote et nous apporte tout l'entrain et la bonne humeur de ses histoires méridionales; si bien que, sauf le qui-vive sur lequel nous vivons tout le temps, sauf le bruit lointain et intermittent du canon, sauf les alertes et les fusils chargés à portée de la main, on pourrait croire que nous faisons un voyage d'aventures, une sorte de monstrueuse partie de chasse... L'enthousiasme et l'entrain des soldats est toujours le même (4)... »

« L'ennemi ne se décidait point à paraître. Impatients d'une telle oisiveté, les officiers souhaitaient de le déloger de sa tanière. Mais nos avant-postes, se bornant à la Seille, gardaient les hameaux et les moulins qui la jalonnent... Enfin se formula l'ordre désiré. Le 18 août, nos divisions s'ébranlèrent et progressèrent vers le soleil

levant... Il y avait dans les cœurs l'exaltation de la conquête (5)... »

Un autre témoin, le soldat Pierre Dumoulin, du 344e, dont Maurice Barrès a cité le témoignage sur la mort glorieuse de Guy de Cassagnac, raconte que « le régiment passa alors trois jours à errer de cantonnements en cantonnements, dans ces villages lorrains où je ne sais quel air de résignation grave et douce vous avertit que vous traversez une terre de longue souffrance ».

Cependant, la guerre commence à faire sentir qu'elle est présente. Ce n'est pas seulement le bruit sourd du canon martelant l'horizon, c'est déjà l'image funèbre du pays qui se vide : « Les paysans qui fuient venant de la frontière avec les femmes, enfants et leur bétail : le commencement de la ruine et de la mort ! » Ce sont les premiers blessés des escarmouches qu'on interroge et qui ne savent pas, c'est l'embarras des avant-postes surpris de ce silence persistant :

« En avant de notre front, la cavalerie fouillait les villages et les bois. Chaque fois les estafettes rendaient compte de ces explorations. Les patrouilles adverses évitaient les nôtres, se dérobaient, et nos détachements ne signalaient, en deçà des limites qui leur étaient fixées, nul groupe d'importance... Les nouvelles de Liége, de Mulhouse excitaient l'enthousiasme. Il semblait que l'épreuve dissipât l'énorme hâblerie de la puissance germanique. »

Cependant, on eût voulu savoir. Que recélait donc ce terrain qui était là si proche et que revêtait de mystère ce simple mot : la frontière?

APERÇU GÉOGRAPHIQUE DE LA RÉGION FRONTIÈRE EN LUXEMBOURG ET EN LORRAINE ANNEXÉE Nous avons indiqué, précédemment, la nature géographique des deux parties extrêmes du front français, les Vosges d'une part, les Ardennes belges de l'autre. Reste, au milieu, la partie la plus rude et où, malgré les apparences faciles, les deux armées opposées de-

(1) René Benjamin, *Gaspard*, p. 42.

(2) *Carnet de route* de Jacques Brunel de Pérard. Tarcienne, 19 août 1914.

(3) Ancien préfet de Quimper, ancien secrétaire de M. Fallières, engagé volontaire à cinquante-sept ans; mort, plus tard, au champ d'honneur.

(4) *Lettre de Jean Bénac*, soldat au 46e de ligne (colonel Malleterre) tué à l'ennemi. Lettre du 16 août 1914 (près d'Etain).

(5) *Etapes et batailles d'un hussard*, 18 août, p. 21.

ARTILLEURS S'APPRÊTANT A METTRE EN POSITION UN 75

vaient rencontrer des difficultés presque insurmontables, la frontière du Grand-Duché de Luxembourg et la frontière de la Lorraine annexée.

Le chancelier Bethmann-Hollweg avait insisté, un peu théâtralement peut-être, sur les raisons qui avaient déterminé l'état-major allemand à choisir, pour envahir la France, la route des grandes plaines belges : la frontière de l'Est était, d'après lui, si forte qu'on ne cherchait pas à la franchir. Le chancelier, en s'excusant, se gardait bien de révéler tout le plan de l'état-major. Il essayait de justifier l'attaque par la Belgique, mais se dispensait d'ajouter qu'on était décidé à attaquer, en même temps, par le Luxembourg et par la Lorraine. La présence du kronprinz à la tête de l'armée du centre et du prince héritier de Bavière à la tête de l'armée de Metz

est beaucoup plus topique : on n'eût pas chargé ces « héritiers » d'un rôle à l'avance sacrifié.

Le Luxembourg, soit Luxembourg belge, soit Grand-Duché, témoin subsistant des vieilles marches entre pays celtes et pays germaniques, forme un coin pénétrant, par Montmédy et Stenay, dans les plaines de la Champagne. Il tourne nos places fortes de l'Est ; une armée combinant son action avec une autre armée remontant le cours de la Meuse, peut, de cet angle du Luxembourg, soit forcer le passage à Stenay et Dun, soit se porter sur Verdun et briser la pointe de la dent que forme notre frontière fortifiée.

Par contre, cette région, au cas où la neutralité belge et luxembourgeoise ne serait pas respectée par l'Allemagne, pourrait tenter le chef d'une armée française ayant conçu le dessein de tourner le redoutable camp retranché de la Lorraine annexée, puisque, par Luxembourg et Trèves, il se rendrait maître de la basse Moselle avec un accès direct sur le Rhin, soit à Coblentz, soit vers Mayence.

La conception d'une invasion de la France par le Luxembourg fut celle qui se dévoila la première du côté allemand : la capitale du Grand-Duché fut envahie dès le 2 août, à 5 heures du matin; les troupes allemandes, occupant immédiatement les routes et les voies ferrées, pesèrent dès lors sur notre frontière, de Longwy à Montmédy. Ainsi paraissait se justifier la thèse de nos écrivains militaires qui avaient prévu une offensive par la vallée de l'Alzette.

L'état-major français prit ses dispositions pour défendre cette région si exposée. Protégeant les troupes qui remontaient en Woëvre septentrionale pour se concentrer sur le Loison, sur l'Othain, sur la Chiers, la 7e division de cavalerie de l'armée Ruffey opposa à l'initiative des Allemands une recherche active, mais difficile, des mouvements ennemis dans la direction d'Arlon-Marbehan. Ainsi les contreforts méridionaux de l'Ardenne luxembourgeoise prenaient une importance stratégique considérable ; ils devaient assister bientôt à une lutte épique, lutte de choc, front contre front, centre contre centre, dont Verdun serait l'enjeu pour la France, Thionville ou Trèves pour l'Allemagne, tandis qu'aux deux extrémités, les deux ailes allemandes tentaient le mouvement tournant.

Ce terrain n'est guère propice aux grandes batailles. La forêt d'Ardenne a plus de réputation que de grandeur ; une sorte de brousse rude aux chênes bas et trapus revêt ses pauvres sommets. Région mal coupée, mal routée, pays de vallées et de contre-vallées où les chaînes de collines parallèles font « la montagne russe — toujours grimper, toujours descendre — sans le réconfort des larges plaines, sans le repos des villages riches et succulents. Une armée allemande remontant la vallée de l'Alzette peut déboucher sur Longuyon; une armée française remontant, en sens inverse, la vallée de la Semoy et la vallée de la Thonne, peut déboucher sur Virton d'une part, sur Arlon de l'autre, et gagner Luxembourg qui garde le passage de l'Alzette. Mais, en admettant la ligne des crêtes franchie d'un côté ou de l'autre, que de difficultés nouvelles à chaque pas, quelle route entravée et hérissée ! Vieux terrains usés, pentes rocailleuses, fonds marécageux et sordides : il a fallu la lente persévérance et l'autorité despotique des grandes abbayes, Mouzon, Hastières, Stavelot, Malmédy, pour donner, à force de volonté et de siècles, quelques ressources à cette population d'outlaws, de bûcherons et de charbonniers qui ont sauvé dans les bois les plus vieilles races de l'Europe. « Sur ces flancs froids et boisés montent en brouillards, en neiges et en pluies les vapeurs charriées par les vents d'ouest; sur ces plateaux sans pente, l'humidité décompose le schiste en une pâte imperméable dont l'imbibition produit les tourbières ; il faut la souplesse et l'intelligence des petites vaches ardennaises pour opérer les charrois dans ces sentiers fangeux » (1). Qu'adviendra-t-il quand il s'agira de la marche et des charrois d'une armée? Sur un pareil terrain, la moindre préparation sera, pour l'occupant, un avantage immense. La contrée se défend toute seule. Cependant, dans la situation générale faite à l'armée française, cette route, si difficile soit-elle pour l'offensive, ne peut être négligée.

Les autres, en effet, sont moins directes et elles ne sont pas meilleures. Car l'embarras du haut commandement français est grand, s'il a conçu le dessein de prendre l'offensive et de porter la guerre de l'autre côté de la frontière. La nature ou l'art ont, pour ainsi dire, fermé toutes les portes devant lui. D'Audun-le-Roman à Thionville, de Thionville à Metz, il faut passer sous le canon des deux camps retranchés où les Allemands ont réuni d'immenses ressources : on ne commence pas une

(1) Vidal de la Blache, *Tableau géographique de la France*, p. 69.

LES VOIES DE LA GARE DE METZ

campagne de manœuvres par un double siège. Reste, vers le nord-est, la trouée entre Seille et Vosges, de Nomény au mont Donon. Mais la nature ici a préparé ce que l'art a achevé.

Reprenons, en effet, avec quelque détail, le tableau de cette frontière du nord-ouest au sud-est. C'est d'abord le pays des forges, cet admirable bassin de Briey, dont les minerais jouent un rôle si important dans la guerre actuelle que sans eux, au dire des Allemands eux-mêmes, ils ne pourraient la poursuivre. Le pays des forges est dominé, menacé de toutes parts : si l'on ouvre cette porte, on tombe dans le Luxembourg, et nous avons indiqué la difficulté de l'entrée et de la sortie : l'armée allemande s'est installée dans le pays d'Ardenne. Elle y organise une défensive puissante. Quel effort ne faudra-t-il pas pour la déloger !

A l'est du pays des forges, c'est le plateau entre Meuse et Moselle. Verdun domine la Woëvre jusqu'à Conflans. Du côté français, la région s'appuyant sur les Hauts-de-Meuse est facile à défendre. Cependant, le Rupt de Mad, qui va se jeter dans la Moselle à Arnaville, offre un chemin bien défilé à une armée venue de Metz; c'est ce chemin insidieux qui creusera à la fin de septembre, dans le flanc de la défense des Hauts-de-Meuse, la dangereuse « hernie » de Saint-Mihiel.

Nancy est en face de Metz : Mousson les sépare. Des hauteurs de Sainte-Geneviève, qui défendent Nancy, on voit les tours de la cathédrale de Metz, on dirait qu'il n'y a qu'à tendre la main. Mais la ville annexée a été mûrement scellée dans sa prison de fer ; pour la prendre, il faut un siège. Nancy, sans défense, a cependant le Grand-Couronné et le Petit-Couronné au nord-est ; à l'ouest et au sud la forêt de Haye.

Nancy a joué un grand rôle dans la défense de la frontière. Mais il ne semble pas que le commandement allemand ait eu le projet de commencer par une attaque brusquée sur la ville ; pas plus que le commandement français n'a eu le dessein de tout subordonner à la défense de Nancy. Nous verrons les Allemands,

négligeant Nancy, risquer l'opération autrement importante et autrement téméraire de marcher par Blamont sur la trouée de Charmes : c'était une faute. Notre état-major ne commit pas la faute inverse ; sa pensée était uniquement stratégique et si la concentration se faisait sur les hauteurs qui défendent Nancy, si le terrain était admirablement préparé, c'était par une vue uniquement stratégique, le salut de la ville étant le résultat, non le but. Dès 1909, un écrivain militaire exprimait, en ces termes, une situation parfaitement réfléchie et délibérée, sans doute, dans les conseils de notre état-major :

« Le choix de la zone de rassemblement de nos troupes de couverture entre la Seille et la Meurthe a l'avantage de protéger, pendant quelques jours au moins, la ville de Nancy. Néanmoins, il importe d'insister sur ce point, la détermination de cette zone ne dérive nullement de l'idée de défendre une localité, si importante soit-elle, mais a pour cause unique le souci de couvrir au mieux la concentration de nos armées. Il se trouve, par un heureux concours de circonstances, que le dispositif peut, à la fois, dès la première heure, remplir les deux buts, dont l'un (protéger Nancy) devra être mis à l'écart aussitôt que le besoin s'en fera sentir pour faire place à l'autre qui, seul, est vraiment important » (1).

Ainsi conçue, l'organisation du Grand-Couronné mettait fin, dans les meilleures conditions, à une longue polémique. A force de considérer le problème de Nancy, on avait trouvé la véritable solution, solution qui fut une surprise pour l'armée allemande et qui, non seulement sauva la ville, mais eut la plus haute influence sur le cours général de la guerre.

Pour le moment, il suffit d'indiquer, d'après un Lorrain très exactement renseigné, ce qui fut fait pour mettre la position défensive de Nancy à l'abri des atteintes ennemies :

« Dès 1873, le Petit-Couronné existait, sur projet bien entendu, et les emplacements de ce dispositif étaient indiqués à chacun des corps de la garnison : les chefs éminents qui se succédèrent à la tête de la 11e division — les généraux Abbatucci, de Courcy, Saussier, Zentz, Hanrion, de Boisdemetz, — reconnurent rapidement que ces positions étaient trop resserrées et, en même temps,

(1) Voir toute l'étude sur le Grand-Couronné de Nancy dans l'ouvrage : *Nancy et la Lorraine*, p. 228.

GABRIEL HANOTAUX
de l'Académie Française

HISTOIRE ILLUSTRÉE

DE LA

GUERRE DE 1914

24 PAGES DE TEXTE ET D'ILLUSTRATIONS

FASCICULE
N° 42

L'ÉDITION FRANÇAISE ILLUSTRÉE
(GOUNOUILHOU, Éditeur)
30, Rue de Provence, Paris

PRIX NET
1 franc
ÉTRANGER, PORT EN PLUS

A NOS LECTEURS

 VEC le fascicule 40 a commencé le tome IV de l'*Histoire illustrée de la Guerre de 1914*; les deux premiers volumes parus ont donné l'exposé des faits historiques et diplomatiques qui ont précédé et amené la guerre, et qui engagent si lourdement la responsabilité de l'Allemagne. Il était nécessaire de faire connaître et comprendre les causes profondes qui ont déchaîné ces formidables événements.

Le volume III a commencé le récit de la guerre proprement dite. Les opérations militaires y sont exposées sur tous les fronts au fur et à mesure qu'elles se sont déroulées. Le volume IV et les suivants continueront ce récit. Grâce à la quantité innombrable de documents parus ou inédits qu'il s'agissait de réunir, de compulser, d'étudier, l'historien est parvenu à s'arracher à la confusion des premières heures. Par les renseignements qu'il a recueillis, par les travaux d'enquête et de recherches auxquels il s'est livré, par les conversations qu'il a eues avec les personnages officiels et les hommes politiques de l'Europe entière, il a approché, d'aussi près que peut le faire un contemporain, de la source où peut se découvrir la vérité sincère et impartiale.

Si le lecteur veut bien considérer l'importance que l'auteur a donné à l'exposé qui ne forme que le prologue, il comprendra les proportions qu'exige la suite du récit. Toutes les questions y seront abordées de front et le drame se déroulera dans son ampleur magistrale.

L'*Histoire illustrée de la Guerre de 1914* va donc mettre à la disposition du lecteur l'instrument qui lui permettra d'atteindre la raison profonde des faits militaires qui ne peuvent manquer d'assurer le triomphe de la Justice et de la Civilisation.

LA GARE DE SARREGUEMINES

insuffisantes, du côté de la Seille comme du côté de la Vezouse; et à partir de 1875, ils greffèrent sur les lignes du Petit-Couronné les lignes plus vastes, plus solides et plus continues du Grand-Couronné. La forêt de Haye était tout entière englobée dans le tracé nouveau, ainsi que le double mont d'Amance.

« Au nord comme au sud, le Grand-Couronné s'appuyait fermement et étroitement sur les forts avancés du camp retranché de Toul. Les commandants du corps d'armée qui succéda à la 11e division, les généraux de Monard, Michal, Pau, Foch, y donnèrent tous leurs soins et le renforcèrent de maints ouvrages et perfectionnements. Mais *rien*, parmi les plans et les ordres, ne pouvait être fait et ne fut accompli en temps de paix. C'est dans cet état que le 1er août 1914 trouva la défense de Nancy.

« Ce jour-là (nous avons vu plus haut quels régiments mirent la main à l'œuvre), les plans et les documents où les Abbattucci, les Pouvourville, les Gilbert avaient mis les premiers leur signature, furent exécutés de jour et de nuit par une main-d'œuvre ardente, infatigable et acharnée. Immédiatement, devant la nécessité de l'heure, tant à cause des progrès de la balistique qu'à cause du nombre, du calibre et de la portée de l'artillerie ennemie, les défenses du Grand-Couronné furent poussées jusqu'aux approches de la frontière. Tout cela fut exécuté avec une précipitation fébrile, mais quand même disciplinée et logique, pen-dant que la grande vague allemande submergeait la Belgique (1)... »

Voilà donc une défensive bien préparée ; mais que se passera-t-il s'il s'agit d'en venir à l'offensive?

Puisqu'il ne peut être question, pour le moment, d'assiéger Metz, il faut l'éviter. L'objectif ne peut être que Sarreguemines. Entre Moselle et Vosges, c'est la région des Étangs, des eaux, des bois et des marécages, des ruisseaux, des taillis et des roseaux, sans suite apparente, sans liaison naturelle, sans inclinaison visible, sur une surface qui n'a pas moins de 600 kilomètres carrés : telle est la région des Étangs, qui constitue, à l'orient, la fin du pays de Lorraine. Etang de Lindre, étang du Stock, étang de Gondrexange, étang de Réchicourt, ils se tiennent ou presque; une seule route par Fribourg offre un terrain solide; la route par Dieuze les longe et permet de déboucher, non

(1) Pouvourville, *Jusqu'au Rhin*, p. 74.

5

sans peine, vers Sarreguemines. Quand ce ne sont pas les lacs et les marais qui font obstacle, ce sont les bois : bois de Marsack, bois des Hauts-Hêtres, bois qui couvrent toute la région du canal des Houillères, du sud au nord, sur la rive gauche de la Sarre; c'est une ombre continue, un piétinement dans la boue et dans le mystère, et, au débouché, quoiqu'on fasse, toujours la voie ferrée fortifiée de Bensdorf et, au loin, ce bastion : Morhange!

C'est un obstacle presque infranchissable, et, en outre, il est fortement épaulé, si l'on peut dire, et à l'ouest et à l'est. A l'ouest, une petite rivière à la vallée argileuse et marécageuse, la Loutre Noire, coule parallèlement à la frontière en territoire français. On dirait une espèce de tranchée qui s'étend de Réchicourt-la-Petite à Pettonville, où elle tombe dans la Seille. On s'est battu tout le long de ce cours d'eau, et les villages de la Loutre-Noire, Arracourt, Bezange-la-Grande, Moncel sont entrés dans l'histoire; de l'autre côté de la frontière, le canal des flottages et le canal des Salines allongent un autre fossé jusqu'aux étangs eux-mêmes; les routes qui montent en Lorraine annexée par Delme, Château-Salins, Vic, Marsal, aboutissent à Morhange. Morhange garde le chemin qui longe les étangs à l'ouest. Les Allemands nous attendaient là.

Une armée en marche vers Sarreguemines ne peut éviter Morhange et Morhange ne peut être attaqué que du sud-ouest par Château-Salins et du sud-est par Dieuze et Vergaville, routes en plaine et découvertes qui exposent les attaquants au canon bien en place des défenseurs. Morhange est une des clefs du système défensif qui réunit les ouvrages de Metz aux ouvrages de Strasbourg ; ce n'est pas une place forte, ce n'est pas un camp retranché, ce ne sont pas des « lignes », c'est toute une région préparée, où le pied se heurte aux mines et aux chausse-trappes, le corps aux fils de fer barbelés, le canon aux casemates de ciment bétonné. Morhange a été aménagée et truquée jusqu'au dernier moment par l'un des chefs les plus expérimentés de l'armée allemande, von Deimling. Morhange est la grande surprise que l'on réserve à notre offensive de ce côté.

Nous voici à l'est des Etangs : à Réchicourt-le-Château, à Avricourt, on met le pied sur un terrain solide et sec ; la trouée s'élargit jusqu'à Raon-l'Étape et le Donon. La route de Baccarat-Blamont descend vers Sarrebourg; la route de Cirey-Lorquin, qui lui est d'abord parallèle, la rejoint au même point sur la Sarre. Sur les hauteurs de la Vezouse, le fort de Manonvillers est censé protéger la route ; mais il est, sinon désaffecté, du moins abandonné. Au nord de la frontière, les forêts se suivent sans interruption et se relient au système sylvestre de la Sarre. Le pays est, en somme, plus riant et plus aisé : c'est une porte ouverte, mais combien étroite ; la défense s'appuie sur le canal de la Marne au Rhin. Et Sarrebourg est un autre Morhange. A droite un mur, les Vosges; à gauche une nappe d'eau continue, les Etangs. En suivant l'étroit couloir, on arrive hors d'haleine sur la plus redoutable et la plus secrète des résistances organisées.

Pourtant, il n'y a pas d'autres chemins : Morhange, Sarrebourg sont inévitables si l'on veut forcer le passage de ce côté : le haut commandement allemand, qui a épuisé sa science dans cette région et qui a travaillé jusqu'à la dernière minute pour préparer ce piège, compte bien, après nous y avoir attirés, reprendre à son tour l'initiative et se glisser entre Moselle et Vosges. Mais nous verrons qu'il y trouvera aussi à qui parler.

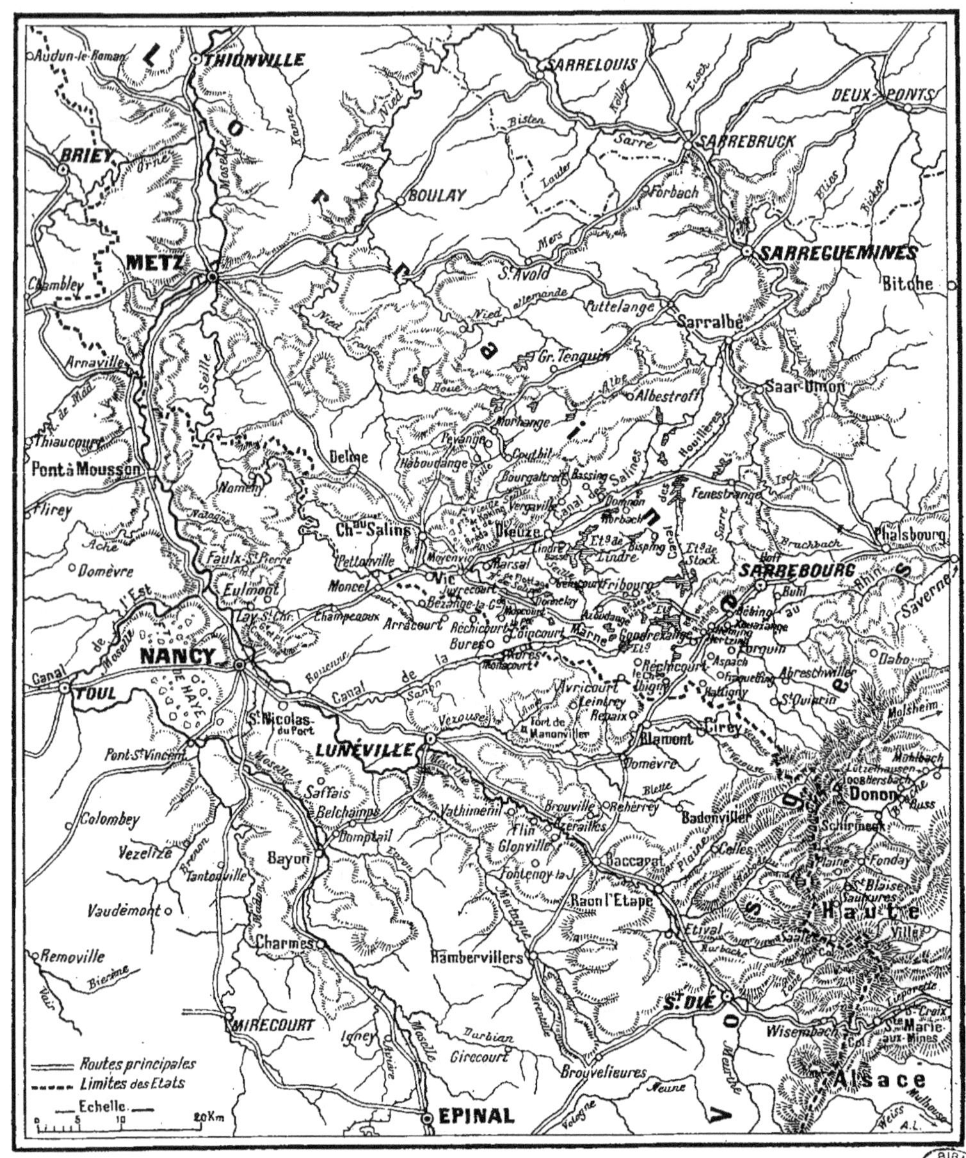

CARTE DE LA ZONE D'OPÉRATIONS DES Iʳᵉ ET IIᵉ ARMÉES

RAON-L'ÉTAPE ET LA LIGNE DE CHEMIN DE FER DE LUNÉVILLE A SAINT-DIÉ

CHAPITRE III

L'OFFENSIVE EN LORRAINE ANNEXÉE ET EN ALSACE, DU 12 AU 19 AOUT 1914

*L'Armée de Lorraine. — Le Général de Castelnau. — L'Armée des Vosges. — Le Général Dubail.
L'Armée d'Alsace. — Le Général Pau. — L'Avance vers Morhange et Sarrebourg
et le combat de Saint-Blaise. — La Deuxième occupation de Mulhouse et le combat de Dornach.*

LE front de Lorraine et d'Alsace est, dans la pensée du haut commandement français, véritablement un front de manœuvre. C'est lui qui doit agir le premier, non seulement pour retenir les forces allemandes dans cette région, mais pour soutenir, à droite, l'offensive longuement méditée sur le Luxembourg. Se portant en avant, il donnera à l'armée et aux troupes la joie et le réconfort de rendre à la France les régions annexées.

Cette double mission si importante est confiée à la 2e et à la 1re armée, celles du général de Castelnau et du général Dubail, qui s'appuieront mutuellement. Chefs du plus haut mérite, troupes prêtes et bien entraînées.

LE GÉNÉRAL DE CASTELNAU Le général de Castelnau était, dès lors, un des plus beaux noms de l'armée française. Élève de l'Ecole Saint-Cyr à la promotion de 1870, officier dans l'armée de Gambetta, — capitaine de vingt ans — il avait fait la campagne de la Loire sous les ordres de Chanzy. Cette terrible et héroïque retraite de la Loire,

avec ses soldats, ses officiers et ses plans improvisés, avait trempé le caractère du vigoureux fils des Causses et l'avait préparé aux graves devoirs de l'officier français pour les heures lointaines des grandes réparations.

Castelnau n'a pas suivi la carrière coloniale. Il est, par excellence, le soldat métropolitain penché, au cours d'une existence religieuse et dévouée, sur la lente préparation qui doit former l'instrument de la victoire.

Confirmé dans le grade de lieutenant avec ancienneté du 14 août 1871, il est capitaine à titre définitif en 1876, et entre à l'école de Guerre en 1878. C'est là qu'il reçoit l'empreinte : il ne sera pas seulement un excellent officier de troupes, mais un organisateur et un ordonnateur. En 1896, il reçoit son cinquième galon et il est appelé au ministère de la Guerre. Au premier bureau (organisation et mobilisation de l'armée) il débute, sous le général de Boisdeffre, dans le service du réputé colonel Delanne; il succède à celui-ci en 1897, c'est-à-dire qu'il est chargé de collaborer à la mobilisation, à la concentration, à l'étude des plans du grand état-major.

Il fait partie du « cerveau » de l'armée française. Pas une modification importante, pas une mise au point ou un progrès ne s'ac-

LE GÉNÉRAL DE CURIÈRES DE CASTELNAU, COMMANDANT LA IIe ARMÉE

compliront désormais sans qu'il en soit averti : il participe au secret et connaît le ressort qui tient l'armée française à la hauteur des autres armées. Quand il quitte l'état-major en 1900, c'est pour aller prendre à Nancy le commandement au 37e d'infanterie dans la « division de fer ».

A partir de cette date, il vit de la vie de la frontière lorraine. Cette existence de devoir technique et appliqué, le contact avec les hommes, achèvent en lui ce que l'étude, le travail, la réflexion avaient préparé. Le ministère André lui fait attendre les étoiles. Qu'importe! Il gagne en expérience, en patience, en forte maîtrise de soi-même ce qu'il perd en avancement et en satisfaction immédiate. Il se tasse et prend cette allure tranquille et apaisée qui le caractérise. Nommé général par le ministre E. Etienne en 1906, il reçoit la troisième étoile en 1909; à partir de cette date il sort de pair. Sa réputation est faite. Le général Joffre l'appelle, en 1913, aux fonctions de chef d'état-major de l'armée. Ce n'est un secret pour personne que Castelnau fut le maître de la préparation et de la concentration jusqu'aux heures suprêmes qui précédèrent la guerre. Cette magnifique organisation qui assura le transport des troupes, les horaires, les ravitaillements, et qui fonctionna sans un accroc, fut en grande partie son œuvre. Méthodique, appliqué, impeccable, il réalise enfin ce que cette carrière soutenue et sage avait si soigneusement élaboré.

Il restait à révéler ses aptitudes de chef sur le terrain. Bientôt la campagne de Lorraine et du Grand-Couronné le feront connaître tout entier. Il est l'homme du puissant repliement sur soi-même, et puis des détentes soudaines et justes, des ordres lucides et compris de tous. Son imagination est inventive au plus haut degré, mais son contrôle sur lui-même et sur les faits est incessant et minutieux. Sa qualité dominante est un clair bon sens. Sa main forte s'appuie sur le fait et le transforme sous la pression de l'intelligence et de la volonté. Le cheval de travail est un pur sang, une trompette de guerre, un chef complet.

Né au pays de Murat et de Bugeaud, il participe des deux parentages : il a la solidité et l'élan. Son corps trapu et ramassé, sa physionomie grave, rayée de la moustache blanche, l'aspect général semblent appesantis; mais l'étincelle du regard et la vivacité de l'allure rayonnent de jeunesse. Solide et sage, c'est un homme de Plutarque : type frappant, avec Joffre, de ces généraux de la IIIe république dont la vie a commencé dans l'amertume de la défaite, s'est développée dans la modestie et s'achève dans le devoir.

LE GÉNÉRAL DUBAIL — Le général Dubail qui commande la 1re armée est encore un métropolitain; et c'est aussi un fils de la guerre de 1870. Né en 1851, sorti de Saint-Cyr avec le n° 7, sous-lieutenant en 1870, il combattit à Sarrebrück, à Spickeren, à Borny, et fut fait prisonnier dans l'armée de Metz. Il était admis à l'Ecole Supérieure en 1876, capitaine en 1878, professeur d'art militaire à Saint-Cyr, et puis franchissait les divers grades, tantôt à la frontière de l'Est, tantôt en Algérie, colonel du 1er zouaves en 1901.

Deux fois chef de cabinet de M. Berteaux, ministre de la Guerre, il reçoit le commandement de l'Ecole spéciale militaire où il laisse un brillant souvenir, puis fait partie du comité technique d'infanterie. Il suffit de le voir pour reconnaître en lui le fantassin. C'est un homme de main, de volonté, d'énergie. Il ne lâche pas ce qu'il tient. La citation à l'ordre du jour qui lui attribue la croix de guerre en octobre 1915, définit parfaitement son caractère : « Chef de grande énergie et d'indomptable volonté qui sait allier à une entière compréhension des nécessités de la guerre actuelle, un remarquable esprit de discipline... » L'âge n'a pas touché cette vigoureuse nature; on le voit toujours par la pensée à la tête de son régiment de zouaves.

Sa vaste et brillante instruction, sa solide expérience, son ascendant sur les hommes vont se mesurer avec les difficultés de cette campagne des Vosges faite pour mettre à l'épreuve sa qualité maîtresse : la ténacité. Au comman-

VUE DE SAINTE-MARIE-AUX-MINES

dement de la 1re armée et plus tard du groupe des armées de l'Est, il était vraiment *l'homme de la place*. Son admirable résistance sur la Mortagne — trop peu connue, — rappelle les plus belles manœuvres des Moreau et des Masséna. Il soutint de sa volonté une armée dont le succès lointain contribua, plus qu'on ne le sait et plus qu'on ne l'a dit, à la victoire de la Marne.

Les deux armées combinent leur premier mouvement en avant par les trois portes qui s'ouvrent devant elles, d'une part de chaque côté de la région des Etangs et, d'autre part, le long de la vallée de la Bruche au sud-est du Mont-Donon.

L'offensive française se produit en deux temps : un premier bond du 14 au 18, et puis l'élan, que la contre-offensive allemande ne tarde pas à contenir et à refouler.

AVANCE VERS MORHANGE Suivons d'abord la 2e armée. En exécution du plan général, elle prenait l'offensive à la date qui lui était prescrite. Dès le 6 août, elle était prévenue du rôle qui lui incombait.

Dès ce moment, les deux armées Dubail et Castelnau devaient, comme objectif général, se porter par un commun effort sur Sarrebrück, en se couvrant face à Metz. La 1re armée avait le rôle principal de manœuvre à droite, la 2e armée servant d'abord de pivot à gauche.

Les premiers contacts pris par les troupes de couverture permirent aussitôt de tâter l'ennemi pendant que les corps achevaient leur concentration. Mais l'échec de la première offensive en Alsace (9-10 août) eut naturellement pour effet de modifier les conditions de l'offensive en Lorraine. Nous verrons le fait s'affirmer par la suite ; tout le front est solidaire d'une de ses parties. Au lieu d'opérer franchement au delà des Vosges, dans la plaine d'Alsace, la 1re armée avait à se glisser plutôt à l'ouest des Vosges. Il y avait donc lieu à une liaison plus étroite entre les deux armées. C'est ce qui se produisit.

En effet, la 1re armée dut marcher sur Sarrebourg et sur Schirmeck par un mouvement général, la gauche en avant, qui devait dès lors être appuyé par les deux corps de droite de la 2e armée (15e et 16e) dont l'objectif allait être Avricourt.

Le 13 août, tout est prêt pour que la 2e armée exécute son mouvement par la droite en liaison avec la 1re armée : la marche en avant est éclairée vers le nord et le nord-est par deux divisions de cavalerie et, point très important, elle est étayée par la constitution d'un solide pivot sur le Grand-Couronné, avec lequel le 20e corps formera charnière. Ainsi tout est paré en cas d'insuccès. Les points d'appui sont prévus. La cavalerie en réserve en arrière pourra, en cas de succès, se porter sur les derrières de l'armée ennemie et couper ses communications.

Le 14 août, l'ordre de marche est donné et le but à atteindre est la prise de possession des crêtes de Juvelize et de Donnelay qui commandent la Seille, de Vic à Dieuze d'une part et le chemin de fer d'Avricourt à Dieuze d'autre part. Si l'on tient cette position, la manœuvre offensive pourra s'opérer sur la droite où, en effet, le 15e et le 16e corps doivent partir du front Einville-Fraimbois et se porter sur Lagarde et Avricourt en longeant par le nord et par le sud la forêt de Parroy. Le 20e corps doit donc appuyer méthodiquement cette offensive en portant sa droite (11e division) dans la zone est de la forêt de Bezange, sur Réchicourt-Xanrey-Bezange, et sa gauche (39e division) dans la zone ouest vers les Ervantes, entre Moncel et la Seille. Du 14 au 16 août, le mouvement s'exécute, le 20e corps gardant son rôle de protection à gauche, et restant appuyé sur le Grand-Couronné à l'extrême-gauche.

Le 15e corps s'était porté, le 13, de la région d'Einville sur le front Coincourt-Mouacourt. Le lendemain, la 29e division qui est en tête doit gagner la ligne Moncourt-Bois du Haut de la Croix. A 800 mètres de la frontière, Moncourt, bien assis sur un piton élevé, domine la plaine. L'ennemi tenait à la fois Moncourt et le bois au nord du Sanon, près de Lagarde.

La 29e division attaque avec un entrain tout méridional, vers 3 heures de l'après-midi. Elle est accueillie « par un feu déconcertant, insoupçonné, de grosses pièces de 105 dont il était impossible de discerner l'emplacement, puis par le feu des canons de 77, des mitrailleuses, des fusils ». Elle avance toujours : le soldat français veut voir le soldat allemand en face. Mais celui-ci se dérobe : la plaine et les bois paraissent vides. L'infanterie allemande est terrée dans des tranchées, l'artillerie impossible à repérer. Enfin, par un prodige d'énergie et de volonté tenace, après un combat de cinq heures, la division s'empare de Moncourt. Les pertes sont lourdes ; mais le succès, du moins, couronne ce premier effort.

Pendant la nuit, l'ennemi s'éloignait encore et se repliait derrière la Seille. On prit confiance. Dans la soirée du 15, le 15e corps, avec les alpins à l'avant-garde, marche sur Dieuze. Froid et pluie, atmosphère d'incertitude et d'inquiétude. L'ennemi abandonne le terrain, mais il a tout réquisitionné : les hommes non mobilisés creusent des tranchées, les femmes conduisent vers l'arrière les troupeaux (1). Le 16 août, le corps d'armée s'arrête sur la ligne Donnelay-château de Marimont. Le 18 est, pour le 15e corps, une journée d'attente ; ses avant-gardes enlèvent Zommange et Vergaville, de chaque côté du canal des Salines, au nordest de Dieuze. L'accueil des habitants de Dieuze a été enthousiaste. Mais bientôt cette avancée rapide et peut-être trop confiante, s'arrête. On trouve devant soi la forêt de Koking et la forêt de Brides fortement organisées, barricadées, défoncées. A 10 kilomètres au nord de Vergaville, des batteries lourdes allemandes dominaient Burgaltdorf, Bassing, Domnon. Tout près de Dieuze, à Lindre-Basse, les digues des étangs rompues menacent

(1) *Carnet de route d'un officier d'alpins*, p. 15.

LE GÉNÉRAL DUBAIL COMMANDANT LA Ire ARMÉE

d'entourer d'eau les troupes qui s'avancent. On sent la région perfide, hérissée d'obstacles dissimulés qui protègent le nœud de communications de Bensdorf où passe, entre d'immenses quais militaires, la grande voie stratégique de Metz à Strasbourg.

Cependant, le reste du front de la 2ᵉ armée de Castelnau n'est pas inactif.

Les 2ᵉ et 6ᵉ *divisions de cavalerie* ont occupé rapidement toute la région au nord du canal de la Marne au Rhin. Le 5ᵉ hussards, notamment, a passé la frontière à Moncourt, s'est arrêté à Donnelay et se porte, le 16, sur Château-Salins dont il garde les issues. Plus à l'est, vers Réchicourt, le 17 au soir, le 14ᵉ dragons passe la frontière au chant de *La Marseillaise* : l'émotion est intense. Officiers et soldats sont ivres de joie (1).

A gauche du 15ᵉ corps, le 20ᵉ corps entre en action. Il a dû, le 14 août, engager le combat d'Arracourt, à la lisière est de la forêt de Bezange. De bonne heure, le 39ᵉ et le 60ᵉ d'artillerie ont mis en batterie entre Arracourt et Juvrecourt pour répondre au tir très nourri des Bavarois que réglait un espion d'Arracourt en déplaçant les aiguilles de l'horloge du clocher :

A 2 heures, nos troupes sont déployées, et la rangée des éclatements allemands nous fait découvrir le front du 20ᵉ et du 15ᵉ corps, s'étendant jusqu'à la ligne des collines qui ferment notre horizon. C'est la seule fois que j'ai vu des troupes évoluer sur un coin de champ de bataille. Notre offensive est arrêtée, il nous manque de l'artillerie lourde pour détruire les grosses batteries allemandes au nord de Vic et Moyen-Vic (2).

En fait, le combat se dessine bien. Le lendemain 15, nos canons de 120 arrivent, bouleversent les tranchées profondes et bien organisées de l'ennemi et réduisent au silence une batterie lourde, tandis que les Bavarois sont délogés à la baïonnette. Le 16, le 20ᵉ corps, après avoir mis la main sur les ponts de Vic et de Moyenvic, tenait, au sud de la Seille, la

crête Juvelize-Donnelay et celle des Ervantes. Le 17 matin, nos dragons entraient à Vic :

Nos régiments s'y succédèrent sans interruption, musique en tête, drapeau déployé et flottant au vent. Nos fiers troupiers, portant tous des fleurs, défilaient devant la statue de Jeanne d'Arc, au centre de la ville; au pied de la statue se tenaient les officiers supérieurs et généraux. La division de Toul et toutes les troupes, du reste, furent grandement acclamées (1).

Le 20ᵉ corps se porte alors vers les hauteurs qui, de Château-Salins à Morhange, ferment le côté ouest du couloir de Morhange. Il atteint le 18 soir le front Oron-Château-Bréhain-Bréhain-Pewingen-Conthil.

A gauche du 20ᵉ corps, le 9ᵉ corps d'armée, disposant de la 70ᵉ division de réserve et de l'artillerie lourde d'armée, occupait, le 13 août, la région entre Moivron et le mont d'Amance, ses avant-postes surveillant la Seille, d'Arraye à Brin. Le 14, ses divisions s'ébranlent vers la forêt de Grémecey ; « il y avait dans les cœurs l'exaltation de la conquête » ! Mais, le 18 soir, le 9ᵉ corps reçut l'ordre de se diriger sur Nancy pour s'y embarquer à destination de l'Ardenne belge ; l'armée vit avec regret le départ d'un de ses meilleurs corps.

A ce moment, le 2ᵉ *groupe de divisions de réserve* (59ᵉ, 68ᵉ et 70ᵉ divisions) occupait l'ensemble du Grand-Couronné, avec mission de couvrir l'armée du côté de Metz. Dès le 19, la 68ᵉ division fut mise à la disposition du 20ᵉ corps dont elle forma la gauche, dans sa marche au delà de la Seille (2). Un combattant du 344ᵉ de réserve (Bordeaux), appartenant à cette 68ᵉ division, Pierre Dumoulin, écrit :

Le 18 août, drapeau déployé, l'arme sur l'épaule et baïonnette au canon, nous franchissons la frontière en chantant *La Marseillaise* à pleine voix. Le moment tant attendu, tant désiré, tant appelé, était venu. Nos âmes frémissaient, le sol était élastique sous nos pas. Guy de Cassagnac regarda sa montre à l'instant précis où il enjambait la ligne désormais effacée : « Onze heures vingt-

---

(1) *Excelsior* du 26 mars et du 11 juin 1915.

(2) Bernard Descubes, *Mon carnet d'éclaireur*, p. 27.

(1) *La Vie en Lorraine*, septembre 1914, p. 185. « Récit d'un habitant de Vic ».

(2) *Est Républicain*, du 12 septembre 1915.

VUE DE FENESTRANGE

huit, me jeta-t-il. » Je n'oublierai jamais cette seconde de ma vie... Une marche très longue et très dure suivit cette allégresse. Le soleil tapait dur, les sacs étaient lourds, la forêt où nous cheminions, nous arrêtant fréquemment, paraissait mystérieuse ; peu à peu, les chansons cessèrent, les conversations s'espacèrent, les hommes fatigués et un peu inquiets se taisaient. Le soir, nous atteignîmes le village de Fonteny, en plein territoire annexé.

Les 59e et 70e divisions prolongèrent, de la Seille à la Moselle, comme pivot défensif, le déploiement de la 2e armée ; le 18 soir, la 70e division était à Arraye et Manhoué, la 59e assurait à Sainte-Geneviève la protection de Nancy.

En somme, nous n'avions pas cessé de progresser en Lorraine, et le gros des forces de l'armée de Castelnau s'était considérablement rapproché de la voie ferrée Metz-Sarrebourg. « Nous avons, dit le télégramme du général Joffre, daté du 18 à 9 h. 15, occupé toute la région des étangs jusqu'à l'ouest de Fenes-

trange. Nos troupes débouchent de la Seille dont une partie des passages ont été évacués par les Allemands. Notre cavalerie est à Château-Salins... D'une façon générale, nous avons obtenu, au cours des journées précédentes, des succès importants et qui font le plus grand honneur à la troupe dont l'ardeur est incomparable et aux chefs qui la conduisent au combat. »

On remarquera que le télégramme du général en chef donne, comme limite à l'avance française, l'ouest de Fenestrange en fin de journée, le 17. C'est qu'en effet, l'aile droite marchante de l'armée de Castelnau devait, le 17 août, se redresser vers le nord, de manière à orienter, si possible face au nord-ouest, le dispositif général de l'armée. A cet effet, le 16e corps qui, la veille, avait sa 31e division entre Maizières et Moussey, et sa 32e vers Rixingen, poussa la première jusqu'au débouché des bois et des étangs, vers Lauterfingen, tandis que la seconde, pour assurer la liaison avec le 8e corps, unité de gauche de l'armée Dubail, alors dans la région d'Ibigny, dut se maintenir entre Rixingen et Avricourt.

Le 18, tandis que l'armée doit se porter en direction générale de Faulquemont, le 16e corps, laissant un fort détachement vers Diane-Cappelle, est arrêté au débouché des bois entre Mittersheim et Kuttingen; la 31e division qui, la veille, a été rejetée sur Angweiler, ne peut passer le canal des Salines et est relevée par la 32e division.

L'ordre du 18 soir prescrivit l'offensive pour le 19 matin. La bataille semblait prochaine.

En pénétrant dans ces villages de la Lorraine annexée qu'ils venaient délivrer au prix de leur sang, les soldats français avaient éprouvé comme un malaise, une sorte de déception. Le paysan, d'une manière générale, reste froid. Aucun cri, de rares marques de sympathie; les maisons sont ouvertes : sur le seuil, personne. Ce silence, cette réserve cachent-ils un mystère?... C'est que, depuis plusieurs semaines, des agents envoyés dans les villages ont menacé les habitants de représailles terribles s'ils accueillent chaleureusement l'armée française. Les soldats défilent dans les rues silencieuses.

Des renseignements recueillis, il semble résulter qu'on n'a eu encore affaire qu'à des avant-gardes ennemies, dont les gros sont vers Sarrebourg (*Ier Bavarois*), Bensdorf (*XXIe corps* d'armée), Morhange (*IIe Bavarois*), Han-sur-Nied (*IIIe Bavarois*). Ces forces sont appuyées par le Ier *corps de réserve bavarois* et sur les flancs, à droite par la garnison de Metz, à gauche par les troupes amenées en hâte d'Alsace et du Sundgau.

OCCUPATION DE SARREBOURG

Cependant, à l'est des Etangs, la Ire armée, ainsi secondée, avançait aussi vigoureusement que possible. Le général Dubail avait promis qu'il serait en état de franchir la Meurthe le 14 ; en fait, il était prêt le 12 et obtint l'autorisation de marcher sans retard afin d'atteindre le front Dabo-Sarrebourg et de s'y retrancher.

Le 8e corps (général de Castelli) occupe les rives de la Meurthe sur le front Vathiménil-Azerailles, et va se tenir en liaison étroite avec le 16e corps de l'armée de Castelnau. On vient d'apprendre que deux corps d'armée allemands établissent des tranchées et

LE PREMIER DRAPEAU PRIS A L'ENNEMI
EXPOSÉ A LA FENÊTRE DU MINISTÈRE DE LA GUERRE A PARIS

VUE DE WISEMBACH

opèrent dans la région Avricourt-Domèvre-Cirey. C'est le *I*er *corps bavarois* (général von Xylander) et peut-être une partie du *XIII*e *corps*, ainsi que deux divisions de cavalerie, la 1re bavaroise et la 7e division. Ce mouvement indique-t-il déjà le projet de l'état-major allemand de gagner, par Blamont, la trouée de Charmes ?

Quoi qu'il en soit, le 14 août, de bonne heure, la 16e division (général de Maudhuy) se porte en avant avec ordre d'attaquer par brigades accolées sur les deux rives de la Vezouse, dans la direction de Domèvre. L'après-midi, Domèvre est enlevé, et une compagnie se porte en reconnaissance sur Blamont. Vers le soir, le général apprend que cette compagnie a rencontré l'ennemi et qu'elle a besoin de renfort pour se maintenir. Il dispose d'un bataillon du 95e avec le colonel, le lieutenant-colonel, le drapeau, une ou deux sections de mitrailleuses : on marchera sur

Blamont à 10 heures du soir. La distance qui sépare Domèvre de Blamont est rapidement franchie ; sur la route, on remarque un fil téléphonique suspect. Bientôt, sur la hauteur qui domine le bourg au nord-est, s'engage un combat de nuit qui arrête la vigoureuse offensive des Français. Après une mêlée où tout se confond, le général fait sonner le ralliement par cinq ou six clairons qu'il a sous la main; effet surprenant : la fusillade cesse. On regagne Domèvre. Le lendemain 15, au jour, la division occupe Blamont, où l'on apprend que l'infanterie allemande et une batterie d'artillerie se sont repliées en désordre.

En ce moment, la division se trouve un peu en flèche par rapport au 16e corps qui forme la droite du général de Castelnau dans la direction de Leintrey et au 13e corps qui opère à droite, sur Badonviller. Elle modère sa marche. Sa direction est, au delà de Blamont, les hauteurs de Hattigny-Ibigny et la route de Sarrebourg ; l'ennemi résiste peu, se retire systématiquement. Le 17 août, occupation, en territoire annexé, d'Hattigny et de Fraquelfing, avec des éléments avancés vers Aspach. Vers midi, on apprend que Gondrexange, Heming, Hertzing sont évacués par l'ennemi. Les avant-gardes françaises prennent immédiatement possession de ces villages.

On avance toujours. Le 18 août, ordre est donné d'occuper les croupes est de Xouaxange et les hauteurs nord-est de Bebing. Le mouvement s'opère vers 10 heures du matin. On commence à rencontrer des piquets de fer fixés dans le ciment : c'est un terrain d'exercice de tir. Tout est préparé ; tout est repéré : les obus tombent dru. On est à 3 kilomètres de Sarrebourg.

L'ordre est donné de prendre la ville, de s'y fortifier et d'attendre dans une position défensive. Le 95e et le groupe d'artillerie Dessirier sous les ordres du colonel Rebel reçoivent donc la mission d'attaquer Sarrebourg et d'occuper les débouchés au nord et à l'est sur Hoff et Bühl, le reste de la division devant appuyer l'attaque et se retrancher sur les collines qui dominent la Sarre, au sud-ouest de la ville.

A midi 1/2, au dire d'un témoin, le général de Maudhuy entre dans la ville avec trois chasseurs ; à 2 heures, le 95e y pénètre tambours battant, clairons sonnant ; on crie : « Vive la France ! » Les Allemands, chapeau bas, écoutent *La Marseillaise* sur la place. Pourtant, bien des figures froides, des allures suspectes ; le maire est arrêté.

Le 95e, qui a pris la ville sous le feu de l'artillerie lourde, y est cantonné ; le lieutenant-colonel est nommé gouverneur. Les troupes sont en stationnement à Bebing avec leurs avant-postes aux lisières des bois, face au nord-est. La relation officielle allemande de la bataille de Sarrebourg constate : « Le 18 août, le *I*er *corps* d'armée bavarois revint à Sarrebourg où il était venu débarquer dix jours auparavant. On dut tristement abandonner la ville pour occuper une position nord-est voisine. »

COMBAT DE SAINT-BLAISE — Le centre et la droite de la 1re armée (13e, 21e et 14e corps) avaient, comme le 8e corps à gauche, gagné du terrain dans la direction de la frontière.

Le 13e corps, à droite du 8e corps, s'était avancé vers Badonviller et Cirey, tenus par le *I*er *corps* bavarois, dont la 1re brigade avait repoussé le 12 un de nos bataillons de chasseurs de Badonviller sur Celles et dont la 2e brigade allait maintenant subir le choc de nos avant-gardes. Le 15, tandis que, comme nous l'avons vu, l'avant-garde du 8e corps enlevait Blamont, le 13e corps s'avançait vers Cirey, au milieu des ruines et des atrocités accumulées dans cette région par les Bavarois, et sur lesquelles nous reviendrons.

Les avant-postes ennemis furent partout refoulés ; dans la matinée, une action de notre infanterie, soutenue par l'artillerie, enleva Cirey ; l'affaire fut chaude et bien conduite ; l'ennemi dut se replier dans la direction de Lorquin. Le 16, nos éléments avancés se portaient jusqu'à hauteur de ce village et enlevaient le convoi d'une division de cavalerie allemande avec 19 camions. Par une progression continue, le 13e corps atteignait le 17 la ligne Lorquin-Abreschwiller. Or, le même jour, au sud-est dans les Vosges, nous avions atteint le front Schirmeck-Villé.

En effet, grâce à l'occupation du col de Saales (1) et de l'important massif du Donon, une action heureuse du 21e *corps* nous fit immédiatement progresser dans la vallée de la Bruche.

Le 21e corps (général Legrand) était parti de la région de Saint-Dié, la 13e division au nord vers le Ban-de-Sapt avec mission d'étayer le mouvement de la 43e division qui se trouvait à l'est, vers Wisembach. Après l'occupation de Saales, le 12 août, la 13e division (général Bourdériat) s'élève le long des Vosges et de la frontière, dans la direction du col du Hanz, attaqué vainement le 13 par les Allemands ; le soir

(1) Voir ci-dessus t. III, p. 173 ; Saales avait été occupé dès la matinée du 12.

LA VALLÉE DE GUEBWILLER

même, le 109ᵉ cantonnait à Saulxures, où des officiers français furent reçus chez un grand fabricant qui leur dit : « Il y a quarante-quatre ans que nous vous attendons ! » Or, le lendemain, on découvrit dans la cave un téléphone par lequel l'ennemi était renseigné sur l'emplacement de nos batteries; l'hôte empressé fut arrêté et fusillé, ainsi que le chef de gare, qui agissait de même.

Le 14 au matin, la 26ᵉ brigade (21ᵉ et 109ᵉ d'infanterie et deux groupes du 59ᵉ d'artillerie) commandée par le colonel Hamon, reçut l'ordre d'attaquer la position allemande de Plaine-Diespach, fortement organisée. Deux bataillons du 109ᵉ sont lancés en avant et immédiatement canonnés par l'artillerie lourde ennemie installée à l'est, sur les hauteurs de Belmont. Aux abords de Plaine, le 109ᵉ est accueilli par un feu violent d'infanterie et de mitrailleuses

étagées; de nombreuses charges à la baïonnette maintiennent pourtant les troupes sur les pentes sud et sud-ouest de Plaine; un bataillon du 21ᵉ soutient la gauche du 109ᵉ; à 4 heures de l'après-midi, ordre d'enlever le village; les obus de 75 arrosent Plaine et Diespach. A 5 heures 1/2, l'ennemi cède; mais une section de mitrailleuses allemandes, qui surprend un instant nos troupes, tient encore dans le clocher que l'artillerie française démolit rapidement. A 7 heures du soir, après treize heures de combat, le feu cesse et la 26ᵉ brigade bivouaque sur ses positions; son chef, le colonel Hamon, fut plus tard cité à l'ordre du jour, ainsi que les colonels Frisch, du 21ᵉ, et Aubry, du 109ᵉ.

Saint-Blaise a été attaqué en même temps : le 1ᵉʳ bataillon de chasseurs à pied engage le combat contre deux régiments du *XVᵉ corps* allemand, le 132ᵉ (39ᵉ division) et le 99ᵉ

(30e division), soutenus par deux batteries de campagne et une d'obusiers.

Nous gravissons, écrit un témoin, un étroit sentier qui mène au plateau de Saint-Blaise. Aucune culture possible sur ce penchant trop abrupt, mais, parmi l'herbe sèche, des bruyères et des sapins bas; or la mort un instant y guetta nos soldats : l'infanterie allemande, terrée à mi-corps dans des tranchées, surveillait de haut et en toute sûreté la route qui vient de France... Quel admirable site que cette gorge vosgienne, étroite et sombre par ici, puis au delà des toits rouges de Fonday, s'élargissant peu à peu; mais aussi, quelle savante et terrible embuscade! Par bonheur, nos Français ne s'y laissèrent pas prendre. Et tandis que l'ennemi accroché à ces pentes, massé sur ce plateau, visait la route encaissée, voici que, tombant du ciel et de toutes parts, les projectiles de nos 75 le foudroyaient à l'improviste, semant la terreur et la mort dans les tranchées, balayant les masses sur le plateau (1).

Nos canons, en effet, après avoir tué une partie des chevaux, finissent par réduire au silence la grosse artillerie allemande; ici encore le clocher portait des mitrailleuses : notre artillerie l'abat. A la fin du jour, le 1er bataillon de chasseurs est lancé contre les ouvrages de défense occupés par l'ennemi et avec un entrain endiablé, il s'en empare et s'y installe pour la nuit. C'est dans ce mouvement en avant que le drapeau du 132e allemand (1er régiment de

LA CATHÉDRALE DE THANN

Basse-Alsace) tomba au pouvoir de la 5e compagnie.

La journée avait été dure, mais glorieuse : 8 canons, 4 obusiers, 6 mitrailleuses, 90 chevaux et 537 prisonniers, dont 10 officiers restèrent entre nos mains. Nos chasseurs trouvèrent, étendu sur un lit, le corps d'un général de division, sans doute blessé pendant l'action et qui était venu expirer là.

C'était un beau succès et qui gonflait les cœurs d'espoir. La prise du drapeau allemand fut célébrée à Paris. Exposé à une fenêtre du ministère de la Guerre, présenté à l'Élysée, l'étendard fut ensuite porté aux Invalides où sa remise donna lieu à une émouvante cérémonie.

Les Allemands, le 19 août, étaient refoulés jusque vers Molsheim; la 13e division s'installa : la 25e brigade tenait le Donon et la 26e occupa, dans la vallée de la Bruche, Schirmeck, Russ et Hersbach. On ramassa, dans une seule journée, 1.000 prisonniers. La cavalerie atteignit Lutzelhausen et Mulhbach. Cet insuccès fut, d'ailleurs, avoué par l'ennemi; il reconnut que deux bataillons, détachés d'une division de la forteresse de Strasbourg avec des canons et des mitrailleuses, avaient été assaillis près de Schirmeck par de l'artillerie

(1) Charles Leleux, *Feuilles de route d'un ambulancier*, p. 45.

LE GÉNÉRAL PAU.

française venue du Donon et avaient dû abandonner canons et mitrailleuses rendus inutilisables et regagner la forteresse.

Mais à partir du 18, on sentit peser sur notre front la résistance allemande réorganisée. Sur la ligne Donon-Russ, la 13ᵉ division recevait l'ordre de prendre Wisch et de marcher sur Urmatt. Le 109ᵉ occupa Wisch sans résistance et l'ennemi, dès midi, ne fit que menacer sans attaquer les abords de Lutzelhausen. C'est que son effort portait sur la rive droite de la Bruche où, organisant défensivement les crêtes, il tenait en échec le 17ᵉ d'infanterie entre Schwarzbach et Grendelbruch; malgré le renfort du 21ᵉ, le 17ᵉ éprouvé se replie. Le soir, cantonnement d'alerte à Hersbach. Les contre-attaques allemandes avaient été menées avec des forces importantes : cinq régiments s'étaient portés vers Mulhbach, soutenus par le feu des forts de Mutzig (Molsheim).

Tandis que le 21ᵉ corps se maintenait dans la vallée de la Bruche, puis se portait vers le nord, au delà de Schirmeck et du Donon, le 14ᵉ corps avait opéré vers les cols de Sainte-Marie-aux-Mines et du Bonhomme. Il devait, en quelque sorte, soutenir la poussée du 21ᵉ corps. Sainte-Marie-aux-Mines, prise le 16, vit défiler le 14ᵉ corps dès le lendemain. Sainte-Croix fut occupée et du matériel ennemi d'artillerie lourde tomba entre nos mains. Mais le 18, une contre-attaque de troupes badoises et bavaroises nous reprit Villé où nous n'avions qu'une avant-garde.

Bientôt, les 58ᵉ *et* 66ᵉ *divisions de réserve* vont venir opérer dans cette région-frontière, entre Ranrupt et Wisembach.

Cette manœuvre offensive de l'armée Dubail, à travers les Vosges ou au débouché des Vosges vers Sarrebourg, n'aboutit pas, comme celle de l'armée Castelnau, à une avance considérable en territoire annexé, à cause des difficultés vosgiennes. Mais un grand pas était fait : nous tenions les sommets de la montagne et commandions la plaine, tandis qu'en Lorraine

annexée, nous tenions la plaine et avançions vers les hauteurs dominant la Sarre, la Seille et la Nied. Les difficultés étaient donc en partie vaincues pour l'armée des Vosges; elles commençaient pour l'armée de Lorraine. L'armée Dubail, à cheval sur le Donon, tenait la ligne nord-ouest de Sarrebourg-Lorquin-Abreschwiller-Schirmeck, s'étant simplement repliée de Villé le 18.

Ses opérations autour du mont Donon avaient eu pour objet de nous assurer les pentes des Vosges septentrionales conduisant dans la plaine d'Alsace. Elles allaient permettre de retenir les forces ennemies ramenées de Haute-Alsace dans la région de Saverne-Molsheim, tandis que l'armée Castelnau dessinait vigoureusement son offensive. En même temps, elles avaient secondé l'effort du détachement du général Pau jusqu'aux portes de Mulhouse et de Colmar, effort qui, dans la pensée du haut commandement, devait réparer rapidement le premier échec du 10 août, et permettre de regagner, si possible, le temps perdu.

Le 19, pour récapituler brièvement ce que nous avait valu notre offensive, la ligne générale française se développait au delà de la frontière par Delme, Morhange, le nord de Sarrebourg, Schirmeck, Sainte-Marie, Guebwiller, Thann, Mulhouse. Les troupes étaient pleines de confiance et d'enthousiasme. La frontière déchaînait, d'un bout à l'autre du front, les *Marseillaises*.

Qui eût douté de la victoire ? L'ennemi tenait à peine; il abandonnait des positions soigneusement préparées ; on refoulait, non sans effort, certes, mais, en somme, on refoulait la couverture ennemie. En poussant l'offensive au nord de la Sarre, on menacerait les communications des armées engagées en Belgique.

Le Chancelier n'avait-il pas dit au Reichstag le 4 août : « Une attaque française sur notre flanc dans la région du Rhin inférieur peut nous devenir fatale. C'est pourquoi nous

EMBARQUEMENT D'UN RÉGIMENT D'INFANTERIE

avons été forcés de passer outre aux protestations justifiées des gouvernements luxembourgeois et belge. »

Le communiqué du mardi 18 août avait résumé ces excellentes impressions :

Il se confirme que, dans les engagements qui ont eu lieu depuis le début de la campagne dans cette région, l'ennemi a subi des pertes beaucoup plus élevées que nous ne l'avions cru au premier abord. On s'en rend compte, tant par les cadavres retrouvés que par le témoignage des prisonniers. Nous progressons également dans les vallées de Sainte-Marie et de Villé. Dans la vallée de la Bruche, nous continuons, fortement appuyés sur le Donon, à nous avancer dans la direction de Strasbourg.

Il se confirme que les troupes allemandes rencontrées devant nous dans cette région sont complètement désorganisées. Sur la ligne Lorquin-Azoudange-Marsal, nos troupes gagnent du terrain.

Nous avons donc, sur la ligne frontière, depuis Chambrey jusqu'à Belfort, gagné sur l'ennemi une distance qui varie de 10 à 20 kilomètres et pris pied aussi bien en Alsace qu'en Lorraine.

On voit qu'une nouvelle offensive en Alsace était signalée. Elle était, dans la pensée de l'état-major français, le complément nécessaire de l'effort en Lorraine. Elle empêchait les Allemands de dégarnir l'Alsace et puis une telle offensive faisait partie du système nouveau de cette guerre qui tendait à ne pas laisser une motte de terre sans agresseur ou sans défenseur.

DEUXIÈME OFFENSIVE EN ALSACE DU SUD Après leur succès qui avait suivi la première occupation de Mulhouse, les Allemands nous avaient contraints à la retraite sous Belfort. Le général Deimling, commandant le détachement d'armée opérant en Haute-Alsace, avait installé son quartier général à Thann et, devant la solidité de notre front, n'avait pas tenté de le forcer.

Il semble bien que, durant la deuxième quinzaine d'août, les Allemands aient fait appel au concours de l'Autriche. Les documents allemands affirment que le général Deimling ne disposait que de troupes de réserve et de territoriale. Mais des renseignements publiés par la *Gazette de Lausanne*, il résulte que des unités autrichiennes avaient été mises à la disposition de l'état-major allemand pour collaborer à la défense de l'Alsace. Quoi qu'il en soit, le 13 août, l'ordre fut donné au général Gaede de se porter de la rive droite du Rhin, qu'il gardait, avec trois brigades de landwehr, sur la rive gauche, et de couvrir la Haute-Alsace au sud de Mulhouse.

La concentration des forces ennemies s'opéra autour de la forteresse d'Istein ; le pont de bateaux reliant Huningue à la rive droite du Rhin fut détruit; le génie rasa une partie de la forêt de la Hardt et de puissants projecteurs furent installés pour éclairer la trouée des Vosges.

Du côté français, des renforts importants furent concentrés dans la région de Belfort. Avec la 8e *division de cavalerie*, le 7e *corps* s'adjoignit *quatre divisions de réserve* et le commandement de ces forces fut confié au général Pau, un des chefs les plus populaires et les plus hautement appréciés de l'armée française.

Soldat de la guerre de 1870, il avait été grièvement blessé à la bataille de Wœrth. Sa belle carrière militaire avait reçu son couronnement par le commandement du 20e corps. Commissaire du gouvernement devant les Chambres, il avait pris une part décisive à la discussion de la loi de trois ans ; son discours devant le Sénat avait emporté les dernières résistances. En diverses circonstances, il avait représenté le gouvernement français et l'armée française à l'étranger, notamment dans ces manœuvres de l'armée suisse en septembre 1912, où il avait rencontré l'empereur Guillaume. En 1911, son nom avait été prononcé pour remplir à l'état-major général les fonctions qui l'eussent désigné comme généralissime en cas de guerre. Lui-même avait indiqué le général Joffre. La limite d'âge l'atteignit en novembre 1913. Il offrit ses services dès la déclaration de guerre. Dans une circonstance grave comme celle de la reprise de l'offensive en Alsace, le choix du haut commandement se portait naturellement sur lui.

Sa haute conscience militaire, sa valeur, son expérience, sa solidité, la confiance qu'il inspirait au soldat, tout, jusqu'à cette crânerie et cette allure en dehors du brillant officier de carrière, tout le désignait pour devenir un maître de l'offensive. Il dirigea celle qui lui était confiée avec un soin attentif, une mûre réflexion, une exacte préparation du terrain. Cette fois, il ne fallait pas échouer!

Le repli de la première offensive sur Mulhouse s'était achevé le 12 août. Le général Pau prit le commandement dès le 13.

Les dispositions étaient prises dès le 14 à midi : « En grandes lignes, elles furent les suivantes : objectif de l'armée, Mulhouse (1). Le 7e corps au centre. Axe de marche : la route nationale de Belfort à Mulhouse par Burnhaupt-Heimsbrunn. Deux divisions de réserve à droite. Axe de marche : Dannemarie-Altkirch-la vallée de l'Ill. Deux divisions de réserve à gauche, en liaison avec les chasseurs à pied toujours vers Thann. Axe de marche : Sentheim-Aspach-Wittelsheim (2).

Il semble que le plan du général Pau fut de tourner l'armée allemande par le nord pour la cerner ou la rejeter, au pis, sur la frontière suisse. Le 14 au soir, Thann était repris par nos troupes qui y faisaient des prisonniers. Descendant de la Schlucht, nos alpins occupaient Munster, puis Guebwiller le 15 août ; nous débouchions ainsi en force de la région montagneuse sur la plaine. En même temps, les troupes parties de Belfort se portaient sur Dannemarie, notre droite s'appuyant sur le canal du Rhône au Rhin.

Le 16, nous étions solidement installés sur la ligne Thann-Cernay-Dannemarie. La marche en avant était, cette fois, lente et méthodique. On mit plus de cinq jours pour faire le chemin qu'une unité de l'active

(1) Voir les cartes, tome III, p. 173 et 187.

(2) Capitaine P. P., « Le second combat de Mulhouse », dans *La Nouvelle Revue*, du 15 janvier 1916,

UNE COLONNE DE CHASSEURS ALPINS DANS LES VOSGES

avait parcouru précédemment en deux jours.

Les forces allemandes se retiraient en grand désordre, abandonnant un nombreux matériel, approvisionnements d'obus, voitures et fourrages.

Au fur et à mesure que nos troupes avançaient, elles relevaient les traces de la férocité des troupes allemandes. Prisonniers achevés à coups de baïonnette ou jetés dans le canal, civils ou prisonniers poussés en avant des lignes et exposés aux balles françaises ; à Magny, près de Montreux-Vieux, un enfant de sept ans s'amusant à mettre en joue une patrouille avec son fusil de bois, est fusillé sur place.

L'avance française avait été accueillie avec enthousiasme ; on acclame les détachements de turcos et de spahis, les troupes noires; on fleurit les canons des fusils.

« Pendant toute la journée du 17, dit le général Joffre dans un télégramme au ministre de la Guerre, nous n'avons cessé de progresser en Haute-Alsace. La retraite de l'ennemi s'effectue en désordre ; il abandonne partout des blessés et du matériel. »

Le 18, notre progression générale continue. Le plan du général Pau s'accomplit méthodiquement. Au moment où il donne l'ordre d'attaquer Mulhouse, le commandant en chef élargit les ailes de son armée. L'aile gauche se redresse vers le nord dans la direction de Colmar et de Neuf-Brisach, tandis que l'aile droite commence simultanément à se porter sur Altkirch. Ainsi se dessinent les deux branches de la tenaille qui menace la retraite allemande.

Un document allemand le reconnaît : « Cette manœuvre conduit l'offensive française à un succès complet, car les Allemands, avec leurs forces inférieures, durent se retirer au plus vite pour ne pas être encerclés. »

COMBAT DE DORNACH Mais il ne leur était déjà plus possible d'échapper sans combat. « L'aile gauche allemande, dit ce même document, dut accepter un combat inégal sur les hauteurs situées à l'est de l'Ill. Les 109e, 112e, 114e et 142e régiments de landwehr s'y trouvaient soutenus par des forces d'artillerie et de cavalerie, et la lutte fut particulièrement acharnée près de Tagsdorf. »

Le front de bataille s'étendait, en somme, du nord au sud, depuis les environs de Cernay, en passant par Lutterbach, Niedermorschwiller et Zillisheim, jusqu'à Tagsdorf. Vers 4 heures du matin, le 19, de fortes colonnes allemandes avaient contourné Mulhouse. A 7 heures, Pfastadt, Lutterbach, Richwiller, Kingersheim, Illzach, Zimmersheim, Brunstadt regorgeaient de troupes ennemies et à 9 heures, des masses d'attaque se concentraient entre Lutterbach, Pfastadt et Richwiller, tandis qu'un millier d'hommes s'étaient avancés sur Dornach durant la nuit.

Voici comment, d'après un des officiers français qui prirent part à la lutte, s'engagea le combat à Niedermorschwiller : « Une division allemande de réserve, venue de Mulheim (grand duché de Bade) avait traversé la forêt de la Hardt, puis Mulhouse. Par des prisonniers, nous sûmes plus tard que cette division nous croyait encore à Heimsbrunn ; aussi marchait-elle sur Niedermorschwiller et Heimsbrunn en formation d'avant-garde, comme nous-mêmes. Et cette bataille de Mulhouse réalise ainsi le combat de rencontre de deux divisions, mar-

BATTERIE ALLEMANDE EXPOSÉE SUR UNE PLACE DE BELFORT

chant l'une et l'autre dans deux directions contraires sur la même route nationale. Mais, cette fois, la division allemande se trouvait en grande infériorité vis-à-vis de la nôtre... Nous dépassâmes Zimmermann. L'attaque de nos trois compagnies réussit au prix de pertes sanglantes à déborder et à capturer une batterie allemande. Cette batterie se trouve actuellement aux Invalides à Paris, après avoir été exposée à Belfort et à Lyon. »

Sur le front Brunstatt-Flaxlanden-Obermorschwiller-Tagsdorf, huit bataillons de landwehr furent très éprouvés par notre artillerie ; leur retraite dura toute la nuit sous la protection du fort d'Istein qui bombardait nos tranchées ; le lendemain matin, on pouvait voir encore de petites colonnes ennemies égarées et sans officiers. Notre 88e brigade avait perdu son chef, le général Plessier, très grièvement blessé près d'Altkirch ; quelques jours plus tard il devait mourir à Lyon. A Hochstadt, la résistance opiniâtre d'éléments des 35e et 42e d'infanterie coûta la vie à plus de 200 des nôtres.

Mais la plus active résistance allemande s'était produite non loin de Niedermorschwiller, dans le faubourg même de Mulhouse, à Dornach. Dornach, qui est une sorte de banlieue avec villas et jardins, murs, haies, barrières en bois, cloisons métalliques, était solidement tenu par les Allemands. Ils avaient tendu des fils de fer où passait un courant électrique, avaient jeté quarante hommes dans chaque maison avec ordre de résister jusqu'au bout. Dès que l'attaque fut commencée par deux

GABRIEL HANOTAUX
de l'Académie Française

HISTOIRE ILLUSTRÉE
DE LA
GUERRE DE 1914

24 PAGES DE TEXTE ET D'ILLUSTRATIONS

FASCICULE
N° 43

L'ÉDITION FRANÇAISE ILLUSTRÉE
(GOUNOUILHOU, Éditeur)
30, Rue de Provence, Paris

PRIX NET
1 franc
ÉTRANGER, PORT EN PLUS

A NOS LECTEURS

VEC le fascicule 40 a commencé le tome IV de l'*Histoire illustrée de la Guerre de 1914;* les deux premiers volumes parus ont donné l'exposé des faits historiques et diplomatiques qui ont précédé et amené la guerre, et qui engagent si lourdement la responsabilité de l'Allemagne. Il était nécessaire de faire connaître et comprendre les causes profondes qui ont déchaîné ces formidables événements

Le volume III a commencé le récit de la guerre proprement dite. Les opérations militaires y sont exposées sur tous les fronts au fur et à mesure qu'elles se sont déroulées. Le volume IV et les suivants continueront ce récit. Grâce à la quantité innombrable de documents parus ou inédits qu'il s'agissait de réunir, de compulser, d'étudier, l'historien est parvenu à s'arracher à la confusion des premières heures. Par les renseignements qu'il a recueillis, par les travaux d'enquête et de recherches auxquels il s'est livré, par les conversations qu'il a eues avec les personnages officiels et les hommes politiques de l'Europe entière, il a approché, d'aussi près que peut le faire un contemporain, de la source où peut se découvrir la vérité sincère et impartiale.

Si le lecteur veut bien considérer l'importance que l'auteur a donné à l'exposé qui ne forme que le prologue, il comprendra les proportions qu'exige la suite du récit. Toutes les questions y seront abordées de front et le drame se déroulera dans son ampleur magistrale.

L'Histoire illustrée de la Guerre de 1914 va donc mettre à la disposition du lecteur l'instrument qui lui permettra d'atteindre la raison profonde des faits militaires qui ne peuvent manquer d'assurer le triomphe de la Justice et de la Civilisation.

ARTILLEURS FAISANT FONCTIONNER LE 75

compagnies actives du 7ᵉ corps, l'artillerie dut suspendre son tir sur le faubourg, tant les deux troupes étaient mêlées. On dut prendre les propriétés d'assaut successivement. Les Français purent amener cependant dans les rues non seulement une section de mitrailleuses, mais une pièce de 75 qui y fut tirée à bras ; les maisons furent ainsi canonnées et obligées de se rendre l'une après l'autre. Le 35ᵉ, secondé par les sapeurs du 4ᵉ génie, se conduisit héroïquement ; l'ennemi ainsi que le bataillon de renfort qu'il envoya, fut décimé. Une compagnie française escalada le Geisbühl, d'où une ambulance allemande tirait sur nos troupes.

Dornach fut emporté à 2 heures de l'après-midi : 24 canons enlevés à la pointe de la baïonnette, dont une batterie de 6 pièces de 77 du *XIVᵉ corps* allemand prise à Dornach même par le 42ᵉ d'infanterie, et trois autres batteries prises à Brunstatt, plus de 3.000 prisonniers, quantité de caissons, fourgons, chevaux, un matériel considérable étaient les trophées de la victoire. Relevons la citation suivante d'un futur chef d'armée, le général Nivelle, alors colonel du 5ᵉ d'artillerie, qui se révéla dès cette première journée : « Chef de la plus grande valeur militaire. Le 19 août, participe avec deux groupes à l'attaque d'un village, puis à l'attaque d'une division. Un groupe entier d'artillerie allemand, sur lequel il a tiré le 19, a été trouvé le 21 au matin, abandonné sur le champ de bataille. » Les pertes allemandes furent très élevées ; un régiment badois perdit tous ses officiers, moins sept ; l'artillerie ennemie, massée sur les hauteurs du Hasenrain, avait elle-même très mal réglé son tir.

Voici, d'ailleurs, le récit de la journée emprunté à un document allemand : « Trois régiments badois de landwehr, dont les 40ᵉ et 110ᵉ, étaient revenus jusqu'à Dornach ; quatre autres régiments de landwehr et quelques groupes d'artillerie s'étaient établis au sud de la ville de Flachslanden à Brunstatt et Tagolsheim pour attendre l'attaque française. Celle-ci se développa entre Niedermorschwiller, Diedenheim et Hochstatt. Le combat inégal dura depuis l'aube jusqu'à la tombée de la nuit. Enfin, les Allemands durent céder sous le nombre et se retirer par Mulhouse sur le Rhin. La retraite des troupes allemandes se fit dans le meilleur ordre par la forêt de Hardt ; elle y fut puissamment aidée par l'artillerie lourde de Istein. L'infanterie française avait surpris, près de Dornach, une partie de notre artillerie de campagne. A la baïonnette, ils embrochèrent les chevaux ; il fallut leur abandonner 24 canons et 1.200 prisonniers. »

Le succès était donc complet et avoué. Les autorités civiles et militaires allemandes avaient évacué Mulhouse dès le 18 août dans la matinée ; à 5 heures de l'après-midi, neuf chasseurs à cheval français, précédés d'un lieutenant, étaient arrivés au galop par le faubourg de Bâle et avaient traversé la place au milieu de l'émotion des habitants. Nous entrâmes en force dans la ville, le 19, à 3 heures de l'après-midi ; le 35ᵉ s'avança par le faubourg de Colmar ; un colonel allemand et 500 hommes qui fuyaient sur Rixheim furent faits prisonniers.

« La nuit, écrit un témoin, fut d'une fraîcheur exquise qui invitait la population à la joie. Dans les rues, les couples tournent avec rage sur l'asphalte. La ville est en liesse. Le passé, les représailles des 11 et 12 août, tout cela est oublié. Les Français sont là ! »

Pourtant la ville de Mulhouse ne fut plus considérée comme le but unique. Tandis qu'une partie seulement de l'armée y logeait, une partie de nos forces s'était déjà rabattue sur Altkirch, poursuivant son succès. Risquant d'être coupés des ponts du Rhin, les Allemands s'étaient retirés en toute hâte et passaient le fleuve en grand désordre, vivement poursuivis par nos troupes. Notre but était atteint de ce côté. Maîtres des débouchés des ponts du Rhin, nous tenions la partie supérieure de la Haute-Alsace.

Le général Pau pensait qu'il pouvait faire plus encore. Nos troupes tenaient les crêtes et les principales vallées. Nous étions en bonne posture pour poursuivre nos succès dans la direction de Colmar et de Neuf-Brisach. Le 20 août, nous occupâmes les environs de Colmar, à la fois par la plaine et par les Vosges.

En résumé, ce premier acte de l'offensive dans la région de l'Est avait réussi partout. De Delme à Morhange, Bisping et Sarrebourg, de Sarrebourg au Mont-Donon, Schirmeck et Kaisersberg jusque vers Colmar, de Guebwiller à Mulhouse et aux bords du Rhin, partout nos armées avaient pénétré comme un coin en territoire ennemi. Dans la région des Vosges, les passes les plus difficiles étaient entre nos mains ; en Lorraine, nous avions franchi la région des étangs ; en Alsace, nous arrivions au Rhin.

Le haut commandement allemand n'avait-il pas été trop ambitieux en se jetant si rapidement sur la Belgique et notre offensive dans l'Est n'allait-elle pas le contraindre à venir parer au danger que pouvaient courir les provinces annexées, la région de la Sarre et même, par Huningue et Neuf-Brisach, le grand-duché de Bade et l'Allemagne du Sud ?

CHAPITRE IV

LE FRONT ORIENTAL (FIN AOUT 1914)

*Tableau géographique. — Le Grand-Duc Nicolas. — L'Autonomie de la Pologne.
La Victoire de Gumbinnen. — Le Front serbe et la victoire du Jadar.*

ANDIS que les chefs et les soldats français se préparent avec une bonne volonté et un entrain magnifiques à contenir la première vague de la grande marée germanique, la guerre se développe sur d'autres fronts et affirme son caractère mondial. Elle s'étendra peu à peu sur la planète entière. Des pays qui pensaient pouvoir rester neutres s'engageront l'un après l'autre. Les cinq parties du monde, l'Europe, l'Asie, l'Afrique, l'Océanie, l'Amérique prendront part plus ou moins directement aux hostilités. Si ce n'est pas le problème militaire, du moins le problème moral touchera tous les humains. Il ne sera plus permis à qui que ce soit sur la terre de rester neutre et de se tenir « au-dessus de la mêlée ».

Puisqu'il en est ainsi, l'*Histoire de la guerre de 1914* devrait être l'histoire de toutes les puissances, l'histoire du genre humain : mais, comment réaliser un tel programme ? On ne s'étonnera pas si, dans l'esquisse que nous tentons sous le coup des événements, les faits lointains — si grande que soit leur importance, — ne sont exposés ici qu'en fonction de la crise

générale à laquelle ils appartiennent. Ils comportent en eux-mêmes une infinité de circonstances et d'incidents qui fourniraient un ample aliment à la science, à la philosophie, à l'histoire. Sans doute contribueront-ils, plus que nous ne l'entrevoyons, à hâter le dénouement; peut-être l'avenir découvrira-t-il dans un détail, aujourd'hui inaperçu, l'oscillation imperceptible qui fit pencher la balance. Cette histoire se renouvellera sans cesse et se récrira toujours.

Pour nous qui essayons de saisir le spectacle et l'enchaînement des faits tels qu'ils apparaissent à l'esprit et aux yeux d'un contemporain, nous prenons notre point de vue de la France et de Paris. C'est donc sous cet angle et dans les proportions et rapports qu'il suppose que se développe notre récit.

Avant de montrer les grandes masses du front occidental se jetant les unes sur les autres dans la « Bataille des frontières », nous allons continuer l'exposé rapide de la situation sur les autres fronts : il suffit qu'on ait continuellement présente à l'esprit l'idée des ensembles et qu'au cours des diverses phases du drame on se souvienne toujours que la situation des empires du Centre (par suite de l'hostilité universelle que leur volonté et leur orgueil se sont attirée) est celle d'une place assiégée.

CARACTÉRISTIQUES GÉOGRAPHIQUES DU FRONT ORIENTAL Le front oriental pèse sur la Prusse et sur l'Autriche plus directement encore que le front occidental. Ce qui se passe sur le Niémen, sur la Vistule, sur le Dniester a un retentissement immédiat sur les deux capitales germaniques. Mais la constitution géographique de ce front offre peut-être à la défensive germanique une plus grande sécurité. La Pologne est une espèce de champ clos où les forces adverses vont se mesurer sans obtenir de résultats décisifs. En tout cas, dans la première partie de la guerre, elles agissent surtout par le contre-coup des faits sur le théâtre occidental.

Il semble, à première vue, que la Russie ait tous les avantages du terrain. Les lignes d'invasion de l'Allemagne et de l'Autriche en Russie divergent selon qu'elles se dirigent sur Moscou ou sur Pétrograd; tandis que les lignes d'invasion de Russie en Germanie convergent vers Posen et Breslau d'où elles peuvent menacer à la fois Berlin, Dresde, Munich et Vienne. La Pologne russe fait un saillant qui rapproche les armées du tzar de ces points décisifs et on dirait que ce saillant est fait exprès pour permettre cette redoutable avancée.

Mais à y regarder de plus près les choses changent d'aspect.

Le front oriental se développe approximativement sur une longueur de 500 kilomètres de Kœnigsberg à Cracovie. Il se divise en trois parties qui sont au point de vue orographique très nettement déterminées : la partie septentrionale : *les collines Baltiques ;* la partie centrale : *les grandes vallées de Pologne ;* la partie méridionale : *les collines de Pologne.* C'est sur ce vaste terrain assez divers, malgré ses apparences uniformes, que se dérouleront les grandes alternatives qui mettent, une fois de plus, le monde slave aux prises avec le monde germanique : vieille querelle où le monde germanique a fait, plus d'une fois, reculer le monde slave, mais en des temps où celui-ci n'avait pas encore le sentiment de son unité, de sa force et de sa grandeur.

Les *collines Baltiques* couvrent tout le nord de la Prusse, se continuent en Lithuanie et forment autour la mer Baltique un demi-cercle dont le nœud est en Prusse-Orientale, s'étend de Thorn sur la Vistule à Olita sur le Niémen ; en épaisseur le massif couvre approximativement la région d'Elbing à Mlava : c'est une sorte de forteresse germanique en pays polonais.

Remontons de la mer vers l'intérieur. Le littoral est formé par des terrains d'alluvion faisant une espèce de Flandre, marais et terres basses que le travail des siècles avance lentement vers la mer : à flanc de coteau, entre ce rivage et la région des collines se développe un terrain médian parallèle à la mer : c'est le Samland dont les noms d'Eylau, Friedland, Gumbinnen, révèlent l'importance stratégique : gradin abordable se défilant au pied de la région des collines, il ressemble, toute proportion gardée, au gradin de la Sambre longeant le massif des Ardennes belges.

Nous entrons ensuite dans la région des collines. Il ne faut pas s'imaginer les collines Baltiques comme une petite Suisse : les altitudes les plus élevées ne dépassent guère 350 mètres, la hauteur moyenne est d'environ 150 mètres : ce sont des taupinières, mais des taupinières si nombreuses et si enchevêtrées, qu'elles forment comme une sorte de terrain bosselé orienté dans toutes les directions. Ainsi, elles constituent un réel obstacle que leur pauvreté exagère encore, mais qui, surtout, prend toute son importance du fait que ce désordre de terres imperméables a donné naissance à une sorte de mer intérieure, la mer des Lacs : ce sont les fameux lacs Mazurie : d'Angerburg à Johannisburg, ils forment une barrière s'alignant, en gros, du sud au nord. C'est un terrain trempé sur une immense étendue, à une altitude moyenne d'environ 100 mètres : « Au total 2.500 bassins de toute taille s'enchâssent entre les collines qui s'étendent

CARTE DES PRINCIPAUX POINTS OU SE DÉROULÈRENT LES PREMIÈRES OPÉRATIONS
DU FRONT ORIENTAL

de la Vistule à la frontière russe. Le pays en est criblé (1). »

Le climat est affreux; la neige tombe six mois; pas de chemins, ou chemins impraticables; population rare (29 habitants au mètre carré). C'est une Sologne — Sologne d'étangs et de queues d'étang que se disputent l'eau, la neige et la boue selon les saisons.

Pour une armée, essayer de se glisser entre ces mares aux rives insaisissables, c'est risquer l'enlisement ou l'arrêt, sans retour possible, à chaque pas. Si l'Allemagne avait voulu choisir une frontière pour la défendre contre l'offensive slave, elle n'eût pas trouvé mieux. Ajoutons que sa prévoyance militaire a complété les défenses naturelles. Un système de voies ferrées, de retranchements établis d'avance, et enfin de forteresses (le fort Bayen) fait de cette région un front presque inabordable. C'est en grand et en plus rude une disposition analogue à celle des lacs de Lorraine. Une offensive venant de Russie s'expose à tomber là dans un véritable traquenard, elle risque d'être prise de flanc et à revers si elle s'engage sur la route qui borde au nord cette région dangereuse et si elle prétend frapper un coup au cœur de la domination prussienne en visant Kœnigsberg, Dantzig, Berlin, par la voie du littoral.

Au sud des collines Baltiques, c'est *la plaine de Pologne;* elle est déterminée, en somme, par le bassin central de la Vistule avec ses puissants affluents; à gauche: le San, la Pilitza, la Bzoura, le Bug; à droite : la Narew, l'Ukra, le Drevenz. Ces grands cours d'eau se sont creusé un chemin profond dans le glacier originaire dont ils ont porté les eaux vers la mer. De ces origines il reste qu'ils sont enfoncés profondément dans le sol actuel : 40 mètres à Varsovie, 60 mètres à Plock; ils forment ainsi des obstacles difficiles à franchir. Le terrain est bon, bien arrosé, la terre fertile, la population nombreuse et laborieuse. Les riches cultures, les industries

actives se sont développées depuis un demi-siècle dans cette grasse Pologne et l'Allemagne s'intéresse beaucoup à ses progrès. Lodz a passé en moins d'un siècle de 800 âmes à 600.000 habitants. « La plaine de Pologne est une terre de batailles, favorable au mouvement des armées. » S'enfonçant en coin entre les deux empires germaniques, elle offrirait une excellente base d'opérations à une offensive russe, si elle ne risquait d'être prise à revers, au nord et au sud, par les armées autrichiennes de la Galicie et les armées allemandes de la Prusse-Orientale. Il faudrait un Napoléon pour battre successivement les deux armées venant des deux côtés opposés et pour se débarrasser de la double menace visant l'un et l'autre flanc.

De l'autre côté de la plaine s'élèvent *les collines de la Pologne*. Elles déterminent sur la frontière, entre la Russie et l'Autriche, le bassin supérieur de la Vistule sur la rive gauche, tandis que la haute chaîne des Carpathes l'enserre sur la rive droite. Ici encore le chemin de Cracovie, qui s'ouvre par Tchentskovo, Dombrovo et Olkust, est une grande tentation pour une armée russe marchant sur le Danube vers Presbourg, mais le pays n'est pas facile : il est plissé par des collines assez fortes dont certaines dépassant 600 mètres rappellent jusqu'à un certain point les chaînes inférieures du Jura et des Vosges. Le sol est bon, sec, favorable aux transports; le climat sain; l'agriculture et l'industrie y prospèrent. Les charbonnages de Dombrovo continuent ceux de la haute Silésie; les mines et les carrières abondent; la population est très dense (plus de 80 habitants au kilomètre carré). La région est en somme éminemment propice à une armée russe opérant vers Vienne. A l'est, par Lemberg et Czernowitz, elle couvre la Bukovine et met la Roumanie en demeure de se prononcer. Mais si cette région menace, elle est menacée. L'Autriche la prend de flanc par Cracovie, Przemysl et le haut Dniester. Et pour pénétrer en Hongrie il faut toujours aborder de front le terrible rempart des Carpathes.

---

(1) V., pour tout l'ensemble de cet exposé, l'article de Raoul Blanchard : « Le Front oriental : Prusse et Pologne », dans *Revue de Paris*, 1er juin 1915, p. 648.

VUE DE LA VILLE DE DANTZIG

En somme, l'armée russe se heurte, au nord et au sud, à des terrains difficiles et qui sont comme une tenaille toute faite contre son offensive. Celle-ci ne trouve devant elle qu'un couloir assez nettement ouvert : c'est celui de Posen-Breslau ; mais il ne faut pas qu'elle se laisse tenter par l'attraction des deux capitales Berlin et Vienne, sinon, elle divise ses forces et les expose aux coups de deux armées, l'une allemande, l'autre autrichienne, manœuvrant l'une du nord au sud et l'autre du sud au nord pour l'écraser.

Au fond, il semble bien que la pensée des états-majors russes avait été, au moins dans les années qui précédèrent la crise finale, de protéger leur concentration en arrière sur un front linéaire nord-sud Kovno-Ivangorod qui abandonnerait pour ainsi dire le saillant de Pologne à l'ennemi.

En tous cas la disposition des forteresses russes semble révéler une telle conception. Vers le nord, au débouché des collines Baltiques sur le Niémen, le Bobr, et la Narew, sont établies une série de places fortes qui font face à la frontière prussienne : c'est Kowno que l'on considère comme un point d'appui solide au confluent du Niémen et de la Vilia ; c'est Ossowietz sur le Bobr, Lomja sur la Narew. Au confluent de la Narew et de la Vistule, Novo-Georgiesk passe pour une place de premier ordre ; elle couvre Varsovie et domine, en quelque sorte, la plaine de Pologne, soit pour l'offensive soit pour la défensive: c'est la pointe la plus avancée de la pénétration russe vers les pays germaniques. Varsovie et Ivangorod sont, en tant que places militaires, sinon abandonnées, du moins désaffectées. Mais en arrière on a fortifié très sérieusement Brest-Litovsk à l'extrémité occidentale des marais de Pinsk. C'est là, en somme, le réduit central de la défense russe en Pologne.

Par contre, les puissances allemandes ont pris également leurs précautions : on sent, rien qu'à l'examen rapide de ce front, que l'Allemagne l'a disposé surtout pour une première défensive, ne comptant y porter l'effort de ses armées qu'après s'être rendue maîtresse du front occidental. Vers la Prusse-Orientale elle a préparé avec un soin extrême les collines Baltiques et les lacs Mazurie, appuyant l'ensemble de la défense sur le fort Bayen. En arrière, une armée d'invasion se heurtera aux défenses de Kœnigsberg et, en seconde ligne encore, à la place très puissante de Dantzig dont l'envahisseur ne peut se rendre maître qu'en l'assiégeant à la fois par terre et par mer.

Dans la région de la plaine polonaise, les places principales sont Thorn, Posen et Glogav: le système de défense un peu vieilli a été renforcé considérablement en perspective des événements. Très en arrière, Kustrin au confluent de l'Oder et de la Wartha, couvre Berlin. Sa situation sur deux rivières très larges en fait un puissant camp retranché.

Dans la région méridionale, en arrière des collines de Pologne, deux forteresses autrichiennes défendent les routes de la Hongrie et de l'Autriche : c'est Przemysl au coude du San, couvrant immédiatement la trouée des Carpathes, et la place de Cracovie solidement installée sur la Vistule supérieure, qui paraît le dernier cri de la défense moderne. S'appuyant sur le fleuve, un grand nombre de forts munis des p'us puissants canons et pouvant recourir à une flottille de monitors armés offriraient un vaste asile à une armée qui pourrait s'élever à plusieurs centaines de mille hommes, si la puissance austro-hongroise décidait d'en faire un réduit.

LE GRAND-DUC NICOLAS Le 3 août, le grand-duc Nicolas Nicolaïewitch était désigné comme généralissime des armées russes, ayant en main, par conséquent, le commandement de toutes les armées opérant sur le front de Pologne.

Le grand-duc Nicolas, oncle à la mode de Bretagne de l'empereur Nicolas II, petit-fils de l'empereur Nicolas Ier, est le fils du grand-duc Nicolas qui commanda les armées russes pendant la guerre russo-turque en 1878. Né le 6 novembre 1856, il avait pris part à cette guerre comme jeune officier de cavalerie ; il s'était distingué au passage du Danube, au col de Schipka, à la prise de Sofia et d'Andrinople. Il était alors sous les ordres de Gourko. Colonel en 1877, il s'attacha à la refonte de la cavalerie. Sa vigueur physique, sa taille extrêmement élevée, son corps élancé et svelte font de lui un superbe cavalier. Mais sa volonté énergique, son intelligence claire et prompte, l'entraînement auquel il s'est volontairement soumis lui assurent toutes les qualités d'un chef. Il aime passionnément son métier; pas un détail de la mise au point d'une armée qui lui échappe. Rien n'est plus frappant que le spectacle qu'il présente quand, courbant sa haute taille sur l'équipement d'un soldat ou sur le mécanisme d'un canon, il interroge, réfléchit, compare, insiste et met à s'instruire l'insistance d'un technicien et la passion vivante d'un manieur de choses et d'un manieur d'hommes. Il saisit en homme de sport et comprend en homme d'action.

Cette double faculté, le grand-duc Nicolas l'applique à la mise au point de la cavalerie d'abord, puis de l'artillerie russe. En 1895, il est placé à la tête de la cavalerie de l'Empire avec le titre d'inspecteur général et il se met à tout revoir, la qualité des chevaux, l'armement des hommes, l'organisation, le règlement, la tactique. On lui doit notamment une meilleure utilisation des puissantes formations cosaques ; il les prend en main, et verse en quelque sorte de la discipline et du sang-froid dans leur fougue. Des groupes de soldats sont entraînés

VIEUX CHATEAU FORT ET VUE DE CRACOVIE SUR LA VISTULE

aux patrouilles, d'autres à l'office de sapeurs et de pionniers : un régiment de cavalerie devient une sorte de petite unité combattante complète.

Général en chef, le grand-duc Nicolas se consacra à développer l'armement. Il savait que la masse des hommes ne manquerait jamais à la Russie ; mais il savait aussi que ces foules immenses ne représenteraient véritablement des armées que si elles étaient munies de tous les instruments de la guerre moderne. L'artillerie russe lui dut de sérieux perfectionnements. Si les munitions ont fait défaut au cours d'une campagne prolongée, ce n'est pas au grand-duc Nicolas que la responsabilité incombe : il a multiplié les avertissements ; ceux qui ont commis la faute inexpiable l'ont honoré de leur hostilité.

Le grand-duc Nicolas suivit de près les progrès de l'arme moderne par excellence, l'aviation. Il créa deux écoles d'aviation d'où sont sortis ces trois bataillons de pilotes aviateurs qui, dès le début des hostilités, concoururent aux premiers succès des armées russes. A diverses reprises, il avait fait le voyage de France, avait assisté aux revues, aux grandes manœuvres, s'était livré à de profondes études sur les progrès militaires accomplis et était entré en relations intimes avec les chefs de notre armée. On se souvient de la double rencontre du généralissime russe grand-duc Nicolas avec le généralissime Joffre, aux manœuvres de 1913.

C'est avec le grand-duc qu'avaient été étudiées, en particulier, les corrections à apporter au plan de concentration russe qui, à la suite de l'entrevue de Potsdam, avaient d'abord ému, puis rassuré l'opinion. Il avait adhéré pleinement aux projets de construction de voies ferrées qui, exécutés en partie, devaient permettre à la Russie de hâter sa concentration et de se porter sur le front de la Prusse-Orientale avec une rapidité qui paraît avoir pris le commandement allemand au dépourvu.

Certes, le grand-duc Nicolas acceptait un lourd fardeau en prenant le commandement en chef des armées russes ; mais son autorité, sa science, son endurance, la capacité manœuvrière qu'on s'entendait à lui reconnaître le désignaient pour l'assumer.

A peine arrivé sur le front, il mit son nom au bas d'un document qui, délibéré certainement dans les conseils de l'empire, signalait une nouvelle face de la politique russe et une nouvelle conception de l'expansion slave en Europe.

Le 14 août, le grand-duc Nicolas, exprimant la pensée du tzar, publiait sa fameuse proclamation aux Polonais :

« Polonais,

« L'heure a sonné où le rêve sacré de vos pères et de vos aïeux peut se réaliser.

« Il y a un siècle et demi le corps matériel de la Pologne fut dépecé ; mais son âme n'était pas morte. Elle vivait de l'espoir que l'heure viendrait de la résurrection du peuple polonais, de sa réconciliation fraternelle avec la grande Russie.

« Les troupes russes vous apportent la bonne nouvelle de cette réconciliation. Que disparaissent les frontières qui avaient morcelé le peuple polonais ! Qu'il s'unisse sous le sceptre du tzar russe ! Sous ce sceptre, la Pologne renaîtra, libre dans sa religion, dans sa langue, dans son administration locale.

« La Russie n'attend de vous qu'une seule chose : un respect égal pour les droits de ces nationalités avec lesquelles l'histoire vous a liés.

« A cœur ouvert, la main fraternellement tendue, la grande Russie s'avance à votre rencontre. Elle croit qu'il ne s'est pas rouillé, ce glaive qui frappait l'ennemi à Grunwalden. Des bords de l'Océan Pacifique jusqu'aux mers septentrionales, les armées russes sont en marche. L'aurore d'une vie nouvelle commence à paraître pour vous. Qu'au milieu d'elle brille le signe de la croix, symbole de la souffrance et de la résurrection des peuples. »

Cette proclamation fut accueillie, dans le monde entier et notamment chez les puissances libérales, avec une profonde émotion. La politique des nationalités, la politique de l'indépendance des peuples recevait ainsi la plus auguste des confirmations. Personne n'ignorait, en Europe, les difficultés du problème polonais ; personne ne s'imaginait que, pour le résoudre, il suffirait d'un acte, si sincère fût-il, et encore moins d'une simple manifestation des inten-

TYPES DE JUIFS POLONAIS

tions d'un prince ou d'un général. Mais, on avait la confiance de voir s'ouvrir une ère nouvelle pour le plus malheureux des peuples européens.

L'union cordiale des deux branches de la famille slave, la russe et la polonaise, paraissait devoir former, dans l'avenir, une puissance formidable s'opposant, pour toujours, au militarisme germanique.

Cette proclamation était inspirée par une sagesse profonde. Au centre de l'Europe, la Pologne avait accompli, dans les années antérieures à la guerre, un progrès agricole, industriel et commercial tel qu'on la sentait capable de peser victorieusement, même à ce point de vue, sur les destinées de l'Allemagne si elle s'appuyait fraternellement sur la force et les ressources immenses de la Russie.

On avait foi dans cette haute compréhension par le tzar des inévitables destinées du peuple qui domine l'Orient européen. Dans un article publié, le 16 août, par le *Figaro*, l'auteur du présent livre rappelait que le tzar lui avait dit en 1896 : « Je sais quels sont mes devoirs envers nos frères slaves de Pologne »; et il évoquait aussi la parole de Napoléon à Sainte-Hélène signalant la force du principe des nationalités : « Le premier souverain qui, au milieu de la première grande mêlée, embrassera de bonne foi la cause des peuples, se trouvera à la tête de toute l'Europe et pourra tenter tout ce qu'il voudra. »

M. G. Clemenceau sentait se ranimer les sympathies que la cause polonaise avait toujours trouvées en France :

« Tous les Français se réjouiront hautement de cette noble initiative. Ils ont aimé la Pologne malheureuse. Comment ne pas fêter un si beau retour de la fortune?

Ils aiment la Russie : comment ne pas l'acclamer quand son gouvernement prend l'initiative d'un acte que nous avons appelé de tous nos vœux ? »

Le *Times*, après avoir approuvé l'acte en lui-même, en signalait les prochaines et graves conséquences :

« L'appel du tzar, s'il est sincère, rend complète et définitive la rupture entre la Russie et les deux dynasties centrales ainsi que leurs peuples... L'intégrité de la Pologne, si elle était complètemenr réalisée, signifierait le démembrement de la Prusse et la séparation de la Galicie des domaines des Habsbourg... Le tzar invite ainsi les Polonais à désobéir à leurs souverains actuels et à se soumettre à lui... c'est-à-dire à affronter plus que les risques de guerre actuels. C'est dire que, quoi qu'il arrive, la Russie protègera de toutes ses forces ceux qui rallieront son drapeau... Si ces conditions sont remplies, l'appel aux Polonais pourra, dans l'avenir, être considéré comme un chef-d'œuvre politique. »

Cependant, on connaissait assez l'ardeur des opinions qui divisent la Russie au sujet de la question polonaise pour comprendre qu'en Russie même, la proclamation serait loin d'être accueillie avec une parfaite unanimité. Les conservateurs orthodoxes allèrent jusqu'à prononcer les paroles irrévérencieuses de « démagogie auguste ». Les plus sages — même parmi les Polonais (car la proclamation était loin de les satisfaire tous) — les plus sages acceptèrent sincèrement la déclaration du grand-duc sinon comme une réalisation, du moins comme un engagement et une promesse.

« Nous devons prendre le fait tel qu'il est, écrivait M. Grégoire Alexinsky. Or, c'est un fait et de grande importance que le danger de la guerre ait contraint le tzarisme à faire à la face du monde des promesses de libération à deux peuples opprimés (l'autre peuple était le peuple arménien, auquel une proclamation libératrice fut adressée un mois plus tard, le 17 septembre). La réalisation de ces promesses dépend des efforts de la démocratie russe et de celle des pays alliés. En tous cas, c'est une grande victoire morale et politique que le gouvernement russe ait solennellement reconnu l'erreur de son ancien système d'oppression et cette vérité que les sympathies d'un peuple se gagnent non par le knout, mais par un régime libéral. »

D'ailleurs, tout le monde le sentait, l'heure des réalisations était loin d'être sonnée. Avant de discuter le régime sous lequel vivrait la Pologne, il fallait écarter le danger militaire austro-allemand qui, de toutes parts, la menaçait.

COUP D'ŒIL STRATÉGIQUE Avant d'aborder le récit des opérations, il n'est pas inutile de rappeler quelles étaient, au sujet de l'ensemble de la campagne sur le front oriental, les opinions courantes dans les états-majors. Car la stratégie est aussi, souvent, une affaire d'opinion.

D'une façon générale, le commandement russe n'est pas pressé. Depuis l'échec de la campagne de Napoléon, les Russes sont portés à croire que l'espace et le temps sont leurs plus précieux auxiliaires. Un critique militaire avisé a dit : « La Russie est si vaste que l'invasion de ses territoires par une armée ennemie, constitue pour elle, non une défaite, mais l'origine de la victoire. »

Les distances infinies qui retardent la mobilisation et la concentration, la rareté des voies de communication, l'étendue des territoires qui séparent les places fortes disséminées sur la frontière, l'état presque inorganique de la préparation civile et militaire, tout donne au front russe et aux dispositions des chefs, un caractère amorphe et traînant, que le tempérament national accepte avec une parfaite confiance dans le résultat final.

Cette disposition ethnographique et psychologique paraît si bien celle de la Russie et des états-majors russes qu'elle détermine, par contre, les dispositions inverses des armées et des chefs qui doivent avoir affaire à eux. Les Russes ne se pressent pas ; donc, avec les Russes, on n'est pas pressé : tel paraît être l'état d'esprit en Allemagne et en Autriche au début des hostilités. On s'endormit un peu sur cette appréciation qui reposait sur un fonds de vérité. Certainement elle contribua à la résolution prise par les états-majors allemands de jeter presque toutes leurs ressources sur le front occidental. On prit franchement le parti d'en finir d'abord avec la France, quitte à se retourner et à faire tête ensuite aux forces russes. Celles-ci ne seront pas prêtes : on aura toujours le temps d'arrêter

VUE DE LA VILLE DE KŒNIGSBERG

leur marche en avant, à supposer qu'elle se produise.

Au fond, la véritable pensée du haut commandement austro-allemand (pensée qui se rencontre avec une sorte d'acceptation tacite du côté du haut commandement russe) est que les hostilités sur le front oriental seront vite transportées sur le territoire russe, que le territoire allemand et même le territoire austro-hongrois, n'ont rien à craindre et que les premières rencontres n'auront qu'une importance relative sur le résultat général des opérations.

Il était permis aux Russes de s'abandonner à cette hypothèse. En effet, Pétrograd, Moscou, Kiew sont à l'abri au fond de la sainte Russie. Il ne suffirait ni d'une rupture de la frontière, ni d'une campagne heureuse pour les atteindre.

Mais le postulat a moins de valeur s'il s'agit des dispositions à prendre du côté allemand et autrichien. Le raisonnement n'aurait toute sa force que si l'Allemagne combattait sur un seul front et n'avait pas d'autre adversaire que la Russie. Mais, comme elle est obligée de tenir tête sur deux fronts à la fois, les armées russes menaçant sa frontière orientale peuvent, même sans obtenir de résultats définitifs, peser sur les opérations lointaines du front occidental et ainsi agir indirectement sur le cours immédiat et actuel des hostilités.

En fait, nous allons assister à une sorte de jeu de barres où les deux fronts se répondent et, dès le premier engagement, agissent continuellement l'un sur l'autre. La Russie, même battue, même refoulée, exerce une action par sa seule présence et par la nécessité où se trouve l'Allemagne *d'y penser toujours* et, par conséquent, d'y pourvoir toujours. A plus forte raison, quand, rompant avec cette forme d'action demi-léthargique qu'on lui suppose, elle se montre active, résolue, audacieuse et quand, ne serait-ce que pour troubler le jeu, elle s'élance et pénètre vigoureusement sur les territoires et dans les combinaisons qu'on avait cru devoir échapper à ses atteintes.

L'Allemagne pense qu'il n'y aura pas simultanéité dans les actions de ses adversaires: en cela elle peut se tromper, et les événements ont démontré de plus en plus, au cours de la guerre, qu'elle se trompait. Elle a préparé savamment cette *guerre des lignes intérieures* qui consistera à transporter ses armées d'un front sur l'autre pour battre ses deux adversaires alternativement. Mais il peut arriver qu'elle ne soit en mesure de vaincre à fond ni l'un, ni l'autre, et alors, ce seront ses adversaires qui reprendront l'avantage, puisqu'ils s'assureront le secours d'un troisième élément le plus redoutable à l'Allemagne : le temps. Si l'Allemagne voit la guerre se prolonger, tout son système est renversé: elle devra trouver autre chose, car la Russie a les délais nécessaires pour remuer sa masse; sans parler de cet autre élément, *la mer*, dont l'Angleterre a la maîtrise et qui, par le blocus et l'isolement, réduira lentement, mais infailliblement, les forces des empires du Centre.

La conception allemande de la grande guerre s'inspirant des méthodes napoléoniennes, a fait ici encore une part trop large à l'hypothèse. Les Allemands ont *admis* qu'ils réduiraient la France à l'impuissance par une seule campagne; ils ont *admis* que la Russie ne serait en mesure d'intervenir qu'après cette exécution. Ils croient toujours que parce qu'ils ont dit une chose et parce qu'elle est dans leur intérêt, elle est vraie et de réalisation facile. Mais la vérité et la réalité reprennent toujours leurs droits... Pour battre la Russie, les méthodes napoléoniennes n'ont pas suffi, même à Napoléon.

Le plan général de l'action des deux armées allemande et autrichienne sur le front oriental — dicté certainement par l'état-major allemand — consiste, d'abord, à jeter le trouble dans la concentration russe en Pologne. Ce rôle incombera, en particulier, à l'armée austro-hongroise.

La grande majorité des forces allemandes étant consacrée, pendant la première période de la guerre, à tenter d'écraser l'armée française, les Autrichiens doivent, pendant ce temps, protéger la frontière allemande contre la Russie et, au cas où la Russie, « contre toute attente » (ces mots sont empruntés à un texte officiel autrichien), attaquerait avec une grande puissance en Prusse-Orientale, se porter vers le nord pour prendre de flanc les armées russes. Il faut donc se garder de séparer le rôle des armées autrichiennes de celui des armées allemandes ; tout est exactement combiné : l'effort est commun, les dangers sont communs, les erreurs et les résultats sont partagés.

Pour jeter le trouble dans la concentration russe, une avancée rapide en Pologne s'impose ; elle s'exécutera sans le moindre retard au moyen des troupes prêtes sur la frontière et en se servant, surtout, de la cavalerie accompagnée de cyclistes et de forces d'infanterie rapidement transportables.

Examinez la carte de la Prusse-Orientale, de la Posnanie, de la Silésie, de la Galicie ; des troupes s'avanceront en demi-cercle pour étreindre l'espèce de ventre que fait la Pologne. Peu importe que les formations soient, au début, peu nombreuses et peu solides ; pour la besogne qu'il s'agit d'accomplir, des troupes de couverture suffisent. Mais on compte, bien entendu, que les armées autrichiennes se présenteront bientôt en force au sud et en arrière de la Pologne russe pour crever le ventre dans sa partie inférieure et, si possible, le scinder par la ligne Sandomir-Lublin-Varsovie, de façon à le détacher du corps de l'empire.

Il faut tenir compte aussi de la nécessité où est l'Autriche-Hongrie de faire face sur le front serbe, ce qui la met dans l'impossibilité de donner avec toutes ses forces réunies sur le front oriental proprement dit.

Nous avons précédemment indiqué la résolution prise par les Russes de procéder à leur concentration en Pologne derrière la Vistule, ce qui avait l'inconvénient de dégarnir la Pologne occidentale, mais offrait l'avantage de permettre d'achever la concentration dans de bonnes conditions de calme et de tranquillité.

Les armées allemande et autrichienne ont profité de cette évacuation voulue de la Pologne occidentale pour y précipiter leurs avant-gardes. Le 14 août, les Allemands occupent Kalish, Wlozlaw, Plosk, Czenstochowa, Lodz, Tomarof, Radom, tandis que, plus au sud, les troupes autrichiennes, pour chercher la liaison se sont avancées jusqu'à Kielce, menaçant Kolm et Lublin, leur objectif étant Ivangorod par où s'opérerait la coupure du « ventre » de la Pologne en arrière de Varsovie.

De pareils succès sont en apparence extrêmement brillants pour les deux Empires. Ces opérations menées rapidement et vigoureusement semblent assurer une supériorité d'emblée aux armées austro-allemandes. Sur une profondeur de 30 à 50 kilomètres la Pologne est envahie, les lignes de chemins de fer sont occupées, Varsovie est menacée. Dix jours ont suffi pour assurer ces premiers résultats.

Cependant quelques indices commencent à faire prévoir une prochaine reprise en sens inverse. C'est surtout dans la partie où on les attend le moins que les forces russes se préparent à agir. Sur la frontière de la Prusse-Orientale, les Allemands qui ont essayé, le

LE GRAND-DUC NICOLAS
AUX MANŒUVRES FRANÇAISES

RÉGIMENT RUSSE CONSTRUIT DANS UN VILLAGE

6 août, de forcer la frontière près d'Eydkunnen, ont trouvé à qui parler. Un combat très violent s'est engagé près de Wersbiolowe et l'ennemi a dû se replier. L'attaque, renouvelée du 10 au 11 août, n'obtient pas un meilleur résultat. Wilna, un moment troublé par les premières offensives, se rassure et reprend sa vie normale.

Le 12 août, des forces russes importantes apparaissent dans ces régions et prennent rapidement la maîtrise des opérations. Elles franchissent, à leur tour, la frontière et détruisent les ponts et les voies ferrées entre Tilsitt et Schalemninken. Les troupes allemandes battent en retraite en procédant à des destructions méthodiques, par Kouzmen, Filippov, Markgrabo : ces localités se trouvent dans le nord de la Prusse-Orientale et sont échelonnées sur les routes et les chemins de fer conduisant à Kœnigsberg. Dans toute la région qu'ils occupent ainsi, les Russes ramassent de l'artillerie, des munitions, des approvisionnements, des prisonniers. Est-ce que le territoire prussien ne serait pas à l'abri d'un coup de main qui paraît, d'ailleurs, avoir été soigneusement préparé ?

Du côté de la Galicie, la poussée autrichienne est arrêtée également. Dès le 11 août, le contact est pris partout et on signale plusieurs succès russes. Les Autrichiens sont forcés d'évacuer Radziwilof à proximité de la frontière entre Dubno et Brody. Tandis que les Autrichiens se lancent très imprudemment de Cracovie vers Kielce, l'armée russe, les bousculant sur leur droite, s'avance de Kowno vers Lemberg. Le 13 août, après un brillant combat, les Russes occupent Sokal et se rendent maîtres du passage du Bug.

Et voici que, sur le front serbe, un nouveau danger apparaît : les Autrichiens ont échoué dans toutes leurs tentatives pour pénétrer sur le territoire ennemi. Ils n'ont subi que des échecs à Belgrade, sur la Save et sur la Dvina et se tiennent sur une stricte défensive. Ils ont perdu beaucoup de monde. Les attaques dirigées sur la frontière bosniaque, et notamment dans les environs de Losnitza, n'ont pas été plus heureuses. Partout les Autrichiens ont été repoussés en subissant de grandes pertes. Le 16, les troupes austro-hongroises sont battues à Chabatz, sur la Save.

Mais déjà la poussée des armées russes se produit sur tout le front oriental. On commence à discerner le plan de l'état-major russe. Il ne songe pas à prendre la Pologne comme base unique d'opérations et à foncer sur Posen. Désireux d'intervenir rapidement et de faire sentir la force moscovite dans le plus bref délai possible, il se sert des troupes dont il dispose pour faire face partout à la fois.

Deux principaux groupements de forces se trouvent à Vilna et à Varsovie; sous le commandement supérieur du général *Jilinsky*, on les emploiera immédiatement pour frapper les premiers coups au nord. Le groupement de Vilna suivra la voie qui longe la mer aux pieds des collines et prendra les routes célèbres d'invasion par Kowno, Eidkunnen, Gumbinnen, pour pénétrer en Prusse-Orientale et menacer Kœnigsberg, cependant qu'une autre armée, partie de Varsovie, se dirigera vers le nord ayant Allenstein pour objectif. Ces deux armées doivent se réunir au nord des lacs Mazurie pour forcer ensemble la ligne de Kœnigsberg-Dantzig et, de là, menacer la Prusse maritime et orientale.

Contre les Autrichiens, opèrera le groupe du sud, sous les ordres du général *Ivanoff*, composé de deux armées, l'une commandée par le général Rousski, l'autre par le général Broussilof. Ces armées prendront une offensive résolue et s'efforceront de pénétrer au cœur de la Galicie.

Un autre groupe d'armées devait progressivement, mais plus tardivement, se concentrer au centre, entre Varsovie et Brest-Litowsk, et comprendre les corps d'armée les plus éloignés, ceux de la Russie Centrale et Orientale, du Caucase et de la Sibérie.

Le défaut de la conception russe saute aux yeux : au lieu de faire converger les forces de manœuvre, elle les disperse. Un coup frappé au centre par les masses déjà puissantes dont on pouvait disposer au nord et au sud eût présenté le double avantage de mettre entre les

TYPES DE COSAQUES

mains des Russes la maîtrise de la manœuvre et la supériorité du nombre. Ainsi on eût pu se porter alternativement contre l'armée austro-hongroise et contre l'armée allemande. Ceci dit, il est juste de considérer la grandeur des distances, la dispersion des forces au début de la guerre et surtout le désir qu'avait le haut commandement russe d'agir vite pour attirer sur lui les forces allemandes opérant contre le front occidental.

L'ensemble de ces raisons lui dicte la double campagne en ordre dispersé qui obtint des succès partagés, mais qui eut, du moins, l'avantage de produire une diversion aussi puissante qu'opportune au moment où le plan allemand paraissait sur le point de réussir par l'invasion de la Belgique et de la France septentrionale.

Suivons donc, d'abord, les opérations se développant en Prusse-Orientale.

LA VICTOIRE DE GUMBINNEN Il semble que les Allemands aient été renseignés sur les intentions de l'état-major russe de commencer les opérations par une vigoureuse offensive dans cette région. Car, tandis qu'ils avaient envoyé sur le théâtre occidental de la guerre leur corps d'armée de Silésie (VIe), ils prirent soin de conserver sur place le corps de Posnanie (V^e), les trois corps de la vieille Prusse, soit Kœnigsberg (Ier), Allenstein (XXe) et Dantzig (XVIIe). En outre, des réserves importantes de landsturm offraient aux troupes actives un sérieux appoint.

D'après une note officielle française, l'Allemagne disposait, au début de la guerre, de

25 *corps* 1/2 *actifs* (garde prussienne, 21 corps prussiens, saxons, badois et würtembergeois, 3 corps bavarois, 1 division de marine) et de 21 *corps de réserve* (corps de réserve de la garde, 18 corps de réserve prussiens, saxons, badois ou würtembergeois, 2 corps de réserve bavarois). Sur ces 46 corps 1/2, 34 corps 1/2 furent envoyés sur le front occidental, et 12 corps (4 actifs et 8 de réserve), soit de 450 à 500.000 hommes furent dirigés sur le front oriental, sous le commandement supérieur du général Pritwitz und Gaffron, qui, après ses défaites de Gumbinnen et de Soldau, fut disgracié et remplacé par le général Hindenburg.

Les forces mobilisées par l'Allemagne augmenteront d'ailleurs progressivement au cours de la campagne et, vers Noël 1914, tandis que le front occidental supportera l'effort de 52 corps d'armée allemands, le front russe aura à faire face à 21 corps 1/2 allemands (4 actifs, 10 1/2 de réserve et la valeur de 7 corps de landwehr).

On voit que, dès le début des hostilités, l'Allemagne jette ses forces vives sur la France, 21 corps actifs sur 25. Le grand-duc Nicolas cherche à alléger ce poids.

La 1re armée russe *(armée de Vilna)* s'est donc concentrée derrière le Niémen et s'appuie sur les camps retranchés de Grodno et de Kovno; elle se compose des 2e, 3e, 4e et 12e corps de l'armée active, des 3e et 4e divisions de réserve, en plus cinq divisions de cavalerie y compris la garde, en tout 225 à 250.000 hommes, qu'appuieront bientôt d'autres formations de réserve en train de se compléter sur le Niémen.

Cette armée est placée sous le commandement d'un chef qui s'est distingué par un fameux raid de cavalerie dans la guerre de Mandchourie et qui commandait un corps d'armée à la bataille de Moukden, *Rennenkampf*. Rennenkampf, allemand d'origine, fut accusé plus tard devant la Douma et le Conseil de l'Empire d'avoir voulu de parti pris « conduire la guerre avec mollesse » et « ne pas pousser les choses à fond » contre un « ennemi sympathique ». Les débuts pourtant sont vigoureux.

La 2e armée *(armée de Varsovie)* se concentre derrière la Narew : elle se dirige vers une région sablonneuse où le transport des approvisionnements est très difficile, sur Mlava-Soldau, en détachant une partie de ses forces sur les défilés des lacs de Mazurie par Bialla et Lyck. Ces dispositions ne révèlent pas une conception stratégique solidement mûrie : évidemment, on veut agir vite. La 2e armée, avec 5 corps actifs et trois divisions de cavalerie, est sous le commandement du général *Samsonoff* qui avait de beaux états de services, ayant combattu au Turkestan et commandé les cosaques de Sibérie dans la campagne de Mandchourie; mais cette préparation ne l'avait peut-être pas suffisamment qualifié pour se mesurer avec les chefs allemands imbus des méthodes de Napoléon et de Moltke.

Nous ne donnerions qu'une impression incomplète des conditions dans lesquelles s'engage la lutte entre les armées russes et allemandes si nous n'indiquions du moins, d'un mot, l'admirable résolution du soldat russe, son énergie, sa patience, sa ténacité résolue et calme. Seul, le moral d'une telle armée pouvait permettre les dures tâches qui lui furent imposées dès le début : « Les scènes de la mobilisation vibraient encore dans le cœur du soldat et lui donnaient une foi invincible dans le succès ; les réservistes venaient eux-mêmes aux bureaux de mobilisation et, montant dans les trains, disaient à leurs femmes en pleurs : « Assez, assez ; c'est pénible ; vous souffrez ; mais il le faut. » Au département d'Orenbourg où les villages sont rares et les métairies distantes de cinquante kilomètres l'une de l'autre, la mobilisation n'a pris que neuf heures; des Kirghizs parcouraient les steppes à cheval, distribuant les convocations ; les réservistes dételaient les chariots et, qui à pied, qui à cheval, s'en allaient aux bureaux de recrutement. Pas de fanfaronnades, pas de lâcheté. Ils ne songeaient pas plus à la mort que n'y songèrent sur les champs de bataille tant de braves dangereusement blessés (1). »

(1) Alexis Tolstoï, *Récits de guerre*, p. 10.

CÉRÉMONIE RELIGIEUSE AU KREMLIN DE MOSCOU CÉLÉBRÉE AU DÉBUT DES OPÉRATIONS

Il faut avoir toujours présentes à l'esprit ces qualités militaires incomparables du soldat russe, car elles vont être mises à une rude épreuve. La formule de leur haute inspiration résignée est donnée par l'un d'entre eux : « Le carnage ne décide de rien. Ici, c'est une force supérieure à celle des canons qui agit. Vois plutôt : il y a des milliers de morts et pourtant la victoire ne sera pas à ceux qui auront le plus tué, mais à ceux dont l'esprit restera le plus fort, à ceux qui voient le but le plus lointain et le plus haut, un but peut-être inaccessible » (1). Au delà du possible, et au delà de la vie, c'est tout le caractère russe.

Dès le 15, seizième jour de la mobilisation, les deux armées sont prêtes et elles reçoivent l'ordre de franchir la frontière en même temps.

La couverture allemande est obligée de plier ;

(1) *Ibid.*, p. 79.

elle recule, mais en tenant tête vigoureusement. Le 1er corps (Kœnigsberg) avec deux corps de réserve commandés par le général von François, descendant d'une famille de protestants français, fait tête sur la ligne Pilkallen-Goldap, dans une région de culture, avec des champs immenses, quelques petits bois, des fermes, médiocres points d'appui. Les Russes sont supérieurs en nombre ; ils prennent 8 canons le 17 à Bilderweitschel et rejettent l'ennemi sur *Gumbinnen*, ville qui donne le nom à la bataille. Celle-ci dure toute la journée du 18 et du 19, et même se prolonge autour de Goldap jusqu'au 21. L'armée allemande est refoulée pied à pied par les charges héroïques de l'infanterie russe qui, souvent, sans attendre la préparation de l'artillerie, se jette sur l'ennemi à la baïonnette et enlève 12 canons ; le recul s'affirme de Gumbinnen sur Insterburg. L'ennemi a tenté vainement, le 20, d'envelopper l'aile droite russe.

La bataille de Gumbinnen qui rejette les armées allemandes sur Insterburg dure donc jusqu'au 21. C'est le moment où les forces allemandes sont sur le point de se mesurer avec les forces françaises sur le front occidental : nous sommes à la veille de la bataille de Charleroi.

Cependant la 2ᵉ armée russe, celle que commande le général Samsonof, est aussi entrée en action. Sa droite est partie de Grodno, et, par Augustov et Lyck, elle prend de flanc les forces allemandes qui essaient de s'opposer à la marche de Rennenkampf. Elle a devant elle le *XXᵉ corps* allemand. La retraite de ce corps aux environs de Lyck prend la tournure d'une déroute. L'aile gauche de l'armée opère plus au sud, dans la région de Willenberg, presque sur le méridien de Varsovie ; les troupes allemandes ont évacué en hâte la partie de la Pologne qu'elles avaient envahie ; elles renoncent à défendre la frontière et se replient précipitamment. La population allemande abandonne les villages et fuit vers le nord. Le centre de l'armée de Samsonof atteint Ortersburg le 18, au moment où Rennenkampf s'empare d'Insterburg.

A partir de ce moment, la panique gagne de proche en proche les populations de la Prusse-Orientale. La tenaille russe serre fortement cette province. On commence à regretter la décision prise de dégarnir une région si importante et de la « sacrifier » au grand mouvement stratégique sur Paris. Si les deux armées russes parviennent à se rejoindre, elles seront de force à écraser toute résistance allemande ; isolant Kœnigsberg elles hâteront leur marche sur la basse Vistule.

A la veille des grands engagements du front occidental, la situation paraît beaucoup plus compromise qu'il n'eût paru possible dès le début. C'est le moment où la presse anglaise lance le fameux mot sur « le rouleau compresseur russe ». Des critiques avisés et pondérés, comme le distingué Angelo Gatti du *Corriere*

della Sera, dont les pronostics sont visiblement impressionnés par la supériorité de l'organisation allemande, écrit :

Il peut paraître très téméraire que les Allemands s'avancent, même victorieusement, en France, quand la frontière orientale est ouverte et que déjà les fuyards d'Insterburg se réfugient dans la capitale allemande ; les esprits peuvent être frappés par la vision de la patrie envahie... La situation de l'Allemagne est devenue très grave depuis trois jours... La possibilité, si vague soit-elle, se dessine que la guerre puisse être arrêtée par un ennemi éloigné qui n'a pas encore combattu et qui n'a fait qu'entrer en campagne.

Sans exagérer le succès des armées russes en Prusse-Orientale, il faut tenir compte du contre-coup de la marche en avant des Russes sur les dispositions [de l'état-major allemand alors que, le 19 août, il ordonne la grande marche en avant et la poussée formidable de toutes les forces dont il dispose sur la Belgique pour marcher sur la frontière française.

Déjà les chefs savent que le territoire prussien est envahi. Ils ont besoin d'aller vite. Et cette nécessité est d'autant plus pressante que des nouvelles d'un caractère sinon aussi grave, du moins également préoccupant, commencent à leur parvenir du front galicien. Les Autrichiens résistent mal à la poussée que les armées russes commencent à exercer de ce côté.

L'ACTIVITÉ RUSSE EN GALICIE L'objectif des armées austro-hongroises était, nous l'avons dit, de faire diversion à l'offensive russe en Prusse-Orientale et de prendre en quelque sorte celle-ci de dos par une attaque puissante sur le front Varsovie-Brest-Litowsk. Ce rôle sacrifié n'est nullement agréable à l'opinion austro-hongroise. Un écrivain s'en explique en ces termes :

Notre rôle de servir, dans la grande guerre, de couverture de dos à l'Allemagne nous empêchait de chercher plus à l'arrière des terrains plus favorables à la défensive. Nous n'étions pas en mesure de fixer l'ennemi : il pouvait, à son choix, user de sa supériorité soit en nous menaçant sur nos ailes, ou bien nous combattre, nous harceler, nous manœuvrer et ainsi éparpiller nos forces. C'est pourquoi nous dûmes, avec notre armée du nord, prendre l'offensive. Toute offensive sur un autre point risquait de se voir coupée de ses communications. Mais

LA MOBILISATION RUSSE : UN TRAIN DE COSAQUES

l'offensive vers le nord, si elle soulageait les armées allemandes, nous lançait en pointe et nous laissait exposés de flanc à une puissante offensive russe, si celle-ci venait à se produire.

La situation est ainsi clairement définie : les Autrichiens sentaient les forces russes peser sur leur propre avancée au moment où celle-ci pouvait croire le champ libre devant elle.

Le 13 août, selon une note officielle austro-hongroise, les forces du général autrichien Kummer, parties de Cracovie, s'étaient avancées le long de la rive gauche de la Vistule, flanquées à gauche par le corps de landwehr allemand von Woyrsch.

Mais un groupe d'armées offensif constitué par l'Autriche était prêt, le 22 août, à se porter en avant, entre la Vistule et le Bug; ce groupe se composait de l'armée *Dankl* formée sur le San inférieur et appuyée en arrière et à gauche par les groupements Kum-

mer et Woyrsh, et de l'armée *Auffenberg* qui avait pris position entre Tarnograd et Niemirow. Une armée charnière, l'armée *Brudermann*, constituée vers Lemberg, devait ou soutenir le groupe offensif ou appuyer le groupe défensif qui s'installait sur le Dniester. Ce groupe défensif se composait de l'armée *Kœvess* qui, dans la région de Stanislau, devait retarder le plus longtemps possible les forces russes débouchant de Tarnopol et d'une 4e armée *Bœhmermoll* envoyée seulement le 25 août au nord de Stanislau, entre Zydadzow et Halicz.

Le groupe offensif comprenait, d'après la note autrichienne, 350 bataillons, 150 escadrons et 150 batteries; le reste des troupes concentrées, chargées d'attendre le résultat de l'offensive entre Vistule et Bug, était évalué à 200 bataillons, 170 escadrons et 130 batteries.

Mais, dès le 15 août, des rencontres de troupes de couverture commencent à se produire. Une tentative de la cavalerie autrichienne pour se porter d'Andrew vers Kielce échoue le 15 et la cavalerie russe occupe Tomaschoff et pénètre en Galicie.

Le 16, une division d'infanterie autrichienne s'est avancée jusqu'à Krasnik, mais elle est rejetée par une vigoureuse contre-attaque près de Gorodok, au nord-ouest de Goustiatine; une division de cavalerie autrichienne est battue et poursuivie par des détachements de cosaques. A Wladimir (Volhynie) l'effort des troupes austro-hongroises pour s'emparer de la ville est infructueux : il se brise contre la résistance des Russes.

Les troupes russes passent, le 20 août, la rivière Sbroutsch et commencent à pénétrer sur le territoire autrichien.

En fait, deux armées russes très puissantes se sont définitivement concentrées et elles opèrent en Galicie, accomplissant cette manœuvre qui va prendre au dépourvu l'offensive austro-hongroise vers le nord. Les circonscriptions de Kiev et d'Odessa, abondantes en population et relativement riches en moyens de communication, servent de bases de recrutement à ces deux armées. Ainsi l'état-major russe est en mesure de dessiner ses intentions : défensive en Pologne, offensive en Galicie.

Pendant que la principale armée austro-hongroise s'est avancée dans la province de Lublin, les deux armées russes, sous les ordres des généraux *Rousski* et *Broussilof*, marchent délibérément vers elle, refoulant violemment ses avant-postes, et, à partir du 23 août, occupent Brody et Tarnopol. Les coups décisifs ne sont pas encore frappés, mais l'Allemagne et l'Autriche ont perdu, dès lors, à peu près tout le territoire occupé en Pologne et les avantages de l'offensive qu'elles avaient si témérairement engagée avec des forces insuffisantes. La légende de la lenteur russe apparaît comme fausse, ou, du moins, comme singulièrement exagérée. Une légende, en sens contraire, non moins fausse, va bientôt s'accréditer, celle de « la marche irrésistible » des forces russes. L'état-major austro-allemand devra bientôt compter avec elle, cependant; car, nous ne nous

lasserons jamais de le répéter, la guerre, qui est une affaire de force physique, est aussi une affaire de force morale et d'opinion.

LE FRONT SERBE Voyons, cependant, ce qui se passait sur le front serbe; de même que les événements de la Prusse-Orientale et de la Galicie réagissaient sur le front occidental, de même les événements de la frontière serbe avaient leur contre-coup, non seulement sur le front austro-russe proprement dit, mais sur l'ensemble de la guerre.

Il est possible de se rendre compte, dès maintenant, de l'importance de la résistance serbe sur le règlement général du grand conflit européen. La Serbie fut, pendant la première année de la guerre, la seule puissance attachée à la politique des puissances alliées dans les Balkans. Or, c'est pour les Balkans que la guerre s'était engagée, du moins en ce qui concerne son côté spécialement européen. Tandis que l'Allemagne ouvrait le conflit pour donner du champ à sa « politique mondiale » (*Weltpolitik*), les Autrichiens le provoquaient pour dominer la péninsule balkanique.

Dès le début de la crise balkanique (octobre 1908), l'Autriche-Hongrie avait marqué, par l'annexion de la Bosnie et Herzégovine, un pas décisif vers Salonique. Ainsi elle avait soulevé la coalition des peuples péninsulaires, et, trouvant le morceau un peu dur, elle s'était arrêtée. Cependant, le Ballplatz avait admis en principe que la partie balkanique ne serait pas jouée définitivement tant que le sort de l'Albanie n'aurait pas été réglé. De là, tout le développement de la politique du comte Berchtold, parallèle à la crise balkanique, et qui avait pour principal objectif de réserver le sort de l'Albanie, ou même de mettre cette région montagneuse — véritable forteresse et citadelle des Balkans — sous l'autorité des empires du Centre.

L'Autriche prit en considération un autre point de vue, à savoir qu'il lui était impossible de venir à bout de la résistance des peuples balkaniques si elle ne s'assurait pas, parmi

GABRIEL HANOTAUX
de l'Académie Française

HISTOIRE ILLUSTRÉE
DE LA
GUERRE DE 1914

24 PAGES DE TEXTE ET D'ILLUSTRATIONS

FASCICULE
N° 44

L'ÉDITION FRANÇAISE ILLUSTRÉE
(GOUNOUILHOU, Éditeur)
50, Rue de Provence, Paris

PRIX NET
1 franc
ÉTRANGER, PORT EN PLUS

A NOS LECTEURS

 vec le fascicule 40 a commencé le tome IV de l'*Histoire illustrée de la Guerre de 1914;* les deux premiers volumes parus ont donné l'exposé des faits historiques et diplomatiques qui ont précédé et amené la guerre, et qui engagent si lourdement la responsabilité de l'Allemagne. Il était nécessaire de faire connaître et comprendre les causes profondes qui ont déchaîné ces formidables événements

Le volume III a commencé le récit de la guerre proprement dite. Les opérations militaires y sont exposées sur tous les fronts au fur et à mesure qu'elles se sont déroulées. Le volume IV et les suivants continueront ce récit. Grâce à la quantité innombrable de documents parus ou inédits qu'il s'agissait de réunir, de compulser, d'étudier, l'historien est parvenu à s'arracher à la confusion des premières heures. Par les renseignements qu'il a recueillis, par les travaux d'enquête et de recherches auxquels il s'est livré, par les conversations qu'il a eues avec les personnages officiels et les hommes politiques de l'Europe entière, il a approché, d'aussi près que peut le faire un contemporain, de la source où peut se découvrir la vérité sincère et impartiale.

Si le lecteur veut bien considérer l'importance que l'auteur a donné à l'exposé qui ne forme que le prologue, il comprendra les proportions qu'exige la suite du récit. Toutes les questions y seront abordées de front et le drame se déroulera dans son ampleur magistrale.

L'*Histoire illustrée de la Guerre de 1914* va donc mettre à la disposition du lecteur l'instrument qui lui permettra d'atteindre la raison profonde des faits militaires qui ne peuvent manquer d'assurer le triomphe de la Justice et de la Civilisation.

MONITOR AUTRICHIEN S'ÉLOIGNANT SUR LE DANUBE
APRÈS AVOIR ATTAQUÉ LES POSITIONS SERBES

celles-ci, un concours, disons le mot : une défection. Ses vues s'étaient jetées tantôt sur la Grèce, tantôt sur la Roumanie, mais de préférence sur la Bulgarie. La Bulgarie avait besoin d'une immense ingratitude : elle se présentait d'elle-même, avec son prince d'origine autrichienne, avec la rancune des défaites à elle infligées par la Serbie; avec l'âpre ambition, chez le peuple et chez le souverain, de jouer un rôle décisif dans les affaires péninsulaires et de devenir « la Prusse » ou « le Piémont » des Balkans.

Nous avons indiqué ci-dessus comment la partie fut liée entre l'Autriche-Hongrie et la Bulgarie dès 1912, alors que la rivalité s'accentua entre la Bulgarie et la Serbie au sujet de la Macédoine. Sûrement, le roi Ferdinand était secrètement engagé avec les empires du Centre au moment où ceux-ci se décidaient à marcher sur la Serbie, c'est-à-dire à déclarer la guerre à la Russie et à l'entente des trois puissances.

Seulement, il était convenu, sans doute, que la Bulgarie tarderait à se prononcer et s'appliquerait à leurrer les puissances alliées sur ses véritables intentions, de façon à les détourner de toute intervention dans les Balkans, jusqu'au jour où l'Autriche aurait écrasé la Serbie et le Monténégro et — par Scutari, Durazzo et peut-être Vallona — aurait encerclé l'Albanie.

Cette tactique diplomatique extrêmement habile, et filée avec un art infini, trompa, en effet, les puissances de l'Entente ; elles crurent longtemps à l'efficacité des moyens diplomatiques pour maintenir la Bulgarie dans la neutralité et protéger les Balkans contre les ambitions autrichiennes. Une si lourde erreur pèsera sur tout le développement et sur l'issue de la guerre. A tout prix, il eût fallu, dès le début, soutenir la Serbie, puisque son territoire donnait l'accès le plus proche vers l'une des deux capitales ennemies, Vienne. Or, on la laissa à ses propres forces, et ce n'est qu'après le complet effondrement de la politique bulgarophile qu'on courut à Salonique, trop tard pour pouvoir bénéficier des avantages du front serbe.

L'importance de ce front est mise en pleine lumière par l'exposé trop rapide qui se précisera au fur et à mesure des événements, et il est permis de dire, dès maintenant, que la magnifique défense de la Serbie pendant la première période de la guerre, non seulement eut pour effet de retenir des troupes qui eussent opéré sur le front russe, mais qu'elle constitua, pendant plus d'un an, une véritable sauvegarde pour la politique des puissances dans la région dont le sort décidera sans doute de l'issue de la guerre et de la conclusion de la paix. La Serbie fut, à proprement parler, dans cette période, *la gardienne des Balkans*.

Nous avons exposé, ci-dessus (1), le projet conçu par le gouvernement austro-hongrois d'écraser la Serbie avant que la Russie entrât en ligne, et les mesures qui furent prises par lui à cet effet. Une forte armée, comprenant en tout sept corps au moins, opère contre la Serbie et le Monténégro. Le plan du général Potiorek, qui commande l'armée opposée à la Serbie, consiste à attaquer la Serbie par l'angle que font la Drina et la Save au moment où ces deux

(1) Voir tome III, p. 220.

rivières se réunissent dans la plaine de la Matchva. La démonstration sur le Danube et sur Belgrade n'est qu'une feinte.

L'armée austro-hongroise n'est prête que le 12 août. A cette date, elle se met en mouvement, et le gros de l'armée franchit la Save en amont de Chabatz tandis que l'armée destinée à opérer un mouvement tournant passe la Drina à Lechnitza, Loznitza, Zvornik et Lioubovia.

Quelles étaient, cependant, les intentions de l'état-major serbe et quelle était la situation de son armée? L'armée serbe est commandée, sous la haute autorité du prince Alexandre, par le voïvode *Putnik*. Rodomir Putnik est né en 1847. Il est élève des écoles militaires serbes et, surtout, fils de l'expérience. Il a combattu en 1876 et 1877 contre les Turcs, en 1885 contre les Bulgares, en 1912 contre les Turcs; il connaît à fond la guerre, la péninsule des Balkans, et surtout son pays. Il sait qu'il peut compter sur ces âmes indomptées ; il leur demandera beaucoup et se demandera beaucoup à lui-même. Il sera aidé dans sa haute mission par d'autres chefs remarquables : Stépanovitch qui reprit Belgrade, Mishitch le vainqueur de Suvobor, Ivanovitch, etc. Mais il garde la haute direction de l'armée et du pays. Sa volonté énergique dompte un corps débile et chancelant. Asthmatique, il vit loin

LE VOÏVODE PUTNIK

du front, dans des pièces surchauffées, entouré de couvertures, ignoré de ses soldats qui l'adorent : cette figure est une des plus originales de cette guerre. Il vit en lui-même, face à face avec sa mémoire qui est imperturbable et évoque devant lui tous ces paysages des Balkans qu'il connaît à fond. De son cabinet où tous, même le prince héritier, s'abstiennent de fumer, partent les ordres qui disposent du moindre bataillon. Ce malade a la vision du champ de bataille. C'est lui, d'ailleurs, qui, comme ministre de la Guerre, a reconstitué et armé les troupes serbes ; il sait le nom des soldats, comme il connaît les détails du terrain. La situation de ce chef était telle que, quoiqu'il fût en dissentiment avec la dynastie des Obrénovitch, le commandement de l'armée en cas de guerre lui était, malgré tout, réservé. M. Vesnitch

LE VOÏVODE PUTNIK A SA TABLE DE TRAVAIL

a rapporté une conversation qu'il eut, à ce sujet, avec le roi Alexandre : « En cas de guerre qui mettriez-vous à la tête de l'armée ? » Le roi répondit tout naturellement, comme s'il s'agissait d'une chose qui allait de soi : « Mais, il y a le colonel Putnik ! » Et, comme le ministre faisait observer au roi que le colonel était en disgrâce, Sa Majesté ajouta : « Oui, je le sais bien, mais, le moment venu, tout cela serait arrangé immédiatement (1) .»

Un tel chef n'avait rien laissé au hasard. Les dispositions prises par lui pour résister à la puissante invasion austro-hongroise sont de tout point admirables. De quelque côté que vienne l'offensive, il est prêt. L'armée serbe doit compter environ 300.000 hommes. L'armée monténégrine, tout compris, atteint

environ 40.000 hommes. Les deux pays n'en font qu'un ; les commandements sont étroitement unis. Le Serbe Ivanovitch, qui a suppléé Putnik quand celui-ci était malade, a la direction suprême des opérations militaires monténégrines.

Dans l'angle que forme la Drina et la Save, tandis que les vallées inférieures des deux rivières sont basses et fertiles, l'intérieur du pays s'élève de gradins en gradins jusqu'à former une haute terrasse sur laquelle est établie la ville de Valievo. Il suffit de jeter un coup d'œil sur la carte pour voir que Valievo est le cœur du pays. Au nord, par la vallée de la Kalubara, les hauteurs où la ville est installée surveillent Belgrade et le Danube ; à l'ouest, par la vallée du Jadar et par la petite rivière de Lioubovia, elles commandent la Drina. Au sud, les affluents de la Morava (Golijska) les mettent en relations faciles avec Kruchevatz. Une ligne de chemin de fer venant de Belgrade dessert Valievo. D'autres voies ferrées contournent le massif et, de Mokragora, Oujitze, Tchatchak, Kraguïwatz, permettent de déboucher sur les provinces voisines, soit serbes, soit autrichiennes.

C'est autour de Valievo que Putnik organise ses forces, non seulement pour la défensive, mais surtout pour l'offensive. De là, il se jettera, selon les nécessités, sur les points où il aura le plus de chance de trouver en défaut la manœuvre enveloppante de son adversaire. L'armée serbe est donc concentrée en pleine montagne sur la crête Palanka-Aranguelo-vatz-Lazarevatz, tandis que des flancs-gardes ou des arrière-gardes sont reparties à Valievo et Oujitze, et que des avant-postes solides

(1) « Le Voïvode Putnik », par Miles. (*Correspondant* du 10 août 1915.)

sont installés sur le cours des deux rivières à Loznitza, Chabatz, Obrenovatz, Belgrade, Semendria.

Vers le 12 août, le mouvement de l'armée austro-hongroise se dessine. C'est décidément sur l'angle de la Drina et de la Save qu'elle porte son principal effort; la pensée du général Potiorck est, sans doute, de profiter de la belle plaine de la Matchva pour y déployer sa cavalerie. Mais les Serbes ne feront pas la faute d'engager toute leur armée dans la vallée. Et les Autrichiens devront les chercher sur le champ de bataille de la montagne qu'ils ont choisi eux-mêmes.

Valievo étant le nœud de la défense serbe, devient nécessairement l'objectif des armées autrichiennes.

Le 12, l'armée austro-hongroise passe la Save sur des barques, des pontons, des radeaux : une violente canonnade a protégé l'opération. Chabatz est occupé le 12 au soir. Sous prétexte que les civils prennent part à la lutte et « ont tiré », Chabatz est mis à feu et à sang; 500 maisons y sont détruites; à Loznitza et dans la campagne avoisinante, c'est 1.700 maisons qui sont incendiées; 700 à Belgrade. Sur ces atrocités nous avons l'aveu des Autrichiens eux-mêmes; l'identité avec les méthodes allemandes mérite d'être signalée : « *Naturellement* les Serbes ne faisant plus partie de l'armée et pris les armes à la main furent fusillés *conformément au droit*. C'est ce qui explique que, dans les villes et les villages pris au cours de la guerre, *on trouva plus tard beaucoup de civils morts :* le généralissime austro-hongrois dut *donner des ordres* excessivement sévères contre la participation des civils au combat » (1). Il y a donc volonté générale et « ordre donné ».

Au même moment (12 et 13 août), les forces austro-hongroises tentent leur mouvement enveloppant vers le sud et franchissent la Drina aux approches de Loznitza.

Les avant-postes serbes, composés surtout de vétérans, luttent vaillamment dans la vallée et

(1) Kircheisen, fascicule 9.

font payer cher aux Autrichiens ce premier succès. Des ponts sont jetés sur la Drina et permettent le passage de forces importantes. Le lendemain, 14 août, le mouvement concentrique sur Valievo se prononce. Les difficultés commencent. L'armée autrichienne avait à grimper de hauteurs en hauteurs vers l'intérieur. En plus, ses différents éléments s'enfonçant dans les vallées qui mènent à Valievo étaient séparés par des arêtes infranchissables; à chaque étage, il fallait recommencer de nouveaux combats, et on ne pouvait maintenir la liaison entre les différents corps que par des contremarches infiniment compliquées. L'armée serbe placée au centre du cercle, comme une araignée dans sa toile, était en mesure de choisir le point sur lequel elle porterait l'ensemble de ses forces. En somme, les Austro-Hongrois reproduisaient la faute qui avait permis à Bonaparte de les battre, plus d'un siècle auparavant, à Rivoli.

LA VICTOIRE SERBE DU JADAR Le 14 août, l'armée austro-hongroise maîtresse de la rive droite de la Drina, presse le mouvement : le *IVe corps* (Budapest) et une partie du *IXe corps* (Josefstadt) partent de Chabatz; ces forces sont commandées par le général von Tersstyansky. Le *VIIIe corps* (Prague) et deux brigades de montagne du *XVe corps* (Sarajevo), commandés par le général Giesl von Gieslingen, partent de Loznitza-Lioubovia et se portent sur la crête septentrionale de la vallée du Jadar; le *XIIIe corps* (Agram) remonte la vallée du Jadar; d'autres forces opèrent plus au sud, vers Zvornik; des troupes du *IVe corps* et du *IXe corps* restent en réserve à Chabatz. La moitié du *XVe corps* et le *XVIe corps* (Raguse) font face vers le sud-est aux troupes monténégrines.

La voie semble ouverte aux armées austro-hongroises; elles occupent toute la plaine de la Matchva. Mais devant elles se dressent les premières collines qui longent, à une certaine distance, le cours de la Drina, et, plus en arrière, les monts du Tzer qui trempent leurs

CARTE DE LA FRONTIÈRE DE SERBIE ET DE LA BATAILLE DU JADAR

pieds dans le Jadar. Cette étroite vallée du Jadar est le couloir où se localisera le plus dur de l'action.

Le voïvode Putnik a discerné l'importance de cette vallée. C'est là qu'il arrêtera et dominera d'abord l'offensive austro-hongroise ; quand il l'aura brisée au centre, il la reprendra successivement sur ses deux ailes. Une partie de la 2e armée serbe et la 3e armée tout entière sont portées sur le Jadar, tandis que le reste de la 2e armée, avec toute la cavalerie dont on peut disposer, reçoit la mission de contenir l'aile gauche des Autrichiens du côté de Chabatz.

Cette fraction de l'armée serbe combat avec des alternatives diverses autour de la ville ; elle masque ainsi la manœuvre principale de Putnik qui consiste à empêcher, à tout prix, la liaison entre les forces autrichiennes venant de Chabatz et celles venant de Loznitza. Combat de crête auquel les Serbes se sentent plus aptes que leurs adversaires. Ceux-ci grimpent lourdement par masses et s'étonnent de l'agile résistance des Serbes apparaissant et disparaissant sur les hauteurs.

Pendant les deux ou trois jours qui s'écoulent depuis que l'attaque des Autrichiens s'est dessinée, Putnik a appelé en hâte de Belgrade et des régions environnantes toutes les forces disponibles. C'est avec ces troupes parfaitement entraînées qu'il forme sa réserve, comptant bien, à une certaine heure qu'il saura choisir, passer de la défensive à l'offensive. Les colonnes autrichiennes s'avancent imprudemment sans avoir établi leur liaison, une vers Slatina, une sur la crête du Tser, une troisième remontant la vallée de la Lechnitza. Un corps (le *XIII*e), suit par Loznitza les deux rives du Jadar; plus au sud, le *XV*e *corps*, pour exécuter le mouvement tournant, marche par Zvornik sur Kroupanié et de Lioubovia vers Petzka.

Mais Putnik attaque le 16. Le choc se produit sur le vaste front d'environ 150 kilomètres : la partie se joue d'abord au centre, puis sur les deux ailes, principalement sur l'aile droite des Serbes à Chabatz. Le centre est devant les monts d'Iverak sur la rive droite du Jadar. Deux divisions de la 2e armée serbe ont pris position sur ces hauteurs qu'elles ont occupées après une marche forcée de 85 kilomètres. Malheureusement, dans l'intervalle, les Autrichiens ont pris de l'avance : Poporparloc, dans la montagne, est déjà occupé par eux. Le centre serbe plie dans la nuit du 16 au 17 août; il se retranche sur les monts Iverak. La 3e armée serbe, qui se bat au sud de ces hauteurs, n'est pas en meilleure posture. Tournée à droite, elle est obligée d'abandonner la forte position de Yarebitze. Cette armée se replie pour se cantonner à 500 mètres d'altitude, dans la région de Kruppani. La journée du 16 est, en somme, favorable aux Autrichiens; les Serbes n'ont pu arrêter leur offensive que sur un point, à Slatina : il est vrai que ce point est important, car c'est par là que doit s'opérer la liaison des colonnes venant de Chabatz et de Lechnitza. Ainsi, recul au centre et sanglant échec, notamment sur l'aile gauche à Chabatz.

Le 17, les Autrichiens s'élancent pour grimper les monts Iverak: les Serbes plient encore et s'établissent sur les hauteurs de Kalem. Mais c'est alors que de nouveaux renforts arrivent aux Serbes; ils attaquent au centre dans les monts du Tzer avec un nouvel acharnement. Ils s'emparent du piton de Kasaningrad, point culminant de l'arête et qui devient la limite de l'effort autrichien. Les Autrichiens s'acharnent, le 18 août, pour tourner la 3e armée serbe par Osetchina. La tentative échoue. A ce moment l'équilibre est établi avec un avantage marqué pour les Serbes. En empêchant la liaison de se faire, ils tiennent les armées austro-hongroises séparées en deux tronçons.

Le 19 août est la journée décisive. La lutte s'engage à la fois sur l'Yverak, sur le Tser et aux portes de Chabatz. Ici, les Serbes sont refoulés et rejetés sur la Dobrava; mais en montagne, ils affirment leur succès, et s'emparent de Viddicovitza. Du Tzer, les Autrichiens, après un rude combat à Jarébitzé, sont refoulés dans la vallée de la Lechnitza où l'artillerie serbe les accable de ses obus. De même

SOLDATS AUTRICHIENS ÉTEIGNANT UN INCENDIE ALLUMÉ DANS UN VILLAGE SERBE

sur les monts Iverak : la gauche de la 2e armée nettoie la ligne de faîte; les Autrichiens descendent plus vite qu'ils n'ont monté. A quatre heures de l'après-midi, Reingrob pris, les Serbes sont maîtres de la situation. Ils se hâtent vers la vallée du Jadar en bousculant les colonnes austro-hongroises qui fuient devant eux.

Le 20 août, le centre autrichien est enfoncé. Il se disloque vers dix heures du matin, Jarébitzé est repris. Les Autrichiens repassent la Drina. C'est la victoire pour les Serbes — la victoire du Jadar.

Elle se complète par une deuxième opération sur l'aile droite : c'est le combat de Chabatz. Les Autrichiens, en effet, comme l'établit un rapport du général von Tersstyanski qui commandait à Chabatz, — rapport publié par le *Pester Lloyd* — avaient résolu de défendre à tout prix cette ville de 14.000 âmes, tête de pont sur la Save qui leur permettait de dominer la plaine de la Matchva et les voies d'accès sur la vallée du Jadar. Aussi la lutte prend, de ce côté, un caractère particulièrement âpre. Les Madgyars du *IVe corps* font, un moment, rétrograder les Serbes de la 2e armée sur la rive droite de la Drina. On peut croire que le fruit de huit journées de lutte est perdu.

Mais les Serbes, qui se sont dégagés au centre, massent leurs forces sur la droite. Le combat se poursuit avec des alternatives diverses jusqu'au 23. Le 23 au soir, les Autrichiens refoulés dans Chabatz peuvent encore se croire en mesure de défendre la ville. Mais, le 24 au matin, le général von Tersstyanski reçoit l'ordre de regagner la rive gauche de la Save. Il obéit, la mort dans l'âme. L'offensive autrichienne a échoué partout. Les pertes montent à 8.000 tués et 30.000 blessés, 4.000 prisonniers, avec 46 canons, 30 mitrailleuses, fusils, ravitaillements, etc., etc. Les Serbes ont eu 18.000 hommes hors de combat, dont 4.000 tués.

Les Austro-Hongrois, qu'une telle défaite couvrait de honte, en prirent leur parti de bon cœur : ils alléguèrent faussement la supériorité numérique des Serbes et l'importance secon-

daire de ces engagements : ce fut l'affaire d'un communiqué où la lourde main de la bureaucratie viennoise cache mal le dépit sous les phrases tortueuses :

Etant donné que depuis l'intervention de la Russie dans notre querelle avec la Serbie, nous trouvâmes nécessaire de concentrer toutes nos forces pour la grande bataille du Nord, la guerre contre la Serbie ne dut plus être considérée que comme une expédition de châtiment. pour ces mêmes raisons, devenue d'un intérêt secondaire. En dépit de cela, dans l'intérêt de notre situation générale et à cause des fausses nouvelles répandues par l'ennemi, une action offensive avait été jugée opportune. Cependant, pour la raison mentionnée plus haut, cette opération fut limitée à une courte incursion en territoire ennemi, incursion dont le succès devait être suivi d'une attitude expectante ajournant toute offensive à une occasion plus favorable. L'offensive exécutée par une partie de nos troupes fut une action pleine de bravoure et d'héroïsme. Son effet fut d'attirer contre nous la totalité de l'armée serbe, dont les attaques, malgré une grande supériorité numérique, n'eurent aucun effet, grâce au courage de nos troupes. Le fait que nos troupes ont subi des pertes sévères ne doit étonner personne, étant donné que l'ennemi était numériquement très supérieur et que, de plus, il luttait pour sa propre existence. Ainsi, quand nos effectifs, qui s'étaient enfoncés profondément en territoire serbe, reçurent l'ordre de regagner leurs positions sur la Drina et sur la Save, elles laissèrent derrière elles, sur le champ de bataille, un ennemi complètement affaibli.

Dès la première passe d'armes, l'Autriche-Hongrie donnait sa mesure. Le « brillant second » allait être, pour l'empire d'Allemagne, un lourd et encombrant compagnon.

La victoire serbe eût dû, dès cette époque, attirer l'attention sur l'importance du front balkanique. De Belgrade une offensive alliée fortement organisée eût pu menacer Vienne. On n'y songea même pas. On abandonna la Serbie à elle-même, comme si le succès de ses premiers efforts eût dû faire illusion sur ses véritables ressources. L'Autriche-Hongrie pouvait en toute liberté disposer de toutes ses forces contre le front russe. Tel était le résultat funeste du manque de coordination contre les puissances alliées. Il se produit ici quelque chose d'analogue avec ce qui se passait à la même heure sur le front occidental. La Serbie avait su vaincre : on ne savait pas profiter de sa victoire.

LE PAQUEBOT ALLEMAND « KARLSRUHE »

LE FRONT MARITIME Pendant la deuxième et la troisième semaines de la guerre, les événements maritimes n'offrent qu'un intérêt secondaire : c'est une période de préparation, non d'exécution. Cependant quelques faits méritent de retenir l'attention.

Un submersible allemand, le *U-15*, est coulé à coups de canon par le croiseur léger *Birmingham* (18 août) : c'est un premier exemple de ces destructions de sous-marins qui prendront, par la suite, une grande importance, et qui tendent à prouver que, contrairement à certaines prévisions, le sous-marin, dans cette guerre, n'aura pas nécessairement le dernier mot.

Une première opération navale, ayant pour objectif d'insulter les côtes anglaises, est tentée, le 20 août, par les deux croiseurs allemands : *Strassburg* et *Stralsund*. Il suffit de l'apparition de quelques contre-torpilleurs et sous-marins anglais, canonnant de loin les vaisseaux allemands, pour que ceux-ci se dérobent. Cet essai est le premier indice d'une tactique qui se développera par la suite, et qui révèle, chez les Allemands, le projet plus ou moins précis d'agir en force contre le territoire insulaire.

D'autres projets allemands commencent à se manifester par des opérations à plus large envergure. On voit se dessiner le rôle attribué à l'escadre du Pacifique, commandée par l'amiral von Spee, et à certaines unités disposées en certains points de l'immense espace des mers.

Dans l'Océan Pacifique se trouvaient deux croiseurs cuirassés identiques, le *Scharnhorst* et le *Gneisenau* (1). En outre, l'escadrille comportait trois petits croiseurs protégés : l'*Emden*,

(1) Ces deux noms sont ceux des deux réorganisateurs de l'armée prussienne après Iéna.

le *Nuremberg*, le *Leipzig*, et un croiseur auxiliaire, *Titania*. L'escadre quitte Ponape le 6 août et disparaît. On sait seulement qu'elle est ravitaillée en charbon, sur un point de l'Océan, par des vapeurs charbonniers, désignés d'avance à cet effet. Elle se ravitaille de nouveau aux Iles Marshall, le 18 août. L'*Emden* quitte l'escadre avec des ordres spéciaux ; le *Nuremberg* fait la navette avec la terre et apporte des nouvelles. Pendant des jours, l'escadre navigue sans qu'on sache ce qu'elle est devenue. On ne connaît son existence que par le grand nombre de bâtiments de commerce qu'elle coule. On la signale dans les îles de l'Océanie, apparaissant et disparaissant à Apia, à l'île Fanning, où elle détruit le câble sous-marin, bientôt à Tahiti. Elle s'approche et fuit, car elle se sait traquée.

A partir du 22 août, l'*Emden* quitte l'escadre ; il a reçu la mission spéciale — analogue à celle du *Gœben* et du *Breslau* dans la Méditerranée — de troubler les services de paquebots reliant les Indes à la Métropole et de retarder les transports de troupes. Il a pour commandant le capitaine von Muller qui va s'illustrer dans une étonnante campagne de « guerre de courses », du 22 août au 9 novembre, et sur laquelle nous reviendrons, ainsi que sur le sort réservé à l'escadre du Pacifique.

Nous aurons encore à relever « l'étrange destinée du *Kœnigsberg* », la croisière non moins étrange du *Karlsruhe*, qui, parti de La Havane le 30 juillet, échappa, dans la mer des Antilles, et notamment à Porto-Rico, à la surveillance des escadres anglaises et se mit à détruire force paquebots et bâtiments de commerce dans ces eaux fréquentées ; celle du *Strassburg* qui charbonnait à Saint-Thomas et qui put, grâce à sa grande vitesse, rentrer dans la mer du Nord, non sans y avoir coulé un sous-marin. Nous reviendrons sur la destinée du vrai ou faux *Mœwe* qui se prolongea plus d'une année. Mentionnons aussi les croisières de course de grands paquebots transformés, le *Prinz Eitel-Friedrich*, du Norddeutscher Lloyd (8.800 tonnes, 15 nœuds), qui prend un

équipage et un commandant militaire et, pendant huit mois, écume la mer, s'accompagnant souvent de ses prises pour faire escadre, se ravitailler et tromper l'ennemi ; celle du *Kronprinz Wilhelm* quittant New-York le 3 août, s'armant en route par les soins du croiseur *Karlsruhe* et filant vers l'Atlantique sud, où nous le retrouverons en septembre.

Le plan de campagne, certainement arrêté d'avance dans ses détails, consiste à lâcher sur la mer ces « lions » rapides mais isolés, avec mission de troubler le commerce des flottes alliées et notamment des flottes britanniques, de courir sus aux paquebots transportant des troupes et des munitions, en un mot, de détruire les ressources et les richesses de toute nature qui circulent sur les Océans. Ce plan, parfaitement conçu, est encore mieux exécuté. Les Allemands ont pu, à peu de risques, faire un mal énorme à leurs adversaires et répandre la terreur sur la surface des eaux. L'Angleterre, avertie pourtant, s'émut un peu tardivement. Elle dut organiser la chasse aux corsaires et mobiliser des forces importantes pour les détruire ou les réduire à l'impuissance.

La campagne des croiseurs, accompagnant ou précédant celle des sous-marins, ne devait pas avoir, sans doute, une influence décisive sur le sort final de la guerre. Mais elle porta des coups appréciables à la puissance britannique sur la mer et, dès le début, elle prouva que l'accroissement de la marine allemande n'était nullement, pour les puissances concurrentes, une quantité négligeable (1).

C'était, d'ailleurs, toute la « politique mondiale » de l'Allemagne qui était en cause ; la marine allemande avait à faire ses preuves : or, elle prouva tout simplement que, si elle était en mesure de terroriser les mers, elle ne pouvait les dominer. La grande « flotte de mer » enfermée dans le canal de Kiel s'y trouva bloquée par les forces supérieures des flottes britanniques. Malgré la vigueur des croisières isolées, l'Allemagne voyait s'écrouler, dès le début,

(1) Pour les détails de ces croisières allemandes, voir, notamment, le volume de Hubert F..., *La Guerre navale, Mer du Nord, Mers lointaines*. Payot, in-12.

TORPILLEURS ET SOUS-MARINS ALLEMANDS DANS LA RADE DE KIEL

l'édifice trop hâtivement élevé de sa politique maritime et coloniale.

Ses colonies tombaient l'une après l'autre : nous dirons leur sort dans un chapitre ultérieur. Ses relations politiques et commerciales étaient coupées avec le reste de l'univers. En Extrême-Orient, une puissance de premier ordre, le Japon, s'unissait aux puissances alliées.

Nous avons dit que, le 15 août 1914, le chargé d'affaires japonais avait transmis au ministère des Affaires étrangères à Berlin, une note demandant le retrait immédiat des forces navales allemandes opérant dans les eaux chinoises et japonaises et la remise sans condition, aux autorités japonaises, avant le 15 septembre, de la colonie allemande de Kiao-Tchéou, cédée à bail par la Chine à l'Allemagne. Ces conditions devaient être acceptées avant le 23 août, sinon le Japon se déclarait en état de guerre avec l'Allemagne. Le délai s'écoulait. Le 18 août, le commandant allemand, gouverneur de Kiao-Tchéou, télégraphiait à l'empereur qu'il ne se rendrait pas et ferait son devoir jusqu'au bout. La « politique mondiale » de l'Allemagne lui mettait, à la date du 23 août, un nouvel ennemi sur les bras.

DISPOSITION DES NEUTRES Il est vrai que, par un effet inverse, elle lui préparait un allié, la Turquie. C'est un événement naval, l'aventure du *Gœben* et du *Breslau*, qui fournit à la *Turquie* l'occasion, attendue par elle, de se prononcer. Le 10 août, à 8 heures et demie du soir, les deux croiseurs avaient franchi les Dardanelles. Aussitôt, les gouvernements alliés adressèrent au gouvernement ottoman d'énergiques protestations ; ils s'appuient sur les traités et notamment sur l'article 1er du traité de Paris du 30 mars 1856 pour affirmer que les navires allemands ne peuvent passer les Détroits et qu'ils doivent : ou quitter le Bosphore dans les vingt-quatre heures, ou être désarmés. Dès le 3 août, la Turquie avait affirmé qu'elle entendait garder la neutralité : il est vrai que, le lendemain, 4 août, le gouvernement ottoman avait fait savoir que, sans rien changer à ses intentions, il croyait devoir mobiliser ses troupes, par mesure de précaution, afin de ne pas être surpris, faisant allusion notamment à une attaque possible de la Bulgarie.

Le jeu était parfaitement réglé : car l'Allemagne et l'Autriche s'étaient assuré d'avance du concours de l'une et de l'autre puissance balkanique. Les puissances alliées, averties ou non, hésitaient à considérer la Turquie comme un adversaire. Il semble qu'il y ait eu, autour de la Sublime-Porte, assaut d'offres séduisantes : l'Allemagne lui promettait les îles grecques et même une partie de la Grèce, les puissances alliées prenant, par contre, à son égard, des engagements qui devaient se préciser, le 22 août, dans les termes suivants : si la Turquie garde la neutralité, si elle promet de renvoyer les officiers et les équipages allemands, de donner aux navires des puissances les facilités de circulation dont ils ont besoin, les trois puissances alliées accepteront de renoncer à leur juridiction extra-territoriale dès que l'administration de la justice se sera adaptée aux nécessités de la vie moderne. En outre, les puissances s'engageront à maintenir l'indépendance et l'intégrité de l'Empire ottoman.

La Turquie s'applique à paraître impartiale : visiblement elle fait monter les deux parties l'une par l'autre. Sans doute l'Allemagne ajoute encore à ses promesses : elle fait luire aux yeux des Jeunes Turcs le retour de l'Egypte sous la domination du sultan ainsi que la conquête, sur les Russes, des territoires du Caucase. La mégalomanie d'Enver-Pacha est caressée et surexcitée par celle de l'empereur Guillaume. Sur le fond des sentiments de la Turquie, les diplomates accrédités à Constantinople sont formels : « La Turquie souhaite le succès de l'Allemagne » ; mais on veut croire encore qu'elle hésitera à se prononcer contre les puissances. L'ambassadeur d'Angleterre, sir L. Mallet, paraît particulièrement confiant. Cependant, une active négociation est menée sous main entre plusieurs états balkaniques. On en saura, un jour, le secret : Talaat Bey part pour Sofia, où il scelle l'entente qui s'affirmera bientôt au grand jour. La Grèce envoie à ces conférences M. Zamaïs, directeur politique aux Affaires étrangères. C'est une série de mines et de contremines qui jouent pendant toute la négociation engagée au sujet du *Gœben* et du *Breslau*. La mission de Talaat Bey s'étend jusqu'à Bucarest. Il prétend mettre sur pied une ligne balkanique composée de la Turquie, de la Roumanie, de la Grèce et de la Bulgarie. C'est une tentative de retourner la politique balkanique contre les puissances. A Bucarest, la mission échoue, mais elle laisse partout des traces que nous retrouverons par la suite.

Cependant, le jeu de la Turquie se découvrait ; le 13 août on annonçait que le *Gœben* et le *Breslau* étaient achetés par la Turquie à l'Allemagne. On opposait cette ruse diplomatique à la revendication des puissances. Celles-ci continuaient la polémique sur le droit, tandis que la Turquie multipliait les faits qui eussent dû ouvrir les yeux. Si une escadre franco-anglaise avait suivi le *Gœben* et le *Breslau* dans les eaux du Bosphore, le point de droit eût été plus facile à régler.

Rifaat Pacha, ambassadeur à Paris, ancien ministre des Affaires étrangères, dit à un rédacteur du *Temps*, le 13 août, que « cette opération ne comportait aucun acte de complicité ni de *duplicité*, ni la *moindre intention hostile* ni même *inamicale* de la part de la Turquie, ce qui serait une pure folie ». Le grand vizir disait à l'ambassadeur d'Angleterre qu'il regrettait beaucoup ce qui s'était produit, mais que la Turquie resterait neutre. La diplomatie française appuie un peu mollement celle de ses alliés : c'est l'attitude qu'elle prendra désor-

SOLDAT SERBE BLESSÉ AMENÉ A UNE AMBULANCE DE L'ARRIÈRE

mais dans ces pénibles difficultés balkaniques. Peut-être sa position de puissance dont le territoire était livré à l'invasion de l'ennemi lui imposait-elle le devoir de faire entendre sa voix.

Les faits se précipitent : les deux croiseurs allemands imposent leur loi dans les eaux turques, visitent et rançonnent tous les bateaux alliés ou neutres ; le 15 août, l'amiral anglais Limpus et sa mission sont congédiés ; des garnisons allemandes sont placées dans les forts des Dardanelles ; des mines sont mouillées dans les Détroits par des torpilleurs allemands ; les ressortissants des puissances alliées et les sujets hellènes sont l'objet de mille vexations. Les ambassades et les légations s'épuisent en vaines réclamations. Le gouvernement ottoman oppose à toutes les paroles un silence irritant ou une affectation de ne pas comprendre plus irritante encore.

Le 22 août, l'Angleterre, comme nous l'avons dit, fait à la Porte un ensemble de propositions qui paraissent faites pour la tenter. On apprend, en même temps, l'arrivée d'officiers et de marins allemands. Le grand vizir écoute avec attention les propositions des puissances. Les ambassadeurs croient à sa parfaite « sincérité »... Et le général Liman von Sanders, chef de la mission allemande, est désigné en qualité de généralissime des forces turques. Que faut-il de plus ?... On dirait, pourtant, que, vers la fin du mois d'août, on en est encore à garder des illusions. Les Turcs ont bien joué leur jeu (1).

La *Bulgarie* a, sans doute, partie liée, sinon avec la Turquie, du moins avec les deux empires du centre. Mais elle en est encore, elle aussi,

(1) V. l'intéressant volume de M. J. Aulneau, *La Turquie et la guerre*. Alcan, in-16.

à la période du double jeu. Nous avons dit plus haut les ambitions âpres et les rancunes tenaces de la Bulgarie. Durant la deuxième quinzaine d'août, elle paraît absorbée par ses négociations avec la Turquie : on négocie autour des compensations réciproques que les deux puissances, complices d'un même secret, se disputent mutuellement. Cependant la Bulgarie, sans se découvrir, fait comme la Turquie : elle mobilise ; des masses bulgares sont concentrées à Zouffli, à Gumuldjina et à Xanthi. Une activité fiévreuse règne dans les services militaires. On sent que la guerre se prépare. Il suffisait d'être attentif au mouvement de l'opinion bulgare pour deviner contre qui elle se préparait.

Depuis longtemps la Bulgarie s'est laissé aller à ce vilain sentiment de l'ingratitude annoncé par Bismarck, et qui devait la conduire à l'alliance avec les empires du centre. *Volia*, organe gouvernemental, disait dans son numéro du 22 août-4 septembre :

Notre vie est, depuis trente ans, féconde en arguments qui démontrent que la politique russe a toujours été l'adversaire de notre indépendance.

Lorsque la Russie s'est aperçue que le Bulgare était un patriote opiniâtre et pensait d'abord et avant tout à sa patrie (ainsi qu'il y a pensé depuis 1393 jusqu'à 1878), alors la politique russe a songé à ruiner la Bulgarie, car elle s'était rendu compte que la Bulgarie allait devenir un obstacle puissant à la domination russe dans les Balkans. La guerre balkanique éclata contre le gré de la Russie, qui avait créé l'Alliance balkanique dans l'espoir de la diriger contre l'Autriche, lorsque le moment serait venu de déclarer la guerre à l'Allemagne. Les premiers succès bulgares étonnèrent les Russes qui s'émurent vivement lorsqu'ils apprirent que la Bulgarie était décidée à l'attaque de Tchataldja. Les diplomates russes se révoltèrent, lorsque la Bulgarie réclama pour frontière la ligne Rodosto-Midia! Une grande Bulgarie, avec toutes les qualités indiscutables de puissance gouvernementale, la décision de l'armée bulgare qui se trouvait déjà presque devant les portes de Constantinople — tout cela troubla la quiétude des diplomates russes et bouleversa leurs plans.

Nos succès épiques, nos sacrifices immenses se dispersèrent au vent. La Bulgarie subit la défaite, parce qu'ainsi l'exigeaient les intérêts de la politique russe dans les Balkans et ses prétentions à la mer ouverte.

Ainsi s'expriment, avec une véritable impudeur, les instincts bas de ce peuple « gaigneur »,

comme l'a dit Ludovic Naudeau, trop écarté des nobles aperceptions de l'avenir et des sagesses plus hautes. Borné, il est aveugle. A Sofia on croit à la victoire facile des empires du centre. Un officier supérieur de l'armée bulgare, le commandant Atanassoff, écrit, après la déclaration de guerre de l'Autriche à la Serbie :

Supposons que les alliés de la Serbie et leur protectrice « désintéressée » la Russie, lèvent les armes contre l'Autriche.

Qu'adviendra-t-il ? L'entrée de la Russie dans le conflit austro-hongrois-serbe donnera le signal de la guerre générale en Europe.

Il y aura en présence deux grandes Alliances et deux petits groupes dans les Balkans. L'attitude de l'Angleterre sera décisive.

D'après certaines déclarations qui ont été faites dans ces derniers temps par le ministre anglais des Affaires étrangères, *il est évident que l'Angleterre ne se rangera pas au côté de la Russie* dans les questions balkaniques.

Nous pouvons affirmer EN TOUTE CERTITUDE, qu'en cas de conflit, l'Angleterre restera neutre.

Il se trouvera en présence sur le champ de bataille, d'un côté : la Russie et la France avec la Serbie, la Roumanie et la Grèce; de l'autre côté : la Triple Alliance avec la Bulgarie, la Turquie, la Suède et la Norvège.

Dans l'état actuel des forces armées, quiconque connaît la situation peut affirmer à l'avance que c'est ce second groupe qui triomphera.

La Turquie, avec le plus gros de son armée, avancera par le Caucase et ralliera toutes les tribus turkestanes fixées dans cette contrée, pour mener l'offensive contre la Russie méridionale. Pour répondre à cette offensive, la Russie devra détacher un million d'hommes. *La Suède et la Norvège pénétreront en Finlande et, conjointement avec les Finlandais, se dirigeront vers Pétrograd.* Là encore, la Russie sera obligée de détacher un demi-million d'hommes pour la défensive.

Une partie des effectifs bulgares sera dirigée sur la Macédoine contre les Grecs, l'autre sur Nich contre les Serbes. Les corps d'armée bosniaques, herzégoviens et magyars envahiront la Serbie occidentale par la Drina et la Save. *C'est ainsi que sera étouffée la Serbie en dix jours. Quant aux Monténégrins, les Albanais s'en chargeront.*

Lorsque la Serbie sera anéantie, les corps austro-hongrois joints à notre armée partiront de là vers la Roumanie si celle-ci se rallie à la Triple-Entente. Ceci fait, tous réunis, nous formerons l'aile droite du gros contingent germano-autrichien qui aura déjà commencé l'invasion de la Russie. Dans la région d'Odessa ou de Kieff, les armées coalisées fusionneront avec l'armée turque qui descendra du Caucase, et, ayant ainsi fusionné, toutes les armées alliées continueront la poursuite de l'armée russe. L'armée occidentale allemande, seule ou avec

BOMBARDEMENT DE TSING-TAO

l'armée italienne, exécutera sa marche victorieuse à travers la France.

Les escadres italienne, austro-hongroise et turque attaqueront l'escadre française de la Méditerranée ainsi que la flotte hellène.

Après leur anéantissement, les Turcs enverront 100.000 hommes contre la Grèce, l'occuperont dans sa partie médiane et dans certaines parties du Péloponèse. Dans la région thessalienne nos deux armées (bulgare et turque) fusionneront.

Les flottes italienne, austro-hongroise et turque franchiront les Dardanelles et le Bosphore et pénètront dans la mer Noire où la flotte russe revivra alors les angoisses du combat de Sébastopol de 1854. La puissante flotte allemande sortira de la Baltique et attaquera la flotte française de l'Atlantique; quand elle l'aura détruite, elle prendra possession des côtes. La flotte russe, insignifiante et extrêmement faible, restera bloquée dans la baie de Finlande et elle finira comme en 1904 à Tsoushima (1).

Ces prévisions absurdes, ces erreurs colossales

(1) Journal *Kambana* (*La Cloche*), du 21 juillet-3 août 1914.

trompent l'esprit bulgare parce qu'il veut être trompé; nous verrons bientôt comment une politique raffinée et hypocrite, celle des Ferdinand, des Malinoff et des Sawoff, finit par jeter dans la guerre le peuple bulgare, côte à côte avec sa vieille et pitoyable ennemie la Turquie.

La *Roumanie* a déclaré également qu'elle garderait la neutralité. Elle paraît vouloir se rapprocher de la Grèce et de l'Italie pour maintenir les principes de la paix de Bucarest et un certain équilibre dans les Balkans. La position de la Roumanie est difficile : ses intérêts et ses vues sur la Transylvanie roumaine la portent à une rupture avec les empires du centre ; mais enserrée qu'elle est par eux, par leurs alliés, la Bulgarie et la Turquie, elle ne peut se prononcer que si un appui lui vient du

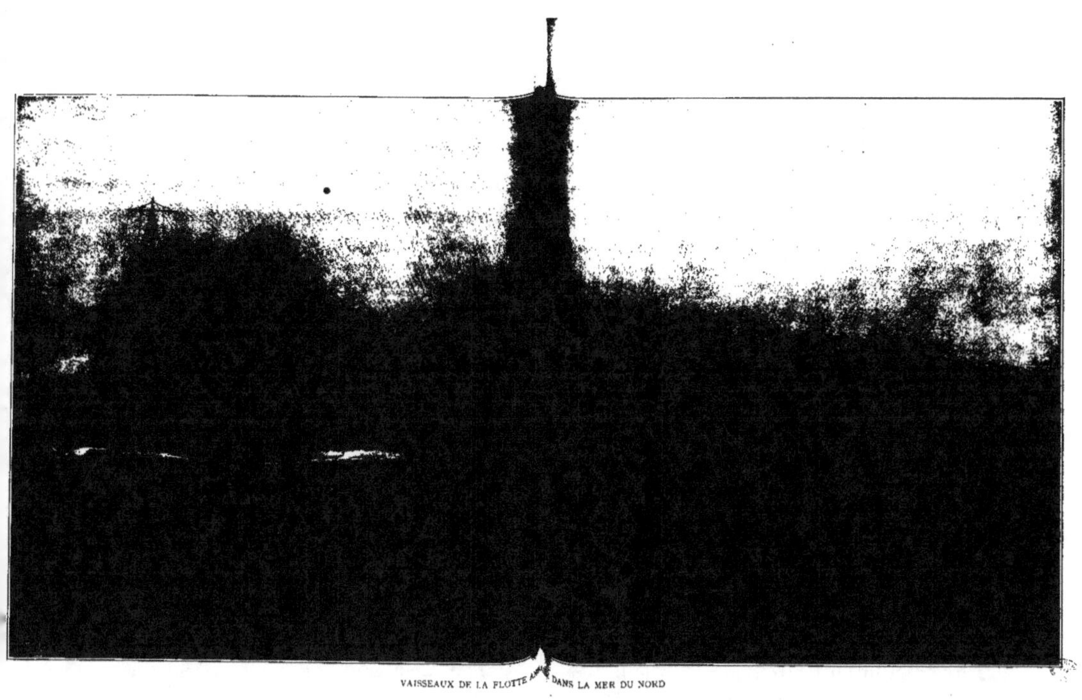

VAISSEAUX DE LA FLOTTE ANGLAISE DANS LA MER DU NORD

dehors ; or, cet appui ne peut lui venir que de la Russie. D'ailleurs, la situation pour la Roumanie n'est pas tout à fait intacte. Le roi Charles, attaché par les liens de la fidélité et de l'affection à ses parents Hohenzollern, a pris des engagements à l'égard de la Prusse. Sa politique personnelle se trouve ainsi, jusqu'à un certain point, en contradiction avec les aspirations de son pays. On a raconté que le dialogue suivant s'était engagé entre le roi et le président du Conseil, M. Bratiano : « J'ai donné à l'empereur Guillaume ma parole de ne pas sortir de la neutralité : un Hohenzollern n'a qu'une parole. — Sire, par votre parole, vous pouviez vous engager, mais non la Roumanie. » Exact ou non, ce dialogue expose une situation qui répond à la réalité. La Roumanie a, nécessairement, dans la situation géographique et ethnique qui est la sienne, des volontés partagées. Nous exposerons ses relations avec les deux groupes qui s'opposent en Europe, au fur et à mesure qu'elles se développeront, en constatant seulement, qu'au début, la Roumanie paraît avoir une tendance à se rapprocher d'un groupe de neutres formé avec la Grèce et l'Italie.

La Grèce est plus embarrassée encore que la Roumanie. La question des îles n'est pas réglée avec la Turquie ; les populations grecques de l'empire ottoman souffrent d'une persécution sournoise mais constante ; la rancune des Bulgares est une menace contre la Macédoine grecque ; enfin un traité d'alliance lie la Grèce à la Serbie : toutes ces raisons paraîtraient la pousser vers les puissances alliées. C'est bien ainsi que M. Venizelos comprend l'intérêt de son pays. Dès le début, il se déclare fortement. Il arme ; des forces sérieuses sont massées en avant de Salonique ; une négociation active est engagée avec les puissances de l'Entente qui sont, en somme, les puissances protectrices.

Mais des influences contraires agissent à Athènes. La dynastie est liée étroitement avec la famille des Hohenzollern ; le roi Constantin éprouve, pour l'organisation militaire allemande, une admiration qu'il a manifestée bruyamment. La diplomatie allemande agit, en Grèce, par tous les moyens, sur la Cour, sur les états-majors, sur la presse et sur l'esprit populaire ; le pays craint de se trouver lancé dans une guerre longue et pénible ; les adversaires de M. Venizelos attaquent sa politique extérieure pour le renverser.

Ces facteurs différents agissent en sens contraire. Le gouvernement grec a prêté l'oreille aux propositions de Talaat Bey et aux avances de la Bulgarie : il est possible qu'il ait conclu, dès cette époque, les arrangements secrets dont nous verrons les suites se découvrir peu à peu.

Les puissances plus voisines des pays belligérants sont dans une situation plus délicate encore. La volonté de rester neutre ne suffit pas : on l'a bien vu par l'exemple de la Belgique ; il faut encore les moyens et les ressources militaires.

La *Suisse* est résolue à défendre sa neutralité : la haute autorité morale et la force militaire de ce petit pays ne sont pas quantité négligeable. Pour garder son indépendance politique, elle ferait, au besoin, tous les sacrifices. Dès le 10 août, l'état de siège est proclamé. L'élite et la landwehr sont mobilisées.

Cependant, si la Suisse est unie dans un sentiment de patriotisme commun, les divergences d'opinion restent vives : elles s'arrêtent à la limite où elles porteraient atteinte à l'unité nationale. Sans nier la puissance de la propagande allemande, on peut considérer comme l'expression du sentiment suisse un article de M. Maurice Millioud, paru dans la *Gazette de Lausanne*, du 23 août :

La guerre qui se fait contre la Belgique est une guerre inexpiable. Elle ébranle en nous les racines profondes de nos convictions. Les droits doivent être tenus : tel est le premier axiome du droit et de la morale... Nous, citoyens d'un État neutre, où en serions-nous si la violation d'un territoire neutre nous laissait indifférents, ou si nous n'osions pas dire ce que nous en pensons.

A Bâle, en particulier, on sent, en quelque sorte, la présence de la guerre aux portes de la ville. Les fortifications d'Huningue la dominent. La grande casemate qui constitue ce front est percée de meurtrières ouvertes en partie sur le front de Bâle. Des fils de fer sont tendus en avant sur une longueur de 250 mètres et une profondeur d'une dizaine de mètres. En outre, la population allemande est étroitement mêlée à la population bâloise. Les deux mobilisations, la suisse et l'allemande, coïncident dans les mêmes quartiers, dans les mêmes maisons. Spectacle extraordinaire ! Tout se passe, cependant, dans le plus grand ordre.

En *Suède*, un décret royal assurant la neutralité est publié le 2 août. Une déclaration mutuelle de neutralité des gouvernements suédois et norvégien est notifiée le 9. L'opinion paraît, d'abord, incertaine : la tendance des cercles responsables est peu favorable à la Russie. La propagande allemande sévit avec fureur.

La *Norvège* fait sa déclaration de neutralité le 3 août, et toutes les précautions nécessaires sont prises à cet effet. L'opinion publique est travaillée par la propagande allemande. Le fils de l'illustre écrivain Bjœrnstjern Bjœrnson crée la *Correspondance du Nord* dans le but déclaré de propager les nouvelles allemandes. Mais la masse démocratique ne se laisse pas ébranler.

Déclaration de neutralité de la part du *Danemark*. Six classes sont appelées sous les drapeaux. 18.000 hommes de troupes sont affectés à la défense du Seeland, Jutland et Funen; des mines sont placées dans les deux Belts.

En *Hollande*, la situation est peut-être plus délicate encore. Le territoire hollandais est entouré de toutes parts, sauf du côté belge, par le territoire allemand ; le front de mer est à la merci d'un événement maritime. Le sort de la Belgique est fait pour faire réfléchir la Hollande. Il faut la plus grande sagesse et le plus grand sang-froid à son gouvernement pour se tirer d'un pas si difficile. Dès les premiers jours de la guerre, la Hollande, non seulement proclame sa neutralité, mais fait savoir qu'au besoin elle la défendra par la force. L'état de siège est proclamé, à partir du 11 août, dans les provinces du Limbourg, du Brabant septentrional et de la Zélande, ainsi que dans quelques parties de la province de Gueldre, au sud de la rivière Waal. La plus grande activité est déployée dans la préparation militaire. Les positions défensives du Helder, les bouches de la Meuse et, en général, les territoires avoisinant les ouvrages forfifiés de la frontière, sont considérés comme étant en état de guerre. Le

LE GÉNÉRAL ZUPELLI
MINISTRE DE LA GUERRE D'ITALIE.

service de navigation est arrêté pendant la nuit. Les bateaux de pêche sont rappelés. Les phares sont éteints. On procède au recensement des automobiles, à l'organisation de corps cyclistes.

L'*Espagne*, dès le début de la guerre, fit une déclaration très ferme de neutralité. (*Officiel* du 15 août.) Nous reviendrons par la suite sur les sentiments qui se manifestèrent peu à peu en Espagne au sujet de la guerre européenne.

Le *Portugal* fit comme l'Espagne; il se déclara neutre. La légation d'Allemagne resta à Lisbonne. Au point de vue diplomatique, les relations avec les empires du centre restèrent correctes et sans reproche; ceux-ci, par contre, s'attachèrent d'abord à ne pas entraîner le Portugal dans la querelle. Cependant les aspirations, les intérêts, les engagements du Portugal étaient nettement favorables aux puissances alliées, et ce n'est pas assez que de constater, de la part de cette puissance, une neutralité « bienveillante ». L'opinion portugaise se prononça aussi énergiquement que possible en faveur de la France et de l'Angleterre. Le gouvernement fit plus : lié à l'Angleterre par un traité d'alliance défensive et offensive, il mit dès la première heure toutes ses forces à la disposition de sa puissante alliée. Les Chambres furent convoquées, et le président du Conseil, M. Bernardino Machado, déclara, aux applaudissements unanimes, que « le Portugal ne manquerait pas à ses devoirs d'alliance avec l'Angleterre ».

« Le gouvernement britannique fit savoir à Lisbonne qu'il ne souhaitait pas, en ce moment, que le Portugal rompît sa neutralité et que les escadres anglaises assureraient au besoin la sécurité des côtes portugaises aussi bien en Europe que dans les colonies; il ne lui demandait pour l'instant que de garantir la défense de ses propres territoires au cas d'une attaque allemande (1). »

(1) « L'Esprit public et la situation en Portugal », par X..., dans *Correspondant* du 10 janvier 1916.

Cette décision de l'Angleterre avait pour raison principale de ne pas porter le trouble dans la politique de la péninsule ibérique et d'écarter tout prétexte ou une agitation quelconque en Espagne. Ce résultat fut obtenu et les événements ultérieurs prouvèrent la sagesse de cette décision.

Les républiques de l'Amérique du Sud font immédiatement leurs déclarations de neutralité. Aucune raison directe ne pouvait les engager dans le conflit. Quant aux intérêts et aux sympathies, ils ne devaient se déclarer qu'à une époque ultérieure.

Il n'en est pas de même de l'*Amérique du Nord*. La volonté d'être neutre domine tout autre sentiment. Mais des intérêts matériels et des raisons morales posent un grave problème devant la conscience du peuple et du gouvernement.

Au point de vue matériel, le voisinage du Canada affirmait un contact immédiat avec l'un des pays belligérants; les conditions dans lesquelles les puissances européennes combattantes ou neutres pourraient recourir aux exportations, même à l'industrie et à la finance américaine, posaient une autre série de questions non moins délicates. Plus grave encore apparaissait le problème moral.

Au point de vue des relations internationales, l'Amérique (aussi bien l'Amérique du Nord que l'Amérique du Sud) s'était nettement placée sur le terrain pacifiste. A ses hommes d'Etat était due en grande partie la campagne des traités d'arbitrage en vue de prévenir et de conjurer les maux de la guerre. Comme l'a dit M. Elliott, résumant la pensée américaine, celle-ci nourrissait l'espoir « de voir, un jour, la paix de l'Europe et les droits du peuple assurés par la conclusion de traités solennels, qui devaient comprendre l'établissement d'une cour suprême de droit international efficacement appuyée par une force internationale ».

Selon ce principe, le progrès de la civilisation dépendait du respect universel des contrats ou

LA PLACE SAINT-PIERRE A ROME
LE DERNIER SOIR DU CONCLAVE RÉUNI POUR L'ÉLECTION DU NOUVEAU PAPE

pactes solennels entre les nations. Les traités de neutralité et d'arbitrage, les conférences de La Haye, et quelques-unes des tentatives sérieuses de médiation malgré leurs imperfections et leur insuffisance, étaient, aux yeux des Américains, le témoignage éclatant d'une tendance irrésistible du monde civilisé à empêcher les guerres entre nations par le moyen d'accords délibérés et conclus en temps de paix.

Cet état d'esprit étant celui des Américains, il est facile de comprendre l'émotion que produisirent sur la grande République, la violation de la neutralité belge, et la phrase si rude du chancelier Bethmann-Hollweg sur les « chiffons de papier ». Il est facile de comprendre aussi comment cette émotion s'accrut quand les premiers détails commencèrent à se répandre sur la façon dont les armées allemandes pratiquaient la guerre en Belgique.

En ce qui concernait les origines mêmes de la guerre et la responsabilité incombant aux em-pires du centre, l'Amérique avait été avertie à temps. Dès avant la guerre, le 9 juillet 1914, un grand journal américain, le *New-York Nation* avait publié une consultation d'un ambassadeur (est-ce sir E. Goschen ?) sur la « politique chauvine » en Allemagne :

Le chauvinisme a fait des progrès incontestables dans la population germanique. Je suis convaincu qu'il existe là un chauvinisme latent, beaucoup plus dangereux que les sentiments analogues en Angleterre, en Russie ou en France. Le chauvinisme allemand recrute ses partisans dans les classes les plus élevées de la nation, noblesse, clergé, armée et marine, professeurs et élèves d'université, de gymnases, et, en général, dans le monde des écoles... Partout, dans les classes cultivées, cela devient un dogme que l'Empire allemand ne joue pas un rôle proportionné à sa puissance dans la politique mondiale. Partout les grands organes de l'opinion publique répandent la doctrine irritante et dangereuse que le prestige allemand et sur son déclin. En conséquence, les patriotes réclament à grands cris l'action.

Insistant sur les luttes intérieures dont

souffre l'Allemagne par suite de l'accroissement des forces socialistes, l'ambassadeur ajoute :

Un tel conflit n'est pas de nature à calmer les nationalistes allemands qui pourraient fort bien chercher une diversion au dehors.

Ces aperçus si justes, publiés dès le 9 juillet, avaient l'autorité d'une prophétie. L'opinion américaine n'eut pas de peine à reconnaître les véritables responsabilités. Le courant s'affirma dans les milieux franchement américains en faveur des puissances alliées.

Quant au gouvernement, il s'attachait avec la plus grande décision au principe absolu de la neutralité. Aussitôt que le conflit avait éclaté le président Wilson s'était adressé aux nations belligérantes et leur avait offert ses bons offices à l'effet, s'il en était temps encore, de conjurer la guerre et d'assurer la paix. Le 6 août au matin, le roi d'Angleterre, le tzar, M. Poincaré, les empereurs d'Allemagne et d'Autriche avaient reçu un télégramme personnel du président des États-Unis : « Comme chef d'une des puissances signataires de la Convention de La Haye, je crois de mon devoir et de mes prérogatives de vous dire, dans un esprit de vive amitié, que je considère comme bienvenue l'occasion d'agir dans les intérêts de la paix européenne. Maintenant ou à tout autre moment que vous jugerez plus convenable, je suis à votre entière disposition. »

Il y avait, dans ce télégramme, à la fois une affirmation de l'autorité des actes de La Haye et un consentement tacite à leur violation. Cette équivoque fait tout le drame de l'attitude américaine pendant le conflit européen. Nous la retrouverons à chacune des phases de ce conflit. L'Amérique fermait les yeux sur les conséquences éventuelles d'une victoire de l'Allemagne pour les démocraties et pour elle-même en particulier.

L'Allemagne, ayant le sentiment de cette hésitation, consciente de la force politique et « électorale » que lui assurait une puissante colonie d'Allemands et de Germano-Américains (des gens à trait d'union comme dit plus tard Roosevelt) en Amérique du Nord, engagea violemment la lutte pour enlever et rallier à sa cause l'opinion américaine. Tel fut l'objet de la mission confiée personnellement, par l'empereur Guillaume, à l'ancien ministre des Colonies M. Bernhardt von Dernburg. Les positions étaient prises par ce communiqué fait à la presse le 24 août 1914: « L'ambassadeur allemand, comte Bernstoff, a regagné aujourd'hui son poste à Washington. Il est accompagné de M. von Dernburg secrétaire d'Etat aux Colonies, que l'empire d'Allemagne a chargé d'une mission spéciale aux Etats-Unis (1). »

Parmi les puissances européennes qui, quoique neutres, sont touchées directement, celle vers qui tous les yeux sont tournés, c'est l'*Italie*.

Au moment de la déclaration de guerre, l'Italie se débattait dans une crise politique, militaire, financière, suite de la guerre de Lybie. M. Giolitti, qui avait toute la responsabilité de cette guerre et de l'état de délabrement où elle avait laissé l'Italie, avait passé la main à un cabinet Salandra, non sans s'être assuré d'une majorité fidèle aux récentes élections. Le cabinet Salandra avait pour ministre des Affaires étrangères le marquis di San Giuliano ; le traité de la Triple-Alliance avait été renouvelé préventivement en 1912 ; un froissement s'était produit entre la France et l'Italie à l'occasion de l'incident du *Carthage* et de la *Manouba*. L'Italie ne paraissait pas avoir une tendance bien marquée à modifier la ligne de sa politique extérieure.

Une seule cause pouvait la réveiller de cette demi-torpeur où la tenait le système giolittiste : c'était, si on la menaçait dans ses intérêts vitaux, si on troublait son rêve d'expansion et ses aspirations légitimes à devenir une « plus grande Italie ». Or, l'initiative de l'Autriche et l'ultimatum adressé à la Serbie posait, une fois de plus, la question balkanique et adriatique : voilà ce que l'Italie ne pouvait suppor-

(1) Sur les premiers mouvements de l'opinion américaine, voir Gabriel Alphaud, *L'Action allemande aux Etats-Unis.* Payot, 1915. — Voir, aussi, *Voix américaines sur la guerre.* Berger-Levrault, in-12.

ter. L'Italie fut avertie, dès juillet 1913, par la proposition que révéla plus tard M. Giolitti lui-même, dans la séance parlementaire du 6 décembre. L'Autriche demandait à l'Italie de considérer une guerre déclarée par les alliés germaniques à la Serbie, comme entraînant l'application du *casus fœderis*. Le gouvernement de M. Giolitti s'était refusé à accepter cette interprétation du traité (1).

Quand la guerre fut en perspective, l'Italie fit le possible pour empêcher le conflit : s'appuyant sur l'Angleterre, elle offrit sa médiation. Vaines tentatives. Les empires du centre avaient pris leur résolution. L'heure suprême sonna : l'Italie n'hésita plus, elle se déclara neutre. C'était rompre avec le système de la Triple-Alliance. La résolution prise par le cabinet Salandra eut, chez les puissances alliées, et notamment en France, un immense retentissement. Dans la fameuse séance du 4 août, M. Viviani dit, aux applaudissements enthousiastes de l'assemblée :

VUE DE BALE

> Vainement, l'on veut troubler les principes sacrés de droit et de liberté qui régissent les nations comme les individus; l'Italie, dans sa claire conscience du génie latin, nous a notifié qu'elle entendait garder la neutralité; cette décision a rencontré dans toute la France l'écho de la joie la plus sincère. Je m'en suis fait l'interprète auprès du chargé d'affaires d'Italie, en lui disant combien je me félicitais que les deux sœurs latines, qui ont une même origine et un même idéal, un passé de gloire commun, ne se trouvent pas opposées.

Quel était le caractère de la neutralité italienne? Au point de vue diplomatique, elle

était « active et vigilante », non une neutralité résignée. Le 25 juillet 1914, aussitôt qu'il eut pris connaissance du texte de l'ultimatum à la Serbie, le marquis di San Giuliano avait notifié à l'ambassadeur d'Allemagne, von Flotow, que « l'Autriche, avec ses demandes profondément offensantes pour la Serbie, et pour la Russie aussi, indirectement, avait clairement démontré qu'elle voulait provoquer une guerre, et que, de toute façon, une démarche comme celle qu'elle avait faite à Belgrade sans accord préalable avec ses alliés, *n'était pas conforme à l'esprit du traité de la Triple Alliance* ».

Non seulement on dénonçait l'interprétation donnée au traité de la Triple-Alliance, mais on prenait position pour l'avenir, en s'en faisant un grief.

Une crise militaire des plus intenses se produisait alors en Italie et révélait un état d'âme nouveau, et comme un réveil des énergies endormies. Le général Cadorna, chef d'état-major de l'armée, avait mis le ministre de la Guerre, général Grandi, partisan de « l'armée du *statu quo* », en demeure de demander au Parlement les sommes nécessaires pour parer aux éventualités. Cadorna était soutenu par l'opinion. Grandi dut céder la place au général V. Zupelli, ami du général Cadorna. Dès les premiers jours d'août, le ministère mit à la disposition des administrations militaires un ensemble de fonds extraordinaires se montant à 341 millions, sans demander l'autorisation du Parlement et sous sa responsabilité. On hâte la fabrication du nouveau canon de campagne, système Deport. On travaille à livrer dans le délai le plus rapide les 87 batteries que comprenait un programme

(1) L'exposé extrêmement substantiel de l'attitude prise par l'Italie, notamment à l'égard de l'Autriche, est présenté dans le discours prononcé par l'ambassadeur Tittoni dans la séance de la Sorbonne consacrée aux efforts des alliés. Voir *Le Temps* du 23 juin 1916.

nouveau, quoique encore restreint. L'Italie ne se sentait pas prête. Si sa neutralité était vigilante, elle restait encore désarmée.

Pourtant, on se sentait porté par un courant plus fort que les volontés, plus fort que les précautions même les plus légitimes. La presse italienne reconnaissait, dès le 10 août, que l'heure était passée où la dame pouvait « rester à sa fenêtre ». La *Tribuna* exposait l'évolution qui se faisait dans l'âme italienne, par un article qui résumait l'état de l'opinion : « Les deux puissances ont cru ne pas pouvoir prendre dans leur conseil la troisième alliée, parce qu'elles présumaient justement que l'Italie n'aurait pas pu approuver ce plan, dont les effets inévitables sur la politique balkanique auraient été contraires à ses propres intérêts. » Dès lors, aussi, le sentiment italien suivait avec une émotion fraternelle et vraiment *latine*, l'invasion de la Belgique et les premiers combats sur la frontière lorraine ; les grands journaux, le *Corriere della Sera*, le *Secolo*, le *Giornale d'Italia* étaient nettement sympathiques. L'ensemble de ces indices, la portée des déclarations secrètes ou publiques, tout créait un premier état de confiance mutuelle entre l'Italie et les puissances alliées. Ces dispositions favorables permirent à la France de reporter vers le nord, au moment où l'ennemi franchit la frontière française septentrionale, les troupes destinées à défendre la frontière italienne. A partir de ce jour, l'unité latine est reconstituée.

Cependant, la Rome pontificale était frappée d'un grand deuil. Le pape Pie X mourait, le 20 août, à 1 h. 35 du matin. La déclaration de guerre avait frappé le pontife au grand cœur, qui devait tant à l'Autriche et qui, par un haut appel à la conscience de l'empereur François-Joseph, avait essayé vainement d'empêcher la catastrophe. On dit que son invocation désespérée n'atteignit pas l'empereur. Le vieillard pontifical ne put même pas faire connaître sa pensée au vieillard impérial. La bureaucratie viennoise veillait.

Le gouvernement italien était décidé à faciliter, autant qu'il était en lui, la réunion du conclave. Par une circonstance qu'on peut qualifier de providentielle, l'Italie n'était pas mêlée au conflit : toutes les routes menant à Rome étaient ouvertes ; les cardinaux de toutes les nations, même des nations belligérantes, pouvaient se rendre au conclave sans obstacle et se trouver réunis autour de la dépouille de l'homme de bien qui venait de laisser à d'autres le soin de l'univers catholique et le tumulte des agitations terrestres.

Quelle serait leur inspiration en présence de la terrible catastrophe déchaînée sur le monde? Les soixante vieillards accourus des diverses parties de l'univers sauraient-ils, par leur choix, désigner l'homme capable de défendre le patrimoine du Christ et d'apporter « la paix sur la terre aux hommes de bonne volonté » ?

GABRIEL HANOTAUX
de l'Académie Française

HISTOIRE ILLUSTRÉE
DE LA
GUERRE DE 1914

24 PAGES DE TEXTE ET D'ILLUSTRATIONS

FASCICULE
Nº 45

L'ÉDITION FRANÇAISE ILLUSTRÉE
(GOUNOUILHOU, Éditeur)
30, Rue de Provence, Paris

PRIX NET
1 franc
ÉTRANGER, PORT EN PLUS

A NOS LECTEURS

VEC le fascicule 40 a commencé le tome IV de l'*Histoire illustrée de la Guerre de 1914;* les deux premiers volumes parus ont donné l'exposé des faits historiques et diplomatiques qui ont précédé et amené la guerre, et qui engagent si lourdement la responsabilité de l'Allemagne. Il était nécessaire de faire connaître et comprendre les causes profondes qui ont déchaîné ces formidables événements

Le volume III a commencé le récit de la guerre proprement dite. Les opérations militaires y sont exposées sur tous les fronts au fur et à mesure qu'elles se sont déroulées. Le volume IV et les suivants continueront ce récit. Grâce à la quantité innombrable de documents parus ou inédits qu'il s'agissait de réunir, de compulser, d'étudier, l'historien est parvenu à s'arracher à la confusion des premières heures. Par les renseignements qu'il a recueillis, par les travaux d'enquête et de recherches auxquels il s'est livré, par les conversations qu'il a eues avec les personnages officiels et les hommes politiques de l'Europe entière, il a approché, d'aussi près que peut le faire un contemporain, de la source où peut se découvrir la vérité sincère et impartiale.

Si le lecteur veut bien considérer l'importance que l'auteur a donné à l'exposé qui ne forme que le prologue, il comprendra les proportions qu'exige la suite du récit. Toutes les questions y seront abordées de front et le drame se déroulera dans son ampleur magistrale.

L'*Histoire illustrée de la Guerre de 1914* va donc mettre à la disposition du lecteur l'instrument qui lui permettra d'atteindre la raison profonde des faits militaires qui ne peuvent manquer d'assurer le triomphe de la Justice et de la Civilisation.

CHAPITRE V

LA BATAILLE DES FRONTIÈRES ET SES CARACTÉRISTIQUES PRINCIPALES

Suite des événements militaires sur le front occidental. — Caractéristiques de la Bataille des Frontières. Les deux théories militaires en présence. — L'Ecole de Guerre française et la doctrine de l'offensive. La doctrine allemande. — Importance des méthodes de Schlieffen. — Le système de la « tenaille ».

OUS voici arrivés à l'un des plus grands événements militaires de la guerre de 1914 et à l'un des plus grands événements militaires de tous les temps : il s'agit de cette bataille que j'ai nommée la *Bataille des Frontières*, et qui couvre, à la fois, dans l'espace, un territoire immense, depuis Mons jusqu'à Belfort et, dans le temps, plus de trois semaines, du 20 août au 12 septembre. Car cette rencontre de peuples armés n'est qu'un seul et même drame, se décomposant en trois actes divers : choc au delà de la frontière française, retraite délibérée en deçà de cette frontière, et finalement reprise victorieuse jusqu'à l'Aisne. Cette troisième partie a reçu le nom immortel et consacré de Victoire de la Marne.

Quoique ces trois actes soient distincts, ils perdraient leur véritable caractère si on ne les rattachait par un fil continu : du côté de l'Allemagne, une seule et même manœuvre, qui, finalement, échoue; du côté de la France, une seule et même volonté qui, finalement, réussit.

Il est impossible de s'arrêter et, si j'ose dire, de respirer au cours de l'exposé historique, de même qu'il fut impossible aux troupes de s'arrêter et de respirer au cours des événements eux-mêmes. Ceux-ci se tiennent aussi solidement que les anneaux d'une chaîne d'acier ; ils dépendent les uns des autres, sont en fonction les uns des autres. Les séparer, ce serait substituer le désordre à l'ordre. De même que le front fléchit, d'abord, tout entier, parce que toutes ses parties étaient solidaires, il se rétablit bientôt tout entier, en vertu de la même solidarité; la chaîne s'incurvait ou se tendait, d'un seul mouvement. Et l'impulsion initiale fut donnée, chaque fois, par une volonté consciente.

Bataille, retraite, reprise, ont été toutes trois également commandées.

Les précisions qu'il me sera permis d'apporter, les observations qui se sont dégagées pour moi de l'étude des documents, des lieux et de la carte, ont fait dans mon esprit et dans ma conscience, une conviction que j'ai l'ardent désir de faire pénétrer dans l'âme du lecteur : car l'histoire, la justice et la France y gagneront à la fois.

Je sais que je vais à l'encontre d'une opinion généralement admise. Mais ce sentiment tient à une véritable méconnaissance de l'enchaînement des faits.

La surprise des premières semaines de la guerre fut telle que l'on n'eut le temps, ni de réfléchir, ni de s'instruire. Les Allemands étaient à Lagny qu'on attendait encore avec confiance, des nouvelles des engagements de Belgique. Que l'on se remémore le coup de massue asséné sur l'opinion par le communiqué « de la Somme aux Vosges ». Après quelques jours d'un silence impressionnant, elle se trouvait soudainement en présence de la réalité.

Un mot s'imprima fortement dans les mémoires : Charleroi. C'est à Charleroi que les précédents communiqués avaient laissé l'armée allemande et l'armée française. Paris les retrouvait toutes deux à ses portes Donc, nous avions été battus à Charleroi : Charleroi, tel fut le nom de la journée qui avait emporté nos espérances. L'idée d'une grande défaite à Charleroi s'imposa d'autant plus fortement aux esprits qu'elle s'enveloppait de mystère. Plus on voulait savoir, moins on savait. Cette bataille formidable et sans récit devint l'irritante obsession de ces semaines énigmatiques. La victoire de la Marne elle-même ne put la dissiper tout à fait. Pour désigner les déboires de la première partie de la guerre, il suffit d'un mot, sans plus : Charleroi.

Charleroi n'est, comme on le verra, qu'un incident dans l'ensemble de l'immense rencontre. La population parisienne, émue par le spectacle lamentable des premiers Belges fuyant leur patrie, frappée par les mauvaises nouvelles se précipitant sur elle, anxieuse de son propre sort, était pendue aux bruits qui arrivaient de cette partie du front ; elle ignora presque complètement les événements qui se déroulaient sur les autres parties du vaste champ de bataille. Tandis que de magnifiques résistances raffermissaient peu à peu, dans l'est, le pivot autour duquel l'armée française allait se ressaisir et tourner, on ne les entrevoyait au-dessus de la ligne de feu que comme un mirage lointain et sans espoir.

Or, les rapports des événements de l'Est avec les événements du front de l'Oise, de l'Aisne et de la Marne sont si étroits et si constants, que le moindre examen chronologique et géographique suffit pour les établir. En fait, une seule et unique pensée domine l'ensemble de la campagne, à la fois chez le commandement allemand et chez le commandement français, comme, dans une partie d'échecs, les deux partenaires savent réciproquement ce qu'ils font.

Pour l'historien qui essaie d'éclaircir ces rapports et ces concordances, c'est une passionnante opération intellectuelle que de travailler à les découvrir et à les comprendre, dans l'impuissance où il est de les exposer.

Je crois devoir dire ici, en toute sincérité, que seule l'étude des faits appliquée aux temps et aux lieux m'a conduit à reconstituer les pensées directrices, les volontés, et même les doctrines qui se trouvaient en présence. Par exemple, ce sont les faits, et les faits seuls, qui m'ont appris que l'armée allemande avait attaqué les armées françaises selon le système de la *tenaille* ; et c'est seulement après m'être fait cette conviction que j'ai remarqué l'importance, à ce point de vue, du fameux mémoire de Schlieffen sur la bataille de Cannes, où le chef d'état-major donnait ce principe comme pensée directrice de la stratégie allemande. Les faits, et les faits seuls, m'ont révélé le parti pris des chefs allemands de chercher les vastes espaces et la stratégie de mouvements, même en violant les neutralités belges et luxembourgeoise, selon le système qui se trouve exposé, notamment, dans l'ouvrage de Bernhardi. Les faits, et les faits seuls, m'ont fait comprendre la puissante raison qui porta notre haut commandement à ne jamais laisser compromettre, quoi qu'il arrivât, sa « force de l'Est ».

Cette bataille fut une des plus réfléchies, des plus *voulues* de l'histoire. Non seulement deux forces, mais deux doctrines s'opposèrent l'une à l'autre sur le terrain. Les généraux sont, d'ordinaire, surtout des hommes d'action. Ici, ils se trouvèrent, en outre, des professeurs ou du moins ils sentirent, autour d'eux, l'influence des professeurs : c'est ce qu'il faut expliquer maintenant.

LES DOCTRINES EN PRÉSENCE On attribue à Taine cette opinion que l'art militaire est un de ceux qui s'apprennent le plus vite : il n'en est pas de plus fausse. L'art militaire est le plus compliqué de tous les arts, puisqu'il comporte à la fois le maniement des choses et le maniement des hommes. Le général est le généralisateur par excellence. On cite des exemples de chefs arrivés rapidement à la capacité du commandement : ou ils s'étaient formés d'eux-mêmes par des études et une longue réflexion, ou bien ils avaient auprès d'eux des subordonnés éprouvés leur préparant les problèmes que leur jugement n'avait plus qu'à résoudre. Gassion fut ainsi placé par Richelieu auprès du prince de Condé : son expérience apporta l'étincelle au génie. On a dit de Napoléon que son esprit éminemment concret et réaliste n'avait eu besoin d'aucune éducation, d'aucune préparation antérieure pour aborder les problèmes de la guerre, et que cette autorité naturelle s'était révélée soudainement à Toulon : mais nous savons maintenant, grâce aux études du colonel Colin, que Napoléon, né pour la guerre, élève des écoles techniques, arriva en un temps où le siècle se passionnait pour les théories militaires, et que sa jeunesse fut comme imprégnée de ces discussions. Les polémiques des « théoriciens militaires philosophes », le maréchal de Saxe, Lloyd, Feuquières, le chevalier Folard, Frédéric II, Guibert, Gribeauval étaient du domaine courant. A l'École d'Auxonne, il avait reçu les directions ou les traditions des frères du Teil, de Bourcet et de maîtres qui avaient beaucoup réfléchi. Avant même qu'il parût, la guerre de positions était condamnée ; un esprit offensif extrême animait les nouvelles méthodes. Toute la philosophie de la guerre moderne était dans ces paroles de Guibert : « Les grands généraux du XVIIe siècle n'avaient introduit dans les armées ni organisation, ni tactique. Marcher, arriver, menacer l'ennemi sur un point, l'attaquer sur un autre, prendre son ordre de bataille relativement au moment, au terrain, à la circonstance ; faire, en un mot, ce que le roi de Prusse a fait à Lissa : voilà ce que Luxembourg eût fait aussi de son temps, si, à son génie, il eût joint les lumières et les connaissances du nôtre. »

Les « lumières et les connaissances », c'étaient les doctrines et les méthodes qui se fixaient.

LE MARÉCHAL DE MOLTKE

Bonaparte vécut dans cette atmosphère. Il était aussi nourri de la moelle des lions, c'est-à-dire de César, de Plutarque, de Machiavel, de Montesquieu. Il emportait dans ses campagnes ces admirables *Discours* de Machiavel sur Tite-Live, philtre composé avec toutes les essences de l'antiquité : « Les forteresses sont généralement plus nuisibles qu'utiles ; car les bonnes troupes se passent de murailles, et les murailles ne te sauveront pas si tu n'as pas de bonnes troupes. — Fais la guerre, comme disent les Français, courte et bonne. — Le vulgaire se trompe en affirmant que l'or est le nerf de la guerre ; l'or ne donne pas de bons soldats ; les bons soldats suffisent bien à trouver l'or. — Les hommes ne peuvent s'opposer à la fortune, mais ils peuvent l'aider. Ne sachant quelles fins elle poursuit, ni par quelles voies détournées et mystérieuses elle y viendra, ne t'abandonne jamais, espère toujours en quelque fortune et en quelque peine que tu trouves. »

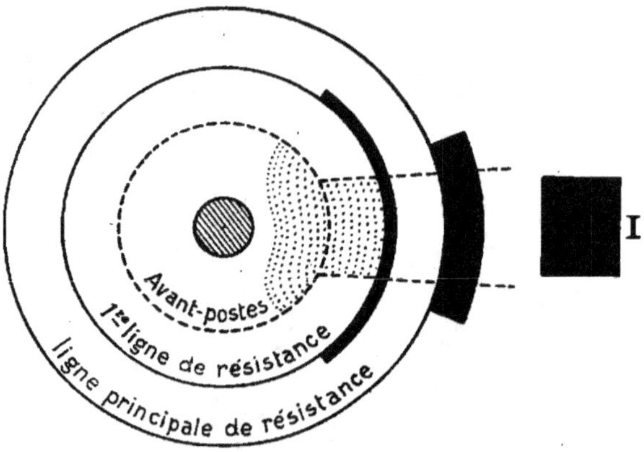

Ces maximes n'éveillaient pas seulement le génie de Napoléon, elles donnaient l'aplomb à son âme. Il les répétait pendant la campagne de France ; il les répétait à Sainte-Hélène. Son éducation compléta son tempérament et son caractère. Seulement, il avait une façon de s'instruire qui est celle des maîtres : il élevait les leçons jusqu'à lui et les nourrissait de sa méditation. C'est dans ce sens que l'on a pu dire des études de Napoléon qu'elles furent superficielles : il connut les doctrines, mais ne les subit pas. Il n'en reconnaît pas moins lui-même que ces études soi-disant « superficielles »

Avant-postes

1re ligne de résistance

ligne principale de résistance

I

TYPE FIGURÉ D'ENSEIGNEMENT SCHÉMATIQUE
DE L'ÉCOLE DE GUERRE
(Extrait de l'ouvrage du général Foch.)

lui permirent de dégager le principe qui dirigea toute sa vie militaire : « Tenir ses forces réunies, n'être vulnérable sur aucun point, se porter avec rapidité sur les points importants ».

Les compagnons d'armes et les adversaires de Napoléon assistèrent aux effets de son génie sans en connaître tous les ressorts. La doctrine napoléonienne se dégagea après coup ; des hommes de réflexion préparèrent et disséquèrent dans le cabinet ce qui avait été une réalité vivante et animée. C'est dans ce sens que Napoléon devint non seulement le grand général victorieux, mais « le maître des maîtres ». Il s'était plu, d'ailleurs, à émailler sa Correspondance et ses souvenirs, si habilement arrangés à Sainte-Hélène, d'une quantité de « maximes » et de « principes », aliment infini à la littérature qui prit ses actes et son œuvre comme objet. La pratique et la philosophie militaires lui sont antérieures, mais la science militaire date de lui.

Jomini travailla dès la fin du premier empire. Clausewitz publia, en 1832, son livre, *La Guerre*, qui fit une profonde impression sur l'esprit des officiers prussiens suivant encore le mouvement du *Tugendbund*. On travailla beaucoup d'après Napoléon, en Allemagne surtout, au cours du XIXe siècle. Par contre, on eût dit, qu'en France, ses principes et ses exemples s'usaient et s'épuisaient, probablement parce que le caractère de la guerre allait lui-même en s'amenuisant comme la politique des puissances. L'armée vivait sur le prestige des gloires napoléoniennes plus que sur leurs

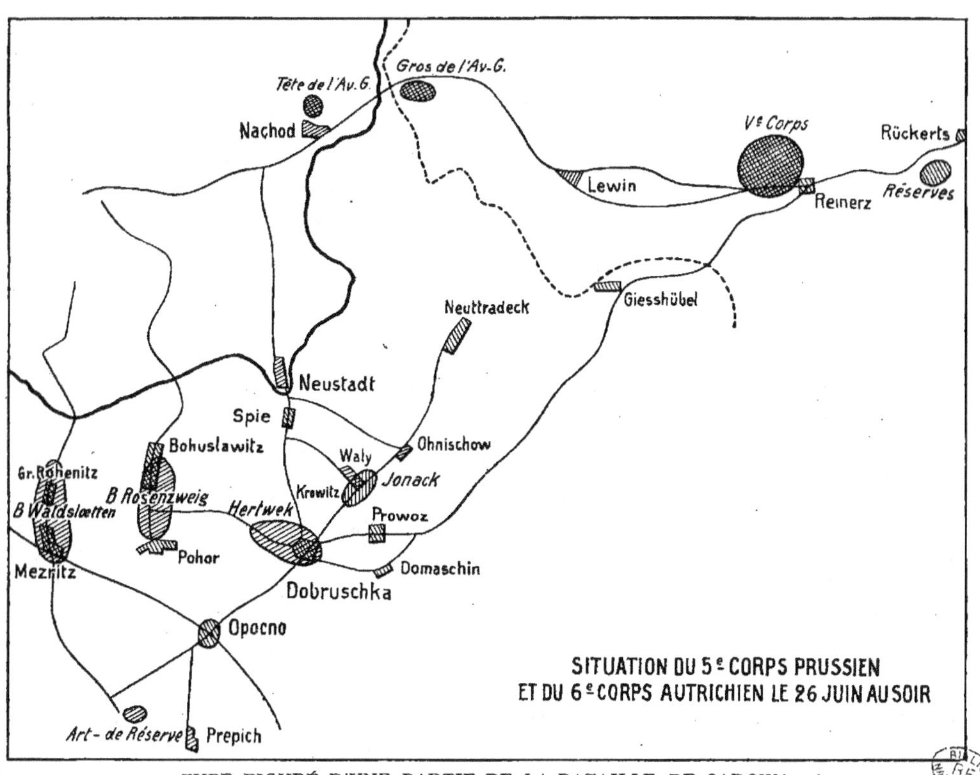

TYPE FIGURÉ D'UNE PARTIE DE LA BATAILLE DE SADOWA
(Extrait de l'ouvrage du général Foch).

leçons, durant les guerres d'Algérie, de Crimée, d'Italie. Il fallait une forte passion politique pour restaurer une forte éducation militaire. L'Allemagne conçut la passion de l'unité et Moltke exprima cette volonté de puissance dans l'art de la guerre, comme Bismarck la représenta dans l'art politique et diplomatique.

Moltke est un élève de Napoléon, ainsi que le prouve sa maxime favorite : « Marcher séparés, combattre unis. » Il fut un admirable maître de la préparation et de la concentration plus que de l'exécution et de la bataille. Personne ne réfléchit davantage et ne donna plus à réfléchir. Son œuvre la plus considérable fut, peut-être, la formation de l'état-major prussien, si admirablement adapté à la discipline collective de l'intelligence allemande. Jusqu'à la dernière minute de sa vie, il fit de la critique, corrigea des devoirs, dirigea des voyages d'état-major. Il aimait à démontrer et s'excitait à le faire. Il y a des travaux de lui datés de 1885, alors qu'il avait atteint quatre-vingt-cinq ans. Il laissa des plans tout préparés sur tous les sujets qui pouvaient stimuler son imagination de grand chef allemand, et, notamment, le plan, sans cesse retouché, d'invasion de la France par la Belgique. L'état-major allemand n'eut qu'à puiser dans cette mine, avec le seul danger d'altérer en prétendant améliorer.

Moltke fut un maître des chemins de fer : il prépara, pour l'Allemagne, la stratégie des lignes intérieures en cas de guerre simultanée sur les deux fronts de France et de Russie. Mais on ne peut pas croire que sa pensée ait été beaucoup au delà. Il ne prévit pas la reprise de la guerre de positions par suite du perfectionnement de l'artillerie ; il laissa dans l'ombre toute la théorie de la guerre d'usure qui devait devenir, cependant, la solution probable des grandes guerres nationales.

Il croyait à une « conjoncture » et à un « événement » : Sadowa et Sedan étaient la confirmation du système : il s'y tenait. Il reste en 1885, comme il l'était en 1870, partisan de l'offensive en stratégie et de la défensive en tactique. Cependant, avec un grand bon sens, il professe la supériorité du tir sur l'arme blanche et recommande de ne jamais oublier que l'attaque à la baïonnette est le dernier acte du combat, non le premier. Ses conseils furent médités avec profit, même par les adversaires de l'armée allemande. Mais, élèves et adversaires les firent dévier parfois sans savoir les compléter. Quand Moltke mourut, les campagnes du Transvaal et de Mandchourie n'avaient pas encore livré des données nouvelles à la méditation des théoriciens militaires.

LA DOCTRINE FRANÇAISE La France, cependant, s'était réveillée du triste sommeil qui avait suivi la mort de Napoléon. On serait injuste si on ne rappelait pas ici les vastes conceptions de M. Thiers, exécutées par le général Seré de Rivière, les études des Lewal (surtout sa belle *Stratégie de marche*, 1893, qui fut le fondement des nouveaux règlements), des Ferron (en particulier ses études sur les chemins de fer stratégiques), des Galliffet, des Négrier.

TYPE FIGURÉ DE L'ENSEIGNEMENT HISTORIQUE
A L'ÉCOLE DE GUERRE
(Extrait de l'ouvrage du général Bonnal : *La Manœuvre d'Iéna*.)

Cependant, l'École de guerre était fondée en 1876. De l'avis d'un de ses maîtres, pour trouver en France un enseignement rationnel et pratique, il faut arriver à 1882-1883. L'enseignement de l'Ecole de guerre forma notre corps d'état-major ; et c'est armés de cet enseignement et des habitudes intellectuelles développées par lui, que l'armée française aborda la guerre de 1914. Nous verrons à l'œuvre les hommes et la doctrine. Mais dès maintenant, il est permis d'indiquer le fort et le faible du système.

On ne louera jamais assez l'École et ses maîtres d'avoir appris à nos officiers à penser, à comparer, à réfléchir, à préparer le présent par l'étude du passé. La persévérance des efforts dans ce sens est admirable ; ils ont redressé l'intellectualité militaire française. On a vanté les trois chefs qui furent les restaurateurs de l'École : « Maillard, court et trapu, le cou dans les épaules, les yeux pleins de feu, faisant son cours de stratégie et de tactique sur ces batailles de Rezonville et de Saint-Privat, où il avait combattu » ; le général Langlois « droit et mince dans son dolman d'artilleur, petite tête aux traits fins, ornée d'une moustache blonde, détaillant dans une démonstration implacablement logique, les rôles de l'artillerie d'avant-garde, le combat préparatoire, l'attaque décisive » ; enfin, le général Bonnal « parlant en apôtre des manœuvres types de Napoléon, portant son enseignement sur la notion de la manœuvre ». « Manœuvrer son ennemi, être un manœuvrier, c'est là tout l'art de la guerre ! » Les maîtres qui succédèrent à

LE GÉNÉRAL BONNAL AUX MANŒUVRES ALLEMANDES

ces maîtres, les Foch, les Lanrezac, les Pétain, restèrent, au moins, sur le même rang.

L'objet de l'enseignement de l'École est exposé et circonscrit par cette citation empruntée à Jomini : « De bonnes théories fondées sur des principes vrais et justifiés par des faits, sont, à notre avis, en y joignant les leçons de l'histoire, la véritable école du commandement. Si elles ne font point un grand homme, car les grands hommes se font tout seuls quand les circonstances les favorisent, elles forment au moins des chefs assez habiles pour être parfaitement à leur place au second rang, sous les ordres de grands généraux. » Nous pouvons donc conclure avec raison : « L'art de la guerre, comme tous les autres arts, a sa théorie, ses principes, ou bien il ne serait pas un art » (1).

L'école du commandement, la *théorie* et les *principes*, tels étaient les problèmes que l'on se proposait, non seulement d'enseigner, mais de résoudre. Malgré leur forte assise historique, ces leçons, toujours rapides, étaient nécessairement un peu verbales et bornées par l'observation que le maréchal de Saxe avait si admirablement exprimée en deux lignes : « La guerre a des règles dans les parties de détail, mais elle n'en a pas dans les sublimes » (2).

Dans l'incertitude où l'on est de découvrir à l'heure dite le génie sublime, on en venait à le remplacer, comme on l'avait fait en Allemagne, par un groupement de forces individuelles qui se trouvaient naturellement désignées par l'assiduité et le classement à l'École : « En l'absence forcée d'un génie suffisant, où trouver les moyens de conduire rationnellement l'entreprise, la guerre, avec de pareilles masses d'hommes, sinon dans un corps d'officiers, rendus capables par la méthode, le travail, la science, animés d'un même esprit, obéissant à la même discipline intellectuelle et assez

(1) Foch, *Des Principes de la guerre*. Conférences faites, en 1900, à l'École supérieure de guerre, p. 9. — Voir aussi l'ouvrage du colonel Cordonnier : *La Méthode dans l'étude de la stratégie*.

(2) *Rêveries*, édit. 1756, *in folio*, p. 1.

nombreux pour faire mouvoir et faire manœuvrer la lourde machine des armées modernes ? »(1)

Il se faisait, ainsi, une sorte de spécialisation des intellectuels de l'armée, spécialisation que les maîtres appelaient de leurs vœux. Ainsi, le général Bonnal :

Les officiers d'état-major, à la grande armée, remplissaient fréquemment des missions même appartenant au service des étapes et qui n'étaient pas de nature à rehausser la fonction. Qu'arrivait-il alors ? Les officiers de haute valeur servaient dans les troupes à leur poste de combat, plutôt que d'aller s'enfouir dans un bureau.

... Il faut ignorer les principes les plus élémentaires de la biologie (!) pour croire qu'un officier d'une haute valeur intellectuelle soit apte à remplir, tantôt des missions d'un ordre élevé, tantôt d'un ordre infime. Il faut savoir utiliser les hommes au mieux de leurs aptitudes. S'est-on jamais avisé d'atteler un pur sang à un tombereau ? L'homme d'élite à l'intelligence vive, au cœur ardent, peut devenir rétif quand on ne sait pas l'utiliser convenablement (2).

LE GÉNÉRAL DE GALLIFFET

que les nouvelles méthodes portèrent la plupart des esprits solides et sérieux vers ces travaux qui prirent une importance croissante. Nous avons établi plus haut à quel point la concentration proprement dite, les transports par voie ferrée, le système de marche et de développement des corps se trouvèrent améliorés ou, pour être plus exact, transformés par les études approfondies, sérieuses et pratiques émanant du grand état-major. Nous reviendrons, dans un chapitre ultérieur, sur la question particulièrement importante du service des ravitaillements et de la fabrication et du transport des munitions, etc. Il fallait, pour satisfaire aux besoins de l'armée, une organisation à la fois large et minutieuse qui ne s'improvise pas. Cette organisation fut fille des doctrines nouvelles et, par conséquent, elle dérivait

Il résulte du texte ci-dessus que les chefs de l'École avaient une tendance à tenir au second rang, dans les services de l'état-major, ceux qui s'appliquaient surtout aux travaux administratifs, comme n'étant pas de nature à « rehausser leurs fonctions ». En fait, il se trouva

de l'enseignement qui, né à l'École de guerre, se perpétuait et s'appliquait dans les états-majors. Une transformation psychologique profonde s'accomplit peu à peu dans l'armée française : au caractère pimpant, brillant, parfois superficiel qui avait été celui de l'officier français se substitua un caractère nouveau fait de gravité, de soin, d'attention vigilante et d'application réfléchie. Cette physionomie nouvelle, si frap-

(1) Foch. *Ibid*, p. 19.

(2) Général Bonnal, *L'Esprit de la guerre moderne. La manœuvre d'Iéna*, p. 276.

ARTILLERIE DE CAMPAGNE, LE 105 FRANÇAIS

pante dans la guerre de 1914, nous la devons surtout aux hautes directions venant de l'enseignement de l'École de guerre. Ce ne fut pas une diminution pour « l'élite » de s'appliquer à ces œuvres sans gloire mais d'une si noble et si profonde utilité.

Mais un emploi beaucoup plus séduisant de leurs facultés se présentait en même temps aux élèves de l'École de guerre. Le général Bonnal les dirigeait vers l'étude des campagnes de Napoléon et surtout vers la manœuvre. Il y avait à ce programme un certain inconvénient. Tous les hommes qui passent par l'École ne sont pas destinés à devenir des généraux commandants en chef. En outre, l'enseignement, lui-même éloigné de la réalité, pouvait se laisser entraîner à substituer *l'esprit des manœuvres* à *l'esprit de la guerre*. Comme il était inévitable, il prit peu à peu un caractère dogmatique et schématique. Avec une logique excessive, on ne vit plus dans l'œuvre de Napoléon qu'un des moyens, le mouvement, pour arriver au but final : la bataille. Clausewitz, interprète de cette pensée, règne ; on lui empruntait ses formules absolues.

En réalité, la guerre ne dispose que d'un moyen, le combat. Aussi, quel que soit le système adopté, offensive ou défensive, c'est toujours la tactique qui décide. Et toutes les combinaisons stratégiques doivent tendre aux résultats tactiques, car ceux-ci seuls sont la cause foncière de toute solution heureuse... La guerre moderne dérive des idées de Napoléon qui, le premier, a mis en lumière l'importance de la préparation et la toute-puissance de la masse multipliée par l'impulsion pour briser dans une bataille, recherchée dès le début de la guerre, les forces morales et matérielles de l'adversaire.

La considération du territoire et de la position devint secondaire : la destruction de la force adverse fut le but unique. Les formules prennent un caractère de rigueur marqué, non sans l'inconvénient de la sécheresse :

Guerre de plus en plus nationale.
Masses de plus en plus considérables.
Prédominance de plus en plus forte du facteur humain.
Nécessité par suite de revenir à cette conduite des troupes qui vise la *bataille* comme argument et qui emploie la *manœuvre* pour arriver.
Conduite caractérisée par préparation, masse, impulsion.

LE GÉNÉRAL DE NÉGRIER

A force de s'élever au-dessus de la considération du territoire, ne risque-t-on pas de s'éloigner du sol ? Le danger serait de bâtir une sorte de doctrine en l'air avec des formules mathématiques ou mécaniques : *masse, impulsion, mouvement, manœuvre, choc*. L'équilibre est maintenu tant que les conditions de la guerre n'ont pas présenté des problèmes nouveaux, des difficultés nouvelles dépassant le cadre napoléo-

PATROUILLE DE DRAGONS EN TIRAILLEURS

nien. Mais si le système se raccornit par la doctrine, tandis que les complexités se développent en fait, un jour viendra où le cadre ne suffira plus et craquera. A force de raffiner, on tombera dans le défaut signalé par le cardinal de Richelieu : « Il est des esprits qui, pour vouloir affiner trop la pointe des aiguilles, les cassent. »

Le dogmatisme de la manœuvre aboutit au shibboleth de l'offensive. Taper, foncer, bourrer, c'est le mot d'ordre de la jeune école.

Le dernier cri fut exprimé dans les deux remarquables conférences faites aux officiers de l'état-major de l'armée en février 1911, par le colonel de Grandmaison. La doctrine se trouvait en germe dans plus d'un passage des maîtres antérieurs ; le général Bonnal avait dû frapper fortement ceux qui l'entendirent quand il répétait, au cours des leçons de l'école :

Nous penchons à croire que si l'on voulait bien étudier nos zones fortifiées de la région de l'est au point de vue des ressources et des avantages qu'elles sont susceptibles de procurer *aux opérations offensives*, il en résulterait des enseignements précieux pour la préparation *d'une guerre offensive* dans la région de la Moselle et du Rhin.

Nous dirons même que nos régions fortifiées du nord-est ne rendront de grands services que si nous prenons résolument *l'offensive:* car si l'ennemi écoule ses masses entre Epinal et Toul et au nord de Verdun, les musoirs fortifiés, qui ont coûté si cher et qui absorberont pour leur défense tant d'éléments actifs, ne seront pas plus utiles que ne l'ont été en 1813, pour Napoléon, les places de l'Elbe, et, en 1814, celles de l'est de la France.

Cette doctrine de l'offensive est transportée du terrain stratégique sur le terrain tactique par les *Deux Conférences* du colonel de Grandmaison. L'auteur aborde, avec une verve extraordinaire, la question de la *sûreté*, c'est-à-dire des avant-gardes, et il démontre que la « sûreté » n'est jamais aussi forte et aussi solide que si elle est faite par des corps capables de supporter le choc. Conclusion, le mieux est d'attaquer, chaque fois qu'on le peut, avec les gros ; car si on laisse les avant-gardes s'engager, leur repli devient un combat en retraite qui est un commencement de désordre et de démoralisation. Une fois ces prémisses posées, les conclusions arrivent tambour battant, au pas gymnastique :

Dans l'offensive, la sûreté d'une troupe doit être, avant tout, cherchée en elle-même dans sa capacité d'attaque, c'est-à-dire dans les dispositions qu'elle a prises pour attaquer vite et fort. Un adversaire assailli brusquement et partout à la fois songe à parer les coups ; il ne manœuvre plus et devient rapidement incapable de toute offensive sérieuse. C'est la rapidité de l'engagement qui nous garantira de la *surprise* et la violence de l'attaque qui nous assurera contre la *manœuvre* de l'ennemi... La moindre avarice morale, la moindre réticence dans l'offensive en détruit toute l'efficacité et en fait perdre tous les avantages... Il faudra préjuger, il faudra se décider sur des renseignements incertains, il faudra *risquer* et risquer beaucoup... Dans l'offensive, l'imprudence est la meilleure des sûretés... Personne jadis n'avait l'idée qu'on pût voir un Autrichien sans lui sauter dessus... On doit se contenter de rechercher où est l'ennemi pour l'attaquer ; ce qu'il veut faire importe peu, puisque nous avons la prétention de lui imposer notre volonté... On n'a jamais trop de toutes ses forces pour attaquer et c'est quelquefois le dernier bataillon qui rompra l'équilibre.

Et la conclusion :

Engagement en face des Allemands.

Nous ne voulons pas leur laisser le temps de se ranger en bataille.

Nos avant-gardes et, immédiatement derrière, nos gros seront offensifs sans délai, dans la direction de leur objectif.

En revanche, nous gardons quelques réserves au début.

Cette méthode seule peut forcer la victoire : notre conclusion sera qu'il faut s'y préparer et y préparer les autres en cultivant avec passion, avec exagération et jusque dans les détails infimes de l'instruction, tout ce qui porte, — si peu que ce soit — la marque de l'esprit offensif.

Allons jusqu'à l'excès et ce ne sera peut-être pas assez ? (1)

LE GÉNÉRAL BONNAL

Ici, comme on le voit, la tactique a une tendance à entraîner la stratégie et la nouvelle méthode devient le contraire du système de Moltke disant : « offensive dans la stratégie, défensive dans la tactique ».

La thèse de l'offensive à tout prix et à tout venant, du « bourrage » tête baissée, convenait au caractère français : elle avait d'incontestables avantages. Nous lui devons, sans doute, cette belle et noble résurrection de l'ardeur française, de l'esprit militaire français, chez les officiers et chez les hommes, qui tint le moral si haut dans les diverses phases de cette rude guerre. Généraux et officiers apprirent non seulement à tenir bon, mais à réagir jusqu'à la

(1) Colonel de Grandmaison : *Deux conférences faites aux officiers de l'état-major de l'armée*, février 1911. Berger-Levrault, in-8°.

LA SOUPE DES FANTASSINS. — LA HALTE DES CUIRASSIERS

minute suprême et à contre-attaquer même dans la retraite. Nous verrons quelle importance prit la contre-attaque à la suite de trop rudes préparations d'artillerie. Sans esprit offensif, la contre-attaque qui décida, tant de fois, du sort des armes eût été impossible. La « doctrine de l'offensive » était une doctrine de force et de jeunesse. Quoi d'étonnant à ce qu'elle ait séduit ces valeureux jeunes gens ?

Mais elle avait un défaut, le défaut de tout ce qui est absolu ; elle ignorait et voulait ignorer ses propres inconvénients. Elle supposait une guerre de manœuvre, une guerre où les évolutions seraient faciles, les terrains abordables, une sorte de *tabula rasa*, se prêtant au Kriegspiel.

Et si les choses se présentaient autrement ; si l'ennemi avait intérêt à se dérober, à se fortifier ; s'il se protégeait par des feux à longue distance avant même d'être aperçu ? L'offensive dans la manœuvre est excellente, encore faut-il pouvoir manœuvrer.

Telles étaient les objections que des événements militaires considérables soulevaient, dès avant la guerre de 1914, contre la thèse de l'offensive toujours et quand même. Sans remonter jusqu'à l'échec des offensives russes, en 1878, à Plevna, contre les levées de terre d'Osman Pacha, deux campagnes récentes auraient dû ouvrir les yeux.

La guerre du Transvaal et la guerre de Mandchourie avaient révélé l'importance renouvelée des *lignes de tranchée* et la puissance de l'*artillerie lourde de campagne*. Sur ces deux points, on dissertait à l'infini, mais comme on avait peine à abandonner des thèses si conformes au « tempérament national » (c'était le cliché courant), on ergotait et on tergiversait. Voici le tableau de cet état d'esprit tracé d'une main autorisée :

Or, tandis qu'on se battait ainsi dans le domaine des idées générales — nous sommes, en France, friands de ces tournois, — on laissait un peu au second plan les observations d'ordre technique et matériel. On parla bien du rôle agrandi de la fortification légère, mais en se payant d'explications spécieuses. De Plewna, on disait que c'était

un siège ; au Transvaal, l'unique mode de combat des Boërs parce que leur tactique exclusivement défensive reposait toute sur l'utilisation du feu ; en Mandchourie, les deux belligérants avaient été conduits à se couvrir fortement de terre à cause des longs stationnements que leur imposait l'attente d'approvisionnements et de renforts très lents à venir. En Europe, pays largement outillé en chemins de fer, routes, moyens de transport de tous genres et où les armées étaient entraînées à la guerre de mouvements, on ne verrait rien de pareil. Les tranchées seraient certainement plus employées que dans le passé et les batailles seraient d'une étendue et d'une durée plus longues : mais les conditions d'une guerre y seraient trop différentes pour qu'elle ne fût que le calque agrandi des guerres boër et russo-japonaise. On ne se doutait pas que l'on venait d'assister à une révolution complète de la tactique (1).

En somme, l'école française restait sur ses positions et n'évoluait que lentement vers la préparation du terrain et la fortification passagère.

Puisqu'on étudiait avec tant de passion l'œuvre de Napoléon, on eût pu y découvrir les instructions qu'il donna à la veille d'Iéna : « Chaque division de corps d'armée doit avoir 400 ou 500 outils de pionniers, outre 1.500 pour chaque corps d'armée. *Sans outils, il est impossible de se retrancher ni de faire aucun ouvrage, ce qui peut avoir des conséquences bien funestes et bien terribles.* »

Quant à l'artillerie lourde de campagne, c'était un thème livré plus encore aux discussions d'école. Un professeur écrivait en 1906 : « La guerre russo-japonaise pose à nouveau le problème de l'artillerie lourde : elle ne l'a pas résolu. » Et un autre : « A notre avis, la question reste entière. »

Le général Langlois, dont l'autorité était saluée dans le monde entier, même en Allemagne, voyait l'avenir dans *la création d'une artillerie légère à tir rapide fusant et à bouclier* (2). A propos du tir sur les positions retranchées, il disait :

L'artillerie seule est impuissante à déloger un ennemi moralement fort ; il faut y joindre la menace de l'infanterie, c'est-à-dire *l'attaque*. Cela entraîne une autre

(1) Général de Fonville, « L'Enseignement de l'Ecole de guerre et la guerre », dans *Revue de Paris* du 1er juin 1916. — Voir aussi : *Les Etudes militaires en France*, par le lieutenant-colonel Ragueneau, 1913. Berger-Levrault, in-8°.

(2) *L'Artillerie de campagne en liaison avec les autres armées*. Edition de 1908, t. I, p. 213 et p. 79.

EFFETS DE L'ARTILLERIE LOURDE ALLEMANDE SUR UN FORT

conclusion: on ne saurait reconnaître l'ennemi exclusivement à coups de canon, encore moins l'user. Ce fait est important à constater en présence de certaines théories venues d'Allemagne... Ne laissons jamais pénétrer chez nous une pareille conception de la guerre; après une dépense épouvantable de munitions, sur des points d'appui peut-être occupés par des forces insignifiantes, nous ne serons pas plus avancés qu'auparavant; mais les coffres seront vides.

Ces doctrines n'allaient ni aux immenses approvisionnements ni au développement de l'artillerie, seule forte contre les points d'appui, c'est-à-dire l'artillerie lourde :

Des canons lourds, dans une artillerie de campagne dont la mobilité doit être une des qualités maîtresses sont un encombrement inutile et le transport de leurs pesants projectiles, surtout sur routes, est une grave complication. Qu'ils restent dans les équipages de siège. Il ne doit y avoir, dans les batteries de campagne, qu'une sorte de canon, de manière à réaliser l'unité de calibre, canon léger, passant partout, à tir rapide... Pour tirer dans un même espace de ,temps, un même nombre d'obus, il faudra en France un tiers de canons de moins qu'en Allemagne parce que le tir de ces derniers est sensiblement plus lent. Notre 75 répond parfaitement à ces desiderata avec ses deux projectiles, l'obus à balles et l'obus brisant; il est apte à toutes les tâches en rase campagne.

On s'en tenait donc au *statu quo*, dans l'incertitude où l'on se trouvait, en présence de la lourde dépense prévue, soit pour la constitution d'une artillerie lourde, soit même pour la quantité de munitions nécessaires à l'artillerie de campagne.

Telles étaient les lignes principales de la doctrine au moment où nous abordions la guerre. L'enseignement de l'École avait admirablement relevé et entraîné le moral de l'armée et de la nation. Il avait préparé les officiers de l'état-major à rendre les plus grands services pour la solution des immenses difficultés de l'organisation. Mais, au point de vue du matériel et des méthodes de guerre, il n'avait pas dégagé les solutions que les circonstances nouvelles eussent pu lui inspirer.

L'exposé des événements nous permettra d'indiquer, dès les premières rencontres, les effets des doctrines qui avaient influé sur notre plus récente préparation de la guerre. Mais il nous permettra aussi de constater ce que la France dut aux qualités de jugement, de décision et de caractère du haut commandement qui, sans s'attarder à un certain fatras verbal et livresque, mit la main au gouvernail, et s'inspira surtout de la réalité et sut agir selon les exigences de chaque situation.

Il serait injuste, d'ailleurs, de ne pas reconnaître que l'école française, à la veille de la guerre, ne s'était pas abandonnée sans réserve aux nouvelles doctrines. Des esprits pondérés, des chefs appelés à prendre de hauts commandements, avaient défendu fermement les droits de la tradition et le sens de la mesure :

Le résultat des premières affaires a, sur le moral des armées, une influence considérable et l'on doit, par suite, éviter jusqu'aux affaires douteuses dont l'ennemi pourrait se targuer pour chanter victoire et qui, habilement exploitées, lui vaudraient des avantages énormes appréciables.

... La devise : *attaquer l'ennemi partout où on le rencontre*, si chère aux Allemands de 1870, est des plus dangereuses. Si chaque commandant de corps subordonné a le droit de *bourrer*, tête baissée, sur le premier adversaire à sa portée, le commandant en chef est impuissant à exercer la moindre action directrice (1).

Le même écrivain avait, dès cette date, c'est-à-dire immédiatement après la guerre de Mandchourie, entrevu l'importance que le progrès de l'armement allait donner à la guerre de position et au système des tranchées :

Avec l'armement actuel, l'attaque de front *contre un ennemi posté qui a eu le temps de s'organiser sur sa position* est toujours très difficile et même souvent impossible : les procédés tactiques ordinaires étant inefficaces, l'assaillant devrait *faire le siège* de la position adverse, et alors la bataille serait une lutte de plusieurs jours, *où la pelle et la pioche joueraient un rôle aussi important que le fusil et le canon.*

Citons encore, du même auteur, cette remarquable prévision de la manœuvre en retraite qui, appliquée par un caractère ferme, sauva l'armée française dans la seconde phase de la bataille des frontières :

Si la première rencontre n'est pas décisive, soit que le vaincu n'y engage que la moindre partie de ses forces,

soit qu'il réussisse à rompre le combat avant d'être sérieusement entamé... le commandement n'a pas d'autre parti à prendre que de se replier lestement derrière un grand obstacle naturel ou une région fortifiée, où il ait le loisir de rétablir dans son armée l'ordre matériel et moral et d'appeler à lui des renforts ; en même temps, il pousse en avant tout ce qu'il a de troupes de deuxième et de troisième lignes disponibles pour flanquer l'armée d'opérations et développer des menaces sur tout le contour de la région occupée par le vainqueur.

N'est-ce pas comme un schéma préventif de la bataille de la Marne et de la bataille de l'Ourcq ?

Le colonel Colin, qui écrit son livre, *Les Batailles de l'Histoire*, à la veille de la guerre, met au point les découvertes de la science et les résume avec une grande clairvoyance dans le chapitre : « La Bataille de l'avenir ». Visiblement, l'école française profitait de la leçon récente des faits sans perdre ses qualités de pondération et de lucidité. Autant que la doctrine peut préparer les actes, elle devinait les grandes nécessités en présence desquelles on allait se trouver.

D'abord, sur la question de la sûreté qui avait fait couler tant d'encre :

Pour percer le rideau et apporter des renseignements utiles, de petits détachements ne suffiront pas... Il faut davantage : un régiment ou une brigade avec des canons ; c'est-à-dire déjà l'avant-garde d'une grosse colonne... Dans l'avenir comme dans le passé, la direction d'un combat d'avant-garde sera extrêmement délicate (on voit qu'il ne s'agit plus de « bourrer »). Lorsqu'on a voulu réglementer sommairement la conduite des avant-gardes on est tombé quelquefois dans un excès d'audace et le plus souvent dans des excès de timidité regrettables...

Si on est en contact avec l'ennemi, il appartient au commandant de la colonne de prendre la direction d'un combat... Plus que tous les renseignements, c'est l'instinct du général qui l'éclairera : « C'est par les yeux de l'esprit, dit Napoléon, par l'ensemble de tout le raisonnement, par une espèce d'inspiration que le général voit, connaît et juge ! »

Par conséquent, non pas offensive aveugle, mais réflexion et inspiration.

Voici, maintenant, une vue des plus nettes sur le rôle de l'artillerie moderne :

C'est la masse des projectiles, balles ou obus, qui compte. Jusqu'au moment où la trouée se fait, ce n'est pas à coups

DÉPART D'UN GROUPE DE 120 LONG A TRACTEUR

d'hommes, *c'est à coups de projectiles que l'on agira.* Ce qu'il faut accumuler dans la zone où l'on veut percer, ce sont les canons, tous les canons, gros et petits, les canons de campagne qui répandent la mitraille, ainsi que les canons lourds qui défoncent le sol, les abris et les défenses accessoires, qui assourdissent l'adversaire, frappent violemment son cœur et son cerveau, produisent sur lui la plus puissante action morale. *Et il faut surtout faire en sorte que les munitions affluent sans relâche sur la zone des attaques.* L'histoire est formelle sur ce point : jamais la trouée n'a été faite par des masses d'hommes ; toutes les tentatives pour enfoncer l'ennemi avec des colonnes profondes ont échoué... De nos jours, pour exercer une action destructrice sur les lignes ténues, à savoir les batteries éparpillées et masquées, *il faut déchaîner un véritable enfer sur la position.*

Un exposé d'ensemble, plein de leçons, détermine le caractère général de la bataille de l'avenir, indiquant à la fois son ampleur, sa violence et sa difficile articulation :

On en vient donc à penser que la *bataille de l'avenir* dans la région lorraine et ardennaise, se décomposera en plusieurs batailles, séparées par les grandes forteresses ou les obstacles naturels. Ici, une des armées entassera attaques sur attaques, multipliant les canons de tous calibres, prodiguant les projectiles, ruinant les forces physiques et le moral de l'ennemi ; là, des batteries à longue portée tiendront l'ennemi à distance et des troupes de faible densité résisteront à ses attaques. Peut-être, dans la région ardennaise, des armées seront-elles aux prises, cherchant à se percer l'une l'autre ou à se déborder. En résumé, il se livrera, en même temps, trois ou quatre batailles distinctes ; celui des deux partis qui triomphera dans l'une d'elles assez vite pour intervenir ensuite dans les autres avant la décision, sortira vainqueur de la grande lutte entre les nations.

Ainsi, les vues s'élargissaient et se précisaient à la fois. Malheureusement, comme il arrive souvent, certains engouements ne voulaient pas céder devant la froide raison. Et puis, l'esprit est plus prompt que la matière. La doctrine française était, en somme, au point; mais la préparation française, le matériel français étaient-ils suffisants ? A l'heure où l'Allemagne déchaînait la « guerre préventive », n'exagérait-on pas la part légitimement accordée à l'enthousiasme que la foi patriotique et la confiance dans les qualités militaires de la race avaient suscité ?

LA DOCTRINE ALLEMANDE Les Allemands, eux aussi, avaient travaillé depuis Moltke. Puisque les deux parties étaient en présence, non seulement avec leurs ressources matérielles, mais avec leur valeur intellectuelle et morale, il faut essayer de déterminer l'esprit de la guerre, les méthodes de la guerre, les doctrines de la guerre au point où une forte et puissante application de leur école et de leur état-major les avait amenés.

Les Allemands ont toujours été grands ratiocineurs; je ne suis pas sûr que leur genre de travail intellectuel éclaircisse toujours les choses : cependant leur assiduité est méritoire.

Clausewitz et Moltke réfléchirent beaucoup sur les méthodes de Napoléon et ils surent en extraire de précieux enseignements. Après Moltke, von der Goltz, l'auteur de la *Nation armée*, exposa et analysa en se référant, d'ailleurs, aux doctrines de Clausewitz, les conditions des guerres modernes, les guerres de nation contre nation.

Il ne paraît pas, cependant, qu'il y ait eu, en Allemagne, de véritable créateur en art ou en doctrine militaire parmi les épigones de Moltke. Waldersee échoua piteusement dans cette campagne de Chine où son commandement fut imposé aux troupes internationales. Hæseler vieilli ne paraît pas avoir justifié, dans la campagne de 1914-1916, la réputation mondiale qu'un discours fameux de l'empereur Guillaume lui avait faite. Quand Guillaume a besoin d'une gloire, il la fabrique de toutes pièces, quitte à la défaire de même. Quelques noms ont surgi dans les temps qui ont immédiatement précédé la guerre : von Blume, Bernhardi, Schlieffen, Falkenhayn.

De leurs enseignements nous ne retiendrons que certains traits caractéristiques qui ont exercé une action immédiate sur la guerre de 1914 et notamment sur les débuts, dans la période des manœuvres. La doctrine ne nous intéresse qu'autant qu'elle a été génératrice d'action.

Von Blume a déterminé, il me semble, avec une grande autorité, certains traits caractéristiques de la guerre moderne : elle sera à la fois une guerre de violence et une guerre d'usure.

La puissance des forces qui seront aux prises en cas de guerre donnera nécessairement à celle-ci un caractère violent que les progrès de la civilisation seront impuissants à atténuer... Chaque peuple, poussé par la nécessité de vivre, aura la ferme volonté d'infliger à son adversaire une défaite si sanglante qu'il ne puisse de longtemps se relever... Nous devons rester fermement animés de cette idée, même si nous nous trouvions forcés, soit au début, soit pendant le cours de la guerre, de rester sur la défensive ou de reculer temporairement devant les forces ennemies.

C'est dans la pensée de ce duel à mort que l'auteur arrive à sa conception de la guerre d'épuisement ou de la guerre d'usure :

L'obligation absolue de se soumettre n'existe que pour le parti qui n'a plus la possibilité de continuer la résistance, c'est-à-dire pour celui dont les forces militaires sont anéanties ou devenues incapables de combattre encore longtemps et dont les ressources auxiliaires, nécessaires à la formation de nouvelles unités, sont épuisées.

Et de là, enfin, la conclusion qui détermine les conceptions stratégiques du grand état-major allemand et que nous retrouverons dans la bataille de Belgique et dans l'avancée qui la suit :

En conséquence, le premier but militaire de la guerre est la destruction des forces armées de l'adversaire; l'occupation de son territoire, le second. Toutefois, en cas d'offensive en pays ennemi, ces deux buts doivent en principe être recherchés conjointement.

LES PREMIERS SOLDATS BELGES ÉVACUÉS EN FRANCE APRÈS CHARLEROI

Et, enfin, cette phrase qui prévoit plusieurs circonstances dont l'Allemagne aurait à subir les effets :

La guerre sur mer peut contribuer à l'épuisement d'un des belligérants, que des embarras financiers et économiques ou des difficultés dans la politique intérieure peuvent également entraîner indirectement.

Von Blume signale aussi un des caractères de la future guerre, caractère qui résultera des progrès de l'armement et qui apparaîtra, sans doute, dès les premiers engagements : c'est l'invisibilité des deux fronts l'un pour l'autre.

Les deux partis cherchent, avant et pendant le combat, à se soustraire le plus possible aux vues de l'adversaire, ce qui produit *le vide du champ de bataille*, expression souvent employée par ceux qui ont pris part aux guerres les plus récentes. Il en résulte que les chefs éprouvent une plus grande difficulté pour apprécier la situation, prendre une décision et agir judicieusement. Ce nouvel état de choses occasionne donc des pertes de temps et exerce aussi sur les combattants une *influence déprimante*.

« L'influence déprimante » exercée sur les jeunes troupes par cette invisibilité réciproque que von Blume appelle « le vide du champ de bataille, » nous aurons à la constater, d'après les faits. Dans la réalité, l'effet produit dépasse de beaucoup ce que la doctrine avait prévu.

Les idées de von Blume étaient, en somme, une adaptation habile des principes classiques aux circonstances et aux expériences nouvelles. Une révolution bien plus profonde était produite, dans le temps même où il écrivait, par la présence, à la tête de l'état-major allemand, du successeur de Waldersee, le général von Schlieffen.

L'empereur Guillaume, en substituant

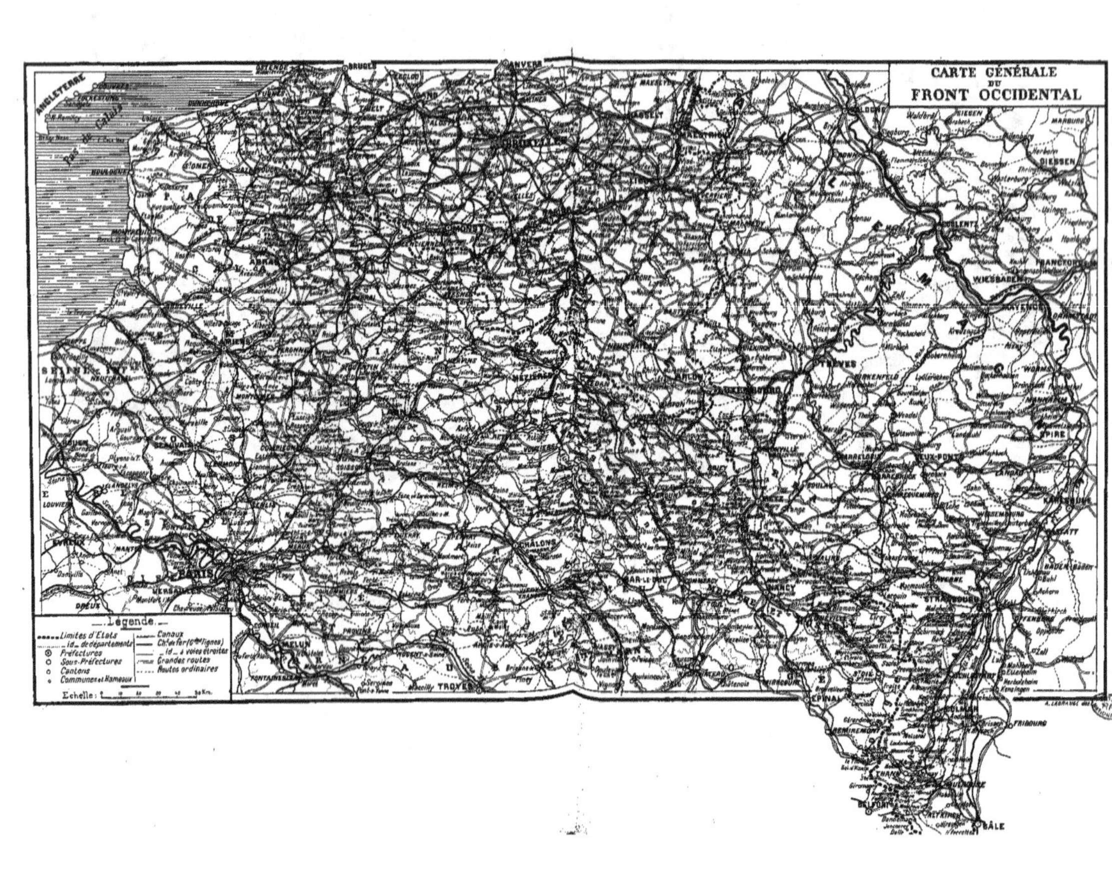

CARTE GÉNÉRALE
DU
FRONT OCCIDENTAL

Schlieffen à Waldersee, avait dit : « Je le trouve bien plus génial. » Les idées de Schlieffen furent longtemps une énigme : pendant seize ans (1891-1905), il resta à la tête de l'état-major allemand : par conséquent, il fut tenu au secret professionnel durant cette longue période; par contre, il put appliquer lui-même, avec un esprit de suite remarquable et en s'appuyant sur la confiance absolue de l'empereur, les idées qui lui avaient valu cette confiance. Il quitta ses hautes fonctions en raison de son grand âge, mais sans perdre la faveur impériale.

Il ne voulut pas mourir sans avoir fait connaître l'élément nouveau qu'il apportait dans la doctrine de la guerre. En janvier 1909, il publia, dans la *Deutsche Revue*, un article sur la « Guerre au temps présent », qui fit une grande impression. L'empereur Guillaume lut, lui-même, cet article devant ses officiers et approuva hautement les idées qui y étaient exprimées. Peu de temps après, Schlieffen les reprit dans une étude consacrée à la bataille de Cannes *Cannæ*, et où, sous couleur d'expliquer la méthode du grand général carthaginois, il développait son propre système par opposition aux principes napoléoniens et « français ». L'empereur Guillaume nomma Schlieffen maréchal en 1911 (1), preuve nouvelle qu'il était toujours convaincu de la supériorité de cet homme qui avait été si longtemps son confident. De cet ensemble de faits, il résulte jusqu'à l'évidence que Schlieffen, comme théoricien et comme organisateur, exerça la plus haute influence sur la préparation et les projets militaires de l'Allemagne à la veille de la guerre qui éclata en août 1914. D'ailleurs, les faits confirment de tous points cette déduction.

Quelles sont donc les idées de Schlieffen? Ses écrits et les polémiques qu'ils soulevèrent nous permettent de les connaître. Le novateur part de cette observation exacte que, dans maintes rencontres stratégiques ou tactiques, les « réserves » n'ont pas été suffisamment utilisées.

Par exemple, à la bataille d'Iéna, des forces considérables n'ont guère agi que par leur présence ; à Sadowa, Moltke, pour avoir voulu ménager ses réserves, n'a pas su anéantir l'armée austro-hongroise tout entière, comme il lui eût été facile de le faire ; mêmes reproches à Mac-Mahon pour la journée de Wœrth; par contre, les manœuvres idéales sont celles de Napoléon à Ulm, ou de Moltke à Metz et à Sedan, manœuvres qui produisent l'encerclement et la capitulation de l'armée adverse.

Un texte emprunté à l'article paru en 1909 ne laisse aucun doute sur la portée de cette idée maîtresse :

La guerre russo-japonaise a prouvé que la simple attaque contre le front ennemi peut, malgré toutes les difficultés, fort bien réussir. Mais les résultats d'une telle attaque ne peuvent être que faibles, même dans le cas le plus favorable. Sans doute, l'ennemi est repoussé; mais on le retrouvera bientôt, reconstitué sur un autre terrain. La campagne traîne en longueur... Ces guerres-là sont devenues impossibles, à une époque où l'existence de la nation repose sur la marche interrompue du commerce et de l'industrie, où il est indispensable qu'une *rapide décision* remette en mouvement tous les rouages arrêtés. Il n'est pas possible de faire de la stratégie d'épuisement quand l'entretien de millions d'hommes entraîne des milliards de dépenses. *Pour obtenir un succès décisif, destructeur*, il est de toute nécessité de prononcer *une attaque simultanée sur deux ou trois points à la fois, c'est-à-dire* SUR LE FRONT et contre UN FLANC ou les DEUX FLANCS. Une attaque ne cette nature est relativement facile à exécuter pour celui qui possède la supériorité des effectifs. Mais, dans les circonstances actuelles, il est difficile de compter sur cette supériorité. Les moyens dont il faut disposer pour une puissante attaque de flanc ne peuvent être obtenus qu'en réduisant, dans la mesure du possible, les forces employées contre le front ennemi. Alors on doit traiter ces forces secondaires comme ayant seulement pour mission *d'occuper* l'ennemi, de le *fixer*. Dans tous les cas, il faut *attaquer* le front, il faut *s'avancer contre le front*.

Cette idée principale de frapper toujours et partout, mais en se réservant seulement d'amincir la ligne sur certains points en la renforçant sur d'autres, a pour corollaires un certain nombre de conséquences qui sont encore très importantes : puisque le but est de tourner l'ennemi, il ne faut pas craindre d'élargir son propre front en avançant par toutes les routes; les colonnes pousseront droit devant elles paral-

(1) Le comte von Schlieffen mourut le 4 janvier 1913. — Cfr. la belle étude de M. Emile Laloy : « De Clausewitz à Hindenburg », dans *Mercure français* du 16 juin 1916.

REPAS SERVI A DES RÉFUGIÉS BELGES

lèlement les unes aux autres; si l'une d'elles est attaquée, elles se prêtent mutuellement appui, celle qui réussit attaquant aussitôt les flancs de l'adversaire; employer le moins de monde possible sur les parties du front où l'on n'attaque pas; de là, pour protéger ces fronts relativement affaiblis, un grand usage de la fortification de campagne; de là, aussi, l'adoption d'un système de régions préparées d'avance et munies de moyens leur permettant d'opposer à l'ennemi une puissante défensive, comme par exemple le terrain entre Metz et Thionville, entre Metz et Strasbourg, la région du Luxembourg, etc., etc.,—préparations contre lesquelles se heurtent les premières offensives françaises de 1914.

Un résumé utile des idées de Schlieffen fut présenté au public français, dans un livre remarquable du capitaine Sorb (Cormier), paru en 1912 :

En résumé, l'école allemande prévoyait jadis une attaque d'aile, attaque unique sur laquelle elle faisait reposer toutes ses espérances. Les troupes non employées à cette attaque étaient cependant nombreuses, car elles devaient maintenir l'inviolabilité du front. Aujourd'hui, animés du désir d'en finir au plutôt, les Allemands renoncent moins que jamais à la manœuvre débordante. On augmente l'amplitude du mouvement destiné à la produire; par cela même, on rend son exécution plus dangereuse en risquant de créer un vide par lequel l'adversaire peut s'introduire. Pour le retenir, il est utile de créer une autre menace, ce qu'on fera en *préparant une autre attaque*. Les troupes seront renforcées le plus possible. On dégarnira, au besoin, le front russe. Ensuite et surtout, *on réalisera des économies considérables sur toute une partie du front rendue inviolable par l'emploi intensif de la fortification.*

Si les Allemands sont de plus en plus ancrés dans leur idée de manœuvre débordante, c'est sans doute qu'ils espèrent voir intervenir en leur faveur d'autres facteurs, notamment l'effet moral intense que produirait dans l'armée et dans la nation française, la nouvelle de l'arrivée d'une masse menaçant nos communications et lancée, dès le début, *tout droit dans la direction de Paris*, par le plus court chemin et par la route la plus libre d'obstacles, tournant et négligeant tout notre système fortifié et précédée par de nombreux escadrons *qui tenteront de pousser des cavaliers jusqu'aux portes de la capitale...* Il s'agirait d'arriver audacieusement, du premier coup, aussi près que possible de Paris, pour que le public français ait immédiatement la sensation *que ses armées sont tournées et perdues*, pour qu'il s'imagine que ses chefs sont, comme en 1870, des incapables, pour que l'on crie à la trahison... Les Allemands pensent, sans doute qu'une armée dont le moral serait fortement entamé avant la lutte, dans une nation énervée et surexcitée, serait bien facile à battre et qu'il suffirait de *pousser de l'avant* pour l'achever (1).

On reconnaît à ces traits la dernière expression de la « conduite de la guerre » telle que la conçoivent les Allemands et, en même temps, telle qu'ils l'ont appliquée dans la guerre de 1914. On comprend pourquoi ces idées séduisirent et entraînèrent l'imagination de Guillaume II : on les lui proposait comme antagonistes à celles de Napoléon et appartenant plutôt à l'héritage de son aïeul Frédéric II. Frédéric II n'a-t-il pas dit :

Avec nos canons lourds, avec notre mitraille, attaquons bravement l'ennemi, puis portons-nous contre ses flancs ?

C'est tout le schéma de l'attaque sur le front et sur les ailes, préconisée par Schlieffen. C'est aussi l'opération que Moltke considère comme la plus belle au point de vue tactique, la « concentration des armées sur le champ de bataille ». On aime à la considérer comme spécialement « allemande ».

Exploitation des forces morales, offensive violente, guerre rapide, « courte et bonne », selon la parole de Machiavel, extermination de l'adversaire par l'anéantissement de sa capitale abhorrée, rôle magnifique attribué à la cavalerie, marches irrésistibles rançonnant le pays

ennemi, occupation d'immenses territoires, coups d'attaque brillants fournis par des corps réservés aux personnages illustres, entrées triomphales dans les villes succombant l'une après l'autre, Nancy, Verdun, Reims, Paris, Calais, tout était fait pour enlever les imaginations et, en premier lieu, l'imagination impériale.

La préparation poursuivie de longue main suffit pour révéler l'influence des leçons de Schlieffen : série de lois accroissant indéfiniment les effectifs, augmentation indéfinie de la cavalerie, de l'artillerie lourde, des mitrailleuses, organisation défensive extrêmement puissante des régions fortifiées de Thionville-Metz, de Metz-Strasbourg et, avant même la déclaration de guerre, occupation et organisation du Luxembourg ; enfin, parti pris de violer la neutralité belge, résultant si évidemment, à défaut d'autres indices, de la construction hâtive des voies ferrées dans l'Eiffel.

Tout concorde : la manœuvre future ne sera plus seulement celle de l'aile tournante, chère à l'école classique allemande, ce sera une manœuvre nouvelle, mise sous les auspices d'Annibal et du grand Frédéric, mais qui appartiendra en propre à l'empereur Guillaume, la manœuvre *en accolade*, la *tenaille*. Elle développe indéfiniment les fronts pour se rabattre sur les deux ailes, encercler l'ennemi, l'étouffer et l'écraser en même temps par une brutale offensive du centre, front contre front.

L'invention « géniale » aura raison en quelques semaines d'un adversaire qui s'attardera aux méthodes surannées de la théorie classique.

L'école allemande, dans son expression suprême et sous l'impulsion hautement vantée de l'empereur Guillaume, se livre, ainsi, aux fumées de l'hypothèse et de l'orgueil ; elle voit grand, prompt, colossal ; elle prépare, d'avance, le « tableau » dans un décor d'apothéose.

Nous verrons bientôt comment elle rencontra, dans le bon sens et la force du caractère français, des obstacles qu'elle ne prévoyait pas.

Même en Allemagne, le système, dévoilé par l'article de la *Deutsch Revue*, ne fut pas sans sou-

---

(1) Capitaine Sorb, *La Doctrine de la défense nationale*. Berger-Levrault, in-8°, p. 59. — Voir, aussi, l'intéressant ouvrage du Capitaine Daille : *Essai sur la doctrine stratégique allemande*. Berger-Levrault, 1914.

GABRIEL HANOTAUX
de l'Académie Française

HISTOIRE ILLUSTRÉE

DE LA

GUERRE DE 1914

24 PAGES DE TEXTE ET D'ILLUSTRATIONS

FASCICULE
N° 46

L'ÉDITION FRANÇAISE ILLUSTRÉE
(GOUNOUILHOU, Éditeur)
30, Rue de Provence, Paris

PRIX NET
1 franc
ÉTRANGER, PORT EN PLUS

A NOS LECTEURS

AVEC le fascicule 40 a commencé le tome IV de l'*Histoire illustrée de la Guerre de 1914;* les deux premiers volumes parus ont donné l'exposé des faits historiques et diplomatiques qui ont précédé et amené la guerre, et qui engagent si lourdement la responsabilité de l'Allemagne. Il était nécessaire de faire connaître et comprendre les causes profondes qui ont déchaîné ces formidables événements.

Le volume III a commencé le récit de la guerre proprement dite. Les opérations militaires y sont exposées sur tous les fronts au fur et à mesure qu'elles se sont déroulées. Le volume IV et les suivants continueront ce récit. Grâce à la quantité innombrable de documents parus ou inédits qu'il s'agissait de réunir, de compulser, d'étudier, l'historien est parvenu à s'arracher à la confusion des premières heures. Par les renseignements qu'il a recueillis, par les travaux d'enquête et de recherches auxquels il s'est livré, par les conversations qu'il a eues avec les personnages officiels et les hommes politiques de l'Europe entière, il a approché, d'aussi près que peut le faire un contemporain, de la source où peut se découvrir la vérité sincère et impartiale.

Si le lecteur veut bien considérer l'importance que l'auteur a donné à l'exposé qui ne forme que le prologue, il comprendra les proportions qu'exige la suite du récit. Toutes les questions y seront abordées de front et le drame se déroulera dans son ampleur magistrale.

L'*Histoire illustrée de la Guerre de 1914* va donc mettre à la disposition du lecteur l'instrument qui lui permettra d'atteindre la raison profonde des faits militaires qui ne peuvent manquer d'assurer le triomphe de la Justice et de la Civilisation.

ESCADRON DE DRAGONS ALLEMANDS

lever de sérieuses oppositions. Bernhardi assuma le rôle de critique et de modérateur. Dans son livre, *La Guerre d'aujourd'hui*, il prend directement à parti l'auteur du *Krieg der Gegenwart* et censure même, non sans amertume, les manœuvres impériales (1). Le livre est trop connu pour qu'il y ait lieu de résumer ses leçons. Rappelons seulement qu'il met en garde les chefs allemands contre la tendance qui les porte à l'extension des fronts, au mépris des réserves, et contre ce qu'il appelle la « modernisation » du combat d'infanterie. Il s'attache, en somme, aux solutions pondérées, dans cette page qui exprime une pensée assez finement nuancée :

Cependant ces opinions se sont introduites dans beaucoup de milieux et exercent une influence considérable sur la tactique. La force de la défense locale est souvent méconnue d'une façon qui n'est pas sans danger. On peut s'en apercevoir aisément sur nos champs de manœuvres. On voit toujours des attaques réussir après avoir été entreprises sans supériorité numérique et sans profon-

deur suffisante, uniquement avec extension du front et enveloppement; elles auraient, en réalité, misérablement échoué. Nous en sommes revenus à la tactique linéaire qui possède les mêmes faiblesses qu'en 1806 et qui échouera si un adversaire sait tirer parti de ces faiblesses. *Nous avons attribué arbitrairement à l'attaque la force du feu qui constitue la puissance de la défense...* En fait, le succès de l'attaque repose sur deux causes : sur l'effet du feu et sur la force du choc. Quand l'un de ces deux facteurs est trop développé aux dépens de l'autre, nous voyons l'attaque échouer toujours. Les lignes minces de la tactique linéaire disparaissent devant le choc des colonnes napoléoniennes; et l'attaque en masse de Belle-Alliance échoue devant le feu de ses adversaires. Mais là où le feu et le choc se prêtent un mutuel secours, là où ils agissent avec un ensemble harmonieux, le succès accompagne l'attaque... Ces considérations nous conduisent à adopter une tactique en profondeur, sans tomber dans les fautes de la tactique en colonnes et des chocs, et sans sacrifier plus que de raison les avantages de la tactique linéaire. En même temps, il faut nous apprendre à épargner nos forces, dans la défensive et dans l'attaque, plus que nous ne l'avons fait jusqu'à présent, à employer la supériorité des forces tout autrement que nous ne le faisons (1).

____

(1) Voir notamment, t. II, p. 49.

(1) *La Guerre d'aujourd'hui*, t. II, p. 48.

13

Appliquez ces réflexions à l'ensemble du plan général allemand, à la bataille des Flandres, aux opérations contre le front oriental, à l'offensive contre Verdun, et vous en apprécierez le sens et la force.

Bernhardi n'était pas un courtisan : ses idées ne prévalurent pas. Plus d'une fois, il dut jouir amèrement, dans sa retraite, des grandes désillusions que valurent à ses contradicteurs les journées de la Marne, et les journées des Flandres, la guerre des tranchées et même la guerre russe, où, contre un ennemi mal préparé, la doctrine de la *tenaille* obtint pourtant d'incontestables succès.

De Moltke, neveu du vainqueur de Sadowa et de Sedan, succéda à Schlieffen, perpétuant l'ère des favoris; d'autres ont succédé à de Moltke...

Mais, il ne semble pas qu'il y ait eu, depuis quelques années, une profonde transformation de la doctrine, que le grand homme des bureaux, le disciple d'Annibal et de Frédéric II, le maître de l'empereur Guillaume, avait laissé dans les dossiers et dans les esprits du grand état-major allemand. Les conceptions de Schlieffen furent-elles vraiment « géniales », comme l'affirment encore, deux ans après la bataille de la Marne, les thuriféraires allemands ? C'est une question que les faits, peu dociles aux injonctions de la bureaucratie, se sont chargés de résoudre : il faut, donc, montrer ces idées en action après les avoir précisées dans leur exposé doctrinaire.

LES KRIEGSPIELS ALLEMANDS Il serait intéressant, d'abord, de se transporter sur le terrain des dernières grandes manœuvres allemandes : là, on verrait ces idées expérimentées, en quelque sorte, « avant la lettre », par les nouveaux chefs, disciples fidèles du grand doctrinaire disparu, mais toujours présent.

J'ai eu entre les mains une critique des grandes manœuvres d'état-major de 1906, critique faite en mai 1911 par le général chef du grand état-major, c'est-à-dire de Moltke, ou du moins par son entourage. Si l'on crut devoir reprendre et critiquer, en 1911, cette manœuvre remontant à 1906, c'est sans doute qu'il s'agissait d'établir un programme de guerre contre la France. On fouilla les vieux cartons, probablement parce que l'idée de cette guerre comme prochaine se précisait dans les esprits.

Quoi qu'il en soit, le Kriegspiel ou plutôt le voyage d'état-major mettait en présence les deux armées, l'armée française et l'armée allemande. A peu près toutes les données qui se sont réalisées par la suite se retrouvent là : violation de la neutralité belge, participation de la Belgique à la guerre contre l'Allemagne, aux côtés de la France, intervention de l'Angleterre, et même de l'Italie : « Le chef du parti français reçoit une dépêche de son gouvernement, dans laquelle on le prévient que la France et la Russie se sont entendues pour porter immédiatement l'offensive sur le territoire allemand, de façon à déterminer ainsi, autant que possible, la coopération de l'Angleterre et de l'Italie. Il résolut alors de pénétrer en Lorraine avec toutes ses forces. »

La critique s'exerce à la fois sur les opérations françaises et sur les opérations allemandes, telles qu'elles sont conduites par les chefs des deux partis.

En ce qui concerne l'offensive française en Lorraine, voici l'observation principale : « Les opérations du Kriegspiel ont montré, une fois de plus, combien cette offensive est difficile, avec le resserrement qu'elle impose *aux nombreuses colonnes qui ont à passer entre Metz et les Vosges*, et combien elle offrirait de facilités aux Allemands d'attaquer, dans les conditions les plus favorables, l'armée française, excessivement gênée dans son déploiement. Le chef du parti français exécuta ce mouvement sous la pression de la Direction : ceci donné, il la mena logiquement. »

Du côté allemand, la critique porte, d'abord, sur les conditions de la violation de la neutra-

OFFICIERS D'ÉTAT-MAJOR ALLEMANDS LISANT LA CARTE

lité belge. Cette violation entraînerait plus d'inconvénients que d'avantages, si elle n'était pas rendue nécessaire par le parti pris des Français de rester à l'abri des forteresses : en un mot, si l'armée française reste sur la défensive, il faut la tourner, à tout prix, par la Belgique : mais si elle sort de la région des places fortes, l'attaque par la Lorraine, appuyée, au besoin, par un mouvement tournant d'aile droite empruntant le territoire luxembourgeois et une portion du territoire belge (sud de la Meuse) peut suffire. Voici le texte :

Il faut bien se rendre compte des conditions dans lesquelles une marche par la Belgique peut avoir, pour les Allemands un résultat utile. Le seul but à poursuivre ne peut être que de joindre l'armée française en rase campagne. Si on craint que les Français ne restent immobiles derrière leur barrière fortifiée de l'Est, qui ne pourrait être forcée que moyennant de grandes pertes et en employant beaucoup de temps, on tournera cette barrière pour leur tomber sur le corps, mais si les Français sortent de leurs forteresses, alors, par le fait même, ils se trouvent en rase campagne. Il n'y a plus aucune raison pour traverser la Belgique en force, si l'armée française principale pénètre en Lorraine. Car, il n'y a qu'un objectif, *c'est de tomber sur cette armée avec toutes les forces disponibles et de l'abattre où on la rencontrera*. La traversée de la Belgique n'est pas un but, mais un moyen en vue d'un but déterminé. Il ne s'agit que d'une chose, battre les Français *et les battre jusqu'à la destruction*.

Ces lignes suffisent pour indiquer que les Allemands, même en 1911, pouvaient avoir des raisons de ne pas tenter le mouvement à grande envergure par la Belgique, et ainsi se trouve justifiée la sagesse du haut commandement français s'abstenant de dégarnir « sa force de l'Est », en août 1914, avant d'avoir été renseigné sur l'importance du mouvement allemand par la Belgique.

Dans le Kriegspiel allemand, la lutte sur la frontière lorraine aboutit à une sorte de coup fourré, en raison de l'impossibilité de manœuvrer dans cet étroit espace.

La « bataille des frontières », livrée entre Metz et Saint-Avold, n'est qu'un choc par rencontre, se terminant par une bataille indécise, plutôt à l'avantage des Français.

La critique dégage la leçon : « Si cette bataille devait être livrée, il eût mieux valu renoncer à la conversion excentrique par la Belgique, et concentrer toutes les forces dans la direction du sud-ouest. » Et c'est alors qu'il invoque, avec une sorte de vénération, l'autorité du comte Schlieffen :

De ce fait que les opérations se sont déroulées sans résultat décisif résulte, avec une clarté évidente, l'importance des enseignements que Son Excellence le colonel général comte Schlieffen a répété maintes et maintes fois : seule procurera un succès décisif, une grande opération menée avec unité qui conduira *à l'étreinte enveloppante stratégique* de l'adversaire et par conséquent, *à son enveloppement tactique*. L'attaque de front peut repousser l'ennemi : elle ne l'anéantira pas, et c'est, cependant, ce qu'il faut atteindre. Le colonel général Schlieffen a dit, un jour, à l'occasion d'une critique d'opérations : « Cela manquait du sentiment de la place d'exercice. Tout doit se passer comme à l'exercice de bataillon. » Cette expression paraît presque paradoxale, quand on songe qu'il s'agit du mouvement de centaines de milliers d'hommes. Elle contient, cependant, une grande vérité... Le but vers lequel il faut toujours s'efforcer, c'est *l'opération unique*, bien groupée, qui n'a qu'un objectif : chercher la décision *avec toutes* ses forces.

Voici donc la doctrine de Schlieffen non seulement tenue en honneur, mais mise au pinacle par ses successeurs. On cite ses mots comme on cite, en France, ceux de Napoléon.

De l'ensemble de la « critique » on doit conclure que l'état-major général allemand admit, à la réflexion, la difficulté d'aboutir à un résultat comme celui qu'il cherchait, c'est-à-dire *l'enveloppement à la fois stratégique et tactique de l'armée française,* en se bornant aux espaces trop resserrés de la frontière lorraine. Cherchant la manœuvre de l'enveloppement, qui ne peut s'accomplir sur un terrain étroit et encombré, mais sur de larges espaces, il en vint à admettre la conception d'un vaste mouvement par les plaines de la Belgique.

LE MARÉCHAL VON DER GOLTZ

Ce mouvement avait l'avantage d'employer les nombreux effectifs que les lois nouvelles offraient aux armées allemandes; il couvrait d'immenses terrritoires fertiles; il se confondait avec cette marche *nach Paris* que l'instinct du peuple allemand et l'imagination impériale appelaient de leurs vœux. Mais, bien entendu, ce dernier point n'était qu'un objectif secondaire et pour ainsi dire supernuméraire : l'ob-

L'EMPEREUR GUILLAUME ET SON ÉTAT-MAJOR

jectif principal était et restait l'enveloppement de l'armée française et son écrasement, sa destruction par étreinte, c'est-à-dire par une attaque simultanée et rapide *à la fois sur les deux ailes et sur le front*, en un mot la *tenaille*, telle que l'avait conçue Schlieffen.

Le colonel Repington a assisté aux manœuvres allemandes de 1911. On ne lui a pas tout montré et on ne lui a pas tout dit : mais sa naturelle sagacité a reconnu, sur le fait, l'application du système de Schlieffen, sans qu'il ait nettement déterminé cette pensée maîtresse.

Voici l'appréciation qu'il porte sur la direction donnée aux manœuvres par le maréchal von der Goltz, commandant du parti bleu :

Il faut bien avouer que le maréchal von der Goltz nous stupéfia en étendant, aussi démesurément qu'il le fit, le front de son armée. On fut surpris lorsque l'armée bleue, composée de faibles effectifs, accepta la bataille sur un front de 40 kilomètres et essaya d'envelopper *à la fois sur les deux ailes* un ennemi presque d'égale force. Heureuse-

ment pour von der Goltz, il ne se trouvait pas un Napoléon en face de lui. Le maréchal allemand n'allait pas aussi loin que son compatriote Bernhardi qui prétend qu'il n'est même pas nécessaire d'attaquer le front de l'ennemi (critique judicieuse de ce qu'il y a d'excessif dans la thèse de Bernhardi se bornant à l'attaque d'une aile), toutefois son centre était extrêmement faible. Il y avait de grands vides dans sa ligne et toutes les réserves se massèrent près des ailes...

Le judicieux auteur ajoute, peut-être avec une indulgence voulue :

La valeur de la doctrine allemande ne se trouve pas diminuée, parce qu'un général célèbre s'est amusé à exagérer les principes de Moltke, de Schlichting et de *Schlieffen*.

Mais, il n'en conclut pas moins, avec une très grande force, que l'armée allemande, malgré ses réelles qualités, lui a fait l'effet d'une *armée vieillie*.

Cette remarque est de la plus haute importance. Nous dirons bientôt comment cette armée « vieillie », cette armée routinière et un peu à la Brunswick, vit son ressort se détraquer de bonne heure, et c'est pourquoi nous prions que l'on fasse crédit provisoirement, et en attendant l'exposé des faits, à cette appréciation du grand critique militaire :

A notre avis, dit-il, l'entraînement intensif et toujours pareil auquel a été soumise l'armée allemande paraît avoir dépassé le but...

Tous les ans, à la même heure, le même jour, chacun fait la même chose...On trouve quelques esprits profonds et quelques travailleurs acharnés dans le corps des officiers, mais il semblerait que cette élite fait seule la besogne de tous... Une guerre sanglante détruirait l'armée allemande, — ou la régénérerait. (Nous verrons dans quelle mesure cette double prévision s'est réalisée.) L'armée allemande est encore une machine formidable, plus nombreuse, mieux organisée que la plupart des autres. Mais elle prétend à une espèce d'hégémonie ; les manœuvres impériales de 1911 n'ont pas justifié cette prétention...

Ces appréciations autorisées aideront à comprendre, par la suite, certains événements de la campagne qui n'ont pas été éclaircis ou qui ont été inexactement interprétés.

Le témoignage du colonel Repington n'en fait pas moins ressortir que la « manœuvre à la Schlieffen » s'était imposée à l'esprit des grands chefs allemands. Von der Goltz lui-même qui, par son âge et sa situation, eût paru devoir se rattacher plutôt à l'ancienne tradition, subissait cette emprise systématique. L'empereur Guillaume n'eût pas toléré qu'on mît en doute la valeur de cette panacée qu'il avait faite sienne. C'était un acte de courtisanerie éclairée de s'incliner devant ce nouvel évangile de la guerre moderne.

Aux manœuvres de 1912, le commandant de Thomasson, sans citer même le nom de Schlieffen, relève les progrès du système et ses applications nouvelles sur le terrain. Il montre que l'objectif suprême est désormais consacré : *l'enveloppement des ailes ennemies* ; il critique la *minceur des rideaux* et l'abus des *dispositions linéaires* ; il dénonce de véritables *excentricités* stratégiques ou tactiques. Il remarque, d'autre part, *l'abondance des tranchées* et des *régions préparées*, *l'emploi très fréquent des mitrailleuses*

(sans qu'il ait été à même d'en découvrir l'extraordinaire multiplication), l'augmentation croissante, et l'usage de plus en plus répandu de l'artillerie lourde de campagne.

Il est frappé surtout par la « simplicité » excessive de la doctrine absolue qui est devenue celle de l'état-major allemand. « On connaît, dit-il en concluant, la doctrine que l'état-major a établie et imposée à l'armée allemande, la même pour toutes les opérations de guerre, aussi bien stratégiques que tactiques ; deux mots la résument : *offensive, enveloppement*. Aucune dérogation à la règle n'est admise et on l'a bien fait voir, l'autre jour, au général von Hausen (1). »

Les appréciations que suggère l'étude du commandant de Thomasson sont corroborées par un texte officiel allemand : c'est la note qui fut communiquée, à l'issue des manœuvres, par le grand état-major ; l'hypothèse était la suivante : invasion de la Prusse par une armée russe, pendant que la masse des armées allemandes est engagée sur le front occidental. A peu de chose près, c'est la situation qui s'est reproduite au début de la guerre de 1914, toutefois avec cette différence notable que les armées russes, au lieu d'attaquer par la Prusse-Orientale, ont porté leur offensive sur la nouvelle marche (sud-est du Brandebourg et nord de la Bohême).

Etant donné cette hypothèse, la note officielle s'exprime en ces termes :

Remarque : dans l'hypothèse faite, la nécessité s'imposait aux Allemands de n'opposer, d'abord, à l'offensive russe que des effectifs restreints, *dût leur capitale tomber au pouvoir de l'ennemi*. La conservation d'une ville ou d'un territoire ne doit pas influer sur la conduite des opérations de guerre, *dont le but unique est l'anéantissement des forces adverses*. C'est seulement après la destruction de l'ennemi principal de l'ouest que pouvait commencer la concentration contre l'ennemi de l'est..., etc.

(1) Le général von Hausen, ministre de la Guerre du royaume de Saxe, le futur commandant de la 3e armée, était à la tête du *parti bleu* aux manœuvres de 1912. Il fut traité avec sévérité à la critique impériale et comme s'il n'avait pas réussi.

BATTERIE D'ARTILLERIE ALLEMANDE DÉFILÉE DANS DES ABRIS-TRANCHÉES

Anéantissement complet des forces françaises, tel reste bien le premier objectif, l'objectif principal de la guerre sur le front occidental.

On a donné des extraits d'un autre Kriegspiel qui serait celui de 1913. Il envisageait encore la violation de la neutralité belge, mais, cette fois, non plus seulement par la rive droite, mais par la rive gauche de la Meuse. Le général von Kluck commandait l'armée d'aile septentrionale, l'armée d'invasion, comme cela eut lieu un an après dans la réalité :

Les armées allemandes descendaient entre Lille et Verdun, battaient et poursuivaient les armées françaises, comme dans l'histoire. L'armée d'aile droite débouchait par la vallée de l'Oise. Son axe passait par Compiègne. Von Kluck donna alors des ordres pour faire marcher son armée sur Paris et en tenter la surprise par une violente attaque brusquée.

Mais la critique officielle allemande se serait, paraît-il, exercée sur ce projet :

Le corrigé de cette phrase de la manœuvre donna lieu à une observation du chef du grand état-major, de Moltke le jeune. Celui-ci reprocha à von Kluck de s'être laissé distraire par un but secondaire, l'attaque de Paris, alors que le but principal devait rester *la poursuite des armées de l'ennemi jusqu'à leur destruction totale.*

En fait, le document publié par le général Cherfils (1) corrobore, lui aussi, la note officielle des manœuvres de 1912 et est corroboré par elle. Le système reste toujours le même : un but unique, *la destruction totale des armées ennemies par l'enveloppement.* Dans le premier cas, on sacrifie momentanément Berlin ; dans le second cas, on néglige momentanément Paris. Les leçons de Schlieffen sont acceptées sans conteste. Comment ne les retrouverions-nous pas dans l'esprit du haut commandement allemand quand commence la guerre de 1914 ?

(1) *Echo de Paris* du 29 avril 1916.

Le caractère *génial* que l'empereur Guillaume attribuait aux inventions stratégiques de von Schlieffen pesa sur toute la préparation, sur le choix du plan de campagne et, sans doute, contribua à déchaîner la guerre elle-même. Guillaume ayant fait sien le système de son chef d'état-major, se sentit un sur-Napoléon. La nouvelle doctrine était présentée comme *allemande, frédéricienne, anti-française* (1) ; elle offrait une sorte de recette infaillible pour la victoire. Pendant des années, l'imagination impériale s'accoutuma à ce rêve. On se donna corps et âme à la stratégie des grands mouvements, des larges espaces et de l'offensive brutale, pour aboutir, en quelques semaines, ainsi qu'il était écrit, *à l'enveloppement et à la destruction totale de l'armée française.*

Tel fut le programme de la grande manœuvre qui ne fait qu'un avec la « Bataille des frontières ». Un seul objectif, un échec complet : ainsi s'affirme l'unité du drame des vingt jours.

Écrasement de l'armée française par envelop-

pement : quoi de plus séduisant, quoi de plus simple, quoi de plus assuré ? C'était « la place d'exercice » et « l'école de bataillon », — presque le rudiment de l'art. Il suffisait de trouver la formule, aussi élémentaire que l'œuf de Colomb, et de l'accepter, de l'appliquer les yeux fermés. On n'écoutait pas les critiques grincheux, les conseillers attardés, oiseaux de mauvais augure, affirmant que « tout ne se passerait pas comme aux manœuvres ». Le succès répondrait à tout : pour le cueillir il n'y avait qu'à tendre la main.

La doctrine ressemble beaucoup à la pédagogie : elle a des qualités et des défauts analogues ; elle forme l'esprit, mais aussi elle le déforme : poussée à l'extrême, elle tombe dans le formalisme et le pédantisme, parce que, se payant de mots et de formules, elle se détourne insensiblement de la réalité.

Les deux doctrines, la française et l'allemande, ont été mises à l'épreuve par la guerre de 1914 ; elles ont eu, l'une et l'autre, leurs avantages et leurs inconvénients, leurs heures de prospérité et de déclin. L'épreuve du champ de bataille a saccagé bien des illusions, aboli bien des chimères. Il suffit d'avoir rappelé, par cet exposé rapide, la qualité comparée des deux natures d'intelligences qui se heurtèrent sur le front occidental. On sait, maintenant, quelles étaient, de part et d'autre, les espérances, quelle était la préparation, quels furent les desseins : voyons, maintenant, les réalisations et les résultats.

(1) Elle était, en effet, bien spécialement allemande, et Schlieffen ne faisait que la ressusciter. Nous la voyons, en effet, critiquée, en des termes prophétiques, par Skobeleff dans son rapport sur les grandes manœuvres allemandes en 1879 : « L'allongement du front de combat hors de toute proportion avec les effectifs disponibles, conjointement avec l'enveloppement d'un front ou même des deux flancs de l'ennemi, entraînant un extrême affaiblissement du centre, poussé à l'état de maladie chronique,... sont enracinés à tel point dans l'armée allemande que... les traditions contribueront à affaiblir plutôt qu'à rehausser l'aptitude des troupes au combat... L'orgueil national leur fera oublier bientôt les conditions invraisemblablement favorables dans lesquelles s'est entamée et déroulée la dernière campagne de France. » Cité par le commandant de Malleray (Jean d'Is) dans son remarquable volume : *A travers l'Allemagne* (1914).

CHAPITRE VI

MARCHE DE L'ARMÉE ALLEMANDE EN BELGIQUE
LE GRAND MOUVEMENT TOURNANT

Étude sur la marche des armées allemandes. — Ce qu'est un corps d'armée. — Routes et convois.
Espace et temps. — Le XIIe corps d'armée.
Itinéraire des quatre armées opérant sur le territoire belge.

OUR la clarté de l'exposé qui va suivre, je crois devoir indiquer d'abord, en quelques mots, les lignes générales de la « Bataille des Frontières » dans sa première phase, alors que se produit le choc sur tout le front, en Belgique, dans le Luxembourg, en Lorraine et en Alsace annexées. Selon le plan de campagne de l'état-major impérial, l'armée allemande, après s'être rendu maîtresse du pont de Liége, s'est massée en Belgique derrière la Gette du 4 août au 18 août.

A partir du 19 août, l'aile droite allemande s'ébranle : elle doit accomplir, à travers la Belgique, un immense demi-cercle pour venir prendre, sur la gauche des armées françaises, position d'aile enveloppante. Les autres armées allemandes, alignées jusqu'aux Vosges, marquent le pas, — plus ou moins, — pendant que ce mouvement s'accomplit : mais elles sont prêtes à se porter, elles aussi, en avant, pour accomplir, par un autre mouvement d'aile, la *manœuvre en accolade*, et, au centre, pour briser le front français.

Il est évidemment de l'intérêt des Français de troubler ce dispositif général avant que le mouvement d'aile soit achevé, et, si possible, d'enfoncer le demi-cercle : ils ne peuvent obtenir ce résultat qu'en prenant l'offensive.

C'est pourquoi l'armée française a opéré, elle aussi, un mouvement : mais ce mouvement s'est accompli *sur les lignes intérieures* ; c'était un simple « à gauche ». Il était terminé et l'armée française se trouvait en position de combat sur la Sambre, tandis que l'armée allemande était encore en marche. Si la 5e armée avait pu profiter de cette avance et prendre l'armée allemande en flagrant délit, le 19 ou le 20, la bataille se serait livrée, non dans les faubourgs du Borinage, mais dans la plaine de Waterloo. Le sort en eût été peut-être tout autre. Nous avons dit le regrettable malentendu des *rendez-vous manqués*.

Malgré tout, le commandement français n'abandonne pas son dessein; et, s'il n'attaque pas tout de suite en Belgique, il le fait sur les autres points du front. C'est, en somme, la suite du mouvement de bascule que nous avons signalé en débutant. L'armée allemande descend toujours par son aile droite; l'aile droite de l'armée française va être arrêtée en Lorraine annexée; mais elle fait effort pour contenir, de ce côté, la poussée allemande et, surtout, elle attaque à fond sur la Meuse et dans l'Ardenne belge : nous dirons l'importance que le haut commandement français attache à cette offensive particulière et comment elle échoua. Cependant, le mouvement se propage de l'est à l'ouest et gagne la région de la Meuse et de la Sambre, le 22 et le 23 : c'est la bataille de Charleroi qui, trop tardive, n'est pas non plus un succès.

La retraite stratégique est ordonnée sur tout le front. Le premier acte de la « Bataille des Frontières » est terminé !

L'ordre des événements nous impose donc l'ordre du récit : 1º marche des Allemands en Belgique ; 2º combats sur le front d'est en ouest du 19 au 25 ; 3º retraite générale et « décrochement » de l'armée française repassant la frontière.

MARCHE DES ARMÉES ALLEMANDES EN BELGIQUE. La marche des armées allemandes en Belgique présente un spectacle de force que le monde n'avait jamais vu et qu'il ne reverra sans doute jamais.

D'abord l'accumulation secrète et intense d'une immense population militaire dans l'étroite région comprise entre Aix-la-Chapelle et la Gette, opérant, en quelque sorte, la contraction du ressort avant qu'il se détende ; et soudain, la détente : une ruée formidable, un hourrah qui s'élance d'un seul bond jusqu'au but, la frontière française.

Impossible de l'arrêter ; les obstacles sont brisés ou submergés. Dans de telles proportions, la puissance déployée était imprévisible et irrésistible.

Ce magnifique résultat est dû à la préparation de la marche des armées telle qu'elle était élaborée de longue date par l'état-major allemand. Celui-ci, ayant en vue, comme nous l'avons dit, l'anéantissement rapide de l'armée française pour reporter son effort sur la Russie, ne négligea rien pour réussir, du premier coup, le bond à travers la Belgique ; c'était, selon la parole de Bethmann-Hollweg, une « question de vie ou de mort ».

Non seulement l'état-major allemand, mais l'administration, la population allemande s'appliquaient sournoisement à cette préparation depuis quarante ans. « Avant-guerre » persévérante et formidable ! (1) Pas un coin de la terre belge qui n'ait été scruté, pas un chemin qui n'ait été jalonné, pas un rail qui n'ait été repéré, pas un wagon qui n'ait été calibré pour les dossiers de l'état-major.

Ainsi, le plan toujours modifié, mais toujours tenu à jour, est adapté si étroitement au sol et aux circonstances que les diverses étapes de l'invasion devaient être franchies avec une exactitude chronométrique, de même que les mouvements de foules, dans un jour de fête, sont réglés, d'avance, minutieusement sur un réseau de chemin de fer bien administré. Seulement la foule, cette fois, avait le fusil au poing et sa « fête » allait se découvrir terrible.

La marche à travers la Belgique est donc l'aboutissement d'un travail unique dans l'histoire : c'est le fruit le plus éclatant du militarisme et de la kultur. L'Allemagne avait une confiance absolue dans ce mécanisme parfait qu'elle seule connaissait et qu'elle connaissait bien, puisque tous ses enfants y participaient.

Comment n'eût-elle pas été sûre de la victoire ? La puissance et la splendeur de l'armée allemande débouchant de l'Eiffel sur un pays surpris et inerme seraient, pour le monde, une révélation. L'entrée à Bruxelles serait un acte d'ouverture promettant les actes suivants. Qui s'opposerait au développement terrible et logique du drame ?

Or, ce premier acte eut, seul, un pareil éclat... La machine si admirablement montée supporta mal l'épreuve. De belles marches certes et des succès incontestables, mais pas de batailles décisives, pas de grandes victoires. Aussitôt après les premières rencontres, quelque chose d'incertain et de mou.

Quand l'armée allemande met le pied en France, on dirait qu'elle a déjà perdu certains élé-

(1) Voir sur l'*Avant-guerre en Belgique*, l'intéressant article de M. Soulange-Bodin, dans la *Revue de Paris*, 1916. — Voir aussi l'incident curieux relatif à Charleroi, rapporté par Fleury-Lamure, *Charleroi*, p. 51.

EN BELGIQUE. — COMPAGNIE DE FANTASSINS ALLEMANDS AU PAS DE PARADE

ments de son ordre intime et de sa vigueur. Ce premier ébranlement n'a pas été signalé jusqu'ici, il n'a pas frappé l'opinion parce qu'elle a subi, beaucoup plus qu'on ne le croit, la « manœuvre morale » de l'Allemagne : mais ce phénomène est réel : nous le suivrons à la fois dans les faits et sur les carnets de route allemands; nous essaierons de l'expliquer. Sensible dès le début, il s'accentue rapidement : seul il peut faire comprendre la prochaine défaite de l'Allemagne sur la Marne et l'enlisement soudain dans les tranchées, refuge que les chefs allemands se sont hâté de chercher, contrairement à toutes leurs théories.

Joffre, après la première surprise, recula pour prendre du champ, et il fonça à son tour. Il saisit l'armée du pas de parade et la secoua de telle sorte qu'elle ne fut plus jamais le formidable fantôme étincelant de fer et d'or qui, depuis des années, frappait de terreur l'univers. La bataille de la Marne eut, en infiniment plus

grand et plus magistral, l'effet de la victoire de Valmy. L'armée allemande apparut alors ce qu'elle était en réalité et, comme Repington l'avait reconnu, une *armée vieillie*. Elle dut se recréer, en quelque sorte, sous le feu, pour redevenir une véritable « armée nationale ». Cette évolution, ce rajeunissement, nous le suivrons aussi au cours des événements.

Mais, pour ce qui concerne les premiers mois de la guerre, la désillusion fut terrible au peuple germanique. Il comptait sur autre chose. Il comptait avoir obtenu, à force de sacrifices, une organisation et un prestige militaires invulnérables. L'organisation fut ébranlée et le prestige fut détruit. Voilà ce qu'il ne pardonnera pas aux chefs en qui il s'était confié. Le soldat allemand luttera désespérément pour sauver l'honneur et pour sauver l'Empire. Mais la conquête universelle pour laquelle on l'avait entraîné n'est plus, depuis le mois de septembre 1914, qu'un rêve évanoui.

Une marche, une retraite, une bataille : et ce fut assez; la ruine du militarisme succède, en quinze jours, à son apothéose.

Voyons d'abord quelles furent les conditions de l'avancée magnifique et comment elle avait été préparée par l'état-major allemand. Devant ce champ ouvert que présentent les plaines belges vêtues de froment, voyons comment les armées progressent et font leur étale sur le pays.

C'est un problème des plus délicats de déterminer les conditions dans lesquelles les Allemands ont pu amener au contact des armées françaises des forces infiniment supérieures à celles que l'on attendait. Et, pour essayer de résoudre ce problème, le plus simple est de suivre un corps d'armée en marche. Nous relèverons, ensuite, le mouvement simultané de l'ensemble des armées.

Le carnet de route d'un officier du 178ᵉ d'infanterie (*XIIᵉ corps*), rapproché de la théorie de la marche, nous permettra de relever, sur le terrain, l'application du système.

Le *XIIᵉ corps* faisait partie de la 3ᵉ armée, ou armée saxonne du général von Hausen qui, chargée d'attaquer le front de la Meuse entre Namur et les Ardennes, forme l'armée centrale de Belgique, ayant à sa droite les deux armées von Bülow et von Kluck, et, à sa gauche, les deux armées du duc de Wurtemberg et du kronprinz.

Comment un homme, à sa place dans cet ensemble, va-t-il se rendre, à un point donné, pour y accomplir le service que l'immense et lointaine préparation attend de lui ?

Et, d'abord, quelle est au juste cette formation à laquelle il appartient, c'est-à-dire le *XIIᵉ corps* d'armée (*Iᵉʳ corps* royal saxon), un parmi les 50 corps d'armée qui, les uns après les autres, passeront sur le territoire belge ?

Le *XIIᵉ corps* d'armée comprend, comme tous les corps allemands, 2 divisions (23ᵉ et 32ᵉ) composées de différentes armes :

Infanterie. — Il y a 4 brigades d'infanterie (45ᵉ et 46ᵉ, 63ᵉ et 64ᵉ), autrement dit 8 régiments d'infanterie (100ᵉ, 101ᵉ, 108ᵉ, 182ᵉ, 102ᵉ, 103ᵉ, 177ᵉ, 178ᵉ) et 2 bataillons de chasseurs (12ᵉ, 13ᵉ). Chaque régiment et bataillon de chasseurs a une compagnie de mitrailleuses (3 sections de 2 mitrailleuses), soit 6 mitrailleuses. A ce sujet, ouvrons une parenthèse : comme il y a 217 régiments d'infanterie et 18 bataillons de chasseurs, cela ferait environ 1.400 mitrailleuses. En outre, pour toute l'armée, il y a 11 détachements à 6 mitrailleuses devant accompagner les divisions de cavalerie et enfin 16 détachements de forteresse à 6 mitrailleuses. Au total on aurait donc 1.550 à 1.600 mitrailleuses. En supposant qu'un nombre égal ait été attribué aux corps de réserve ou de nouvelle formation, on n'en reste pas moins très éloigné du chiffre de 50.000 donné par le «témoin oculaire» anglais le 1ᵉʳ avril 1915. Le nombre de mitrailleuses était un secret de l'Allemagne (1).

Le régiment d'infanterie est à trois bataillons (chacun un drapeau), soit 12 compagnies, 60 officiers, 240 sous-officiers, en tout 3.000 hommes environ. Il a 3 équipes téléphoniques (1 par bataillon), soit 12 téléphones et 36 kilomètres de fil; ce qui donne, pour le corps d'armée, près de 100 téléphones et 300 kilomètres de fil.

Le corps d'armée a donc un effectif total d'environ 26.000 hommes d'infanterie et s'accompagne, pour alimenter cette infanterie, de 96 caissons de munitions (1 par compagnie), 24 voitures médicales (1 par bataillon) et 96 cuisines roulantes (1 par compagnie).

Cavalerie. — Il y a 2 brigades de cavalerie, soit 4 régiments (régiments des Gardes du corps, 17ᵉ uhlans, 18ᵉ et 20ᵉ hussards). Deux de ces régiments (à 3 escadrons) restent affectés au corps d'armée, soit en tout 1.500 hommes

(1) Aux manœuvres de 1911, chaque division comptait, au plus, 4 compagnies de mitrailleuses, le plus souvent 2 ou 3; en plus, il y avait, pour chaque « armée », un « détachement de mitrailleuses». Aux manœuvres de 1912, on comptait seulement une compagnie par brigade alors que le nouveau règlement prévoit 1 compagnie par régiment. V. de Thomasson, *Les Manœuvres impériales allemandes en 1912*, et colonel Repington, *Les Manœuvres impériales allemandes en 1911*. Il semble résulter de ces comparaisons, que les Allemands tenaient caché le chiffre réel de leurs mitrailleuses.

RÉQUISITION DE CHEVAUX PAR L'ARMÉE ALLEMANDE

environ ; ils marchent en avant pour le service de sûreté et de reconnaissance. Les deux autres, qui sont à 4 escadrons, ne font plus partie du corps d'armée et entrent dans la composition des divisions de cavalerie.

Artillerie de campagne. — Le corps dispose de 2 brigades d'artillerie de campagne, soit 4 régiments (12e, 48e, 28e, 64e) ayant chacun 6 batteries de 6 pièces. Soit pour le corps d'armée 24 batteries ou 144 pièces, 144 caissons 48 chariots de batterie, 48 voitures de service, 24 voitures-observatoires.

En plus 3 batteries d'obusiers de campagne (Feldhaubitzen), soit 18 pièces ; dans le cours de l'année de la guerre, l'artillerie du corps d'armée devait comprendre 6 batteries d'obusiers légers de 105 millimètres soit 36 pièces.

Il est à remarquer, en outre, que le 12e d'artillerie de campagne a 3 batteries à cheval à 4 pièces, soit 12 pièces, destinées aux divisions de cavalerie et, par conséquent, indépen-dantes du corps d'armée dès la mobilisation (1).

Le corps d'armée dispose en outre de 8 (4 par division) colonnes légères de munitions d'artillerie (120 coups par pièce), ayant chacune 24 caissons, soit en tout 192 voitures ; ce sont les organes intermédiaires de ravitaillement entre les batteries et les colonnes de munitions de corps d'armée. Celles-ci se décomposent ainsi : 4 colonnes de munitions d'infanterie à 23 caissons, soit 92 caissons ; 8 colonnes de munitions d'artillerie (140 coups par pièce), ayant chacune 21 caissons et 2 affûts, soit 168 caissons et 16 affûts.

(1) Au sujet de l'artillerie, voici quelles étaient les conclusions du colonel Repington d'après ce qu'on lui avait laissé voir aux manœuvres de 1912 : « D'après ce qu'on a vu aux manœuvres impériales, il semblerait que les corps d'armée normaux entreront en campagne avec 21 batteries montées à 6 pièces, 3 d'obusiers légers et 4 d'obusiers lourds, soit 60 pièces en tout ». Nous nous trouvons, en fait, à la déclaration de guerre, en présence de 198 pièces au moins. Repington ajoute : « Aux obusiers légers les Allemands préfèrent l'obusier lourd de 150. On croit aussi que des mortiers de 210 seront affectés à des corps d'armée afin de réduire les forts d'arrêt ou les positions retranchées. » Dès lors, la tendance vers l'artillerie lourde est donc de plus en plus marquée.

Artillerie à pied. — Le *XIIe corps* a un régiment d'artillerie à pied, le 19e, soit 8 batteries (2 bataillons à 4 batteries). Ce régiment assure le service des canons de siège et de place et fournit, en outre, le personnel de l'artillerie lourde de campagne. Ce personnel est attaché aux batteries de mortiers de 210 pour l'attaque des forts d'arrêt, mais aussi aux batteries d'obusiers lourds de campagne de 150 pour les opérations en rase campagne. A chaque corps est affecté en effet un bataillon de 16 obusiers lourds (4 batteries à 4 canons) avec 32 caissons, 4 voitures-observatoires, 20 voitures de service; ce qui entraîne 1 colonne légère de munitions (24 caissons) et 8 colonnes de munitions (136 caissons).

Pionniers et train des équipages. — Le *XIIe corps* comprend aussi le 12e bataillon de pionniers (4 compagnies), avec un détachement de 3 types de projecteurs, 2 sur roues portant à 3.000 et 2.000 mètres, et 1 portatif dont la portée est de 600 à 1.200 mètres. Ce bataillon dispose également de 16 voitures de matériel (4 par compagnie).

Outre le bataillon de pionniers, il y a 2 équipages de pont (1 par division), ce qui permet de construire 2 ponts de 21 ou 35 mètres, et il y a, en outre, 1 équipage de pont de corps d'armée pour construire un pont de 75, 125 ou 155 mètres. Ces équipages sont attelés par la 12e section du train.

Il faut ajouter à tout cela des détachements: télégraphie de corps, téléphonistes, télégraphie sans fil pour deux stations, signaleurs de campagne, aérostiers avec colonne de gaz, et enfin les automobilistes et les aviateurs.

Outre les colonnes de munitions dont nous avons parlé et qui, étant à l'arrière, se portent en avant dès que le combat est imminent, les trains régimentaires, les parcs et convois forment une immense colonne : 2 boulangeries de campagne; le convoi de vivres divisé en deux échelons, l'un de 6 colonnes (plus de 600 voitures), l'autre de 7 colonnes de parc; enfin 12 hôpitaux de campagne, 2 dépôts de remonte mobile (200 chevaux).

La marche et l'administration du corps d'armée sont réglées par le quartier général : officiers d'état-major, fonctionnaires administratifs (intendance, santé, trésor et postes, justice, aumônerie, etc.), gendarmerie de campagne, plantons et ordonnances. Les deux divisions ont chacune leur quartier général de même composition, quoique d'une importance moindre.

Finalement, sur le pied de guerre, le corps d'armée comprend environ 41.000 hommes, 14.000 chevaux, plus de 3.000 voitures (dont plus de 1.000 pour l'artillerie).

Ordre de marche. — Pour qu'une telle masse de troupes et de matériel se déplace en sécurité, quelles mesures doivent être prises ?

Les principes en matière de marche sont dominés, en Allemagne, par une étude célèbre de Moltke, étude parue le 16 septembre 1865, *Sur les profondeurs des marches* et résumée dans les observations suivantes :

« Les difficultés de marche croissent avec les effectifs des troupes. On ne peut pas mettre en marche plus d'un corps d'armée sur une seule route dans une même journée. Les difficultés augmentent encore au fur et à mesure que l'on se rapproche de l'ennemi, parce que dès lors le nombre des routes que l'on peut utiliser est plus limité. Il en résulte que la séparation du corps d'armée pour la marche est la règle normale, tandis que leur réunion en une seule colonne, à moins qu'elle ne soit déterminée par un objectif bien déterminé, est une faute. Si la réunion, en vue de la bataille, de toutes les forces combattantes s'impose, l'art du commandement consiste à régler les itinéraires des différentes colonnes de telle sorte qu'elles puissent opérer leur jonction en temps opportun. »

Ne perdons pas de vue ces formules. Elles vont être appliquées strictement pour le grand défilé « dispersé pour être concentré » à travers la Belgique.

Le corps d'armée s'avance donc sur une ou plusieurs routes. Comment est-il éclairé, ren-

CAMIONS MILITAIRES ALLEMANDS TRANSPORTÉS PAR VOIE FERRÉE

seigné ? C'est l'affaire de l'exploration et de la sûreté. Le règlement sur le service en campagne du 22 mars 1908 montre que l'exploration et la sûreté ne peuvent pas toujours, sur le terrain, être nettement séparées.

Exploration. — L'exploration lointaine, en avant des armées en marche, incombe aux divisions de cavalerie, réunies au besoin en corps de cavalerie. Elle peut être complétée, suivant les circonstances, par l'emploi des dirigeables et des aéroplanes.

Au nombre de 2 probablement, au début de la campagne, réparties sur les deux fronts, les divisions de cavalerie se composent en principe de : 3 brigades de cavalerie, soit 6 régiments à 750 hommes, ce qui donne environ 4.500 cavaliers; 1 groupe de 3 batteries d'artillerie à cheval à 4 pièces, soit 12 pièces de campagne, avec une colonne légère de munitions (7 caissons de munitions pour armes portatives et explosifs et 13 de munitions d'artillerie) ; 1 détachement de mitrailleuses (6 mitrailleuses et 3 caissons de munitions); 1 détachement de pionniers (1 officier, 3 sous-officiers et 27 pionniers); 1 détachement de signaleurs de campagne destiné à assurer les communications téléphoniques, télégraphiques et optiques. D'autre part, des bataillons de chasseurs avec leur compagnie cycliste peuvent être rattachés aux divisions de cavalerie.

Le règlement prescrit de faire des prisonniers, de se renseigner sur les numéros des régiments ennemis, de se saisir des papiers et télégrammes dans les bureaux de poste, les mairies, d'interroger les habitants. Les renseignements sont transmis par le télégraphe, le téléphone, les pigeons-voyageurs, les automobilistes, les bicyclistes ou les postes de correspondance installés par les escadrons de découverte de 20 en 20 kilomètres environ, dans des fermes isolées où il est tenu un carnet d'enregistrement des dépêches.

Le rôle de la cavalerie est particulièrement traité dans un chapitre sur la dissimulation des mouvements qu'opèrent les colonnes de marche en arrière de la cavalerie. La « dissimulation des mouvements » (Verschleisrung) est une des parties extrêmement originales et nouvelles du service de l'exploration. Nous verrons quel usage en ont fait les chefs allemands aux premiers contacts sur la cavalerie française en Belgique.

La « dissimulation des mouvements » est offensive ou défensive. Offensive elle est réalisée par la réunion d'une masse de cavalerie appuyée par des détachements, surtout des détachements cyclistes, automobiles, etc., avec la mission de refouler sur tous les chemins les patrouilles et détachements ennemis. (Voir plus loin le rôle de la cavalerie du général von Marwitz au nord de la Meuse : après avoir refoulé les Belges, elle refoule également notre cavalerie, notamment la 5e division à Perwez le 19 août, au nord de Namur.) La Verschleisrung défensive s'appuie en général à une coupure de terrain dont elle barre tous les points de passage. Elle paraît avoir été mise en pratique en Luxembourg belge et dans l'Ardenne belge (engagements d'Houffalize pour l'Ourthe, de Florenville pour la Semoy).

De toute façon, on peut dire que les divisions de cavalerie furent envoyées en Belgique à de grandes distances d'avant-garde pour masquer les mouvements des armées et constituèrent des rideaux à peu près impénétrables. En effet, une dépêche Wolff datée de Berlin, 6 septembre annonce : « De documents dont nous nous sommes emparés, il résulte que l'ennemi a été complètement surpris par l'offensive des armées von Kluck et von Bulow au nord de la Meuse belge. Le 17 août, il croyait qu'il n'y avait sur ce point que de la cavalerie allemande.

La cavalerie, placée sous les ordres du général von Marwitz, a donc rempli sa mission de couvrir le mouvement de nos troupes. » (*Journal de Genève*, 8 septembre.) Pour compléter cette appréciation, un mot de nos chefs résume l'impression produite : « Le rideau allemand couvrait et découvrait. » C'est à dire qu'il cachait les préparations défensives et attirait notre cavalerie qui tombait sur elles à l'improviste.

Sûreté. — La sûreté du corps d'armée est obtenue par des détachements de toutes armes toujours prêts à combattre et jetés en avant dans les directions dangereuses. Le règlement autorise, pour ce rôle, la réunion dans le corps d'armée des 2 régiments de cavalerie non affectés aux divisions de cavalerie, et sous la réserve qu'un escadron, au moins, reste attaché à chacune des deux divisions d'infanterie. Nous ne reprendrons pas, ici, le débat de principe sur le rôle de la sûreté. Mais on peut dire que, théoriquement, la sûreté allemande ne paraît pas avoir fait preuve d'un esprit offensif « à tout casser ». Elle paraît être restée sur l'œil, avoir reçu pour instruction de ne pas engager d'affaires décisives. Souvent ses éléments se sont rendus plutôt que de se laisser « accrocher ».

Exemple de constitution des colonnes. — L'avant-garde a une mission de protection et, dans le règlement, ne paraît pas destinée à reconnaître. Les flancs menacés sont protégés par des flancs-gardes mobiles ou fixes qui comprennent toujours de la cavalerie.

L'avant-garde, ainsi que les grands groupements, entrent successivement dans la colonne, dans l'ordre probable de leur emploi. L'artillerie de campagne est aussi loin en avant que sa sécurité le permet. De l'infanterie peut être intercalée dans les longues colonnes d'artillerie, mais le gros de l'infanterie vient à la suite de l'artillerie. L'artillerie lourde de campagne marche en queue de la 1re division ou derrière l'artillerie de campagne, les voitures-observatoires en queue de l'avant-garde. L'ambulance marche à la queue de son unité d'affectation.

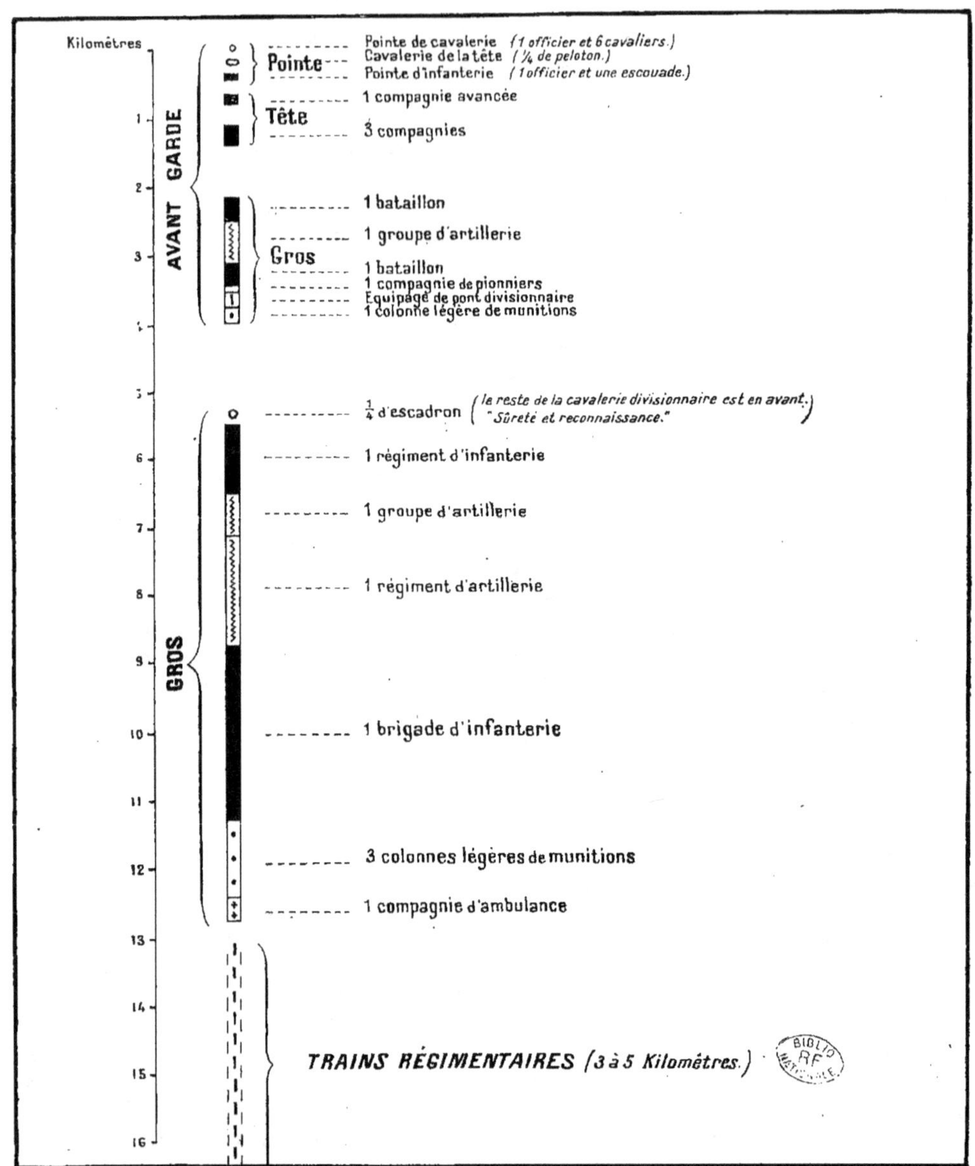

SCHÉMA INDIQUANT L'ORDRE DE MARCHE D'UNE DIVISION ALLEMANDE

La page ci-contre indique, à titre d'exemple, quel peut être l'ordre de marche d'une division(1).

Voyons maintenant quel est l'*espace* employé par un corps d'armée qui défile sur une seule route : d'après le colonel Boucher, sur une seule route, les éléments combattants forment, non compris les intervalles tactiques, une colonne de 25 kilomètres, dont 10 pour l'infanterie, 9 pour l'artillerie accompagnée seulement de ses colonnes légères de munitions. Les autres éléments forment, en arrière, une colonne de 20 kilomètres, dont 7 pour les services d'artillerie. Ces chiffres sont confirmés par les observations suivantes de von Blume : « Moltke évaluait à 22.875 mètres la profondeur de marche d'un corps d'armée prussien mobilisé, plus 4.375 mètres pour le convoi administratif, par conséquent à 27.250 mètres la longueur totale du corps d'armée. Aujourd'hui, la profondeur de marche des troupes combattantes du corps d'armée allemand est de 25.000 mètres, y compris le train de combat. Mais il faut compter, pour les trains régimentaires, les sections de munitions et les convois administratifs 24.000 mètres. Par conséquent la profondeur de marche de tout le corps d'armée est de 49.000 mètres » (près de 50 kilomètres, la distance de Paris à Meaux).

Ces observations donnent, après la notion *effectif* et la notion *espace*, la notion *temps* : « Si, donc, un corps d'armée a une marche de 20 kilomètres à effectuer, les dernières voitures n'arriveront à destination qu'au bout de treize heures, et encore beaucoup plus tard, — peut-être au bout de vingt-quatre heures, — si les circonstances atmosphériques sont défavorables, si les routes sont mauvaises ou si la discipline de marche laisse à désirer. »

Cet allongement nouveau des colonnes de marche, depuis Moltke, a une grande importance. Il résulte des transformations modernes de la guerre. Il faut citer ici encore les observations schématiques de von Blume : « L'allon-

gement des colonnes de marche doit être attribué surtout au nombre de bouches à feu plus élevé (apparition de l'artillerie lourde), à l'extension qu'ont prise les services techniques (téléphones, projecteurs, aviation), au plus fort approvisionnement en munitions et à la nécessité pour les troupes de pouvoir se passer des ressources éventuelles du théâtre de la guerre. »

La technique et la pratique de marche en Belgique. — Appliquons ces données à ce qui se passe en Belgique : selon la définition de Bernhardi (tome I, p. 211), la capacité de marche dépend de la valeur physique des troupes, d'un entraînement méthodique et d'une technique de marche rationnelle. « Nos troupes, ajoute-t-il, sont en général extraordinairement aptes à la marche et sont rarement hors d'état de suivre, même quand on réclame d'elles de grands efforts. » Peut-être est-il bon de remarquer à ce sujet que notre offensive de la Marne, après une retraite fatigante, a prouvé que les troupes françaises ne le cédèrent en rien aux troupes allemandes.

Au sujet de la vitesse de marche dans les grands mouvements d'armée, il écrit (t. I, p. 275) : « Je ne crois pas, qu'en comptant les jours de repos et avec un ravitaillement régulier par l'arrière, on puisse atteindre pendant longtemps une moyenne supérieure à 15 kilomètres par jour. »

La vitesse de marche du *XIIe corps* a donc été légèrement supérieure à la moyenne, surtout si l'on tient compte de la chaleur et des éclopés nombreux, de l'aveu même contenu dans les carnets de route.

Quant à la technique de marche, Bernhardi écrit (t. I, p. 278) : « Il se trouvera souvent que le réseau routier ne correspondra pas aux exigences tactiques et qu'on ne trouvera pas autant de routes convergeant vers le champ de bataille présumé qu'on le croit nécessaire. » (Le réseau routier belge présentait à ce sujet des conditions extrêmement favorables.) « On doit alors, ou bien se décider à mettre plusieurs corps sur une seule route ou bien faire marcher des colonnes à travers champs. C'est ce pro-

. (1) Le schéma ci-contre est établi d'après la brochure : *Ce qu'il faut savoir de l'armée allemande*, éditée chez Charles Lavauzelle, 1914.

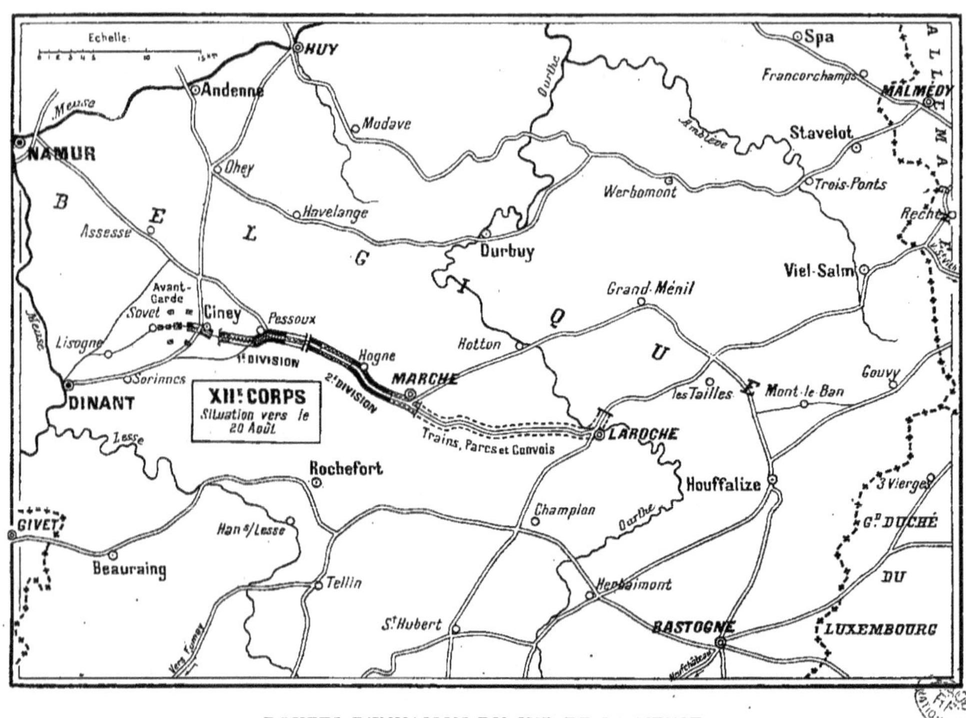

ROUTES D'INVASION DU SUD DE LA MEUSE

cédé qu'il faudra préférer en général en vue du rassemblement pour la bataille; on peut très bien se servir de ce moyen pendant une ou deux journées de marche pour obtenir le groupement de forces voulu » (p. 216). « Il faut que la troupe soit exercée à surmonter rapidement les difficultés de la marche à travers champs. »

Le règlement de 1908 prévoit aussi, à proximité de l'ennemi, la possibilité de doubler les formations des colonnes de route, et, en même temps, la réduction des distances entre les unités. D'ailleurs le déploiement précédant la bataille exige ce passage de la colonne de marche à une formation d'unités en ordre serré sur un large front. Le déploiement comprend même deux autres phases : d'abord le fonctionnement de la colonne de marche en plusieurs colonnes, et ensuite, pour le combat immédiat, un frac-

tionnement plus grand encore pour arriver au déploiement en tirailleurs.

Bernhardi croit, au sujet du doublement des colonnes, qu'il sera en effet nécessaire, en vue de hâter le déploiement final et à cause de l'encombrement du réseau routier par les immenses armées modernes. Mais alors, dit-il, on doit éviter de reformer la colonne simple en cours de route et il faudra souvent envoyer des pionniers élargir les routes.

Bernhardi envisage d'autres formations. Il reconnaît qu'il faudra certainement mettre deux corps d'armée sur une seule route, procédé envisagé déjà par de Moltke en 1870 (voir t. I, p. 245 et suivantes). Mais cette colonne de 60 kilomètres (25 kilomètres par corps plus 10 pour les trains régimentaires) est la limite extrême de la masse de troupes pouvant avancer sur une seule route, à cause de la difficulté de ravitaillement par l'arrière. Aussi ne s'y résoudra-t-on qu'en cas de nécessité.

La technique des marches est souvent très difficile. Dans l'organisation même d'une marche, l'apport des approvisionnements nécessaires est un élément décisif.

Déjà pour un corps sur une seule route, il y a des difficultés; et cependant, dit Bernhardi, « en général, on sera obligé de mettre un corps d'armée sur chaque route. La troupe est suivie, à une distance de quelques kilomètres, par les voitures à vivres, à fourrage et à bagages, que l'on appelle en Allemagne « gross bagage » (trains régimentaires). Le groupe suivant est constitué par les convois. » Il faut que chacun de ces convois renferme un jour de ravitaillement pour le corps d'armée et se fractionne en unités de division. Une colonne spéciale qui les accompagne contient ce qui est nécessaire aux convois eux-mêmes. « Ces colonnes assurent les transports entre les voitures appartenant aux troupes, qui portent directement à celles-ci leur subsistance, et, d'autre part, les magasins de l'arrière constitués par le service des étapes et alimentés eux-mêmes par des colonnes de magasins venues du chemin de fer. C'est, selon lui, sous cette forme ou sous une forme analogue que le ravitaillement fonctionnera nécessairement lors de la marche en avant, particulièrement en pays ennemi, lorsque les lignes seront coupées. (Nous savons que les Belges ont souvent coupé les voies.)

Malgré les bonnes routes, qu'on ne rencontre pas toujours, malgré la traction mécanique qui ne sera pas toujours suffisante, il est bon de ne pas compter, pour le rendement de ces colonnes de voitures attelées, sur plus de 30 à 40 kilomètres par jour : d'où diverses solutions pour l'emplacement, les marches, l'horaire des colonnes de ravitaillement (voir p. 237 et suivantes).

Ailleurs (p. 217) Bernhardi préconise le passage de l'artillerie et du génie de deux corps sur la route, tandis que l'infanterie marcherait des deux côtés et qu'une avant-garde jalon-nerait et préparerait les pistes. Cette disposition serait, à son avis, plus heureuse que la marche des deux corps l'un derrière l'autre.

Il lui semble même possible de faire passer l'artillerie à travers champs, à défaut de routes entretenues, les pionniers étant en tête des colonnes.

Nous verrons que tous ces systèmes divers furent employés par l'armée allemande en Belgique pour hâter sa marche. Nous verrons aussi que cet effort eut quelque chose de fébrile, et nous nous demanderons si l'abus des forces du soldat ne fut pas une des principales erreurs du haut commandement allemand. La terre n'est pas une carte.

Les marches de nuit devaient, selon Bernhardi, être plus nombreuses qu'autrefois. En effet, dans leur offensive en Belgique, les Allemands ont employé les marches de nuit. (Voir *Petit Parisien*, 29 mars 1915 : les quatre batailles des 22 et 23 août.) But : éviter la flotte aérienne, éviter le feu efficace de l'artillerie ennemie, se rapprocher sans être vu des positions ennemies. Mais de pareilles marches ne s'improvisent pas; il faut les préparer soigneusement par l'établissement de points de repère, la connaissance exacte du terrain, un entraînement des troupes.

Les problèmes de la technique des marches sont donc infiniment variés et l'état-major allemand, dont le plan d'invasion était depuis longtemps élaboré, les avait certainement étudiés à fond.

Ces données théoriques étant connues, nous sommes en mesure de les appliquer, d'abord, à la marche du *XIIe corps* d'armée, puis à celle des autres corps dont nous essaierons de relever le progrès extraordinairement rapide à travers la Belgique.

D'après le carnet de route qui nous sert d'itinéraire pour le *XIIe corps*, le 178e d'infanterie a pénétré en Belgique par Gouvy. Son objectif, nous le savons aussi par le rôle qu'il y joue, est Dinant. Il doit donc traverser la Belgique de part en part en se tenant au sud de la Meuse.

SOLDATS ALLEMANDS DÉBARQUANT DES CAMIONS MILITAIRES

Le 178e d'infanterie est à Mont-le-Ban le 17 août. La 64e brigade, dont il fait partie, se dirige sur Marche par une chaleur accablante.

Le 178e est à Sovet le 21, ayant donc parcouru 70 kilomètres en trois jours et demi, soit de 17 à 20 kilomètres par jour.

(Voir la carte ci-jointe des routes d'invasion du sud de la Meuse et l'échelonnement probable du *XIIe corps*.)

Si l'on compare ces faits précis aux théories précédemment rappelées, il résulte de cette comparaison que les troupes allemandes en Belgique ont marché sensiblement plus vite qu'il n'avait été prévu pour les cas ordinaires. Il est probable que l'on emprunte les chemins parallèles ou latéraux pour précipiter le mouvement, et même, qu'en raison de la chaleur, on a recouru aux marches de nuit, ce qui expliquerait, entre parenthèses, que nos avions et notre cavalerie, pendant les quinze jours d'exploration qui ont précédé les rencontres déci-

sives, n'ont pu arriver à dénombrer les forces de l'ennemi soigneusement masquées et, en même temps, très bien articulées dans leur marche.

Étendons, maintenant, ces observations et ces précisions à l'ensemble des armées qui accomplissent le grand mouvement tournant, et vont gagner les positions qui leur ont été assignées en vue de la Bataille des Frontières.

Cette bataille commence, en fait, le 19 août. Jusqu'à cette date, ou, plus exactement, jusqu'au 18 au soir, l'armée allemande est restée derrière la Gette. Elle s'ébranle et la manœuvre se déploie.

Quatre armées allemandes opèrent en Belgique, c'est : 1o *la Ire armée, von Kluck*, à l'aile droite. Elle est composée des *IIe, IIIe corps, IIIe corps* de réserve, du *IVe* et *IVe* réserve, du *IXe* et *IXe* réserve (1);

(1) Ces indications rectifient légèrement celles données à la p. 79 du t. III ; l'armée von Kluck comptait : en plus, le IIIe et le IIIe R., en moins, le XER.

2º La 2e armée, armée von Bulow, composée du *VIIe*, *VIIe* R., du *Xe* et *Xe* R. de la Garde et le corps de réserve de la Garde (1) ;

3º La 3e armée, armée von Hausen (Saxons), composée du *XIe corps* et *XIe* R. ; *XIIe corps* et *XIIe* réserve, *XIX corps* (2) ;

4º La 4e armée (armée du duc de Wurtembergs), composée des *VIe corps*, *VIIIe corps*, *VIIIe* R., *XVIIIe corps* et *XVIIIe* R (3).

MARCHE DE LA 1ʳᵉ ARMÉE EN BELGIQUE   Le commandant en chef de la première armée est le général von Kluck. Von Kluck est un vieux soldat, cinquante ans de services en 1915 ; fils de bourgeois, n'appartenant ni au monde, ni à la coterie, il a fait son chemin à la force du poignet : c'est un silencieux, un travailleur, un solitaire, un brutal. Un an plus tard, l'empereur Guillaume, dans un télégramme de remerciement qui est un congé, s'adresse à lui en ces termes : « Dans votre jeunesse vous avez participé à des guerres glorieuses ; pendant, de longues années de paix, vous vous êtes consacré avec une vigueur infatigable au développement de l'armée. » On a raconté que, dès l'année 1912, il avait été désigné pour le commandement de l'armée de Belgique et qu'il avait posé, dans un Kriegspiel, la question de la marche sur Paris (4). On a raconté aussi qu'il était venu, quelque temps avant la guerre, dans la région de Soissons où il aurait étudié *de visu* le terrain des opérations et notamment la ligne de défense que pouvaient offrir les falaises et les carrières de l'Aisne.

La conception que ce général se fit de la

guerre n'était pas seulement celle d'un capitaine éprouvé (on verra ce qu'il fit au cours de la bataille de l'Ourcq), mais aussi celle d'un ravageur, d'un chef de bande barbare ; le mot qui, plus d'une fois, fit explosion sur les lèvres des victimes de sa fureur fut : « Attila ! » Personne n'a contribué, plus que lui, aux tristes exploits des armées allemandes, en Belgique et en France, au début de la campagne de 1914 ; il savait ce qui se passait et il l'approuvait ; il le voulait. Il avait accepté, de gaieté de cœur et avec joie le rôle d'un agent de terreur, choisi pour cela.

Nous avons vu déjà qu'à Herve, le 8 août, il assista, impassible, aux plus abominables tueries. Nous le retrouverons bientôt à Lassigny où un document authentique nous le dépeint, sur le perron du château, hurlant, le fusil au poing, « la mort de Paris ». Au château de Chamant, propriété d'un Américain, M. Jefferson Davis Cohen (qui, entre parenthèse, avait reçu, quelque temps auparavant, la sœur même de l'empereur, princesse Charlotte de Saxe-Meiningen), les tapisseries et les objets de prix furent volés, tandis qu'il occupait la propriété (1). Ce reître se retrouvait, dans toute sa nature de soldat de la guerre de Trente ans, quand, fier de victoires faciles, il tombait en soudard sur la bonne terre de Flandres et de Belgique. Mais, respectueux serviteur de la force, il dut s'incliner quand la Marne eut justifié le sobriquet qu'on lui avait donné à Berlin, en raison de sa figure d'enterrement, de général *Ungluck* (général *Pas de chance*).

L'armée, que commande von Kluck, s'est, en quelque sorte, dédoublée de l'armée de la Meuse, qui, sous le commandement du général von Emmich, s'était emparée de Liége. Se séparant des corps qui vont composer la 2e armée ou armée von Bulow, elle se masse dans la région entre la Meuse et Tongres ; le *IVe corps* occupe cette ville le 15 août. Pendant

----

(1) Rectification : en plus, le Xᵉ R. et la GR, en moins le IIIᵉ et le IIIᵉ R.

(2) Rectification : en plus le *XIᵉ corps*.

(3) La relation officielle de l'état-major belge donne les renseignements suivants, pour la date du 29 août 17 heures : « Le front des armées allemandes était alors : Eppeghem-Hombeeck, *IIᵉ corps* ; — Bucken, *IXᵉ corps* ; — Bruxelles, *IXᵉ corps* ; — Jodoigne, *Xᵉ corps* ; — Eghezée, *VIIᵉ corps* ; — Westerloo, *IIᵉ division* cavalerie ; — Wavre, *IVᵉ et IXᵉ divisions* cavalerie. Ces masses, ajoute le rapport, dont la densité atteignait le chiffre de 10 hommes par mètres du front, submergeaient ainsi la région comprise entre la Démer et la Meuse » (p. 53).

(4) V. ci-dessus, p. 43.

(1) Récit fait par M. Jefferson Davis Cohen à un journaliste américain et reproduit par G.-L. Hervier dans son volume *Silhouettes allemandes*, p. 169.

HALTE DE TROUPES ALLEMANDES DANS UN VILLAGE BELGE

cette période de concentration, le *IIe corps* est à Visé le 16 août; nous le retrouvons à Aerschot le 19 août. Le *IVe corps* de réserve, qui est à Tongres le 15, est à Leylen le 17. Le *IXe corps* et le *IXe corps* de réserve se mettront en marche sur Louvain le 18.

Voici donc cette troupe au complet, bien fourbie, brillante, fière d'allure, respirant la confiance et la joie; elle est composée de corps d'élite, choisis pour leur vigueur et leur entraînement. On lui confie la tâche la plus pénible, mais aussi la plus glorieuse: c'est elle qui doit accomplir le grand mouvement d'aile que tous les documents allemands s'entendent à qualifier de « génial ». On s'imagine la joie mâle, et la confiance exaltée de cette armée magnifique qu'une telle désignation honore, et que ses chefs flattent, en lui répétant sans cesse. « Vous êtes l'élite, la phalange des phalanges; on vous livre Bruxelles, Paris et la victoire. »

Une partie de cette troupe s'est fait la main à Liége et aux environs. La plupart des corps qui la composent ont été cités parmi ceux qui se sont livrés aux plus abominables excès. Instruments de victoire, les soldats ne s'étonnent pas plus que leur chef d'être, en même temps, instruments de terreur. La Belgique « révoltée » et pantelante est sous leurs pieds. Le « châtiment » qu'on va lui infliger est juste; d'ailleurs, le triomphe lavera tout.

L'armée se met en mouvement, le 19, à l'aube. Les *IIe*, *IVe* et *IXe corps* font masse entre Diest et Tirlemont, la 2e division de cavalerie s'élançant entre la Grande-Nèthe et le Démer, comme si elle cherchait à tourner l'armée belge et à couper ses communications avec Anvers.

Les *IIIe*, *IVe* et *X^e corps* formaient l'aile gauche entre Jodoigne et Namur. Ils avaient passé la Meuse entre Liége et Huy et ils marchaient vers Wavre et Gembloux, précédés d'une nuée de cavaliers appartenant à la 4e et à la 9e division. L'objectif des corps de droite était Louvain; l'objectif des corps de gauche était Bruxelles.

Nous avons dit que l'armée belge avait reçu, dès le 18 au soir, l'ordre de se replier sur Anvers. La Ire armée allemande ne devait donc rencontrer aucune résistance. Seule, la 3e division belge (9e et 14e de ligne) était restée en surveillance devant Aerschot pour couvrir la retraite au nord. Ce fut cette division qui fut rencontrée et bousculée par le *IIe corps* allemand quand il commença son mouvement le 19, à 5 heures du matin. Un combat, honorable pour la division belge, s'engagea et se prolongea jusqu'à 8 heures du matin (1). La division reçut l'ordre de se replier sur Louvain. Le *IIe corps* marcha sur Aerschot.

Aerschot (8.000 habitants) est une vieille petite ville aux rues étroites et anguleuses, endormie au milieu d'une campagne pauvre et triste. Marcs stagnantes, fermes pauvres, bois de sapins, c'est le « Hageland » qui annonce la Campine. Pas d'industrie, pas d'ouvriers. Dans les vieux temps, aux temps des grandes guerres et des révolutions, quand la Belgique souffrit, la campagne d'Aerschot, refuge des proscrits souffrit plus que les autres. Mais la guerre de 1914 devait lui révéler des maux qu'elle n'avait pas connus.

Aerschot est la première ville atteinte par l'armée allemande depuis les incidents de la région de Liége. L'entrée du *IIe corps* suit immédiatement le combat du matin. Les troupes allemandes sont encore dans le feu de la lutte :

au début de la grande marche qui commence, chefs et soldats ont présentes à l'esprit les formules du terrorisme inscrites dans le *Kriegsgebrauch im Landkriege* : « Employer sans ménagement les moyens nécessaires de · défense et d'intimidation n'est pas seulement un droit, mais un devoir pour l'armée » (1) — ou bien encore : « Le seul moyen de *prévenir* les attaques de surprise de la part des habitants est de déployer une sévérité impitoyable et de faire des exemples, qui, par leur horreur, soient un avertissement pour tout le pays » (2).

Les soldats allemands, en pénétrant dans la ville, tirent à droite et à gauche, tuent quelques civils, pillent plusieurs magasins, notamment les auberges, et commencent à s'enivrer (3).

D'après certaines dépositions, il semble bien que quelques soldats belges étaient restés dans la ville; pendant toute la journée, on tiraille.

Le bourgmestre, M. Tielemans, homme paisible et bon, réunit les habitants, et, accompagné d'un officier allemand, le colonel Jenrich du 140e d'infanterie, lit une proclamation, aux termes de laquelle toutes les armes doivent être remises : si un seul coup de feu est tiré par un civil, on exécutera, outre le coupable, trois habitants.

Des troupes allemandes de plus en plus nombreuses passent dans la ville et s'y arrêtent. Voilà les voitures du train, les services de santé, en un mot tout le *IIe corps* avec ses éléments divers, bons ou mauvais. Le colonel Senger, commandant la 8e brigade d'infanterie, prend son logement dans la maison même du bourgmestre, sur la grand'place d'Aerschot. C'est une demeure confortable, à la façade de pierre, avec de hautes fenêtres; celle du milieu, au premier étage, s'ouvre sur un balcon qui a des vues sur

---

(1) *Kriegsgebrauch im Landkriege*. Manuel à l'usage des officiers, 1902, p. 115.

(2) Message officiel allemand télégraphié sans fil, le 27 août 1914. (*La Belgique et l'Allemagne*, publication officielle belge, in-4°, p. 83.)

(3) Déposition de l'instituteur. *Livre gris*, p. 167 : « Les Allemands ont immédiatement (c'est-à-dire en entrant en ville), tué six hommes à coups de baïonnette dans le corridor d'une maison. »

---

(1) V. un récit de ce combat par le capitaine Gilson commandant du 9e de ligne qui y prit part, dans *Récits de combattants*, recueillis par le baron Buffin. Plon, 1916, p. 90.

GABRIEL HANOTAUX
de l'Académie Française

HISTOIRE ILLUSTRÉE
DE LA
GUERRE DE 1914

24 PAGES DE TEXTE ET D'ILLUSTRATIONS

FASCICULE
Nº 47

L'ÉDITION FRANÇAISE ILLUSTRÉE
(GOUNOUILHOU, Éditeur)
30, Rue de Provence, Paris

PRIX NET
1 franc
ÉTRANGER, PORT EN PLUS

A NOS LECTEURS

LES *deux premiers volumes* de **L'Histoire de la Guerre de 1914** ont donné l'exposé des faits historiques et diplomatiques qui ont précédé et amené la guerre, et qui engagent si lourdement la responsabilité de l'Allemagne.

Avec *le troisième volume*, l'historien est entré dans le vif de son sujet, le grand drame de la guerre.

Le *quatrième volume*, commencé avec le fascicule 40, est consacré au récit de **La Bataille des frontières** *(Charleroi, etc.)* jusqu'à la retraite sur la Marne.

Par les renseignements qu'il a recueillis, par les travaux d'enquête et de recherches auxquels il s'est livré, par les conversations qu'il a eues avec les personnages officiels et les hommes politiques de l'Europe entière, l'historien a approché, d'aussi près que peut le faire un contemporain, de la source où peut se découvrir la vérité sincère et impartiale.

Opérations militaires, descriptions de batailles, portraits de grands chefs, exposés de la situation politique et économique des pays belligérants et des neutres, apparaissent avec une précision, une clarté et une grandeur émouvantes.

C'est vraiment le tableau de la « grande guerre ».

LA MAISON DU BOURGMESTRE SUR LA GRANDE PLACE D'AERSCHOT
ET LA TOMBE OU FURENT ENFOUIS LES CORPS DU BOURGMESTRE, DE SON FILS ET DE 43 AUTRES CIVILS

la place. Plusieurs incidents se produisent au cours de la journée. Au collège, où se trouvent massés environ 200 réfugiés, un officier allemand affirme « qu'on a tiré », et jure de détruire la ville s'il est tiré un seul coup de fusil : c'est la menace de tous les instants. Pourtant, la journée se passe.

Vers 8 heures du soir, d'après l'exposé du *Livre Blanc* allemand, « on entendit subitement la détonation fort violente d'une arme à feu. Ce fut le signal d'une fusillade générale contre les troupes allemandes réunies dans les rues et sur la place du Marché. La fusillade, et probablement aussi le coup de feu qui avait servi de signal, partait de la lucarne d'une maison du coin, près de la place du Marché, *en face de la maison du maire* ».

Le colonel Stenger était resté seul dans sa chambre au premier étage de la maison du maire. On l'avait vu, dans la soirée, sur le balcon, puis (toujours d'après le document officiel allemand), il serait rentré dans la chambre, la lumière allumée et la fenêtre ouverte. Les officiers qui viennent prendre des ordres au sujet de l'échauffourée le trouvent mort, nageant dans son sang. Il était frappé d'une

balle. Les documents allemands ne permettent pas d'établir de quel calibre était la balle et de quelle nature était la blessure.

Une perquisition fut faite dans la maison. M. Tielemans ne pouvait être accusé, car il était alors sur la place à distribuer des cigares aux soldats, et, aux premiers coups de feu, il était rentré et s'était mis à l'abri dans sa cave ; mais on trouva son fils, un garçon de quinze ans, « blotti dans un coin où il avait été caché par la famille ». C'est cet adolescent que le rapport officiel allemand accuse d'avoir tiré de la cave, et d'avoir tué le colonel, alors que le même rapport dit en propres termes, quelques lignes plus haut « que la fusillade, et probablement le coup de feu qui avait servi de signal, partait de la lucarne de la maison du coin, située en face de celle du maire ».

D'après l'ensemble des témoignages tant belges qu'allemands, l'accusation portée contre l'adolescent est tout à fait inadmissible. Tout au plus pouvait-on admettre qu'un coup de fusil ou de revolver serait parti de la rue ou de la maison d'en face, visant le colonel sur le balcon ou dans la chambre. Seule la nature de la balle pourrait faire preuve. Les témoins d'Aerschot sont portés à croire que le coup de fusil fut tiré par un soldat allemand maladroit, ivre ou mécontent.

Quoi qu'il en soit, cet incident tragique met les officiers et les soldats allemands dans un état de fureur indicible. Les fusils partent tout seuls. Les mitrailleuses sont amenées et tirent sur la maison du maire et les maisons environnantes. Aucun ordre, aucune justice, aucune règle même sommaire dans la répression. On tue, on brûle, on pille. La ville est traitée selon les méthodes de terreur chères au haut commandement (peut-être satisfait d'avoir à faire immédiatement un exemple) : elle est livrée à la fureur, à la bestialité individuelles du soldat.

Puis vint l'heure des exécutions, on y procéda sans interrogatoire et sans jugement. Laissons parler un des hommes qui furent conduits jusqu'au poteau d'exécution et qui n'échappèrent que pour n'être pas tombés au sort. La scène est d'une portée immense par le contraste entre la barbarie de ceux qui tuent froidement et la noblesse d'âme de ces hommes modestes qui meurent innocemment :

Vers 19 heures, le jour de l'entrée des Allemands à Aerschot, je fus pris, ainsi que mon frère; on nous lia les mains derrière le dos avec du fil de cuivre que l'on serra si fort que nos poignets furent coupés et saignèrent.

Nous fûmes conduits dans le groupe du bourgmestre, de son fils et de son frère sur la chaussée de Louvain; nous dûmes, toujours liés, nous coucher sur le dos de façon à ne pouvoir faire le moindre mouvement; la tête devait toucher le sol.

Vers 6 heures, le lendemain, on décida de commencer les exécutions; nous fûmes obligés, avec les autres civils — environ une centaine — d'assister à l'exécution du bourgmestre et des siens. Quand l'officier annonça que le bourgmestre, son fils et son frère allaient être exécutés, M. Claës van Nuffel offrit sa vie pour eux en disant qu'il suppliait que, pour le bien de la ville, on épargnât le bourgmestre et les siens. « Non, répondit l'officier, c'est le bourgmestre qu'il nous faut » (1). Alors le bourgmestre

(1) L'admirable dévouement de M. Claës Van Nuffel, offrant sa vie pour sauver le bourgmestre Tielemans, est attesté par tous les témoignages. Le fait est d'autant plus beau que M. Claës Van Nuffel était ce que nous appelons, dans nos mesquines luttes de partis, un « ennemi politique » du bourgmestre. Mᵐᵉ Tielemans dit, dans sa déposition : « Un adversaire politique de mon mari a pris la parole et a supplié le chef d'exécution d'épargner la vie du bourgmestre, disant qu'il n'appartenait pas au même parti

se leva et supplia l'officier d'épargner ses concitoyens; aucune supplication ne parvint à adoucir l'officier allemand; le bourgmestre, persuadé qu'il n'obtiendrait rien, insista pour que son fils eût la vie sauve afin qu'il pût consoler sa mère; l'officier ricana, ajoutant qu'il lui fallait le bourgmestre, son fils et son frère. L'enfant se leva alors suivi de son oncle et se plaça entre son père et son oncle; à 10 mètres d'eux, six soldats allemands prirent position et, tandis que les malheureux échangeaient un dernier adieu, l'officier fit un geste du sabre; les coups de feu crépitèrent et les trois corps tombèrent lourdement l'un sur l'autre.

On plaça ensuite les autres civils par rangs de trois; on les compta un, deux, trois; celui qui avait le nᵒ 3 devait chaque fois sortir du rang et s'aligner derrière les cadavres; « on allait les fusiller » disaient les Allemands. Tous les civils avaient les mains liées derrière le dos. Mon frère et moi nous étions voisins; j'eus le nᵒ 2; mon frère Omer, âgé de vingt ans, eut le nᵒ 3. Je demandai alors à l'officier : « Puis-je remplacer mon frère ? Pour vous, peu importe lequel tombe sous vos balles; pour ma mère, qui est veuve, mon frère qui a terminé ses études est plus utile que moi. » Encore une fois, il resta impassible à cette prière. « Que le nᵒ 3 sorte du rang ! » Nous nous embrassâmes et mon frère Omer se joignit aux autres; ils étaient ainsi une trentaine alignés; alors se passa une scène horrible; les soldats allemands avançaient le long du rang lentement, en tuant trois à chaque décharge commandée chaque fois par l'officier. On fit partir ceux qui avaient eu les numéros 1 et 2; nous passâmes devant les mitrailleuses que l'on avait amenées la nuit; comme nous arrivions à l'entrée de la ville, on reprit une partie des hommes qui furent reconduits au lieu du supplice; ils y furent fusillés; je parvins à fuir avec quelques camarades, parmi lesquels se trouvaient aussi M. le Directeur de l'école moyenne et M. Frans Teurlinckx.

Il y eut plusieurs journées d'exécution : un premier groupe de 78 ou 88 (selon la diversité des témoignages) fut fusillé par les ordres du

politique que mon mari, mais que celui-ci était nécessaire à Aerschot et qu'il offrait sa vie en échange. L'officier allemand est resté insensible. Mon mari a remercié M. Claës, disant qu'il mourait tranquille, qu'il avait passé sa vie à tâcher de faire le plus de bien possible, qu'il ne demandait pas la vie mais qu'il demandait celle de son fils, un enfant de quinze ans, pour consoler sa mère. On ne lui répondit pas... » (*Livre gris* belge, p. 164.) La scène était déjà légendaire à Aerschot le 11 septembre 1914 quand M. L. Scotland Liddler visita les ruines à la reprise de la ville par les troupes belges... « Parmi eux se trouvait un vieillard au visage calme encadré d'une belle chevelure blanche. Lentement, avec peine, il se leva, et, dans un discours pathétique, il rappela tous les biens que les frères Tielemans avaient fait à la ville et à leurs concitoyens. Il raconta de nombreux traits attestant leur bonté; il dit comment ils n'avaient rien négligé pour maintenir le calme dans la population à l'arrivée des Allemands. Le noble vieillard ne plaidait pas sa propre cause : il était âgé, le jour pour lui touchait à sa fin... Plaidoyer inutile ! » — L. Scotland Liddler, *A la suite des armées en Belgique.* Lethielleux, in-12, p. 145.

Monsieur le Trésorier

Les renseignements que vous me demandez a déjà dû vous être remis, je l'avais adressé à Monsieur le Ministre Schollaert ne sachant a qui l'envoyer.

[...] premiers coups de feu tirés sur la grand'Place par les allemands ce qui je puis vous affirmer en vous en étant sur le porte de la rue à ce moment le général se trouvait en balcon [...] deux aides de camp Le général a eu à la tempe une balle perdue ou destinée par les siens. La fusillade était de nouveau que je ne comprends pas comment [...] se trouvaient [...] la façade est criblée de coups de feu. Les allemands ont eu l'infamie d'accuser mon fils d'avoir tué leur officier a un moment nous étions dans la cour avec

mon mari les enfants les sujets et même [...], quelques soldats allemands qui se promenaient [...] Je puis vous affirmer que nous ne possédions aucune arme; mon fils était trop [...] de caractère et surtout trop chrétien pour qu'une pensée de meurtre puisse même germer dans sa cervelle. Vous pourriez avoir des renseignements sur son caractère chez son Oncle Monsieur Paul Laeparael d'Audenarde. Cette accusation m'a été aussi douloureuse que sa mort. Recevez Monsieur le Président l'expression de mes sentiments les plus distingués

Mme J. Tielemans

Villa Beau Séjour.
Flessingue 24 Sept. 1914

LETTRE ÉCRITE AU PRÉSIDENT DE LA COMMISSION D'ENQUÊTE
PAR Mme TIELEMANS, FEMME DU BOURGMESTRE D'AERSCHOT

Rittmeister Karge, capitaine de gendarmerie, dans un champ, le long de la chaussée de Louvain. Les victimes passaient par rangs de trois en se tenant par la main devant un groupe de gendarmes qui les abattaient à coups de revolver. De ce groupe trois échappèrent à la mort en se laissant tomber.

Les habitants d'Aerschot furent contraints de creuser les tombes des hommes fusillés.

Le nombre des victimes s'éleva à plus de 155 (les cadavres ont été exhumés), parmi lesquels huit femmes et plusieurs enfants.

Le tableau qu'offrit la ville pendant les journées qui suivirent est à tirer les larmes:

L'orgie, le pillage, l'incendie continuèrent plusieurs jours. Des meubles et des objets précieux, chargés sur des fourgons militaires, furent expédiés en Allemagne.

La plupart des habitants, hommes, femmes et enfants, restés dans la ville, furent enfermés dans l'église où ils demeurèrent plusieurs jours, presque sans nourri-

ture. Le 28 août, ils furent conduits en colonne à Louvain et chassés à travers la ville en ruines, pendant que des soldats allemands tiraient dans leur direction. Reconduits le lendemain à Aerschot, les hommes furent enfermés de nouveau dans l'église et les femmes dans la propriété de M. Fontaine. De nombreux habitants des villages voisins y furent amenés encore les jours suivants. Une trentaine d'ecclésiastiques, prêtres, religieux et curés d'Aerschot et des environs se trouvaient parmi eux.

Le 6 septembre, 300 de ces malheureux, entassés pour la plupart dans des wagons à bestiaux, furent envoyés en Allemagne (1). Pendant toute cette période, les attentats commis par les soldats sur les femmes et les jeunes filles ont été nombreux.

Les localités qui entourent la ville d'Aerschot n'ont pas été épargnées :

A *Gelrode* (997 habitants), 18 personnes ont été tuées,

(1) On lit dans le carnet de campagne d'un soldat cycliste entré en service à Burg le 15 août 1914 et fait prisonnier le 10 septembre par les troupes belges qui réoccupèrent Aerschot: « Le 6 septembre fut une journée de repos. Nous avons seulement expédié en Allemagne 300 Belges parmi lesquels il y avait 22 prêtres.

99 ont été emmenées en Allemagne ; 23 maisons ont été incendiées, 131 maisons ont été pillées ;

A Wesemael (1.988 habitants), 13 personnes ont été tuées, 324 ont été emmenées en Allemagne ; 46 maisons ont été incendiées, 147 ont été pillées ;

A Werchter (2.676 habitants), 15 personnes ont été tuées, 32 ont été emmenées en Allemagne ; 267 maisons ont été incendiées, 162 ont été pillées ;

A Betecom (2.756 habitants), 11 personnes ont été emmenées en Allemagne ; 7 maisons ont été brûlées 25 ont été pillées ;

A Langdorp (2.999 habitants), 3 personnes ont été tuées, une a été emmenée en Allemagne ; 4 maisons ont été incendiées, 20 ont été pillées ;

A Rillaer (3.833 habitants), 7 personnes ont été tuées ; 34 maisons ont été incendiées, 300 ont été pillées ;

A Nieuwrode (1.779 habitants), une personne a été tuée, 27 ont été emmenées en Allemagne ; une maison a été brûlée, 200 ont été pillées (1).

La bombance à laquelle l'armée allemande se livra au milieu de ces terribles scènes, et qui peut-être explique tout — qu'il s'agisse des soldats ou qu'il s'agisse des chefs, — est affirmée et resta, en quelque sorte, affichée par une inscription à la craie que le conseiller de légation Pierre Orts, chargé d'une enquête officielle, releva sur la porte d'une maison d'Aerschot, seule épargnée parce qu'elle avait abrité, dans ces temps affreux, la débauche des officiers : *Bitte dieses Haus zu schonen da wirklich friedliche gute Leute* (2).

Terreur pour prévenir, violence pour jouir, tel était l'esprit de la guerre à l'allemande dans cette période de début où l'on avait une con-

LE BARON DE BEYENS

MINISTRE PLÉNIPOTENTIAIRE DE BELGIQUE EN ALLEMAGNE

fiance absolue en la victoire. Dès le premier pas fait sur cette grasse, féconde et innocente Belgique, on reprenait les mœurs de la guerre de Trente ans et des invasions barbares : il faut admettre cette explication comme la plus vraie, parce qu'elle est la plus simple et la plus conforme au naturel allemand. Quand les chances de victoire tourneront, la prudence viendra et les faits se modifieront : les soi-disant « représailles » cesseront juste avec la victoire de la Marne. Depuis lors, on n'a plus parlé de « francs-tireurs ».

Il nous faut avoir présente à l'esprit cette résipiscence, réfléchie comme tout le reste, pour bien comprendre ce qui se produisit au début de la campagne. Nous pouvons en croire l'impression d'horreur qu'un tel spectacle faisait sur les soldats allemands eux-mêmes quand ils arrivaient dans la région où avaient sévi ceux qui avaient passé avant eux : « Nous avons franchi la frontière belge le 15 août 1914 à 11 h. 50 du matin et ensuite nous marchâmes continuellement le long de la grande route jusqu'à ce que nous arrivâmes dans l'intérieur du pays. *A peine y fûmes-nous que nous eûmes une vision horrible. Les maisons étaient complètement incendiées, les habitants ayant été chassés et quelques-uns tués. Pas une maison sur cent n'était épargnée. Tout était pillé et brûlé. A peine avions-nous passé à travers un de ces beaux villages que le suivant était incendié et ainsi de suite* » (1).

Reprenons la marche de la sanglante armée.

(1) *Livre gris* belge, p. 148.

(2) *Trad.* Prière d'épargner cette maison habitée par de vraiment bonnes gens.

(1) Carnet du soldat, Eitel Anders. *La Belgique et l'Allemagne*, p. 91.

LA GARDE CIVIQUE QUITTE BRUXELLES AVANT L'ENTRÉE DES TROUPES ALLEMANDES

D'après les sources allemandes, les commandements des corps de la 1re armée étaient attribués ainsi qu'il suit :

IIe corps, général d'infanterie von Linsingen;
IIIe corps, général d'infanterie von Lochow;
IVe corps, général d'infanterie Sixt von Arnim;
IXe corps, général d'infanterie von Quast;
IXe corps de réserve, général d'infanterie von Boehm.

Le corps de cavalerie était commandé par le général de cavalerie von Marwitz.

Le 19, le IIe corps était à Aerschot ; le même jour, le IXe corps et le IXe de réserve sont à Louvain. Le IVe corps de réserve qui avait figuré à Liége ne prit pas part à la marche, étant retenu devant Malines. Quant au IXe corps de réserve, il est laissé en arrière et son quartier général est signalé comme étant resté à Louvain jusqu'au 25. Un peu plus tard, le IIIe et le IXe corps de réserve furent détachés de l'armée pour être maintenus devant Anvers.

Mais von Kluck lui-même, avec la masse de ses troupes se met en marche par Betten (1), incendie le village tout en se hâtant vers Bruxelles. Nous avons dit comment le gouvernement royal avait quitté Bruxelles pour se réfugier dans la place forte d'Anvers. La ville de Bruxelles est donc laissée à la merci de l'envahisseur.

Les distances sont courtes : d'Aerschot à Louvain, à peine 15 kilomètres; de Louvain à Bruxelles environ 20 kilomètres. Trois bonnes routes, au moins, desservent cette région, sans parler des chemins communaux, d'ailleurs bien entretenus ; une voie ferrée réunit Aerschot à Louvain et, par Kessel-Loo, gagne Bruxelles; plusieurs lignes à voie étroite peuvent présenter une certaine utilité, notamment celle d'Aerschot à Langestraet, le long de la Demer.

Cependant les troupes allemandes doivent fournir une forte étape pour arriver à Bruxelles le 20.

OCCUPATION DE BRUXELLES — Il est assez difficile d'exprimer le sentiment de sécurité et de quiétude où s'attardait encore la population de la capitale belge, tandis qu'un péril si voisin la menaçait. L'idée que les Allemands seraient facilement repoussés était courante ; on comptait sur l'arrivée prochaine des troupes alliées. Au pire, on admettait que les armées allemandes traverseraient le pays sans coup férir. Un Belge a décrit cet état d'esprit qui le surprenait lui-même. Nous avons, là, un premier témoignage sur cette « manœuvre morale » à laquelle l'Allemagne allait soumettre tous les pays où l'avant-guerre avait sévi :

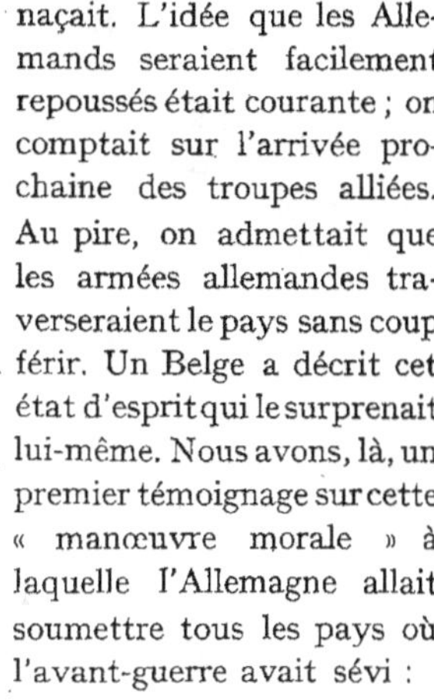

M. MAX
BOURGMESTRE DE BRUXELLES

Cette illusion s'établit presque universellement dès le 4 août, date de la déclaration de guerre. On était révolté par l'invasion; mais, bien qu'elle attestât, chez les Allemands, un impudent mépris de la foi jurée, on inclinait à accueillir l'explication *qu'ils prétendaient accréditer dans notre infortuné pays* : il ne s'agissait ni de conquête, ni surtout d'annexion. La violation de la frontière dans la direction de Visé, la course vers Liége, l'attaque des forts et de la ville répondaient à des « nécessités militaires » et n'entraîneraient point de conséquences politiques. Que se proposaient l'empereur Guillaume II et le grand état-major de Berlin? Traverser la Belgique en suivant le cours de la Meuse, remonter la Sambre, pénétrer en France par le nord, bousculer, battre, détruire les armées de la République, surprendre Paris, imposer la paix aux Français et, ce premier triomphe obtenu, se tourner vers les Russes en voie de formation, pour, de concert avec l'Autriche, consommer cette campagne par une seconde et dernière victoire (1).

(1) Berthem ? à l'ouest de Louvain.

(1) « Notes anversoises », par Flor O'Squarr, dans A. de Godart. *La Campagne de 1914 en Belgique.*

ARRIVÉE DES PREMIERS ALLEMANDS A BRUXELLES

Ce plan paraissait conçu pour ménager, autant que possible, la Belgique. L'armée allemande suivrait les grandes artères, coulerait en quelque sorte sur le pays et, payant bien, se tenant bien, ne laisserait que des traces éphémères de son passage.

De là cette émotion quelque peu superficielle, cette curiosité à demi confiante que les étrangers constatent dans les principales villes de la Belgique. Après les premières colères, on s'était laissé retomber dans une sorte d'apathie résignée : « J'éprouvai une grande tristesse à voir tant d'hommes flâner dans Bruxelles. La ville semblait plutôt joyeuse (14 août). Je songeai alors au bal de la duchesse de Richemond qui eut lieu dans la nuit qui précéda Waterloo » (1).

Naturellement, les membres du gouverne-

ment, les personnes qui les approchaient ne se laissaient pas aller à ces illusions optimistes. « Je trouvai Beyens très abattu. Il disait à tout le monde qu'il fallait se garder de déprécier la force de l'armée allemande. » Tandis que les terrasses des cafés étaient encore encombrées de gens humant l'air et les nouvelles, les mesures étaient prises pour le transport des archives et des richesses de la Banque, pour le transfert du gouvernement à Anvers. C'était comme une fièvre latente à l'approche d'un danger méconnu et sous le calme flegmatique habituel au pays.

On eut la première impression que « c'était sérieux » quand on sut que la garde civique creusait des tranchées dans la campagne, très en avant de l'agglomération bruxelloise, presque dans le sud du Brabant. La note officielle, publiée le 19 août, acheva d'ouvrir les yeux.

Et comment se fût-on bouché les oreilles ?

(1) Duchesse de Sutherland, *Six semaines à la guerre*, Bruxelles, Namur, Maubeuge, 1916, in-8°, p. 9.

ENTRÉE DES TROUPES ALLEMANDES A BRUXELLES

Le 19, on entendait le canon d'Aerschot ; bientôt les premiers fuyards annonçaient l'arrivée des Allemands à Louvain. La nuit, on vit la lueur des villages flambant sur l'horizon. Dans la banlieue, les premiers uhlans s'infiltraient :

Voici les uhlans ! Jeunes hommes vêtus sobrement, bien équipés et montant des chevaux vigoureux. Lance au bras, revolver au poing, allure pas du tout terrible. Ils font simplement supprimer le drapeau belge au clocher (il s'agit de Termonde) et repartent pour Alost, suivis d'une première auto contenant l'officier et quatre fantassins et d'une seconde auto contenant une mitrailleuse et quatre hommes.

Le voile se lève ; on devine la puissante armée derrière le rideau de cavalerie qui commence à s'étendre.

Quel contraste entre cette première apparition bénigne et ce qui se passe partout où les gros de l'armée ennemie ont déjà mis le pied ! La Belgique se compose désormais de deux pays différents : un que tous les maux accablent et un autre qui ne peut admettre que sa prospérité sera jamais troublée.

Cependant les signes précurseurs se pressent de plus en plus :

L'aspect de la gare est impressionnant, écrit le correspondant du *Corriere della Sera*. Les gardes maintiennent la foule des parents, des amis et des curieux qui attendent l'arrivée des blessés. On voit passer les ambulances. L'apparition d'un officier blessé, inerte, couché sur un matelas en travers d'une automobile, causa une impression énorme.

« Dans la soirée, l'arrivée de plus en plus dense des réfugiés venant du Nord accroît encore l'émotion. Une partie de la population commence à se précipiter vers les gares où les trains partent toutes les cinq minutes. Cependant, aucune panique, nul affolement. On parle de l'arrivée des Allemands comme d'une blessure pour l'amour-propre national, mais on ne pense pas que les gens paisibles auront à souffrir dans leurs personnes ou leurs propriétés.

Dans la nuit du 19 au 20 août, il n'y a plus de doute pour personne. Le bourgmestre fait afficher une proclamation très noble et très ferme par laquelle il invite la population au calme et à la non-résistance, mais aussi à la dignité et à la réserve. « Tant que je vivrai et que je serai libre, je défendrai les droits et l'honneur de mes concitoyens. » A minuit, les soldats et les gardes civiques prennent le train pour Anvers. Le dernier train pour Paris part bondé et une foule énorme de personnes qui n'ont pu le prendre se disperse tristement. L'insomnie et l'émotion grandissantes donnent peu à peu à la ville une physionomie nouvelle quand les rayons du soleil illuminent, à l'aube, un ciel radieux et les premières heures d'une journée caniculaire.

Le 20, à 7 h. 3 du matin, les employés du « central » d'Amsterdam reçurent, après les signaux d'appel habituels, cette courte communication que leur transmettaient leurs collègues de Bruxelles : « Les Allemands arrivent ; nous nous retirons. Adieu ! » En effet, vers 5 heures du matin, des hussards et des uhlans étaient arrivés au Tir national, aux portes de Bruxelles, et le bourgmestre, M. Max, averti, s'y rendait pour conférer d'abord avec le capitaine d'état-major, von Kriegsheim, puis avec le général Sixtus von Arnim, commandant le IVe corps. L'accord se fit sur les conditions suivantes :

« 1º Libre passage des troupes allemandes à travers Bruxelles ; 2º logement d'une garnison de 3.000 hommes dans les casernes de Daily et d'Etterbeck ; 3º les réquisitions seront payées en espèces ; 4º respect des habitants et des propriétés publiques et privées ; 5º direction, non soumise au contrôle allemand, des affaires de la ville, par l'administration municipale. »

Le général Sixtus von Arnim fit placarder, le même jour, la proclamation suivante :

Les troupes allemandes traverseront Bruxelles aujourd'hui et les jours suivants ; elles sont obligées par les circonstances de demander à la ville le logement, la nourriture et les vivres.

Toutes ces questions seront réglées régulièrement par l'intermédiaire des autorités municipales.

Je compte que la population se conformera sans résistance à ces nécessités de la guerre et en particulier qu'elle ne commettra aucun acte d'agression contre la sécurité des troupes et fournira les provisions demandées.

Dans ce cas, je donne toutes garanties pour la protection de la ville et la sécurité de ses habitants.

Si, cependant, il se produisait, comme cela a été malheureusement le cas autre part, des actes d'agression

MARINS DE LA FLOTTE ALLEMANDE AIDANT A L'ÉVACUATION
DE LA POPULATION CIVILE BELGE

contre les soldats, des incendies de bâtiments ou des explosions quelconques, je serais contraint d'adopter les mesures les plus sévères.

Le général commandant le corps d'armée,
SIXTUS VON ARNIM.

On apprit bientôt qu'une contribution de guerre de 255 millions de francs était infligée par les Allemands à la ville de Bruxelles ; c'était une dérogation absolue au droit des gens. La *Gazette de Cologne* tenta de justifier cette mesure en alléguant la juste punition des « mauvais traitements » infligés aux « inoffensifs Allemands » en Belgique... « Le châtiment légal *des fautes des Belges* sera poursuivi aussi complètement que le permet la loi. »

L'ensemble de ces mesures n'en donne pas moins l'impression que, si les Allemands entendent traiter la ville de Bruxelles comme un otage, ils n'ont aucune intention de brusquer les choses ni, surtout, de s'attarder en route. Une sorte de contact anodin est assez habilement ménagé avec les habitants. Les soldats qui ont anéanti le pays de Liége ont ordre de se mettre au mieux avec la population belge ; ils lui rendent de menus services. Aussi Bruxelles reste calme, les cafés ouverts, bien que les deux tiers des magasins soient fermés ; les journaux cessent de paraître, mais la circulation ne diminue pas dans les rues. L'apaisement se produit peu à peu. Les Allemands suivent leur plan. Terreur et bonhomie ! Ils ont oublié !

A 11 heures, les premiers régiments entraient dans la ville. A 2 heures, le défilé commença :

Un peu après deux heures une salve d'artillerie, bientôt suivie des accents d'une musique militaire, fit comprendre à Bruxelles que la marche triomphale de l'ennemi à travers leur vieille capitale allait commencer.

Un détachement de uhlans ouvrait la marche; il était suivi à peu de distance par la cavalerie, l'infanterie, l'artillerie et les sapeurs avec leur train de siège au complet; 100 automobiles armées de canons à tir rapide fermaient la marche.

Chaque régiment, chaque batterie était précédé de sa musique et de sa fanfare; le long défilé se poursuivit aux accents de *Die Wacht am Rhein* et *Deutschland uber alles*, chantés par les soldats.

Parmi les régiments de cavalerie, on remarquait notamment le fameux régiment des hussards de la mort et celui des hussards de Zeithen. A un moment donné, un coup de sifflet retentit et l'infanterie, abandonnant le pas de route, prit le pas de parade. Par la chaussée de Louvain, Saint-Josse et la gare du Nord, les troupes atteignirent les hauteurs de Kockelberg. (1)

Quelques incidents se produisirent où la grossièreté du vainqueur se fit sentir sans entamer l'ironie narquoise du vaincu ; mais, en somme, rien de grave. Les premières troupes qui, paraît-il, n'avaient pas participé aux combats de Liége, avaient bon aspect et ne donnaient nullement l'impression de la fatigue. La longueur des colonnes finit par imposer aux spectateurs le sentiment d'une force écrasante, et ce sentiment tourna à l'obsession quand on vit le défilé se prolonger indéfiniment. Ce rythme, ce pas cadencé, ces chants repris par ordre produisaient l'effet d'un mécanisme admirablement monté, incomparable et indestructible. Et le défilé, à peine interrompu la nuit, recommença les jours suivants.

Ce samedi matin, le défilé, commencé depuis deux jours, continue incessant et long, long, long...

Voici de lourds fantassins prussiens; voilà des uhlans, puis d'autres cavaliers et enfin de l'artillerie, puis d'innombrables trains des équipages.

Equipement magnifique, uniformes neufs et pratiques; du cuir jaune à profusion.

L'artillerie est superbe, la cavalerie moins belle. Les cuisines fumantes, toujours fumantes, font l'admiration des gosses. Ce défilé d'une armée de 300.000 hommes est fastidieux; c'est à croire qu'il ne finira jamais (2).

Quand les régiments de réserve arrivèrent l'impression fut moins bonne:

J'ai vu ce matin défiler le long des boulevards le

(1) Correspondance du *Daily Mail*, dans le *Temps* du 23 août 1914.
(2) A. de Godart, *loc. cit.*, p. 74.

71e prussien. Quel triste spectacle. Ces soldats sont des vieillards exténués, ils sont sans courage et sans énergie, et seulement une discipline à la *schlag* peut avoir raison d'eux... Et les officiers n'y allaient pas de main morte! De leur voix aigre et gutturale, ils ordonnaient aux pauvres bougres des mouvements que personne n'exécutait; à coups de pied, il les frappaient. La fatigue et, je l'ai appris depuis, une violente démoralisation, terrassaient ces soldats généralement si disciplinés.

Ce premier grincement de l'admirable machine est à signaler ; nous en constaterons l'effet, à bref délai, sur l'ensemble des marches et bientôt même sur les opérations militaires. on en demandait trop aux soldats : nous en relèverons l'aveu dans leurs carnets de route.

Les troupes sortant de Bruxelles prenaient soit la route de Hal, soit même, plus au nord, la route allant à Lille par Sotteghem, son aile droite étant protégée contre les troupes belges d'Anvers par des flancs-gardes de cavalerie vers Alost.

C'est à Sotteghem que des forces considérables sont rencontrées par M. Alexandre Powel, correspondant du *New-York World*, qui en donne cette description impressionnante :

L'armée s'avançait par trois routes parallèles en trois puissants tronçons, semblables, grâce aux masses épaisses d'uniformes gris vert, de nuance si subtile, à trois monstrueux serpents s'allongeant lentement dans la campagne.

A la longue, l'incessante trépidation des lourdes bottes et les oscillations rythmiques des bras et des épaules, de gris vêtus, devinrent affolantes. J'en vins à être obsédé par la crainte de renverser malgré moi, de notre auto, cette double et interminable haie humaine. On eût dit que ce cortège n'aurait jamais de fin, et il n'en eut pas, pour ce qui nous concerne, car nous ne vîmes jamais le bout de ses colonnes immenses. Nous traversions régiment après régiment, brigade d'infanterie après brigade d'infanterie; puis des hussards, des cuirassiers, des uhlans, des batteries de campagne, encore de l'infanterie, encore des canons, des ambulances, avec d'aveuglantes croix rouges sur leurs bâches de toile, précédant de gigantesques pièces de siège, péniblement traînées par trente chevaux chacune et pointant vers le ciel leurs sinistres gueules; des troupes du génie, des sapeurs et mineurs, armés de piques et de pelles; des fourgons chargés de poutres, des charriots où s'empilaient, eût-on dit, des masses épaisses de soie jaune, qui étaient des ballons; des cyclistes, le fusil en bandoulière, comme les chasseurs; des accessoires d'aéroplanes, des équipes de chirurgiens à longues barbes et lunettes, des automobiles blindées,

SOLDATS ALLEMANDS DANS UNE SALLE DU PALAIS DE JUSTICE DE BRUXELLES

protégées par des rails d'acier recourbés au-dessous d'eux contre les fils de fer que les Belges avaient coutume de jeter dans l'espace, en travers des routes ; batterie sur batterie de *poms-poms* (canons à tir rapide) ; et puis d'autres batteries de mitrailleuses à fût grêle, évoquant des pattes d'araignées ; encore des uhlans, dont le soleil faisait miroiter les pointes de lances, dont le vent agitait les oriflammes au-dessus de leurs schapskas comme de petits nuages blancs et noirs, et enfin de l'infanterie à casques à pointe, recouverts d'une housse de toile ; de l'infanterie encore, encore, à jamais ; tout cela fluant irrésistiblement vers la France, comme l'interminable et infatigable courant d'un grand fleuve.

C'était là le IXe corps d'armée, composé de la fleur même de l'empire allemand. Elle fut, du premier au dernier jour, une armée militante. Tous ses hommes étaient jeunes et me parurent tranchants comme des rasoirs, durs comme des clous. Son équipement réalisait la perfection comme solidité, souplesse, confort...

Mais ce qui m'intéressa par-dessus tout, ce fut cinq gigantesques howitzers, chacun tiré par seize paires de chevaux, et qui, à 20 kilomètres de distance, ont le pouvoir de mettre une ville en miettes.

Il me parut, d'ailleurs, que toutes les contingences possibles de la lutte avaient été escomptées. Rien n'avait été livré au hasard.

Sur un point, je vis, au bord de la route, un énorme fourgon militaire chargé d'un matériel complet d'imprimerie qui tirait et distribuait aux troupes en marche l'édition matinale de la *Deutsche Krieger Zeitung*. Son texte narrait surtout des victoires allemandes dont je n'avais jamais ouï parler, mais qui semblaient grandement réconforter la troupe. Des cuisines de campagne dont les cheminées émettaient des spirales de vapeur chaude, ronronnaient le long des lignes, et les cuisiniers à tablier blanc, cramponnés à l'arrière comme le chauffeur à sa

LE GÉNÉRAL VON KLUCK

locomotive, débitaient de la soupe et du café chaud à la masse mouvante des hommes qui tendaient leurs coupes d'étain remplies assez vite pour qu'ils n'eussent pas à quitter les rangs.

L'armée ne dormait jamais d'une fois. *La moitié marchait lorsque l'autre était au repos*. Le soldat allemand est traité en machine de valeur, qui doit être maintenue à son maximum de vitesse et de rendement. Voilà pourquoi il est bien nourri, chaussé, habillé, et entraîné autant qu'un muletier nègre entraîne ses bêtes. Seuls, des hommes aussi bien soignés sont capables de fournir des marches de 50 kilomètres une semaine dans l'autre...

Mais, tout pesé, ils (les soldats allemands) m'apparurent moins comme des êtres humains, ayant des défauts et des vertus, des goûts ou des antipathies personnels, que comme les pièces plus ou moins importantes d'une machine étonnamment perfectionnée, commandée et dirigée par les froids calculs d'une intelligence en fonction à grande distance, à Berlin. Cette machine comporte à peu près autant d'élément humain qu'une machine à hacher la viande, un concasseur de pierres, ou la chaise d'électrocution de Sing-Sing ! Sa mission est d'écraser, d'oblitérer, d'anéantir, sans se laisser toucher par aucune considération chevaleresque ni aucune des influences de la civilisation.

Je crois que les Allemands, avec leurs faces sombres et résolues, leurs uniformes monotones et l'incessante, l'obsédante trépidation de leurs bottes, me portèrent sur les nerfs, car ce fut avec un profond sentiment de soulagement que je retournai la capote de ma voiture dans la direction d'Anvers et de mes amis les Belges.

D'autres troupes non moins fortes, non moins denses suivirent, comme ligne d'opérations, la

PONT SUR LA MEUSE DÉTRUIT PAR LES BELGES

route de Hal, Braine-le-Comte, Soignies, ayant pour direction générale Mons.

Cette seconde étape est rude ; elle représente environ 50 kilomètres. Il fallut deux jours au gros des armées de von Kluck pour la franchir.

La Belgique conservait, au delà de Bruxelles, son étrange caractère de pays tranquille, et qui n'a pas encore « réalisé » l'idée de la guerre :

En Belgique, le calme est partout. L'appel aux armes, vu l'organisation encore imparfaite de l'armée belge, n'avait pas soustrait tous les hommes au travail. Dans les champs, on moissonnait, les cheminées des usines s'empanachaient de fumée ; les gares étaient pleines de voyageurs ; les trains passaient à l'heure réglementaire ; pas un soldat en vue, pas un uniforme. L'idée de la guerre a quelque chose d'invraisemblable dans cette campagne belge aux profils paisibles et reposants... Les uhlans entrent à Hal tandis que nous en partons. Nous entendons des voix crier : « Les voici! » Sur la grande route, parallèle au chemin de fer, passe une procession silencieuse d'habitants en fuite ; elle a peur d'être entendue. La nuit est devenue profonde (1).

On hâte, sur toutes les voies ferrées, la retraite des locomotives et du matériel roulant qui est dirigé sur la France ; mais souvent les uhlans sont arrivés avant que les stations aient même reçu un premier avertissement : « Vingt locomotives arrivent de Grammont se poussant l'une l'autre, haletantes et essoufflées, comme furieuses de ne pouvoir se dépasser. Elles s'éloignent dans la direction de

MARCHE DE FANTASSINS ALLEMANDS
SUR UNE ROUTE DE BELGIQUE

Ath, au milieu d'un torrent de fumée » (1).

Cette vague d'angoisse qui se propage, précède à peine la marée de la cavalerie allemande qui s'étale. Le téléphone annonce au loin le pas sonore des chevaux pénétrant sur le pavé des villes :

Nivelles paraissait désert ; le personnel de la station était réduit à un jeune télégraphiste... Il s'était assis devant le cadre téléphonique, l'appareil récepteur sur la tête, et il manœuvrait les entrelacs des communications, conversait avec des postes lointains, interrompait, plaçait de nouvelles fiches et sa voix résonnait dans le silence : « Allo, allo : Comment : Alost ? Vers Gand ? Allo! Qui parle ?... Ah! rien de neuf ? Cent cinquante uhlans dans le bois de Masnuy ? Ils ont donc passé Braine-le-Comte ?... (Il s'agit de la 1re armée.) Ici, six cents!... Qui parle ?.. Où ? Waterloo ? Alors, ils seront ici demain à l'aube. A Waterloo, infanterie, cyclistes, uhlans, lanciers, etc. Ah! et des hussards ?... Allo. Que savez-vous ?... A Wavre, le gros ? Combien ?... Oh! six corps d'armée ? Davantage ? Oh!...

Certaines de ces dernières indications se réfèrent, comme nous allons le voir, à la marche de la 2e armée allemande : ce sont les points extrêmes qu'elle atteint pour se tenir en contact avec la 1re armée qui procède à sa droite vers Enghien, Braine-le-Comte et Soignies. Le terrain est ainsi couvert, méthodiquement, et les liaisons sont faites.

(1) *Ibid.* — Sur le sauvetage des locomotives, voir aussi Fleury-Lamure, *Charleroi*, p. 53. « Je dois rendre justice au personnel des chemins de fer belges, pour la manière dont les trains circulèrent partout jusqu'au dernier moment, et pour la façon dont le matériel roulant fut évacué à l'approche de l'ennemi. Les Allemands n'ont pas dû trouver beaucoup de locomotives en Belgique. Toutes ou presque toutes ont été évacuées sur la France avec une précision et une méthode qui forçaient l'admiration, malgré les heures tragiques que nous traversions. »

(1) Luigi Barzini, *Scènes de la grande guerre*, p. 20.

LA DISTRIBUTION DE LA SOUPE AUX TROUPES ALLEMANDES

Voyons comment s'est opérée la marche de la 2ᵉ armée.

MARCHE DE LA 2ᵉ ARMÉE La 2ᵉ armée est commandée par un chef qui jouit en Allemagne, comme le général von Kluck, d'une grande réputation, le général von Bülow, antérieurement général inspecteur de la 3ᵉ armée.

A cet homme expérimenté, considéré comme un maître, on a confié des forces considérables et qui dépassent encore en qualité, sinon en quantité, celles qui forment l'armée de von Kluck. Evidemment, c'est la 2ᵉ armée qui doit porter la première le plus lourd de la tâche quand on abordera l'ennemi. Cette armée se compose du corps de la Garde, général baron de Plettenberg; du VIIᵉ corps (général de cavalerie von Einem dit von Rothmaler) ; du Xᵉ corps : général d'infanterie von Emmich ; du VIIᵉ et du Xᵉ corps de réserve, général von Zwehl; ainsi que d'un corps de cavalerie. Le VIIᵉ et le Xᵉ corps avaient déjà pris part au siège de Liége. Le Xᵉ corps avait ensuite combattu à Tirlemont-Hautem-Sainte-Marguerite le 18.

Par cette initiative, il avait dégagé sa droite de toute troupe ennemie et, ainsi, l'armée avait pu commencer, en même temps que la 1ʳᵉ armée, c'est-à-dire à partir du 19, son propre mouvement tournant, d'ailleurs beaucoup plus court, puisqu'il s'opérait au dedans du demi-cercle tracé, à sa droite, par l'armée von Kluck.

Le Xᵉ corps se rabat sur le centre, laissant le VIIᵉ corps à sa droite, de telle sorte que le mouvement s'accomplit dans l'ordre suivant, de l'est à l'ouest : à l'est, le VIIe corps après Liége se dirige sur Hannut, Jauche, Jodoigne, Wavre le 20 ; le 21 il est à Nivelles ; le 22 à Montceau-sur-Sambre ; au centre, le Xe corps, parti de Tirlemont le 18 au soir, est à Ottignies le 20, à Jumet le 22, à Montigny le 23 ; à l'ouest, la garde part d'Andenne le 19 au matin et, faisant un crochet pour éviter la place de Namur, elle est en position au nord de la Sambre, vers Jemappes le 22. Le Xe corps de réserve effectue sa marche entre le Xe corps actif et la Garde (1).

Pendant ce parcours qui ne s'étend guère que de 50 à 80 kilomètres pour les corps qui accomplissent le plus grand circuit, la 2e armée, sauf tout à fait au début, ne rencontre pas de résistance. Le pays a été vidé de toutes forces belges par les ordres qui repliaient d'abord la brigade de Huy sur Liége, puis la 8e brigade d'Andenne sur Namur.

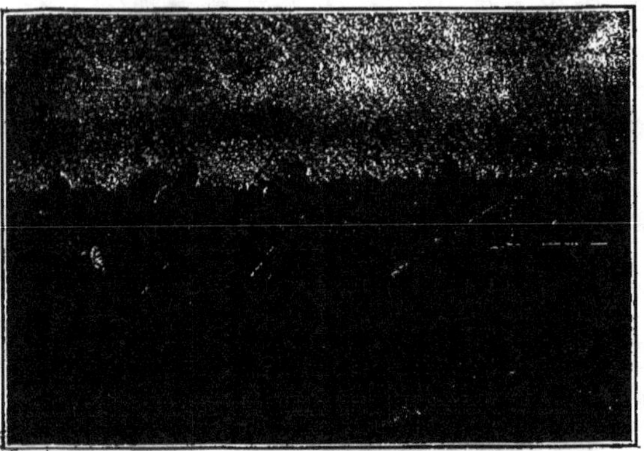

Or, à Andenne, le 20, des faits analogues à ceux qui s'étaient passés la veille à Aerschot se reproduisirent. Mais, ici, le prétexte est de faire payer à la population civile la destruction du pont sur la Meuse, et l'obstruction d'un tunnel voisin, accomplies par le génie belge (2) — preuve nouvelle de la volonté délibérée du haut commandement allemand d'empêcher à tout prix qu'une insurrection locale mît en péril les communications des armées. C'est le système

FANTASSINS ALLEMANDS EN TIRAILLEURS

proclamé et affiché, le 5 octobre 1914, sur les murs de Bruxelles, par le général von der Goltz :

A l'avenir, les localités les plus rapprochées de l'endroit où de pareils faits (destruction de voies ferrées et de lignes télégraphiques) se sont passés, — *peu importe qu'elles soient complices ou non,* — seront punies sans miséricorde. A cette fin, des otages ont été emmenés de toutes les localités voisines des voies ferrées menacées par de pareilles attaques et, à la première tentative de détruire les voies de chemins de fer, les lignes télégraphiques ou de téléphone, ils seront immédiatement fusillés (1).

ATROCITÉS D'ANDENNE

Voyons donc ce qui se passe à Andenne. La Garde a été amenée, probablement par le Luxembourg, car une compagnie de mitrailleurs du bataillon des tirailleurs passe la frontière belge dans la direction de Bastogne, le 10 août, et arrive à Marche le 12 (Appendices au *Rapport britannique,* p. 235) ; le 1er régiment d'infanterie de la Garde était aux Avins le 17 et à Héron le 18, ayant, sans doute, franchi la Meuse à Huy ; de là, il gagne Hannèche et Hemptinne, se dirigeant sans doute sur Perwez (*ibid.,* p. 238) ; le 1er bataillon du 1er régiment de la Garde était à Ermeton le 24 (*ibid.,* p. 256). Un bataillon des chasseurs de la Garde entre par Trois-Ponts, passe par Vielsalm, Courselles. L'itinéraire d'ensemble est ainsi exactement jalonné.

Entre Liége et Namur, la Meuse ne présente pas l'aspect rocheux et profondément encaissé qui la distinguera en amont du coude où cette ville est bâtie. Entre Namur et Liége, la vallée est large, les collines qui la déterminent sont

---

(1) Journal inédit d'un mitrailleur appartenant à ce corps.

(2) La 8e brigade se replia d'Andenne sur Namur, le 19, après avoir détruit les ponts sur la Meuse et obstrué le tunnel de Seilles. *La Campagne de l'armée belge* (récit officiel), p. 57.

(1) Cité dans Bédier, *Les Crimes allemands,* p. 14.

FANTASSINS ALLEMANDS AU REPOS

ondulées et couvertes de belles cultures. On comprend le mouvement stratégique qui consiste à faire remonter les troupes amenées par le Luxembourg vers ces grasses plaines pour franchir la Meuse à Huy, Andenne et, de là, en contournant et en masquant Namur, se porter sur le Brabant. C'est le programme tracé aux régiments appartenant à la Garde.

Andenne est une petite ville de 8.000 habitants, située dans la vallée sur la rive droite de la Meuse ; elle est séparée d'un faubourg de la ville, Seilles, situé sur la rive gauche, par un pont qui franchit successivement la rivière et la voie ferrée. Ce pont présente naturellement une grande importance pour l'accomplissement du mouvement stratégique.

Les premiers éléments de la Garde venant de Contisse s'avancent sur Andenne, le 19 août au matin. Une brigade entière, composée du 1er et du 2e régiment de réserve et un bataillon de réserve des chasseurs avançaient pour occuper la ville. Le 8e régiment d'infanterie de ligne belge qui défendait la Meuse s'installa sur les hauteurs au-dessus de Seilles et, de là, fit le coup de feu contre les premières troupes allemandes. Vers 8 heures du matin, il se replia sur Namur, mais, en se retirant, fit sauter le pont de la Meuse. Les Allemands durent éprouver une grande déception.

Cependant, dans la journée du 19, ils occupaient Andenne assez paisiblement, et il semble que les choses restèrent ainsi jusqu'à l'arrivée du VIIe corps de réserve qui entra dans Andenne le 21. Ordre fut donné de construire

LES ALLEMANDS A BRUXELLES

un pont de bateaux pour franchir la Meuse. Le 20, vers 16 h. 30, on avait tiré quelques coups de fusil de la rive gauche de la Meuse et les Allemands y répondirent d'Andenne. De toute évidence, les habitants d'Andenne ne pouvaient être rendus responsables de la tentative de défense, qui se prolongeait sur l'autre rive, avec laquelle ils étaient sans communication d'aucune sorte. Voici le texte du récit emprunté au *Livre blanc* allemand sous le titre : *Insurrection de la population belge d'Andenne.* Ce récit, qui reproduit le rapport officiel du général de brigade von Langermann und Erlencamp et la déposition sous serment du major von Polentz, aura pour avantage de mettre au clair, à la fois, la thèse allemande et les responsabilités :

« A peine les colonnes marchant à la tête eurent-elles atteint le pont qu'il y eut un changement subit dans l'aspect de la ville. Les habitants montrèrent leur vrai caractère. Cette fois-ci, leur conduite prit un caractère véritablement diabolique. A un signal donné du haut de l'église, les habitants qui, tantôt encore, paraissaient être disposés à porter secours aux troupes, disparurent des rues, y fermèrent leurs maisons et leurs contrevents. Immédiatement, un feu des plus terribles éclata de tous côtés sur les troupes qui ne s'attendaient à rien. On tira par les soupiraux des caves et par des ouvertures faites dans les toits. On lança une grêle de bombes et de grenades à main sur les troupes. Des mitrailleuses firent pleuvoir leurs balles meurtrières sur les rangs des soldats. En même temps, les francs-tireurs en cachette commencèrent *à tirer des hauteurs de la Meuse, vis-à-vis de la tête du pont.* Dans leur rage, des hommes et des femmes jetèrent sur les troupes de l'eau bouillante par les fenêtres entr'ouvertes. Plus d'une centaine d'hommes du bataillon du major von Polentz furent ainsi échaudés. Les troupes pénétrèrent dans les maisons, y tuèrent les lâches assaillants et mirent le feu aux maisons. Environ 200 hommes perdirent leur vie *dans ces combats* ».

Il suffirait de ce texte pour reconstituer les faits d'une façon très vraisemblable. Il est de toute évidence, par exemple, que les civils d'Andenne ne peuvent avoir à leur disposition ni bombes, ni grenades à main, ni mitrailleuses (1). La vérité doit être plus simple. Les troupes allemandes s'avancent vers le pont et sont déçues de le trouver détruit ; d'autre part, des hauteurs de la Meuse (c'est-à-dire de l'autre rive), les arrière-gardes belges commencent à tirailler ; quelques Allemands sont blessés. Les habitants d'Andenne appréhendant un combat de rues, ferment leurs contrevents. Les Allemands, furieux de ce qui se passe, décidés à faire un exemple en raison de la destruction du pont (conformément aux instructions citées ci-dessus), se retournent contre les civils, et la ville est livrée à la violence de la soldatesque.

La « répression » dégénère aussitôt en brigandage caractérisé. On a lâché la main aux troupes et on entend bien qu'elles s'amusent.

VICTIMES DES MASSACRES D'ANDENNE (2)

(1) La *Réponse au Livre Blanc allemand*, fait observer « que l'armée de campagne belge, elle-même, n'a pas possédé de mitrailleuses avant 1915 ».

(2) D'après le recueil officiel : *La Belgique et l'Allemagne.*

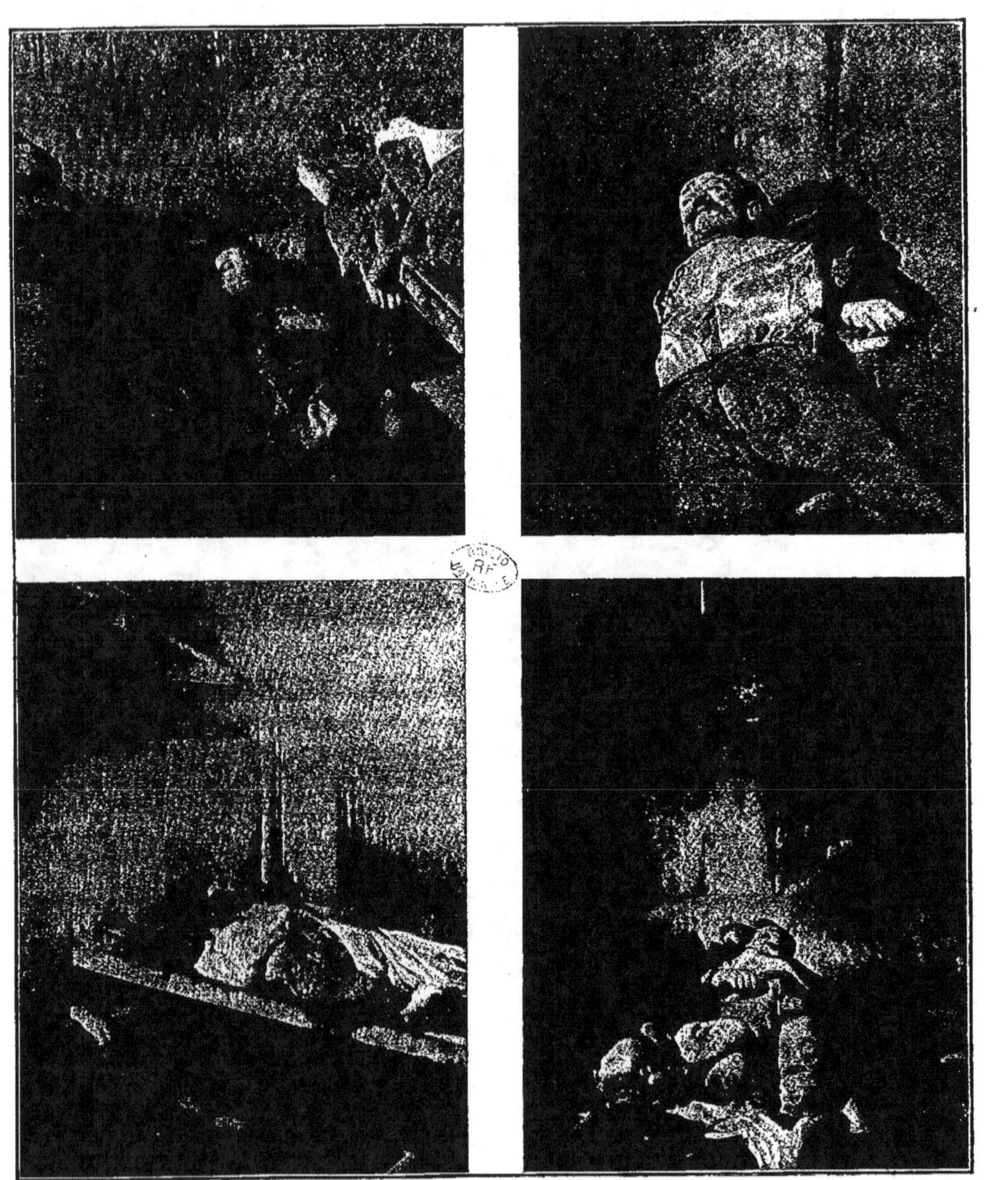

LES MASSACRES D'ANDENNE

De la lecture des carnets de route, il résulte que la plupart des soldats étaient ivres. A partir du 20 au soir, le sac et le pillage des maisons dans les principales rues commença. Une mitrailleuse allemande fut installée dans un carrefour et commença à tirer sur les habitants : même, une pièce de canon mise en batterie tira trois obus sur la ville. Toute la population passe la nuit dans les caves.

Le lendemain, vendredi 21 août, dès 4 heures du matin, les soldats se répandirent dans la ville, chassèrent la population dans la rue, forçant les hommes, femmes et enfants à marcher les mains levées et fusillant ceux qui ne le faisaient pas. Ce sont alors des scènes de violence inénarrables. Seules, les dépositions des survivants peuvent rendre compte de ce que furent ces heures pour une malheureuse population désarmée. Mieux eût-il valu, cent fois, pour elle, qu'elle se fût défendue ! Les lois de la guerre sont atroces quand elles ne sont observées que d'un côté.

Pendant ce temps, toute la population était poussée vers la place des Tilleuls. Les vieillards, les malades, les impotents eux-mêmes y étaient conduits sur des brouettes, d'autres encore étaient soutenus et portés par leurs proches. Les hommes furent séparés des femmes et des enfants. Tous furent fouillés : ceux qui paraissaient suspects ou qui déplurent furent immédiatement fusillés en présence de la foule. Ils moururent bravement. Au hasard, les soldats, sur l'ordre des officiers, séparèrent du groupe quarante ou cinquante hommes : ils furent emmenés et fusillés les uns le long de la Meuse, les autres près de la gendarmerie.

Pendant que ce drame se passait place des Tilleuls, d'autres groupes de soldats se répandaient dans le voisinage, continuant leur œuvre de sac, de pillage, d'incendie. Sept hommes appartenant à la même famille furent emmenés dans une prairie ; les uns furent fusillés, les autres mutilés à coups de hache. Un grand soldat roux, la figure balafrée d'une cicatrice, se distingua par la férocité avec laquelle il mutila les victimes. Un enfant fut tué à coups de hache sur les bras de sa mère. Un jeune garçon, une femme furent fusillés (1).

---

(1) *Livre Gris belge*, p. 180. — Le « bilan » d'Andenne s'établit comme suit : 300 habitants massacrés à Andenne et à Seilles; 300 maisons environ brûlées. Un grand nombre d'habitants ont disparu. Presque toutes les maisons ont été saccagées et pillées. Le pillage dura plus de huit jours. Aucune ville belge n'a été le théâtre d'autant de scènes, de férocité, de cruauté et de rage.

... Lorsque les Allemands eurent ainsi rassemblé les habitants d'Andenne, environ 850 hommes, un colonel allemand renvoya les femmes chez elles en leur disant : « Allez nettoyer vos maisons et enterrer vos morts! » La plupart n'eurent garde d'y rentrer; heureusement, car plus d'une eut à y subir d'inqualifiables outrages. Il était alors 9 h. 30 du matin. Le colonel fit savoir qu'à Andenne il avait constaté l'existence de nombreux francs-tireurs; qu'en conséquence, il devait punir la ville et faire un exemple. Une quarantaine d'hommes furent fusillés. Le restant des hommes fut conservé comme otages et emprisonné dans les carrières où l'orgie allemande s'était donné libre cours depuis vingt-quatre heures. Ils y furent retenus deux jours ou deux nuits pendant lesquels les troupes se livrèrent à tous les excès : pillage, incendie, outrages sur les femmes sans défense, destruction des meubles. Pour couronner leurs hauts faits, ils affichaient sur les murs d'Andenne qu'ils savaient depuis longtemps que la ville d'Andenne était un nid de bandits (1).

La résolution prise, d'avance, de faire un exemple sur Andenne ressort de plusieurs dépositions dignes de foi : « Un officier a engagé Mme S., chez qui il logeait, à ne pas se rendre à Andenne où il allait se passer des choses terribles. (L'habitation de Mme S. est située à 6 kilomètres d'Andenne.) Un autre officier, avant de mourir à l'hôpital d'Huy, a dit qu'on n'avait pas fait à Andenne la dixième partie de ce qui était dans les desseins et plans du grand état-major ! »

D'ailleurs, voici qui couvre tout et qui établit la véritable responsabilité, c'est la proclamation de von Bulow, commandant la 2ᵉ armée, déclarant que C'EST AVEC SON CONSENTEMENT QUE LE GÉNÉRAL A FAIT BRULER TOUTE LA LOCALITÉ (2).

L'ensemble de la 2ᵉ armée continue sa marche sans s'arrêter à ces incidents.

Nous avons signalé le gros à Wavre le 20, à Nivelles le 21 et à Anderlues le 22 (VIIᵉ corps), à Ottignies le 20 et à Jumet le 22 (Xᵉ corps). Elle va se déployer ainsi lentement devant la Sambre, laissant à la 1ʳᵉ armée le temps d'accomplir le grand tournant. D'autre part, elle prend ses mesures pour rester en liaison sur

---

(1) *Rapports sur la violation du droit des gens en Belgique.* IIᵉ volume, p. 167.

(2) Déposition d'un fonctionnaire d'Andenne, *Livre Gris,* p. 193.

GABRIEL HANOTAUX
de l'Académie Française

HISTOIRE ILLUSTRÉE
DE LA
GUERRE DE 1914

24 PAGES DE TEXTE ET D'ILLUSTRATIONS

FASCICULE
Nº 48

L'ÉDITION FRANÇAISE ILLUSTRÉE
(GOUNOUILHOU, Éditeur)
30, Rue de Provence, Paris

PRIX NET
1 franc
ÉTRANGER, PORT EN PLUS

A NOS LECTEURS

LES *deux premiers volumes* de ***L'Histoire de la Guerre de 1914*** ont donné l'exposé des faits historiques et diplomatiques qui ont précédé et amené la guerre, et qui engagent si lourdement la responsabilité de l'Allemagne.

Avec *le troisième volume,* l'historien est entré dans le vif de son sujet, le grand drame de la guerre.

Le *quatrième volume,* commencé avec le fascicule 40, est consacré au récit de ***La Bataille des frontières*** *(Charleroi, etc.)* jusqu'à la retraite sur la Marne.

Par les renseignements qu'il a recueillis, par les travaux d'enquête et de recherches auxquels il s'est livré, par les conversations qu'il a eues avec les personnages officiels et les hommes politiques de l'Europe entière, l'historien a approché, d'aussi près que peut le faire un contemporain, de la source où peut se découvrir la vérité sincère et impartiale.

Opérations militaires, descriptions de batailles, portraits de grands chefs, exposés de la situation politique et économique des pays belligérants et des neutres, apparaissent avec une précision, une clarté et une grandeur émouvantes.

C'est vraiment le tableau de la « grande guerre ».

CAVALIERS FRANÇAIS EN BELGIQUE

sa gauche avec la 3ᵉ armée. De concert avec celle-ci, elle prend ses dispositions pour assaillir, au cours des opérations sur la Sambre, la place forte de Namur qui, entourée de toutes parts, forme le saillant qui décidera du sort de la bataille.

Les événements d'Andenne ont mis en goût l'armée de von Bulow. On pourrait la suivre à la trace du sang. Les événements de Tamines et, un peu plus tard, de Monceau-sur-Sambre, moins connus parce qu'un peu plus tardifs et qu'ils se sont perdus en quelque sorte dans le tumulte de la bataille, ne sont pas moins horribles. Les témoignages sont aussi formels. La 2ᵉ armée, tournant autour de Namur, était à Tamines le 21. Les troupes passent ou y séjournent dans cette journée et dans celle du lendemain 22 août.

N'insistons pas sur les premières violences habituelles, qui se produisent le 21 ; le 22, un combat d'avant-garde s'engage avec des forces françaises. Que font les Allemands ? Ils ramassent les civils pour les mettre en avant, tandis qu'ils marchent à la rencontre des Français :

Il y avait des femmes et des enfants, dit un témoin. Nous étions plus de 800. On nous a mis dans une prairie sur la route de Velaines, au nord de la Sambre. Les Français ont arrêté le feu en nous voyant. L'armée allemande a alors défilé devant nous.

Un autre témoin dit :

Les Allemands nous mettent devant eux comme bouclier. Les Français ne tirent pas. Ils laissent les Allemands passer le pont et se masser en rangs serrés, toujours précédés par nous. Vers 5 heures, les Français ouvrent le feu avec des mitrailleuses. Nous nous couchons : une dizaine de nous sont tués ou blessés. Les Français font ce qu'ils peuvent pour nous éviter. Pendant la bataille, les Allemands ont mis le feu à toutes les maisons de la rue de la Station, place Saint-Martin et rue de Falizole.

La résistance des Français — qui finissent, cependant, par se replier, — excite, probablement, comme à Andenne, la fureur du commandement allemand. Il se retourne contre la population civile, bien innocente de ce qui se passe autour d'elle. Le rapport officiel belge résume, en ces termes, les résultats de l'enquête :

C'est après la bataille, les Français étant en retraite, que les véritables exécutions commencèrent à Tamines : le rassemblement de la population dans l'église, la sortie des hommes, leur groupement sur la place Saint-Martin, le simulacre de sentence lu à voix basse par un officier et la première décharge qui tue ou blesse une partie des victimes, l'ordre de se lever à ceux qui s'étaient laissés tomber, et le massacre de ceux-ci par une seconde décharge, l'achèvement enfin, à coups de crosse, de baïonnette et de madrier, des blessés et des agonisants... Le nombre des victimes a été fixé par le onzième rapport à 450. Il semble que ce nombre puisse être augmenté si l'on tient compte des malheureux tués chez eux, brûlés vifs et de ceux qui furent massacrés au hasard parmi la ville en ruines. Un témoin nous a remis une liste imprimée à Charleroi sur laquelle figurent 336 noms de morts, dont 2 prêtres et 9 femmes, et 59 noms de blessés. Un autre nous a rapporté une photographie de plusieurs cadavres, dont celui d'un petit garçon sur les décombres d'une maison incendiée (1).

Tels furent les premiers exploits de ces régiments d'élite.

De l'ensemble des renseignements qui nous sont parvenus sur la 2e armée, il résulte qu'elle se trouva rangée sur le terrain et aux prises avec l'ennemi dès le 21 au soir, sensiblement plus tôt que la 1re armée, qui n'attaque l'armée anglaise que dans la journée du 23. Et cela s'explique, puisque celle-ci a beaucoup plus de chemin à parcourir.

De là, le fait constaté par les comptes rendus français que les attaques de la 2e armée allemande sont molles et pour ainsi dire tenues en bride. Evidemment, le haut commande-

ment allemand ne veut pas laisser la bataille s'accrocher avant que la 1re armée ait achevé péniblement, le 23, après des marches forcées, son mouvement tournant et que les corps soient concentrés pour l'action après avoir été dispersés pour la marche.

Cette observation suffit pour faire apprécier de quel intérêt il eût été, pour les armées alliées, de prendre l'offensive dès le 19 ou le 20, avant que cette concentration eût été un fait accompli.

MARCHE DE LA 3e ARMÉE La marche de la 3e armée donne lieu à des observations analogues ; elles sont d'autant plus frappantes ici que cette armée paraît avoir reçu une mission particulière ; c'est elle qui a pris la première, par sa cavalerie d'exploration, le contact avec l'armée française ; elle a pour rôle de s'introduire de bonne heure, si elle le peut, dans la fissure qui se produit sur la Meuse, entre l'armée de Lanrezac portée en avant pour couvrir le territoire belge et la 4e armée française qui doit garder ses liaisons avec nos armées opérant en Woëvre et en Lorraine

Observez bien cette fissure ; examinez avec attention, sur la carte, l'angle que fait la Meuse de Fumay à Namur et de Namur à Huy et à Liége.

Par la nécessité de respecter la neutralité belge et luxembourgeoise, les armées françaises n'ont pu s'élever assez tôt dans ce secteur pour marcher vers le Nord et se porter de Rocroi-Mézières-Sedan sur Namur-Liége. Ainsi, il s'est formé, à notre désavantage, un décrochement s'étendant approximativement de Rocroi à Namur : c'est, en quelque sorte, un flanc intérieur qui se présente aux attaques des forces allemandes. Par ce flanc de la Meuse, notre armée de la Sambre court le risque d'être tournée : ce sera sa perpétuelle préoccupation. Ses chefs auront toujours l'œil sur les ponts de Dinant, Hastières, Givet, qui peuvent livrer passage à l'ennemi sur ses derrières.

Or, c'est dans cet angle et sur ce terrain, si

(1) *Rapports sur la violation du droit des gens en Belgique,* 1915, IIe volume, p. 120-123.

ARRIVÉE DE MARINS ANGLAIS A OSTENDE

dangereux pour nous, que la 3e armée est appelée à évoluer, avec, pour objectif, tout en contribuant à prendre Namur, de pénétrer par la redoutable fissure et de l'agrandir.

La 3e armée est commandée par le général baron von Hausen, ancien ministre de la Guerre du royaume de Saxe, que nous avons vu rabroué par l'empereur Guillaume aux manœuvres de 1912. Ce général saxon est en médiocre estime auprès des autorités prussiennes. Dès le 15 août, il avait manqué sa première attaque sur Dinant et les officieux le lui reprochèrent cruellement. Disons, tout de suite, pour en finir avec ce personnage éphémère, qu'il fut remplacé, le 12 septembre, « pour cause de maladie » par le général von Einem qui, auparavant, commandait le VIIe corps.

La 3e armée comprend le XIe corps (général von Pluskow) ; le XIIe corps (1er saxon, général d'Elsa) ; le XIXe corps (2e saxon, général von Laffert) ; le XIIe corps de réserve (général d'artillerie von Kirchbach) et la cavalerie de la Garde.

Cette armée est bien moins nombreuse que les précédentes. Il est assez curieux qu'on n'ait assuré à cette 3e armée ni des chefs plus capables ni des moyens plus puissants, étant donné l'importance du rôle qu'on lui assignait. Le mirage du grand mouvement attirait uniquement les regards : c'est peut-être l'exemple le plus frappant de la croyance systématique en « l'invincibilité du front » qui fut une des graves erreurs de l'état-major allemand dans sa doctrine en général et dans cette campagne en particulier.

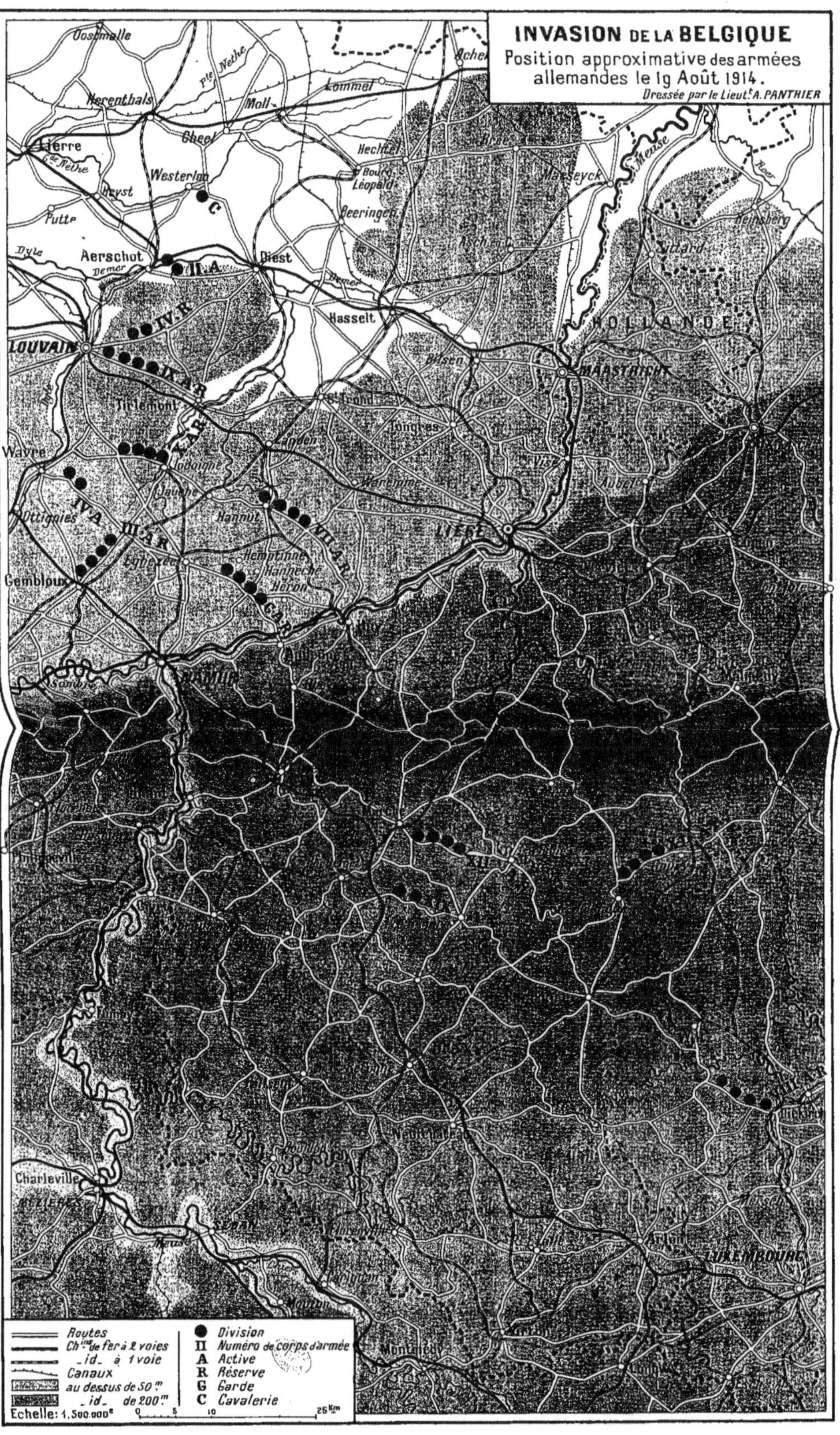

INVASION DE LA BELGIQUE
Position approximative des armées
allemandes le 19 Août 1914.
Dressée par le Lieut. A. PANTHIER
Oostmalle
Herenthals
Lierre
Heyst
Putte
Dyle
Aerschot
Demer
Westerloo
C
Moll
Gheel
Diest
Hasselt
Loemmel
Hechtel
Bourg Léopold
Beeringen
Asch
Maeseyck
Meuse
Roer
Sittard
Heinsberg
HOLLANDE
MAASTRICHT
LOUVAIN
Tirlemont
Wavre
Ottignies
Gembloux
St Trond
Looz
Tongres
Visé
LIEGE
Hannut
Hemptinne
Hanneche
Héron
Charleville
MEZIERES
SEDAN
LUXEMBOURG
Arlon
Montmédy
Routes
Ch. de fer à 2 voies
id. à 1 voie
Canaux
au dessus de 50 m.
id. de 200 m.
Echelle: 1.500.000e
Division
Numéro de corps d'armée
Active
Réserve
Garde
Cavalerie
0   5   10   25 Km

En exposant la vaine tentative de la cavalerie opérant en avant de la 3e armée pour forcer le passage de la Meuse à Dinant le 15 août, nous avons rappelé le blâme porté sur le général von Hausen par les critiques officiels allemands : « Si l'état-major de la 3e armée avait pris de meilleures dispositions, le passage de la Meuse aurait pu être effectué bien plus vite. Ce retard a, sans aucun doute, contribué aux insuccès de l'armée allemande au commencement de septembre et les forces allemandes marchant sur Paris ont dû être groupées différemment » (1).

Le blâme remonte probablement, du général von Hausen, au grand quartier général allemand qui, ici comme à Liége, paraît lui avoir donné l'ordre de foncer témérairement et tête baissée sans lui fournir les moyens de réussir le coup de main. Mais ce qu'il faut retenir de cette note, c'est l'aveu que les « forces allemandes marchant sur Paris, *ont dû être groupées différemment* ». Ces modifications ont été, sans doute, assez profondes. Probablement elles ont eu pour objet de maintenir à proximité de l'armée de von Hausen une certaine partie des forces de von Bulow pour l'aider dans l'opération contre Namur.

Namur devient, à partir du 16, une préoccupation importante pour le haut commandement allemand. Il l'entoure par des forces empruntées aux différentes armées : la relation officielle belge signale le IIIe corps venu de l'ouest (et qui appartient à la 1re armée), le VIIe corps venu du nord (qui appartient à la 2e armée), le XIXe corps venu du sud-est et qui appartient à la 3e armée.

Les documents allemands mentionnent exclusivement le VIIe corps de réserve allemand (général von Hülsen) dont une division a franchi la Meuse à Andenne. Mais, il est évident que ces forces ne suffisent pas.

Les premières tentatives allemandes sur la place de Namur remontent au 19 août :

Les indices, relevés à partir du 19 août, se firent beaucoup plus significatifs et plus menaçants. Ce jour-là, des troupes de toutes armes furent signalées dans le rayon de

la place vers Faulx ainsi que vers Ramillies-Offus où étaient rassemblés plusieurs régiments d'infanterie et d'artillerie. Des pièces de très gros calibre les accompagnaient. C'étaient vraisemblablement des éléments du matériel de siège qu'avait rendu disponible la chute des derniers forts de Liége.

Le 20 août, dès le matin, les Allemands commencèrent le refoulement des grand'gardes du secteur nord-est de la forteresse. Les attaques furent vivement menées par des cavaliers à pied appuyés par des mitrailleuses et une infanterie nombreuse. Des batteries ennemies s'installèrent en avant des forts de Maizeret, d'Andoy et de Dave (c'est le secteur dévolu à la 3e armée). Un avion survola la ville et y jeta des bombes. Dans la nuit (du 20), trois attaques furent esquissées par de l'infanterie entre les intervalles du fort de Marchovelette (1).

La 3e armée avait employé les journées du 15 au 20 à opérer ses marches vers la Meuse. La voilà, dès le 20, arrivée à pied d'œuvre, cantonnant à une distance de quelques kilomètres des bords de la Meuse au moment où la 1re armée est en route dans la région de Bruxelles et la 2e armée vers Wavre et Gembloux.

Nous ne manquons pas de renseignements curieux sur les dispositions de la 3e armée et sur son attitude pendant la période où elle séjourne en Belgique. Etudions les caractéristiques militaires et morales de cette armée, que nous avons déjà signalée comme représentant un état moyen parmi les troupes allemandes.

LES CARNETS DE ROUTE ALLEMANDS Cette étude, nous allons la faire, à l'aide des carnets de route qui sont tombés entre les mains de l'autorité française ou qui ont été publiés sous la censure de l'autorité allemande. L'histoire militaire trouve, dans ces carnets, rédigés par les officiers et par les soldats, une « source » nouvelle et qui lui permet de pénétrer dans un détail psychologique et moral infiniment divers et précis.

Xénophon, en narrant la retraite des Dix-mille, Robert de Clary en notant ses impressions de soldat à la 4e croisade, Fricasse et Coignet en écrivant leurs souvenirs des guerres de la Révolution et de l'Empire, nous ont laissé, en quelque sorte, des carnets de route, mais très rares,

______
(1) Ci-dessus, t. III, p. 304.

(1) Rapport du commandement belge.

PIÈCE D'ARTILLERIE ANGLAISE CONTRE AVIONS

en somme, autrefois. Le soldat écrivait peu.

Il appartenait à l'Allemagne, essentiellement méthodique et paperassière, de multiplier la littérature des carnets de route.

Dans l'organisation allemande, chaque individualité est habituée à sentir sans cesse les liens qui la rattachent à l'ensemble. En sens inverse, la société surveille les gestes de l'individu pour que tous servent à l'effort commun.

La discipline sociale s'applique plus rigoureusement encore dans l'armée. Le soldat est « l'homme » de ses chefs. Il leur doit compte non seulement de ses actes, mais de ses pensées, de ses intentions, de ses émotions ; en vue de l'histoire nationale, il leur doit compte de ses souvenirs. L'article 75 du règlement allemand concernant le service en campagne est ainsi conçu : « Les journaux de guerre servent d'information sur l'ensemble des opérations d'une troupe sur le terrain et, rapprochés des rapports de combat, de base aux historiques ultérieurs de campagne ; ils doivent être tenus quotidiennement. »

Il n'était pas nécessaire de pousser « l'homme militaire » allemand à écrire. La race y est portée naturellement. Son attache à l'histoire est d'autant plus forte que l'histoire a été un des agents les plus efficaces de la nationalité. Une éducation livresque, une application naturelle, une hypertrophie du moi à la fois matérialiste et sentimentale, tout porte l'Allemand à se raconter sans cesse. Il s'étudie, il se mire, il s'admire. Tout lui importe de lui-même. Aussi il se complaira dans l'exécution de la consigne du carnet de route. Ses écritures prises dans le froid et le chaud, sous la bise et sur la dure, ne sont plus seulement de simples notations militaires; elles se transforment, s'élargissent et deviennent de véritables autobiographies journalières, exposant les faits matériels et les faits moraux, le corps et l'âme.

Comme il est naturel, le corps tient une très grande place. Le soldat en marche pense d'abord aux besoins et aux exigences physiques, à ses pieds, à ses jambes, à son dos plié sous le faix, à son estomac, moteur de toute la machine. Les carnets de route allemands portent le témoignage de ce souci constant. La race est vigoureuse, plantureuse et gloutonne. Nous saisissons sur le vif ces natures violentes, non seulement quand elles se repaissent, mais quand elles se vautrent et s'entripaillent sur la provende d'autrui. Une fois pour toutes, ce caractère de la race est dessiné, d'un trait large et gras, pour l'histoire. Grâce aux journaux de guerre, nous avons

LA FOULE EXAMINE UN CONVOI D'AUTO-MITRAILLEUSES BELGES

le tableau documentaire et irrécusable qui nous dépeint la horde allemande se ruant sur un pays asservi : c'est un Jordaens ensanglanté.

Au point de vue psychologique, la source est non moins sûre, non moins abondante. Le secret intime de ces consciences où le mysticisme et la violence, la discipline stricte et une instinctive bestialité font un si étrange amalgame, se découvre spontanément.

Les notes prises sur les carnets de route témoignent, dans l'ensemble, d'un sérieux dans l'impudeur qui toucherait au comique si ces choses n'étaient pas si tristes; des hommes braves et exposant chaque jour leur vie se conduisent comme de grands enfants obscènes.

Un tel contraste ne peut s'expliquer que par le manque d'anciennes traditions et par la brièveté relative de l'existence nationale. Improvisées et modernes, ces âmes restent grossières sous leur vernis luisant : il leur manque le fini vénérable. « La culture » n'est pas la civilisation.

Au point de vue militaire et au point de vue historique proprement dits, ces documents individuels sont sans prix. Ils permettent de contrôler partout l'exactitude des moindres détails et des moindres faits. Nous saurons, non plus seulement par le « communiqué », où se poursuit toujours la « manœuvre morale, », mais par le cri des choses, comment fonctionne l'immense machine de la nation armée, comment elle se comporte une fois transportée sur le terrain, si les rouages crient, et quel est son rendement. L'escouade, la compagnie, le bataillon ont leur action propre, et leur transformation moléculaire : nous la saurons, et nous saurons aussi si l'appétit de la victoire chez les chefs n'a pas exigé des subordonnés un effort trop continu et trop épuisant. A l'œuvre, nous verrons les méthodes et les instincts, les commandements et les exécutions : nous retrouverons, dans l'armée, les castes, les provinces, les religions, les aspirations, les instincts; nous discernerons les responsabilités générales et individuelles. Nous saurons comment, du haut en bas de l'échelle, s'interprète, dans l'esprit allemand, cette formule terrible: « c'est la guerre ». Cette immense littérature des carnets apporte à l'histoire un témoignage, un aveu irrécusables.

Quoique moins abondante et moins méthodique, cette littérature n'aura pas manqué aux armées françaises. Les familles conserveront

ESCADRON DE DRAGONS FRANÇAIS DANS UN VILLAGE PRÈS DE NAMUR

ces précieux témoignages. L'heure venue, ils les livreront à la publicité. L'histoire comparera : elle pourra prendre la mesure des deux âmes (1).

Je suivrai, pour l'exposé des premières marches du XIIᵉ corps en Belgique, deux carnets, l'un d'un officier et l'autre d'un simple soldat réserviste.

A peine le XIIᵉ corps approchait-il de la frontière belge qu'on l'excitait contre le soi-disant franc-tireur : « On nous fait des récits de la perfidie des Belges contre nos soldats en cantonnement. » Un autre écrit : « Il faut prendre dès précautions contre les empoisonnements » (p. 153). On passe du Luxembourg sur le territoire belge. Partout des arbres sont abattus et jetés en travers des che-

mins ; des fossés de 6 mètres de largeur et de 3 mètres de profondeur ont été creusés en travers des routes. Mais ces barricades ne sont pas défendues. Les pionniers allemands remettent rapidement le tout en état (1). La gare de Gouvy est détruite : on la rétablit également. La 64ᵉ brigade (32ᵉ division) a pour objectif de garder la ligne du chemin de fer de Stavelot à Bastogne, jusqu'à ce que le XIIᵉ corps se mette en marche. « On apprend, qu'à

L'EMPEREUR GUILLAUME
INTERROGEANT UN OFFICIER

(1) Les premières publications de carnets de route ont commencé en France et en Allemagne. En Allemagne, elles sont évidemment surveillées attentivement et j'ai eu parfois l'impression que le texte était arrangé et altéré. Dans les pays alliés, la publication des textes allemands a été entreprise, d'abord, pour établir les responsabilités allemandes dans les faits de violation du droit des gens. On connaît les publications scrupuleuses (le plus souvent accompagnées de photographies) dues à M. Bédier et aux auteurs des recueils officiels français, belges, anglais, etc.... M. Jacques de Dampierre, archiviste paléographe, a commencé une série de publications, faites avec le soin le plus minutieux, de carnets de route allemands conservés au ministère de la Guerre. Outre ses deux livres : *L'Allemagne et le droit des gens* (Berger-Levrault, in-4° 1915) et *Carnets de route allemands* (Berger-Levrault, in-12 1916), il prépare une nouvelle série dont il a bien voulu me communiquer les épreuves. Je lui exprime ici mes bien sincères remerciements.

(1) Au sujet des mesures de répression en pareil cas, M. J. de Dampierre a publié un intéressant document qui est une preuve de plus de la rigueur cruelle apportée par les autorités militaires allemandes à la protection des voies de communication :

« Dans la marche en avant au passage de la frontière, il faut s'attendre à ce que les colonnes de marche trouvent souvent les routes coupées. Les commandants des têtes d'avant-garde et des avant-gardes devront prendre, à cet égard, les mesures nécessaires. La cavalerie d'avant-garde doit, immédiatement, dès qu'elle rencontre les barrages, reconnaître les possibilités qu'il y a de les tourner et venir en rendre compte en arrière. Avec la compagnie de tête, marche une section du génie qui devra être spécialement outillée à cet effet et qui commencera aussitôt le déblaiement, tandis qu'une autre section de la compagnie du génie d'avant-garde se portera à la compagnie de tête pour se trouver en avant au prochain arrêt (la compagnie du génie d'avant-garde marche sans paquetage et laisse ses sacs au train régimentaire qui suit). En outre, il y a lieu de réquisitionner des travailleurs dans les communes les plus voisines pour effectuer les déblaiements. Sitôt qu'on aura pénétré sur un territoire, les habitants doivent être rendus responsables du maintien des voies de communication. A cet effet, le commandant de l'avant-garde disposera d'une forte patrouille de gendarmerie de campagne que lui attachera le commandement général, à l'effet d'être utilisée à l'intérieur de l'espace protégé par les troupes. *Contre tout habitant qui tente de*

PRISONNIERS ALLEMANDS A BRUGES

Liége, il a été fait 70.000 *prisonniers.* » C'est la manœuvre morale qui commence. Par contre, les souffrances individuelles apparaissent : l'un des officiers écrit : « Depuis trois jours la compagnie n'a pas de pain ; aujourd'hui on en touche enfin » (11 août). Au même moment, le réserviste encore dans le Luxembourg écrit : « Marche encore très fatigante (9 août). C'est tout juste si je peux la faire en me traînant... En route (10 août) je n'ai pas pu continuer et je me suis couché... Il y a là sur la route beaucoup de camarades fourbus (11 août)... La dernière nuit a été horrible (p. 155). Il y avait

nous causer un dommage ou nous le cause, il y a lieu d'agir avec une impitoyable rigueur. »

Signé : V. FABECK.

Pour copie conforme :　　　　　　BAESSLER,
lieutenant, aide de camp.

(Le général von Fabeck, commandant le *XIII° corps* wurtembergeois, est le même qui soutint le lieutenant von Forstner dans la fameuse affaire de Saverne ; le texte de l'ordre est donné en allemand dans le livre du comte de Dampierre, *L'Allemagne et le Droit des gens,* p. 200.)

70 à 80 hommes couchés : l'air était effroyable. » La note sentimentale : « Je n'ai pas fermé l'œil pensant à mon pays natal. J'ai grand faim, peu à manger, rien à fumer, et pourtant bon appétit (p. 156). En arrivant ici (18 août) je suis tombé de surmenage et suis resté là raide pendant deux heures. L'endroit s'appelle Bastogne. »

L'officier se plaint également du ravitaillement : « Ravitaillement plus que misérable » (p. 9). Mais il sait parer aux lacunes : « Je réquisitionne 5 bouteilles de bourgogne 1895 à 5 marks, ainsi que du lard. — A Sterpigny, j'achète 2 belles poules et les sacrifie de ma main. Un artilleur me les vole pendant que je cours après des soldats occupés à piller. — Bu chez le curé du bon Steinhæger... Le soir. j'ai grignoté une vieille poule et bu avec cela beaucoup de vin rouge. »

Il constate aussi la fatigue des troupes : « Après quatre heures et demie de marche, halte : il y a beaucoup d'éclopés à la 8e compagnie et en général beaucoup de pieds malades (18 août) —... Départ pour Marche. La chaleur fait tomber encore beaucoup de monde (19)... Une grosse chaleur lourde et poussiéreuse (le 20) a mis beaucoup d'hommes sur le flanc les hommes ne sont pas encore entraînés du tout aux grandes marches ; leur énergie est assez faible. Au bout de ces 20 kilomètres, je n'aurais pas voulu avoir à les mener au feu... »

Quels sont les contacts avec les habitants ? Le soldat se méfie, mais il éprouve, dans l'ensemble, une première impression plutôt favorable. L'un des officiers est un homme relativement modéré : il ne manque pas d'un certain goût, il est impressionné par l'aspect cossu des belles demeures, les meubles « rococo ». Il réquisitionne pour boire, car la chaleur et la soif l'accablent ; mais, il cause avec le curé, « extrêmement aimable » avec ses hôtes ; il s'indigne des excès de la landwehr. « L'après-midi, j'ai visité un petit château qui appartient à un secrétaire du roi (sans doute le château du comte d'Aerschot) dans lequel notre landwehr s'est comportée comme des vandales... Pêle-mêle sauvage de beaux meubles rococo couverts de soie, de buffets pleins de vaisselle et de porcelaines, d'armoires vidées de leur contenu... (p. 12). »

Mais l'autre officier, plus raide, plus gourmé' un vrai junker, voit les choses d'un autre œil. Il ne déplore pas, il jouit : « Je m'installe dans une jolie villa hâtivement abandonnée par ses maîtres ainsi qu'en témoigne la table à thé en désordre. Bonne soirée... »

Il se méfie des paysans et les traite en conséquence : « On passe la nuit dans une ferme. Habitants mal intentionnés... Je me fais

LE DUC ALBERT DE WURTEMBERG
COMMANDANT LA 4ᵉ ARMÉE

remettre tout leur arsenal caché et, pour éviter à mes hommes la garde de cette canaille, on les enferme dans une cave à bois après les avoir soigneusement pourvus de paille, couvertures, pain, eau et lard. »

On est arrivé à la veille des grandes rencontres. L'instinct militaire secoue les impressions pénibles des premières marches et des séparations familiales.

L'officier du 178e d'infanterie oublie la fatigue, le froid, le brouillard du matin pour contempler le tableau de la grande armée qui se lève : « Depuis 5 heures (le 21 août), la division est en position d'attente. Brouillard. Froid de chien. Comme on n'a pas dormi, on n'est guère à la hauteur. A 10 heures enfin, départ vers Sovet où se rassemble la 32e division. Ces énormes masses se concentrent sur une pente douce, ce qui offre un coup d'œil remarquablement imposant. Au loin, une mer de chevaux et de voitures de l'artillerie et du train. Tout à fait en avant, les bivouacs de l'infanterie ; sur la hauteur, une superbe église, à côté d'une école, et une tour sur laquelle les observateurs d'artillerie travaillent à la lunette à charnières. Il arrive toujours de nouvelles troupes et de nouveaux convois. Notre cavalerie d'armée se porte vers l'aile nord (Namur) et nous voyons passer auprès de nous trois régiments de hussards prussiens avec des groupes de mitrailleuses (1) ; c'est un magnifique tableau ! »

Voici, maintenant, l'intelligence qui va

(1) C'est la cavalerie de la Garde qui forme la cavalerie d'armée de von Hausen. « Il n'y avait pas de groupes de mitrailleuses attelées rattachées dès le temps de paix aux régiments ou brigades de cavalerie, mais il était prévu que les formations de ce genre seraient mises en temps de guerre à la disposition du commandement. » J de Dampierre, p 17.

SOLDATS ALLEMANDS CONDUISANT LE BÉTAIL RÉQUISITIONNÉ DANS LES VILLAGES BELGES

mettre en mouvement toute la machine : « A minuit, un officier arrive en auto, nous portant l'ordre d'être, à l'aube, près de la Meuse pour couvrir notre artillerie. On y va dans la nuit noire. Au bout d'une heure, nous sommes à l'endroit désigné ! Il fait une fraîcheur désagréable ; on se couche, dissimulés sans bruit derrière de grosses meules de blé. Un adjudant nous apporte des esquisses des positions ennemies et des précisions sur notre objectif. La canonnade... A 9 heures, ordre de marche... Comme nos « hommes gris » l'accueillent avec joie ! » (1)

Voici quelle semble avoir été la marche de l'armée von Hausen entre la frontière allemande et la Meuse.

(1) *Unser Vormarsch bis zur Marne aus dem.* Kriegstagebuch eines sächsischen Offiziers.

Le 7 août, la 32e division du XIIe corps a débarqué à Pronsfeld, venant de Saxe par Weimar, Erfurt, Bebra et Coblentz. Elle passe les frontières luxembourgeoise et belge et attend la fin de la concentration du XIIe corps. Le 15 août, elle part enfin de Wibrin pour Mont-le-Ban ; le 18, tandis que le XIXe corps effectue sa marche parallèlement au sud, le XIIe corps s'achemine vers Laroche ; la 64e brigade de la 32e division a 26 kilomètres à faire pour y parvenir. « A travers la sauvage forêt des Ardennes, dit l'officier saxon, de magnifiques pins, le long de la route, ont été abattus par l'ennemi pour entraver la marche ; çà et là s'enfoncent de profondes vallées, où l'on descend par des lacets ; on peut alors voir toute la brigade d'un seul coup... Laroche est délicieusement située dans l'étroite et rocheuse vallée de l'Ourthe. C'est une vraie petite ville française, dominée par une petite ruine féodale, terminus d'un chemin de fer vicinal, avec de bonnes vieilles locomotives qui étaient toutes alignées là dans un silence solennel. La division se rassemble. » Le lendemain 19, elle est à Marche; le 20, après une vingtaine de kilomètres parcourus par une grande chaleur, elle se rassemble à Achêne... « Infanterie, hussards, artillerie, pontonniers, convois de voitures couvrent les routes à perte de vue. »

Mais la bataille est prochaine: le 21, à midi, la division reçoit l'ordre de se porter sur la Meuse, en position d'attente et soutien de l'artillerie, et ce sera à 6 h. 15 du soir que les Allemands ouvriront un violent feu d'artillerie sur les avant-postes français qui gardent les ponts de la Meuse en amont de Namur.

Quant au XIIe corps de réserve, il paraît avoir suivi la marche du XIIe corps et son 13e bataillon de chasseurs se trouve le 23 août à Sorinne, à quelques kilomètres à l'est de Dinant.

La marche du XIXe corps s'effectue au sud de la zone attribuée au XIIe corps. Le 6 août, le 179e d'infanterie (24e division du XIXe) a quitté Leipzig pour Corsel, à 10 kilomètres de Trèves, où il arrive, le 8, par Eisenach, Bebra et Mayence. Après des marches très fatigantes à travers l'Eifel, les troupes, le 18, quittent la région d'Asselborn, près de Trois-Vierges, pour cantonner, le 19, vers Ambly, et le lendemain vers Mont-Gauthier à 16 kilomètres de Dinant. Le 23, après une terrible marche qui dure du 22 à 2 h. 30 du matin jusqu'au lendemain à 3 h. 30 du matin, le 179e se trouvera à Bourseigne-Neuve, à 12 kilomètres au sud de Givet. Dans le même corps d'armée, le 107e et le 133e sont à Spontin également le 23 août, le 133e sera à Haybes le lendemain et le 179e à Fumay. Une division du XIXe corps (1) avait traversé la forêt de Saint-Hubert, passé à Jemelle et Rochefort et, par le pont d'Hastière, gagné Fumay.

(1) *Unser Vormarsch bis zur Marne.*

MARCHE DE LA 4e ARMÉE — Cette armée opère en partie par la Belgique, en partie dans le grand-duché du Luxembourg.

Elle est sous les ordres du duc Albert de Wurtemberg, antérieurement général inspecteur de la 6e armée.

Le duc Albert de Wurtemberg est un cadet de la famille régnant à Stuttgard ; il est le cousin du roi actuel ; mais celui-ci n'ayant pas d'héritier direct, le duc Albert porte le titre de prince royal. Fils d'une archiduchesse autrichienne, l'archiduchesse Marie-Thérèse, elle-même fille du fameux archiduc Albert, marié à une nièce de François-Joseph et, par là, beau-frère de l'archiduc François-Ferdinand tué à Sarajevo, le duc Albert tient par les liens les plus étroits à la famille des Habsbourg. Sa résidence fut longtemps Vienne. Les Wurtemberg n'ont pas toujours été « Prussiens ». La grand'mère du duc Albert était la princesse Marie d'Orléans, fille de Louis-Philippe, qui a laissé la réputation d'un sculpteur de talent. Sous Napoléon Ier et en 1866, cette dynastie ancienne et respectable avait compris le rôle d'équilibre que la situation de ses États pouvait lui assurer entre l'Allemagne du Nord, l'Allemagne du Sud et la France. Le père du duc Albert, le prince Philippe, n'a jamais pris son parti de Sadowa et il ne semble pas qu'il ait mis les pieds à Berlin, capitale de l'Empire.

Peu à peu, les dissentiments se sont apaisés. L'empereur Guillaume, maniant à la fois la douche chaude et la douche froide, avait tenu les familles régnantes alternativement sous la caresse ou sous la menace. Un des plus puissants moyens d'action sur les cadets fut de leur ouvrir, dès leur enfance, les cadres de l'armée impériale. Une carrière à la fois honorable et lucrative s'ouvrait ainsi pour eux.

Le duc Albert de Wurtemberg fut un des premiers à saisir les avantages d'un « ralliement » absolument correct, sinon entièrement cordial : il se donna à la carrière militaire et s'éleva graduellement jusqu'à une haute situation où le rang dynastique s'ajoutant à une réelle capacité, donne plus de poids à l'autorité.

SENTINELLES ALLEMANDES A UN CROISEMENT DE ROUTES EN BELGIQUE

Malgré tout, la place prise par l'élément princier dans le haut commandement allemand, si elle s'explique pour des raisons de politique générale, peut avoir, au point de vue technique, de sérieux désavantages. Le commandant de Thomasson s'exprimait en ces termes au sujet de l'organisation du haut commandement aux manœuvres impériales de 1912 :

Si le régime républicain, tel que nous le pratiquons, a, militairement parlant, des inconvénients certains, le régime monarchique, surtout dans un État fédératif comme l'Empire allemand, n'en est pas non plus dépourvu. Les inspecteurs d'armée, qui seront les futurs commandants en chef d'armée sont, en Allemagne, au nombre de sept. Or, pour des raisons aussi dynastiques que militaires, quatre d'entre eux sont des princes des maisons de Prusse, de Bavière, de Bade et de Saxe-Meiningen; les trois autres sont le maréchal von der Goltz et les colonels généraux de Bulow et d'Eichhorn... Nous n'avons pas la sottise de penser qu'un prince est

forcément un mauvais général; ...mais les archiducs Charles, les ducs d'Aumale, les princes Frédéric-Charles (1) sont relativement rares dans les maisons souveraines. Quoi qu'il en soit, les familles régnantes ont conservé trop de prestige en Allemagne pour qu'en cas de guerre, leurs membres ne se mettent pas à la tête de la nation armée. On compte évidemment pallier les inconvénients de ce régime en plaçant auprès de tel ou tel personnage investi d'un grand commandement, un *ad latus* et un état-major appropriés (2).

La 4ᵉ armée se composait, au début : du VIᵉ corps (général von Pritzelwitz), du VIIIᵉ corps (général Tulff von Tschelpe und Weidenbach), du XVIIIᵉ corps (général von Tchenk), du VIIIᵉ corps de réserve (général

(1) Encore faut-il observer que Schlieffen, dans son étude *Cannœ*, est extrêmement dur pour le prince Frédéric-Charles et, en général, pour les princes des familles régnantes qui exercèrent des' commandements dans la guerre de 1870.

(2) De Thomasson, *Manœuvres de 1912*, p. 39.

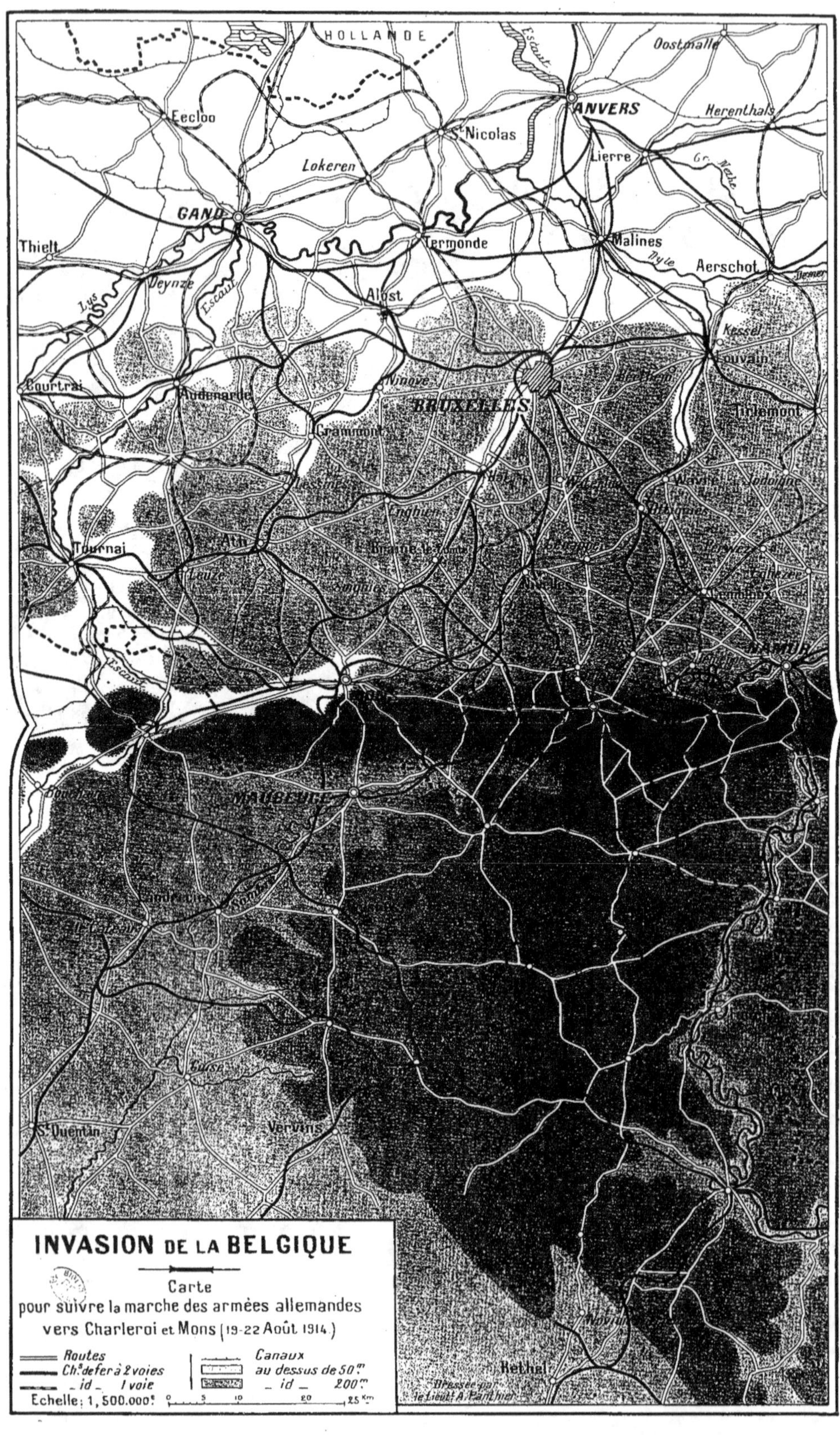

HOLLANDE
Oostmalle
Eecloo
St Nicolas
ANVERS
Herenthals
Lokeren
Lierre
Escaut
Gr. Nethe
GAND
Termonde
Malines
Aerschot
Demer
Thielt
Dyle
Deynze
Lys
Escaut
Alost
Kessel
Louvain
Courtrai
Audenarde
Ninove
BRUXELLES
Heuvem
Tirlemont
Grammont
Hal
Wavre
Jodoigne
Lessines
Enghien
Ottignies
Tournai
Ath
Braine-le-Comte
Leuze
Soignies
Gembloux
NAMUR
MAUBEUGE
Landrecies
Sambre
St Quentin
Oise
Vervins
Novion
Rethel

INVASION DE LA BELGIQUE
Carte
pour suivre la marche des armées allemandes
vers Charleroi et Mons (19-22 Août 1914.)
Routes   Canaux
Ch.de fer à 2 voies   au dessus de 50.m
_ id _ 1 voie   _ id _ 200.m
Echelle: 1,500.000.   0   5   10   20   25 Km
Dressée par
le Lieut. A. Panthier

von Egloffstein) et d'une division de cavalerie. Plus tard, on y adjoignit le XVIIIe corps de réserve; quant au VIe corps, il passera à l'armée du kronprinz, le 30 août.

Au point de vue de l'état moral, les carnets ne sont pas plus rassurants sur les dispositions des soldats du duc de Wurtemberg. Le 23 août, le 160e (VIIIe corps) sera à Bièvre, entre Gedinne et la Semoy, et le sous-officier Levith écrira : « L'ennemi a occupé le village de Bièvre et la lisière du bois en arrière. La 3e compagnie s'est avancée en première ligne. Nous avons enlevé le village, puis pillé et brûlé toutes les maisons. » Au XVIIIe corps, le sous-officier Fröhlich, du 117e, écrira plus tard, le 8 septembre : « Ordre d'abattre, même s'ils veulent déposer les armes, tous les Français, excepté les blessés parce qu'ils nous ont laissé approcher très près, puis nous ont surpris par un feu violent. »

Nous avons vu que le VIIIe corps avait, dès la fin de juillet, occupé le grand-duché du Luxembourg. Il avait eu le temps de s'y installer et d'y organiser les fortes positions défensives prévues par le plan général conformément à la doctrine de von Schlieffen.

Cette armée se trouve ainsi une des premières sur le terrain. Elle a donc peu de marches à accomplir. Faisant, comme l'armée von Hausen, partie du « centre », elle a pour rôle d'organiser la région défensivement et non d'accomplir des opérations à large envergure. Elle pénètre dans ce massif du Luxembourg et de l'Ardenne, s'y installe, abat des arbres, creuse des tranchées, tend des fils de fer. Surtout, elle s'exerce : « Marche d'entraînement, le 10 août, où il y a eu quatre morts, écrit un sous-officier du 69e régiment de réserve (VIIIe corps de réserve). Le 13 août à midi, nous passons, à Rossport, la frontière luxembourgeoise. Après une marche forcée, nous cantonnons à Echternach... Le 15 août, marche d'entraînement aux environs d'Echternach. » Le quartier général est encore, le 15 août, dans cette ville sur la frontière de l'Allemagne et du

Luxembourg, à proximité de Trèves, comme si on tenait ces troupes dans la main pour les porter soit sur la Meuse, soit sur Thionville. Il semble résulter de cette disposition que, sur ce point, le haut commandement allemand a une tendance à se tenir sur la défensive. En tous cas, les dispositions prises sont bien dissimulées ; elles échappent à l'œil des rares aviateurs français qui explorent la contrée.

Au moment où la grande bataille est sur le point de se livrer et tandis que les quatre armées opérant en Belgique achèvent leur mouvement, les autres formations allemandes, ayant achevé leur concentration, s'échelonnent en position d'attente, du Luxembourg à Belfort, dans l'ordre suivant :

LA 5e ARMÉE, ARMÉE DU KRONPRINZ D'abord, la 5e armée, commandée par le kronprinz (1).

Il n'y a rien à ajouter à ce qui a été dit, ci-dessus, sur un personnage qui assuma, au moment de la déclaration de la guerre, une si grave responsabilité. Les facultés militaires du kronprinz n'avaient pas été signalées comme éminentes avant les événements. On ne connaissait de lui, pour ainsi dire, que le fameux cri de guerre poussé en 1913 : « Pour celui qui a pris part, une fois, en temps de paix, à une charge de cavalerie, il ne peut rien y avoir de plus beau, si ce n'est une autre chevauchée, se terminant par une rencontre avec l'ennemi. Que de fois, au milieu d'une charge, n'ai-je pas entendu l'ardente exclamation d'un camarade : « *Donnerwetter !* Si seulement c'était sérieux! » (2)

On sait que ces charges de cavalerie, faites pour satisfaire le goût de la galopade inné chez tout junker, furent souvent l'objet de railleries sévères aux manœuvres allemandes.

(1) Pour les princes allemands à la guerre et l'énumération de leurs commandements, voir *Journal de Genève* du 13 janvier 1915.

(2) Sur le kronprinz, voir Hervier, dans *Nouvelle Revue* et *Souvenirs d'une institutrice anglaise à la cour de Berlin*, traduit par Th. de Wyzewa.

LE QUARTIER GÉNÉRAL ALLEMAND EN LUXEMBOURG

D'ailleurs, le kronprinz n'eut pas une seule fois, peut-être, au cours de la campagne de France, l'occasion de se montrer bon cavalier : il s'agissait maintenant de tout autre chose (1).

L'armée du kronprinz se concentra au sud du Luxembourg; elle était composée ainsi qu'il suit :

Ve corps (général von Strantz) ;

XIIIe corps wurtembergeois (général von Fabeck, dont nous avons cité, ci-dessus, une terrible proclamation). Le héros de l'incident de Saverne donna la mesure de son caractère dans un ordre du jour du 12 août 1914 : « Le lieutenant Haag, du 19e régiment de uhlans,

étant chef de patrouille, a marché énergiquement contre des habitants ameutés et a, comme il convenait, fait faire usage des armes. Je lui exprime ma reconnaissance pour son énergie et sa décision » (1).

XVIe corps (général von Mudra) ;

Ve corps de réserve (général comte Solms qui commandait à Ethe le 22 août) (2) ;

VIe corps de réserve ;

33e division de réserve (XVIe corps de réserve) ;

Une division de cavalerie.

Le VIe corps qui fait partie de l'armée du

---

(1) Bernhardi, qui est passé maître dans la doctrine au sujet de l'emploi de la cavalerie, écrit en 1911 : « Je tiens pour périmée la conception qui admet la charge comme la fonction principale de la cavalerie et qui veut subordonner à cette tâche tout son service. Ces gens-là ne considèrent un combat d'armes à feu que comme un pis-aller pour la cavalerie. Si la cavalerie entre en campagne dans une guerre future avec des idées pareilles, elle ne rendra *certainement pas* (ces mots soulignés dans le texte) les services qu'on est en droit d'attendre d'elle » (t. I, p. 191). Bernhardi n'était pas bon courtisan.

(1) M. J. de Dampierre, qui publie la photographie de cet ordre du jour, le commente excellemment : « On conçoit, qu'avec de pareils encouragements à la violence, donnés en haut lieu, dès le début de la guerre, à de jeunes officiers subalternes, les traditions de rigueur conservées dans l'armée prussienne aient rapidement dégénéré en une brutalité sans contrôle et sans discernement. » *L'Allemagne et le droit des gens*, p. 204.

(2) V. Déposition du Dr Simonin, dans *Violations des lois de la guerre par l'Allemagne*. Publication du ministère des Affaires étrangères français, p. 143.

duc Albert de Wurtemberg jusqu'au 30 août, viendra, à cette date, renforcer l'armée du kronprinz ; on le retrouve, dès le 7 septembre, du côté de Revigny (1).

L'objectif de cette armée était Longwy et surtout Verdun : c'est là que devait se produire le coup de massue asséné par le front, tel que l'avait conçu le plan général allemand.

C'est l'armée du kronprinz qui investit Longwy immédiatement après la déclaration de guerre. Mais le bombardement de la place n'eut lieu que du 22 au 26 et fait, pour ainsi dire, partie de la bataille des Frontières.

La 5e armée descend par le Luxembourg. Au sud, le XVIe corps (Metz) est remonté de Metz sur Thionville et Audun-le-Roman. Au nord, l'armée s'étend jusque dans la région d'Arlon. Le VIe de réserve était venu se joindre à cette armée en descendant par Neufchâteau, Mellier, Tintigny.

Tandis que le Ve corps actif (Posnanie) se porte dans la direction d'Ethe, le Ve corps de réserve suivra la marche de son corps actif. Après avoir quitté la région de Posen vers le

10 août, débarqué, vers le 13, dans le cercle de Sarrelouis et fait de nombreuses marches d'exercice, le Ve corps de réserve ne part que le 18 pour la région de Bettenbourg, à une dizaine de kilomètres au sud de Luxembourg ; les marches ont été de 32 kilomètres chaque jour par la chaleur ; le 22, le corps se portera, par étapes très dures, des environs de Kœrich vers Longwy, afin de prêter secours aux forces de l'armée du kronprinz déjà engagées dans la bataille.

Les carnets de route nous donnent, sur les contingents du XVIe corps de Metz, des renseignements confirmant ce qui a été dit déjà des méthodes de pillage, de terrorisme et de violence appliquées en Belgique.

Au XVIe corps actif, le brancardier Ott écrit, le 23 août : « Nous avons reçu la permission de piller », et le vice-feldwebel Bruchmann, du 144e : « Il ne doit pas être fait quartier aux turcos blessés ».

Quant à la 33e division de réserve (XVIe corps de réserve), elle sortira du camp retranché de Metz pour se porter à l'aile droite de l'armée du kronprinz de Bavière dans la direction de Nomeny ; c'est là que, le 20 août, le 8e régiment bavarois recevra l'ordre du colonel Hannapel « de fusiller tous les habitants mâles de Nomeny et de raser jusqu'au sol la ville entière » (1).

CYCLISTES ALLEMANDS EN RECONNAISSANCE

---

(1) *Carnet de route d'un soldat allemand* publié par M. Franck Puaux, p. 37. — Pour les corps qui composent l'armée du kronprinz, les indications ci-dessus rectifient la page 80 du tome III sur deux points : en moins, le XIe corps ; le corps non identifié se trouve être le Ve corps de réserve ; en plus, le Ve corps actif et la 33e division de réserve.

(1) V. Plus loin les détails sur Nomeny.

DÉFILÉ DEVANT LE KRONPRINZ ET LE FELD-MARÉCHAL VON HAESELER

LA 6ᵉ ARMÉE, ARMÉE DU KRONPRINZ DE BAVIÈRE

La 6ᵉ armée opère entre la Nied et la Bruche. Elle est commandée par le kronprinz Ruppert de Bavière. Elle se compose des trois corps bavarois :

A l'aile droite, le IIIᵉ corps bavarois (général baron de Gebsattel), près de Château-Salins ;

Au centre, le IIᵉ corps bavarois (général von Martini) ;

A gauche, le Iᵉʳ corps bavarois (général von Xylander), ce corps près de Sarrebourg.

Le Iᵉʳ corps de réserve bavarois prit à son tour position derrière le Iᵉʳ corps bavarois actif, à l'ouest de Sarrebourg.

Enfin, le XXIᵉ corps devait appuyer à leur gauche les IIIᵉ et IIᵉ corps bavarois.

Nous rappellerons que les XIVᵉ et XVᵉ corps allemands, qui avaient opéré dans la région de Mulhouse jusqu'au 14 août inclus, furent envoyés en grande partie par voie ferrée du Sundgau par Fribourg et Strasbourg, à Saverne, de sorte que, sous les ordres du général von Heeringen, commandant la 7ᵉ armée, ils venaient appuyer fortement sur sa gauche l'armée du prince héritier de Bavière, à partir du 17.

On signale, en outre, dès le 11 août, la présence, dans la région, de trois divisions de cavalerie : une saxonne près de Nomeny, une prussienne et une bavaroise vers Avricourt et Blamont-Cirey (1).

La 6ᵉ armée qui, comme on le voit, formait, avec l'aile droite de la 7ᵉ armée (von Heeringen), une masse très puissante et en étroite liaison, avait pour mission de protéger Metz et le Donon ; dès que la chose serait possible, elle devait prendre la ligne de la Meurthe et passer

(1) Cette énumération donne, en plus que celle du t. III, p. 80 : 1° le numéro du Iᵉʳ corps de réserve bavarois, 2° la mention du XXIᵉ corps et des divisions de cavalerie.

sur la ligne de la Moselle, ayant pour objectif Rozelieures (1) et la trouée de Charmes. Tout en accomplissant ce mouvement d'aile du front général allemand, il lui fallait maintenir sa liaison avec l'armée du kronprinz allemand ; il est vrai que cette liaison était assurée, surtout, par les deux places fortes de Metz et de Thionville.

Pendant les longues journées qui s'écoulent depuis la déclaration de guerre jusqu'à l'offensive française, cette 6e armée, que nous pourrions appeler l'armée bavaroise, n'est pas restée inactive. Outre les engagements préliminaires racontés ci-dessus (2), elle s'est, pour ainsi dire, calée sur ses positions. Ici, encore, nous sommes en présence d'une de ces organisations du terrain chères à Schlieffen.

LA DÉFENSE DU POSTE TÉLÉPHONISTE FRANÇAIS
EN LORRAINE

Il est probable que, dans la pensée du haut commandement allemand, les choses doivent se passer ainsi qu'il suit : de deux choses l'une, ou les Français portent leur plus grand effort dans le Nord et s'en rapportent, pour l'Est, à leur système de forteresses : alors nous crevons ce front insuffisamment défendu et débouchons en force de Thionville et de Metz, nous prenons à partie leurs places de l'Est avec une artillerie d'une puissance inouïe et qui les met à mal en quelques jours, comme Liége et Maubeuge ; Verdun, Toul, Epinal succombent et les armées françaises sont prises à revers par la Seine et la Marne. — Ou bien, les Français prennent l'offensive dans l'Est : alors nous les attirons sur la région préparée de Metz-Saverne et, après les

avoir « pris dans le piège » — ce sont les propres expressions des documents allemands, — nous passons, à notre tour, à l'offensive et nous commençons la grande opération de la *tenaille* qui, par la trouée de Charmes, doit isoler Verdun, tourner l'Argonne et enserrer la grande armée de Châlons-Reims qui tente de défendre Paris en Champagne ; de toute façon, c'est la destruction des armées françaises par enveloppement et écrasement.

Ainsi s'explique ce qui se passe dans la 6e armée pendant la période préparatoire. D'abord le commandement s'applique avec le plus grand soin à dissimuler sa force ; en outre, il emploie tous les éléments disponibles à achever l'organisation de la région. Les reconnaissances d'avions, trop rares malheureusement (nous ne disposions que de 103 avions au début de la guerre) (1), avaient signalé, dès le 10 août, des mouvements de troupes et des travaux de fortification exécutés au sud de Metz, vers Luppy et la côte de Delme.

Un carnet de route rédigé par un feldwebel de réserve de la 53e brigade d'infanterie de landwehr (2) s'exprime en ces termes : « Sarrebruck, 11 août. — On observe le plus grand secret pour tout ce qui se rapporte à la concentration. Il faut effacer le numéro du régiment inscrit à la craie sur les wagons. » (Nous savons qu'en Belgique les pattes d'épaules étaient retournées.) — « Ruplingen (3 kilomètres au nord-ouest de Boulay). — La population passe pour avoir des sympathies françaises. Les sapeurs ont organisé pour l'artillerie et pour nous une posi-

---

(1) C'est par erreur que l'on a imprimé Bouvrelieures au lieu de *Rozelieures*, à la p. 26 du tome IV.
(2) Voir tome IV, p. 56

(1) *Temps* du 1er janvier 1916.
(2) *Revue bleue* du 13-20 fév. 1915.

CONVOI SANITAIRE ALLEMAND

tion défensive de 48 kilomètres de développement renforçant le secteur de défense sud de Metz qui n'est pas très solide. » L'auteur du carnet constate qu'il y a beaucoup de malades par suite de l'insuffisante nourriture. Et il reprend, après avoir parcouru le pays, vers Gelmingen, au nord de Boulay : « On dirait que le terrain est préparé d'avance pour un combat. La ligne de défense mesure environ 60 kilomètres de longueur. Il y a ici, dit-on, trois corps d'armée. » Le 18, il écrit : « Plus on creuse de tranchées, plus on nous en donne à creuser. On dit que lorsque ce sera fini, on nous renverra en arrière. » Nous prenons ainsi, sur le fait, ces vastes préparations auxquelles sont employés les corps de seconde ligne : même en cas de succès français vers Morhange, nos troupes auraient trouvé devant elles, plus en arrière, une puissante ligne fortifiée.

Un autre document allemand est non moins explicite :

Le 14 août, nous atteignîmes la petite ville de Marsal à 6 kilomètres de la frontière. Notre brigade avec un peu d'artillerie pourvoit pendant quatre jours à la garde de la frontière, tenant tête à un ennemi bien plus fort. Le lendemain 15, pour la première fois, nous entendîmes les canons français. J'avais justement un poste de sous-officier *auprès d'une tranchée* et bientôt les premiers shrapnells passaient par-dessus nos têtes et tombaient plus loin. Nous les accueillîmes avec des hourras. Mais bientôt ils se rapprochèrent et nous nous abritâmes. Ce jour-là, nous eûmes nos premières pertes... Après cela, notre brigade changea de place: nous allâmes dans une position au nord de Dieuze. Pendant trois jours, nous nous tînmes tranquilles, attendant du renfort. Messieurs les Français avançaient lentement, chantant déjà victoire: *ils tombèrent dans le piège. Le 20 août, commença notre attaque soigneusement préparée.*

Et voici le récit d'un témoin paru dans le *Lokal Anzeiger* du 20 septembre 1914 :

Le 15 août, on commença à organiser des tranchées d'abri, à enterrer des canons, à raser les groupes d'arbres qui nous gênaient, à tendre des fils de fer sur les ponts, les gués des fleuves, croisements de routes. Toutes les voitures, machines agricoles, etc., des villages environnants sont réunies pour pouvoir former des barricades... Nos chefs, en choisissant la position de la Sarre, semblaient avoir mesuré la chose au compas. Le passage par l'ennemi n'aurait pu s'effectuer que par une artillerie bien plus forte en nombre et surtout de l'artillerie lourde qui aurait ébranlé nos positions.

« Les villes de Dieuze et de Sarrebourg logeaient des troupes jusque sous leurs combles, écrit un auteur allemand, déjà cité (1) ; quiconque osait s'aventurer dans ces lieux militaires recevait aussitôt une pelle et était envoyé aux travaux de tranchées. »

Ces textes permettent d'apprécier la justesse des observations du général Cherfils, quand il écrit dans un article du 25 novembre 1914 :

Lorsqu'une offensive audacieuse eut jeté notre armée lorraine et particulièrement le XVᵉ corps dans les directions de Morhange et de Dieuze, nos soldats, dans l'élan de leur course, se heurtèrent, poitrine découverte, à des tranchées bétonnées formidables où les Allemands les attendaient. Leurs mitrailleuses et leur mousqueterie réglées les accueillirent à très courte distance et les fauchèrent. L'armée allemande a le génie de l'organisation défensive... Toutes les lisières du bois sont organisées défensivement, munies abondamment de mitrailleuses et de fusils dont la surprise soigneusement dissimulée est terriblement meurtrière...

Ces organisations produisirent l'effet de surprise sur laquelle comptait le haut commandement allemand. En plus, elles dissimulaient de puissantes formations de manœuvre massées dans les trois camps retranchés de Thionville, Metz et Strasbourg ; ces mêmes camps retranchés abritaient, en outre, une formidable artillerie de siège destinée à abattre en un tour de main nos places fortes de l'Est.

Il n'en est que plus intéressant de constater que cette préparation, préparée de longue main, comme l'armée du pas de parade, échoua finalement, et d'essayer d'expliquer pourquoi elle échoua.

Mais, avant d'entrer dans le récit des combats, nous indiquerons quel était le caractère moral de cette armée bavaroise et nous dirons comment, alors qu'elle se croyait assurée de la victoire, elle se comportait sur la bande étroite de territoire français qu'elle avait occupée. Les atrocités bavaroises en Lorraine

(1) A. Fendrich, *Gegen Frankreich und Albion*.

ne le cèdent pas, en horreur délibérée, aux atrocités allemandes en Belgique. Ces affreux exploits indignèrent les Prussiens eux-mêmes ; le carnet de route d'un lieutenant allemand, à la date du 13 octobre 1915, porte : « Les Bavarois se sont conduits en Alsace-Lorraine tout à fait en sauvages ; assez d'habitants peuvent en témoigner. »

Un autre carnet, celui d'un lieutenant du 13ᵉ d'artillerie à pied, mentionne, à la date du 24 août : « Blamont. Ce village a été pillé de fond en comble, et ceux qui y ont ici cantonné, des Bavarois, je pense, s'y sont conduits en vandales » (1).

LES PREMIÈRES ATROCITÉS BAVAROISES EN LORRAINE En face de l'armée bavaroise, la région de Blamont semble avoir été, pendant les premiers jours de la mobilisation, le point faible de la couverture française : cette couverture ne comprenait que le 17ᵉ et le 20ᵉ bataillons de chasseurs ; dans cette région, selon l'expression d'un officier, les troupes ne formaient qu'une fine toile d'araignée accrochée au fort de Manonvillers (2).

Le Iᵉʳ corps bavarois (général von Xylander), avait, comme nous l'avons dit, envahi le secteur Blamont-Cirey-Badonviller, alors que nous nous attachions à la conquête des cols des Vosges.

L'occupation de *Blamont* et de *Badonviller* fut marquée par les pires excès. On sait, aujourd'hui, qu'ils avaient été résolus de sang-froid par les autorités allemandes. Le prétexte : « les civils ont tiré », n'est invoqué que pour la forme. Un carnet de route d'officier allemand porte : « Nous disons que ce sont les habitants qui ont tiré, mais ce sont les douaniers et les forestiers » (3).

Un autre carnet de route d'un soldat du 2ᵉ bavarois mentionne, au sujet de Badonviller: « Ce qu'il y eut de particulier, c'est que les

(1) Bédier, *Comment l'Allemagne justifie ses crimes*, p. 26.
(2) *Journal de Genève* du 23 août 1914.
(3) V. *Revue de Paris*, 15 septembre 1915.

GABRIEL HANOTAUX
de l'Académie Française

HISTOIRE ILLUSTRÉE
DE LA
GUERRE DE 1914

24 PAGES DE TEXTE ET D'ILLUSTRATIONS

FASCICULE
N° 49

L'ÉDITION FRANÇAISE ILLUSTRÉE
(GOUNOUILHOU, Éditeur)
30, Rue de Provence, Paris

PRIX NET
1 franc
ÉTRANGER PORT EN PLUS

A NOS LECTEURS

LES *deux premiers volumes* de **L'Histoire de la Guerre de 1914** ont donné l'exposé des faits historiques et diplomatiques qui ont précédé et amené la guerre, et qui engagent si lourdement la responsabilité de l'Allemagne.

Avec *le troisième volume*, l'historien est entré dans le vif de son sujet, le grand drame de la guerre.

Le *quatrième volume*, commencé avec le fascicule 40, est consacré au récit de **La Bataille des frontières** (*Charleroi, etc.*) jusqu'à la retraite sur la Marne.

Par les renseignements qu'il a recueillis, par les travaux d'enquête et de recherches auxquels il s'est livré, par les conversations qu'il a eues avec les personnages officiels et les hommes politiques de l'Europe entière, l'historien a approché, d'aussi près que peut le faire un contemporain, de la source où peut se découvrir la vérité sincère et impartiale.

Opérations militaires, descriptions de batailles, portraits de grands chefs, exposés de la situation politique et économique des pays belligérants et des neutres, apparaissent avec une précision, une clarté et une grandeur émouvantes.

C'est vraiment le tableau de la « grande guerre ».

habitants n'étaient pas seuls à tirer ; il y avait avec eux *un très grand nombre de soldats* qui s'étaient cachés là, battant en retraite, et qui se rappelaient maintenant leur qualité (voilà tout le système des accusations allemandes dévoilé). La suite se devine sans peine : des cadavres, des blessés et des maisons en flammes » (1).

En fait, les combats pour l'occupation du secteur avaient été très durs, les pertes des Allemands considérables. On n'a pas assez dit la vigueur de nos bataillons de frontière qui ne cédèrent le terrain que motte à motte à l'ennemi et non sans l'avoir cruellement éprouvé. Il convient d'insister sur ce fait désormais avéré : car le moral des armées allemandes fut fortement frappé, dès le début, par la vigueur de cette résistance. Cette surprise provoqua d'abord la fureur : un courrier ennemi saisi au cours de l'offensive française et contenant surtout des lettres de soldats allemands provenant de Badonviller ne laisse aucun doute sur ces sentiments et sur leur origine ; nombre de réservistes allemands sont morts de chaleur ; les pertes dans les combats

(1) *Ibid.*

ont été considérables ; d'où l'état d'ivresse cruelle qui, non réprimée, mais encouragée et partagée par les chefs, explique ces abominables forfaits. Il importe de bien préciser aussi que cette conduite des troupes allemandes, indiquée déjà précédemment, est antérieure aux grands combats du 19 et des jours suivants, antérieure même à l'invasion française en Alsace-Lorraine ; il s'agit d'une période où, de part et d'autre, la guerre proprement dite n'est pas déchaînée et où l'on s'en tient aux engagements de couverture, tandis que les masses se concentrent en arrière. Ici, comme en Belgique, le parti pris des autorités militaires allemandes de réprimer préventivement les actes de résistance de la population et, surtout, de procéder méthodiquement par la terreur, même à l'égard des soldats, ne peut être mis en doute. Le haut commandement allemand porte une responsabilité qu'il assuma, d'ailleurs, de gaieté de cœur, on l'a vu par la proclamation du général von Bulow au sujet des massacres d'Andenne, tant qu'il se crut assuré de la victoire. En France comme en Belgique, les atrocités cessèrent pour ainsi dire à date fixe et certainement par

LE KRONPRINZ RUPRECHT DE BAVIÈRE
COMMANDANT LA VIe ARMÉE ALLEMANDE

ordre, aussitôt après la bataille de la Marne.

C'est, d'ailleurs, la première impression produite sur ceux qui assistent aux événements, cette première impression qui trompe rarement. Dès le 19 août, le haut commandement français s'exprime en ces termes dans un communiqué officiel : « *Responsabilité du commandement allemand dans les atrocités commises. Le dépouillement des lettres écrites par les soldats allemands a permis d'établir par de nouvelles preuves absolument irréfutables : 1° Que l'incendie des villages a été une mesure générale ; 2° Que les mises à mort des habitants ont été également une mesure générale ; 3° Que ces atrocités ont été commises dans les localités que défendait l'armée française, c'est-à-dire que les coups de fusil ont été tirés par elle, non par les habitants. L'ordre d'exécution a été donné par le commandement,* colonels sur certains points, commandants de corps sur d'autres. »

Venons, maintenant, aux faits.

La base officielle de toute documentation en matière d'atrocités est la protestation du gouvernement français auprès des puissances signataires des conventions de La Haye. Cette protestation juridique s'appuie sur une série de rapports contrôlés par les autorités qualifiées, après enquête faite dans les formes juridiques et auditions sous serment. Une commission d'enquête a été chargée de constater sur place les violations des droits des gens commises par les troupes allemandes. Cette commission est composée de M. G. Payelle, premier président de la Cour des Comptes ; Armand Mollard, ministre plénipotentiaire ; G. Maringer, conseiller d'État, et Paillot, conseiller à la Cour de Cassation. Elle a relevé un nombre considérable de faits, consignés par des rapports publiés (17 décembre 1914, 8 mars, 1er et 6 mai 1915). La quantité, le caractère et l'authenticité des faits ne peuvent laisser aucun doute sur la méthode, le parti pris et les intentions sans excuses : Violation de la frontière française avant la déclaration de guerre ; assassinats de prisonniers et de blessés ; pillages, incendies, viols, meurtres, attentats contre les hôpitaux et les ambulances ; emploi de projectiles interdits ; emploi de liquides enflammés et de gaz asphyxiants ; bombardement de villes non défendues, destruction d'édifices consacrés au culte, aux arts, aux sciences et à la bienfaisance ; usage de procédés déloyaux ; actes de cruauté commis à l'égard des populations civiles, — telles sont les têtes de chapitre de ce triste martyrologe. Les autres sources, officielles ou non — et je citerai spécialement pour les événements de Lorraine, le rapport de M. Mirman, préfet de Meurthe-et-Moselle, sur les actes de sauvagerie allemande dans les cantons de Badonviller, Cirey et Blamont, rapport daté du 17 août (1) — sont

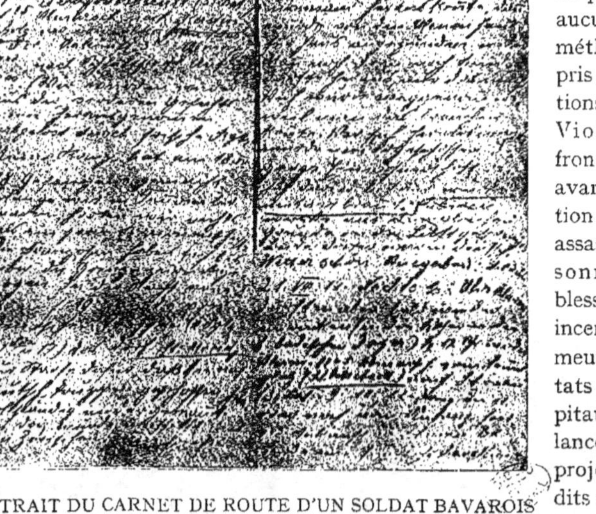

EXTRAIT DU CARNET DE ROUTE D'UN SOLDAT BAVAROIS
RELATANT DANS QUELLES CIRCONSTANCES
LE VILLAGE DE SAINT-MAURICE FUT BRULÉ AVEC SES HABITANTS

(1) V. *Figaro* du 19 août et *Temps* du 24 août 1914.

DANS LES RUINES DU VILLAGE DE DROUVILLE EN LORRAINE

si nombreuses qu'elles devraient faire l'objet d'un relevé spécial. On a pu chicaner le détail : l'ensemble subsiste. Un horizon de flammes, une mare de sang, une catastrophe barbare, une régression impie, c'est ce qui restera pour l'avenir, de ces journées affreuses où tant de maux particuliers accumulèrent leur indéniable et innombrable souffrance. Devant les neutres et devant la postérité, ce stigmate a été imprimé au front de l'Allemagne pour toujours.

Relevons quelques faits et quelques témoignages parmi ceux qui ont été recueillis ; ils donneront l'idée de ce qui fut accompli, sans parler de ce que le désordre et le temps ont effacé pour jamais.

Dès le 10 août, les premières constatations sur des faits de violation du droit des gens affluent auprès du Grand Quartier Général, qui les transmet au gouvernement français :

« Suivant rapport du 10 août, transmis par le général commandant en chef l'armée de l'Est, les troupes allemandes ont achevé un nombre important de blessés par les coups de feu tirés à bout portant dans le visage, ainsi que peut en faire foi la dimension de la blessure ; d'autres blessés ont été piétinés intentionnellement et labourés à coups de talon ; à la date du 10 août, les fantassins allemands, des Bavarois, ont, dans la région de Barbas, Harbomey, Montigny, Montreux, Parux, systématiquement incendié les villages qu'ils ont traversés, alors que, durant l'action, aucun tir d'artillerie, de part et d'autre, n'avait pu provoquer d'incendie ; dans la même région, ils ont obligé les habitants à précéder leurs éclaireurs. »

Après le combat du 12, le bataillon de chasseurs qui défendait Badonviller se retira sur Celles. Les troupes bavaroises occupèrent aussitôt le village ; 78 maisons furent brûlées, plus de 10 personnes dont 2 jeunes filles furent fusillées (1).

Le maire, M. Benoît, fut fait chevalier de la Légion d'honneur, le 18 août 1914, sous les motifs suivants :

Conduite héroïque dans l'exercice de ses fonctions : à la suite des actes de sauvagerie et des meurtres commis par les soldats allemands dans sa commune, sa femme ayant été assassinée, sa maison incendiée, il a, avec un sang-froid et une fermeté admirables, continué à assurer sans défaillance la protection et la sûreté de la population ; a sauvé, par la suite, la vie d'un prisonnier allemand menacé par la juste colère des habitants, donnant ainsi un magnifique exemple d'énergie et de grandeur d'âme.

Il faut un pendant à ce trait et le voici : c'est une lettre du soldat allemand Wenger, appartenant à un des régiments d'infanterie de la garde bavaroise (1re brigade du Ier corps bavarois, brigade qui occupait alors Badonviller), à son amie, Grete Mayer : « Vous aurez ainsi un beau souvenir d'un guerrier allemand qui, depuis le commencement, a pris part à tout, et qui a tué tant de Français à coups de fusil et à coups de baïonnette et qui a tué aussi tant de femmes à coups de baïonnette. Chère Grete Mayer, en cinq minutes, j'ai transpercé avec ma baïonnette, 7 femmes et 4 jeunes filles au combat de Batowille (Badonviller). » Cet abominable

LE GÉNÉRAL VON FABECK

(1) Discours de M. Mirman à Badonviller. *Temps* du 24 août. — *Echo de Paris* du 19 août.

INFANTERIE ALLEMANDE PLACÉE A COUVERT UN PEU AVANT LE DÉPLOIEMENT EN TIRAILLEURS

coquin se vante, probablement pour plaire à la chère Grete Mayer ! (1)

A Blamont, 3 personnes furent fusillées sans aucun motif, dont une jeune fille et un vieillard de quatre-vingt-six ans, M. Barthélémy, ancien maire de Blamont (2).

Quand nos troupes sont entrées dans la commune, elles ont trouvé, sur les murs, des affiches annonçant que, le lendemain matin, le maire et les notables du pays seraient fusillés. Notre arrivée rapide et le désordre de la retraite allemande leur ont sauvé la vie.

M. Mirman, qui visita les cantons de Badonviller, Cirey et Blamont aussitôt après les événements, rapporte qu'à Nonhigny 45 maisons furent brûlées sur 60 et 4 hommes fusillés, Barbas et Remoncourt furent mis à sac, Vaucourt eut 30 maisons brûlées.

M. MIRMAN, PRÉFET DE MEURTHE-ET-MOSELLE.

Et comment se comportait le soldat dans ce champ de violences et de ripailles qui lui était livré ? Nous avons son propre témoignage : le courrier allemand saisi à Badonviller. Un soldat écrit : « On n'a pas besoin d'argent; on prend, tout simplement. » Autre trait : « Ce monsieur le Français ne veut pas donner, ou nous fait grise mine, nous lui mettons le revolver sous le nez ; nous faisons cela volontiers, afin qu'on sache que les Allemands sont là. Ainsi, l'on ne manque de rien. Avant de brûler le village, nous avons emporté tout ce qui était mangeable ou buvable. »

(1) Voir la photographie de la lettre dans *L'Illustration* du 26 juin 1915.

(2) Voir *Journal de Genève* du 22 août et le rapport de M Mirman cité ci-dessus.

Un autre écrit : « La première ville rencontrée après la frontière a été détruite. C'est un spectacle à la fois triste et agréable »... « Tous les Français « civils » sont fusillés s'ils ont seulement la mine suspecte ou malveillante. On fusille tout : les hommes et même les jeunes garçons non encore adultes. » Une autre note : « J'ai vu passer trois convois de paysans français prisonniers : tous seront fusillés. » Autre lettre : « Nous avons fusillé les habitants de quatorze à soixante ans; on en a abattu 30 pièces (30 Stücke). »

Dans vingt autres lettres, reviennent constamment les phrases : « Tout a été fusillé ; on tue tout ; on n'a pas laissé un habitant vivant, sauf les femmes. »

Voici, maintenant, le carnet de route du soldat Schenfele Carl, du 3e régiment bavarois d'infanterie de landwehr, relatant en quelles circonstances le village de Saint-Maurice (Meurthe-et-Moselle) fut brûlé avec ses habitants :

Dans la nuit du 18 au 19 août, le village de Saint-Maurice, en punition de ce qu'ils avaient tiré sur les troupes allemandes (2 régiments, le 12e landwehr et le 17e), le village fut encerclé, les hommes à 1 mètre les uns des autres, de sorte que personne ne pouvait sortir. Puis les uhlans mirent le feu, maison par maison. Ni homme, ni femme, ni enfant, ne pouvait sortir; on se contenta d'emmener la plus grande partie du bétail, parce qu'on pouvait en tirer parti. Qui se risquait à sortir était abattu à coups de fusil. Tout ce qui se trouvait d'habitants dans ce village fut brûlé avec lui (1).

On trouvera plus loin, sous la date du 20 août, un exposé des atrocités commises à

(1) V. le texte photographié et publié dans : « La violation du droit des gens ». *Livre jaune français*, in-8, p. 116.

M. MIRMAN DANS LES RUINES DU VILLAGE DE VITRIMONT

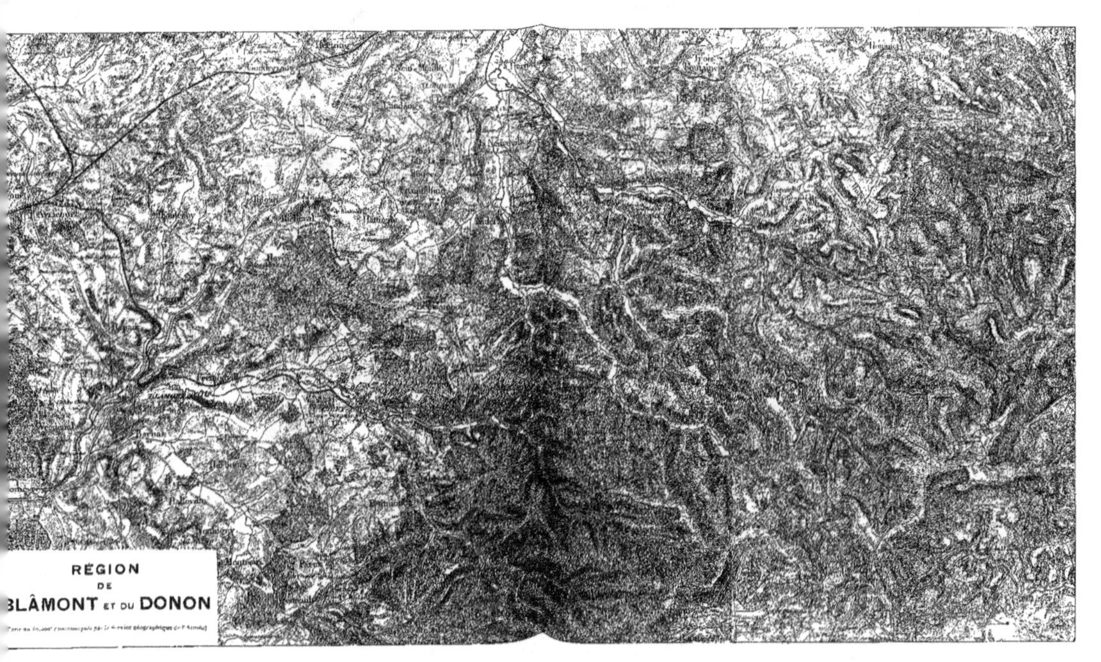

RÉGION
DE
BLÂMONT ET DU DONON
(Carte au 80.000e reconstituée par le Service géographique de l'Armée)

Nomeny; on y verra quelles étaient les dispositions des troupes placées sous le commandement du prince héritier de Bavière.

LA VIIᵉ ARMÉE VON HEERINGEN — Tout à fait à l'extrémité est des armées allemandes, la VIIᵉ armée, sous les ordres du général von Heeringen, tient la région des Vosges et l'Alsace. Elle a subi différents remaniements depuis le début des hostilités. Elle se compose finalement du XIVᵉ corps actif (général von Heeringen), du XIVᵉ corps de réserve, du XVᵉ corps (général von Deimling), et du détachement du Sundgau, confié au commandement du général von Gaëde, et comprenant quelques brigades de landwehr (1).

Dans la nuit du 14 au 15 août, les forces allemandes opérant dans le Sundgau recevaient l'ordre de quitter ce théâtre d'opérations ; à cette date, comme il a été dit précédemment, l'armée de Castelnau et l'armée Dubail commençaient leur mouvement offensif par les combats d'Arra-

court (2ᵉ armée) et de Plaine-Saint-Blaise (1ʳᵉ armée) ; en même temps, la nouvelle armée commandée par le général Pau reprenait l'opération sur le Sundgau.

Le XIVᵉ corps allemand rentra donc à Mulhouse, s'embarqua sur les voies ferrées de la rive droite du Rhin, et gagna la Lorraine où il appuya la gauche du Iᵉʳ corps bavarois à l'est de Sarrebourg. Les deux divisions du XVᵉ corps eurent ordre de se rendre à Saverne à marches forcées (1).

Pour remplacer ces deux corps rappelés vers la trouée de Saverne, des formations de landwehr et de landsturm constituèrent le détachement d'armée du général von Gaëde, qui fut chargé de la résistance contre la seconde offensive française (2).

LE GÉNÉRAL VON HEERINGEN
COMMANDANT LA VIIᵉ ARMÉE ALLEMANDE

---

(1) Rectifications sur la liste du t. III, p. 80 : ce n'est pas le XXIᵉ corps actif, mais bien le XVᵉ ; le corps de réserve signalé porte le nᵒ XIV ; le détachement Gaëde ne s'est concentré que vers le 15 août.

(1) « Nous avons consolidé notre dernière position près de la frontière française, puis le mercredi (12) nous avons été remplacés par des régiments de réserve bavarois et nous fîmes des marches forcées sur Saverne où nous sommes arrivés le lundi (17 août). » Récit d'un soldat du XVᵉ corps. *Kircheisen*, fasc. 17.

(2) Le récit allemand signale le 109ᵉ, 112ᵉ, 114ᵉ et 142ᵉ régiments de landwehr comme prenant part au combat d'Altkirch ou de Tagsdorf, le 19 août. Il ajoute : « Les Badois et les Wurtembergeois se battirent comme des lions. » Fas. 17. — V., un peu plus loin, le carnet de route d'un sous-officier de landwehr wurtembergeois.

CHAPITRE VII

LA BATAILLE DES FRONTIÈRES

LES PREMIÈRES RENCONTRES DE L'EST
(19-25 août 1914)
SARREBOURG ET MORHANGE (19-20 août 1914)

Les raisons de l'offensive française en Alsace et en Lorraine.
Occupation de Mulhouse et de la Haute-Alsace. — Offensive des 1re et 2e armées en Lorraine.
La bataille de Sarrebourg et la bataille de Morhange.

OUS avons dit quelles étaient les raisons de l'offensive française en Lorraine. Tandis que les armées allemandes accomplissaient en Belgique leur marche, en somme assez lente, puisqu'elle ne se déclanchait qu'à partir du 19, le haut commandement français jugeait opportun de rechercher, en Lorraine, la bataille toutes forces réunies, en appuyant au Rhin son dispositif général.

Ainsi, il avait l'avantage de retenir sur l'Est des forces considérables qui, sans cela, eussent pu se porter vers le Nord ; il pensait, en outre, contrecarrer, de ce côté, l'effort des armées allemandes massées à Thionville, Metz et Strasbourg, si elles tentaient de dessiner un mouvement offensif soit sur Verdun, soit sur Nancy ; finalement, en cas de succès, les armées françaises voyaient s'ouvrir devant elles des perspectives très brillantes, puisqu'elles pouvaient, soit se rabattre sur les derrières des armées allemandes opérant en Belgique, soit pénétrer en Allemagne, par le Luxembourg, dans la direction de Trèves et la basse Moselle.

Pour réaliser ce plan, l'occupation de la Haute-Alsace avait une grande importance. Une partie des forces qui devaient remplir cette mission avait été détachée, comme nous l'avons dit, de la 1re armée, à partir du 11 août, et avait formé le noyau d'une nouvelle armée placée sous le commandement du général Pau.

Cette armée était composée du 7e corps de Belfort et de la 8e division de cavalerie enlevés à l'armée Dubail et, en outre, de la 44e division d'infanterie et du 1er groupe des divisions de réserve.

Elle devait opérer au sud de la Schlucht et seconder l'effort de la 1re et de la 2e armée en menaçant Colmar et Schlestadt ; elle donnerait toute sécurité à notre aile droite en détruisant ou en surveillant les ponts du Rhin. La 8e division de cavalerie nettoierait l'Alsace ; on masquerait si possible Neuf-Brisach par les troupes de réserve ; on tiendrait aussi la Haute-Alsace, tout en approchant progressivement de Strasbourg.

Une opération de cette nature était un acte de haute sagesse stratégique : elle répondait à une nécessité évidente et parait à un danger réel : celui de laisser notre flanc droit à la merci d'une offensive allemande visant Belfort et la Bourgogne.

L'ennemi considérait comme probable cette opération des armées françaises en Alsace : de cela, nous trouvons la preuve dans l'un des Kriegspiel allemands :

Pour une opération française en Lorraine, dit l'exposé du voyage d'état-major de 1906, la possession du Haut-Rhin est d'une importance capitale... Il est hors de doute qu'une offensive entre Metz et Strasbourg doit être liée à une opération sur le Haut-Rhin ; mais il faut consacrer à celle-ci des forces importantes. Il est au moins indispensable de repousser au delà du fleuve les forces allemandes et d'empêcher tout retour offensif de leur part sur la rive gauche. Surveiller la rive gauche du fleuve pour se garder des entreprises offensives contre le fleuve et les derrières des armées s'avançant en Lorraine sera plus facile que de barrer les passages des Vosges. Si les Français veulent opérer une conversion à l'est de Metz, il leur sera nécessaire de ne laisser aucune troupe allemande sur la rive gauche du Rhin entre Bâle et Strasbourg.

Telles sont les raisons stratégiques qui, même en dehors des raisons politiques, déterminent le haut commandement français à commencer la « bataille des Frontières » par le déblaiement de l'Alsace du Sud. Malgré les événements postérieurs qui s'opposèrent à ce que ces mesures fussent poussées à fond et exécutées pleinement — événements qui se rattachent surtout à l'ensemble de la situation militaire, — il n'en est pas moins vrai que la manœuvre de l'armée d'Alsace obtint, jusqu'à un certain point, l'effet désiré, puisqu'elle couvrit, pendant la durée de la guerre, le flanc droit des armées françaises, et qu'elle protégea nos provinces de l'Est contre toute tentative d'invasion : selon l'observation du Kriegspiel, l'occupation, même partielle de l'Alsace, tint le rôle d'une sorte de couverture facilitant grandement la défense des passages des Vosges.

C'est donc par ce mouvement de notre extrême-droite qu'il faut reprendre le récit des événements militaires à partir du 19 août,

alors que commence, sur tout le front, la bataille des Frontières : c'est-à-dire le mouvement de bascule oscillant autour de Longwy comme pivot.

OCCUPATION DE LA HAUTE-ALSACE L'armée du général Pau s'était mise en mouvement le 14 ; après la bataille de Dornach, elle occupait Mulhouse le 19, à 3 heures de l'après-midi. Les Allemands avaient été rejetés sur le Rhin. Nous couvrions tout le Sundgau. Le 20, le général Pau, non sans de sages précautions, s'avançait sur Colmar à la fois par la plaine et par les Vosges (1).

Les pertes des Allemands avaient été considérables. Les régiments de landwehr, qui formaient le gros de la défense, se comportèrent assez médiocrement. Leurs officiers durent faire les plus grands efforts pour les maintenir ou les ramener au feu. Mais la supériorité de l'artillerie française eut facilement raison de leurs dernières résistances. Dès le 20 août, le pays était nettoyé jusqu'au Rhin :

Plus au nord, Guebwiller était occupé le 19 août.

Nous nous retirâmes (19 août) à l'abri du canon de Istein, lit-on sur un carnet de route. Les 1er et 2e bataillons firent de grandes pertes, car, étant sur un sol dur, les obus, de leur côté, éclataient. Nous passâmes la nuit dans une prairie près du Rhin ; nous y étions arrivés à minuit (2).

Le 152e d'infanterie française s'était emparé de Munster dès le 17. Après des combats de détail, les avant-gardes françaises se portèrent sur Colmar et se heurtèrent aux troupes allemandes à Ingersheim et au Logelbach.

Plus au nord encore, la 1re armée était en liaison avec l'armée d'Alsace ; son 14e corps avait occupé Sainte-Marie-aux-Mines, le 16 août. Le 17, le 14e corps tenait ses positions conquises à Sainte-Marie et au col du Bonhomme, et poursuivait son offensive principale sur sa gauche, dans la région de Villé et du Champ-de-

(1) Voir ci-dessus t. IV, p. 66.
(2) Documents publiés dans *Kircheisen*, fasc. 17.

UN 120 LONG FRANÇAIS, DISSIMULÉ EN VUE DES RECONNAISSANCES D'AVIONS
UN POSTE DANS LES VOSGES

Feu ; la 71e division de réserve arrivait à Corcieux pour étayer la défense des cols. L'occupation des cols était assurée par les troupes alpines. Dès le 9 août, les 7e, 11e et 14e groupes alpins, mis à la disposition du 14e corps, avaient relevé des éléments du 21e corps aux cols du Bonhomme et de Sainte-Marie ; le lendemain, cinq autres bataillons alpins (12e, 13e, 22e, 28e, 30e), venus du sud-est et débarqués dans la région de Bruyères, avaient été spécialement chargés de l'occupation des cols des Vosges entre la Schlucht et le ballon d'Alsace.

Les Allemands avaient, de leur côté, établi des positions défensives dans la vallée de Liepvre (Leberau) entre Wanzel et Thannweiler. Des engagements assez vifs eurent lieu à Sainte-Croix et à Liepvre, aux portes de Schlestadt.

En somme, toute l'Alsace supérieure était sous le canon français à partir du 20. Il est vrai que le commandement allemand, appelant une partie de forces qui occupaient l'Alsace sur les champs de bataille de Lorraine, avait beaucoup facilité notre tâche. Il pensait, sans doute, que le fleuve avec ses places fortes faisait provisoirement un barrage suffisant.

Le communiqué français du 21 août s'exprimait en ces termes : « Les Allemands, risquant d'être coupés des ponts du Rhin, se retirent en grand désordre. Ils sont vivement poursuivis par nos troupes qui restent maîtresses des débouchés des ponts et qui tiennent la partie supérieure de la Haute-Alsace. Nos troupes, tenant les crêtes et les principales vallées des Vosges, sont en bonne position pour poursuivre leur succès dans la direction de Colmar... »

Le communiqué ajoutait même, dans sa « situation générale » : « Ainsi est atteint le but initialement fixé à nos troupes dans la Haute-Alsace : le rejet des forces allemandes sur la rive droite du Rhin ».

Maîtresse de Mulhouse, l'armée d'Alsace n'eût pu développer ses opérations que si elle eût conservé, au moins, ses effectifs. Elle ne compte, en somme, qu'un seul corps d'armée

et 5 divisions indépendantes, mais sans artillerie de corps. Elle n'a, comme artillerie lourde, que 2 batteries de 155 court, prélevées par le général Pau sur la place de Belfort. Elle est donc tenue à distance du Rhin par les batteries de 105 long d'Istein, de Chalampé, de Neufbrisach, très efficaces jusqu'à 10 kilomètres.

L'idée du général Pau paraît avoir été de ne rien risquer dans la plaine et de s'établir très solidement et en force sur les contreforts des Vosges, pour donner une sécurité absolue à la droite de la 1re armée. Du côté de Colmar, les positions défensives des Allemands lui parurent trop fortes pour pouvoir être abordées à la légère. On se mit donc à organiser le terrain conquis et on se prépara à un nouvel effort qui, malheureusement, fut rendu impossible, à partir du 22, par les événements qui se précipitaient sur le théâtre principal de la guerre.

A la 1re armée, on escomptait, dès le 18 août, l'arrivée prochaine d'une partie de l'armée d'Alsace dans la région de Sainte-Marie-aux-Mines et de Villé, ce qui eût singulièrement facilité l'offensive vers Sarrebourg, en libérant des Vosges des éléments des 21e et 14e corps qui y opéraient. Au lieu d'une armée victorieuse, ce fut simplement une brigade de la 58e division de réserve qui put atteindre, le 18, la région Fraize-Saint-Léonard et, le 19, celle de Saales-Bourg-Bruche.

Rappelons, par contre, que le XIVe et le XVe corps allemands ont évacué précipitamment la Haute-Alsace du 14 au 16 et qu'ils furent transportés par voie ferrée dans la région de Lixheim, Arschwiller, Dabo, Obersteigen, où ils sont arrivés le 18, pour venir en aide aux forces opérant contre la 1re armée française.

Celle-ci se trouvait donc menacée sur sa droite par des forces pouvant la prendre à revers, quand elle avait à tenir tête aux puissantes formations allemandes qui l'attaquaient de front, le 19, dans la région de Sarrebourg.

La deuxième occupation de Mulhouse par

MITRAILLEUSE ALLEMANDE CONTRE AVION EN ACTION

les Français (1) ne donna lieu à aucun incident grave. Le fait, cette fois, paraissait normal et était accepté même par la population immigrée. Le dimanche 23 août, le drapeau tricolore fut hissé solennellement à l'Hôtel de Ville ; toutes les horloges furent réglées sur l'heure française. On procéda avec un ordre parfait aux réquisitions indispensables. Par contre, pour prévenir dans la mesure du possible les connivences avec l'ennemi qui s'étaient produites lors de la première occupation, on arrêta plusieurs personnes signalées comme suspectes, et notamment le maire Cossmann. Le général Vauthier prend les mesures d'administration militaire indispensables ; le commandant de la place est le colonel Chantrenne, du 42e d'infanterie. Dès le 22, la vie a repris son cours habituel.

Ce fait, au dire de l'Alsacien pourtant allemand, qui apporte ce témoignage, « a sa raison d'être toute naturelle, dans l'amabilité innée des Français qui diffère de la manière d'être rude et raide des Allemands, et surtout des Allemands du Nord. Jusqu'à ce jour, je n'avais jamais constaté que la mentalité des deux peuples avait une telle différence ».

Cette impression produite sur les Allemands eux-mêmes est beaucoup plus vive encore dans la population alsacienne. Tout d'abord, le souvenir de la première retraite des Français impose la réserve et l'hésitation. L'Alsacien se tient « sur son perron », fumant sa pipe et regardant ce qui se passe. Mais, peu à peu, il compare, il réfléchit, il s'émeut. C'est comme le réveil de vieux sentiments endormis. Il paraît difficile de récuser, sur ce point, le témoignage d'un neutre, le *National Zeitung*, journal bâlois de langue allemande et de tendances plutôt germanophiles. Une étude extrêmement solide de la situation en Alsace apporte cette conclusion :

... Ainsi la guerre, avec tous les événements qui la composent, événements tout particulièrement pénibles pour les Alsaciens, n'a fait que creuser davantage le fossé

____

(1) Les autorités allemandes avaient évacué Mulhouse le 16.

qui, en terre d'Empire, sépare les deux éléments. La conséquence fatale en est que les regards se tournent de plus en plus vers la France et cela jusque dans les milieux qui, avant la guerre, se disposaient à prendre leur parti des faits historiques. Même dans les milieux allemands, l'on se rend parfaitement compte de cette transformation des sentiments populaires en Alsace-Lorraine... Un vieil Allemand, le professeur Wurner Wittich, dans une brochure parue avant la guerre: *Kultur und National-bewusztsein im Elsass*, affirmait que la conscience nationale alsacienne s'épanouirait finalement en patriotisme allemand. Il croyait que de « grandes choses vécues en commun » pourraient favoriser cette évolution, mais il soulignait expressément que « vivre des choses en commun » ne serait possible en Alsace que si l'Allemagne continuait à demeurer en paix.

... Il en est autrement advenu, constate le rédacteur de le *National Zeitung*, et c'est ainsi que cette guerre, loin d'amener un rapprochement des Alsaciens-Lorrains avec l'Allemagne, n'a fait qu'élargir et creuser le fossé à moitié comblé avant la guerre. Vouloir le nier, ce serait fermer les yeux à l'évidence des faits... Il faut avoir le courage de dire la vérité ouvertement et carrément. Et la **vérité**, c'est que le peuple alsacien pris en bloc, abstraction faite des exceptions, accueillerait le retour à la France comme la délivrance mettant fin à une situation devenue intolérable.

La guerre, en frappant, à la porte de l'Alsace, le terrible coup de Mulhouse, avait accompli son œuvre : elle avait averti les consciences et remué les sentiments éteints. L'opération stratégique, nécessaire en elle-même, trouvait ainsi, comme il arrive toujours, sa justification morale. Car la guerre juste est mère de justice, comme la guerre injuste est mère d'injustice à l'infini.

BATAILLE DE SARREBOURG Nous avons arrêté, ci-dessus, à la date du 19, l'exposé des opérations sur le front de Lorraine; car « la bataille des Frontières » proprement dite commence à cette date; c'est à partir du 20, en effet, que l'offensive française se heurte à une contre-offensive allemande, retardée jusqu'alors délibérément. Cette contre-offensive est conforme au plan général qui consiste à refouler d'abord l'offensive française et à commencer l'opération de la tenaille par la branche de l'Est, tandis que l'autre branche en est encore à s'allonger à travers la Belgique.

La vigoureuse initiative des armées françaises sur Mulhouse et Colmar, sur le Donon et Sarrebourg, enfin sur Morhange a, certainement, troublé quelque peu ce plan. Cependant, le haut commandement allemand a le sentiment que ses fortes positions défensives épuiseront l'élan des troupes françaises, et qu'en jetant inopinément, sur celles-ci, les forces considérables dissimulées dans les camps retranchés de Metz et de Strasbourg (armée du kronprinz de Bavière et de von Heeringen), il sera en mesure d'aborder aussitôt la réalisation de ses projets.

Il est à observer que l'offensive allemande ne vise pas Nancy. Le commandement allemand n'ignore pas que des travaux considérables accomplis sur le Grand-Couronné s'opposent désormais à un simple coup de main sur la capitale de la Lorraine. Il s'en prend uniquement à l'armée française : son objectif immédiat est de lui passer sur le ventre pour atteindre la trouée de Charmes. L'armée française une fois détruite ou coupée, la trouée forcée, les places de l'Est tournées ou masquées, il n'y aura plus qu'à revenir en arrière pour ramasser le butin.

Les forces françaises destinées à contrecarrer ce dessin sont, comme on le sait, la 1re et la 2e armée ; à droite, la 1re armée (Dubail) est en liaison avec l'armée d'Alsace ; à gauche, la 2e armée (Castelnau) est en liaison avec la 3e armée (armée Ruffey) par la Woëvre et les Hauts-de-Meuse.

Du 14 au 19, l'offensive française, déclanchée suivant l'ordre général du 13, et rondement menée, s'était développée au delà de la frontière de la Lorraine et de l'Alsace annexées, par Delme, au sud de Morhange, au nord de Sarrebourg, par Schirmeck, Sainte-Marie-aux-Mines, Guebwiller, les environs de Colmar, Thann et la forêt de Hardt. Ces résultats suffiraient presque pour dire que la première partie du rôle attribué aux armées d'Alsace et de Lorraine était accomplie; il n'entrait pas dans les intentions du haut commandement français de pousser

UNE AMBULANCE RÉGIMENTAIRE DEVANT UNE ÉGLISE, EN ALSACE

beaucoup plus loin, pour le moment, cette offensive. Son but était, surtout, de retenir, de ce côté, le plus possible de forces allemandes; il cherchait aussi à couvrir les opérations qu'il méditait lui-même sur le centre allemand, opérations décidées dans le plus grand secret et confiées, d'ores et déjà, à la 3e et à la 4e armées, en Woëvre et en Ardenne.

Pour atteindre ce double résultat, l'objectif général, indiqué aux deux premières armées, était Sarrebrück. Si elles battaient les forces qui leur étaient opposées, si elles parvenaient à la hauteur de cette ville, alors elles n'avaient qu'à organiser défensivement la vallée de la Sarre, en se couvrant du côté de Metz et à attendre les événements.

Du côté allemand, la position de défense avait été choisie, comme nous l'avons dit, sur le terrain solide qui se trouve au nord de la région des Étangs, le long de la voie ferrée qui relie Metz à Saverne par Herlingen, Morhange, Bensdorff, Finstingen, Rieding, Phalsbourg. Cette région était soigneusement aménagée, minutieusement repérée. La ligne est décrite en ces termes par un document allemand :

« Nos troupes avaient pu prendre les meilleures positions sur une ligne de 60 kilomètres de long environ, inclinée vers le sud-ouest par les hauteurs sises près des villages de Dommenheim, Geinslingen, Insweiler, Diedendorf et à l'est de Finstingen par Bettborn et Saaraltdorf et Biberkich vers les Vosges. Le 15 août, on commença à organiser des tranchées d'abri, à enterrer des canons, à raser des groupes d'arbres qui nous gênaient, à tendre des fils de fer sur les ponts, les gués des fleuves, croisements des routes. Toutes les voitures et machines agricoles, etc., des villages environnants sont réunies pour former des barricades (1). »

(1) Intéressant récit émanant d'un civil, assesseur des forêts, qui servit de guide aux officiers de l'armée allemande, publié dans le *Lokal Anzeiger* du 20 septembre 1914.

L'ensemble du front allemand était presque uniquement garni par ce que les Allemands eux-mêmes appellent les trois « tribus-souches » du sud de l'Allemagne : les Badois, dans la coupure entre Sarrebourg et les Vosges ; les Bavarois, entre Sarrebourg et Dieuze ; les Souabes, entre Dieuze et Metz. C'est contre ce front qui, en somme, ne fait qu'un, que s'avancent les deux armées françaises désignées pour opérer en Lorraine.

La première partie du mouvement s'était, comme on l'a vu, accomplie par une manœuvre combinée de ces deux armées : la 2ᵉ (Castelnau) se portant en avant par sa droite, tandis que la 1ʳᵉ (Dubail), tout en s'élevant également du sud au nord, servait de pivot.

Ayant à reprendre, à partir du 19, l'exposé de leur marche simultanée, nous suivrons, d'abord, les mouvements de la 1ʳᵉ armée, rattachés si étroitement à ceux de l'armée d'Alsace, mais sans perdre de vue un instant les opérations de la 2ᵉ armée, puisque, en fait, tout le front, depuis Delme jusqu'aux portes de Colmar, est solidaire.

Au moment où la 1ʳᵉ armée s'emparait de Sarrebourg, le 18 août, ses dispositions générales étaient les suivantes :

Le 8ᵉ corps en avant (général de Castelli) marche sur Sarrebourg ;

Le 13ᵉ corps (général Alix), moins une brigade en réserve d'armée, se porte sur Hermelange et Plain-de-Walsh ;

Au sud-ouest, le 21ᵉ corps (général Legrand), moins la 13ᵉ division, franchit le Donon et va se rassembler dans la région Abreschwiller-Saint-Quirin ; la brigade mixte coloniale lui est rattachée ;

La 13ᵉ division tient toujours le Donon et la vallée de la Bruche et est rattachée provisoirement au 14ᵉ corps (général Pouradier-Dutheil) qui rassemble ses éléments disponibles vers Saint-Blaise.

On cherche, dans cette direction, la liaison avec l'armée d'Alsace qui ne peut envoyer qu'une brigade de la 58ᵉ division vers Saalles-Bourg-Bruche.

A gauche, la 1ʳᵉ armée se relie avec la 2ᵉ armée par le 8ᵉ corps qui se trouve en contact à Diane-Capelle avec un détachement du 16ᵉ corps. Le corps de cavalerie Conneau, (2ᵉ, 6ᵉ et 10ᵉ divisions de cavalerie), rattaché à la 2ᵉ armée, couvre au nord cette liaison, ayant reçu pour objectif Saar-Union.

Avant la bataille.

Dans la nuit du 18 au 19, le général Dubail, tant par les renseignements qui lui parviennent de ses avions et de sa cavalerie que par ceux qu'il reçoit du Grand Quartier Général et des deux armées voisines, se rend compte de deux choses : que, devant lui, notamment sur la route de Phalsbourg et, au sud, de chaque côté du canal de la Marne au Rhin, il se trouve en présence d'un terrain hérissé de fortifications et de retranchements qui semblent destinés à assurer les communications vers Saverne et Strasbourg ; d'autre part, que de gros rassemblements ennemis se massent vers Lixheim, Arschwiller, Hommert ; Dabo et Obersteigen sont occupés. Ce sont les XIVᵉ (région du canal de la Marne au Rhin) et XVᵉ corps allemands (région de Dabo) qui ont quitté l'Alsace et qui sont arrivés à marches forcées pour garder les communications entre Strasbourg et Metz.

Donc, si la 1ʳᵉ armée fonce vers le nord, elle peut être menacée immédiatement sur son flanc droit.

Par suite de ces réflexions, les dispositions prises par le chef de la 1ʳᵉ armée ont bien pour objet, selon les instructions générales, de continuer la marche en avant, vers le nord, mais avec la précaution de présenter une oblique à l'est pour parer à tout événement.

Le général ordonne à la garnison du Donon (13ᵉ division du 21ᵉ corps) de pousser un détachement vers Obersteigen et, tandis qu'une division du 8ᵉ corps et une division du 21ᵉ corps se portent en avant sur Eisch et Plain-de-Walsh, appuyées à gauche par les trois divisions de cavalerie du général Conneau qui sont rendues à la 1ʳᵉ armée, il garde sous la main une puis-

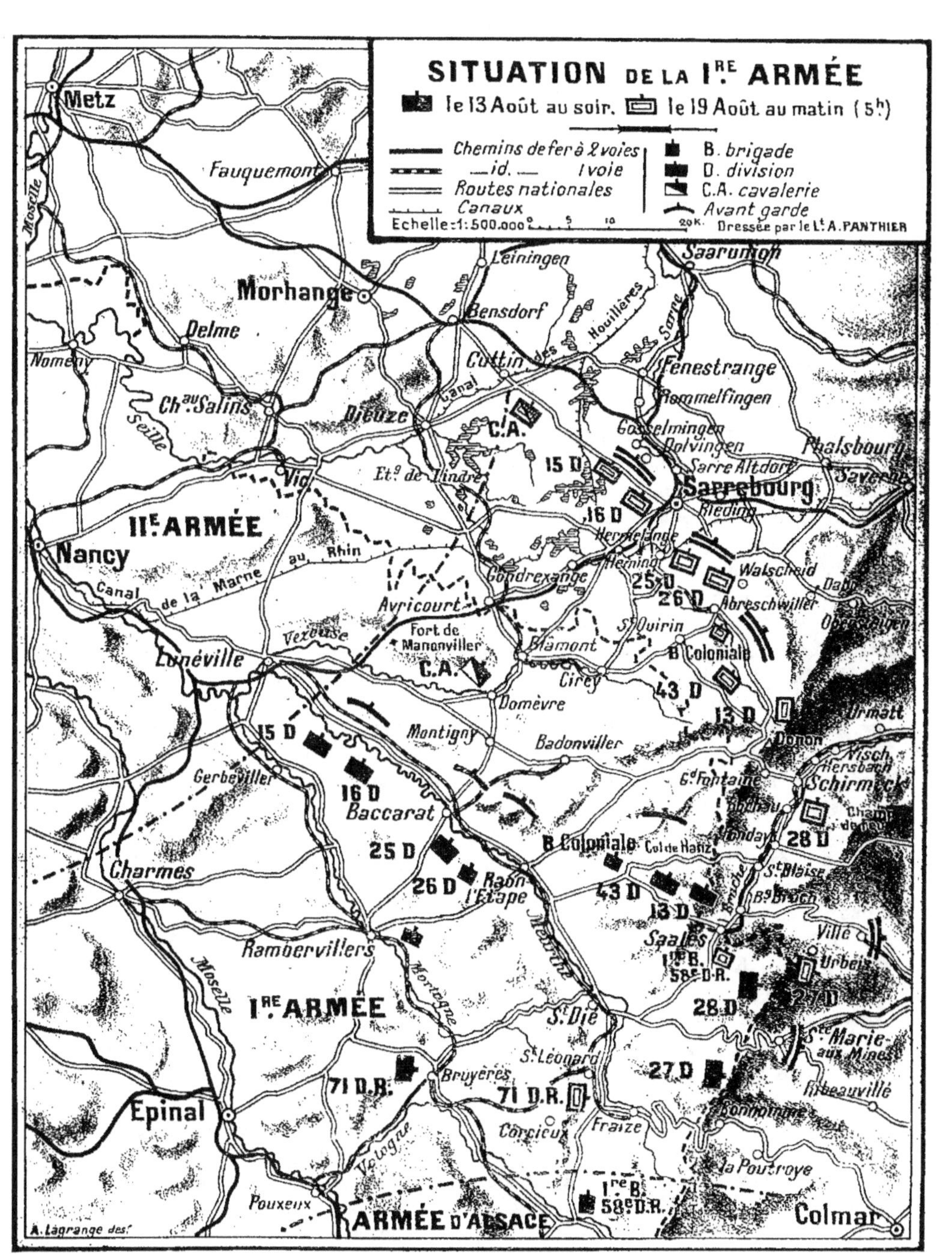

SITUATION DE LA I.RE ARMÉE
le 13 Août au soir.   le 19 Août au matin (5h)
Chemins de fer à 2 voies
id.   1 voie
Routes nationales
Canaux
Echelle: 1:500.000
B. brigade
D. division
C.A. cavalerie
Avant garde
Dressée par le Lt A. PANTHIER
Metz
Fauquemont
Moselle
Leiningen
Saarunion
Morhange
Bensdorf
Fenestrange
Delme
Cuttin
Houillères des
Sarre
Rommelfingen
Nomeny
Canal
Gosselmingen
Ch. au Salins
Dieuze
C.A.
Dolvingen
Phalsbourg
Seille
Et.g de Lindre
15 D
Sarre Altdorf
Saverne
Vic
Sarrebourg
16 D
Rieding
II.E ARMÉE
au Rhin
Hermelange
Nancy
Gondrexange
Herning
Walscheid
Canal de la Marne
25 D
Dabo
Vezouse
Avricourt
26 D
Abreschwiller
Obersteigen
Fort de
St Quirin
Lunéville
Manonviller
Blamont
B. Coloniale
Cirey
43 D
Domèvre
13 D
Urmatt
Montigny
Badonviller
Donon
Nisch
15 D
Gd Fontaine
hersbach
Gerbeviller
Schirmeck
16 D
Baccarat
Holday
28 D
Charmes
25 D
B. Coloniale
Col de Hanz
St Blaise
26 D
Raon
43 D
Bg Broch
l'Etape
13 D
Rambervillers
Saales
Ville
Montagne
1re B.
Urbeis
Meurthe
58e D.R.
I.RE ARMÉE
28 D
27 D
Moselle
S. Dié
Ste Marie
aux Mines
S. Léonard
27 D
71 D.R.
Bruyères
Ribeauvillé
Epinal
71 D.R.
Bonhomme
Corcieux
Fraize
la Poutroye
Vologne
Pouxeux
1re B.
A. Lagrange des.t
ARMÉE D'ALSACE
58e D.R.
Colmar

sante réserve d'armée composée de la 15e division du 8e corps entier, du 13e corps et de la brigade coloniale ; cette réserve se rassemble entre Hesse et Abreschwiller.

A gauche, comme nous le verrons bientôt, la 2e armée (Castelnau) attaquera, le 19 au matin : le 20e corps avec direction Fauquemont, le 15e direction Rodalbe, le 16e direction Lening, couverte, du côté de Metz, par le 2e groupe de divisions de réserve.

Les deux armées sont séparées par la région des Étangs, et c'est là la faiblesse de leur situation : mais, si elles parviennent à déboucher sur Saaralbe, elles seront en situation de frapper, en pleine union, des coups décisifs.

Le 19 avait été la journée de l'occupation de Sarrebourg, journée dure, quoique les forces allemandes n'eussent encore manifesté aucune offensive sérieuse ; leur infanterie reste à l'abri derrière les retranchements ; mais la puissance de leur artillerie lourde commence à se faire sentir. De 10 kilomètres arrivent les rafales abattant les maisons, les villages, les objectifs signalés par les avions planant sur les régiments français surpris et inquiets de ces oiseaux de mauvais augure ; les signaux d'espions aident aussi à régler le tir de nos ennemis, tandis que notre artillerie de campagne est impuissante devant ces canonnades impressionnantes et à longue portée.

On a le sentiment qu'en face de ces positions redoutables la guerre prend la tournure d'une « guerre de siège ».

La 16e division du 8e corps devait attaquer le 19, à 5 heures du matin, en direction de Saarraltdorf. Le 85e part d'Imling, contourne Sarrebourg par l'est, et subit de fortes pertes. A la fin de la journée, le régiment est à Eich et à Bühl, tandis que le 95e tenait Sarrebourg ; à gauche, le 227e s'emparait de Dolving. Une reconnaissance sur la Sarre, près de Dolving, rend compte que les hauteurs de la rive droite sont très fortifiées, l'ennemi étant signalé en forces à Gosselming. Le 29e est très violemment canonné à l'est et au sud de Dolving ; le 13e ne peut déboucher de Hoff. Le soir,

la 16e division bivouaque sur les positions occupées.

Quant au corps de cavalerie du général Conneau, il avait tenté vainement, avec une brigade et un groupe cycliste, de forcer le passage de la Sarre au nord, à Gosselming.

Sur la droite, l'ennemi a dessiné une attaque, — peut-être une feinte — dans la vallée de la Bruche et la 13e division a perdu Schirmeck. Le général Dubail a toujours l'œil de ce côté, c'est-à-dire sur la région Donon-Schirmeck-Champ-de-Feu Villé-Sainte-Marie-La Poutroye, que notre armée d'Alsace n'a malheureusement pas pu protéger ; aussi, le 14e corps reçoit-il l'ordre d'assurer coûte que coûte notre flanc droit.

Comme le général Dubail peut employer la cavalerie du général Conneau mise à sa disposition, il se sert de ce corps pour tenter de progresser vers le nord ; la 15e division est rendue au 8e corps pour renforcer notre offensive, un peu maigre peut-être, au moment où l'on décide l'attaque de nuit sur Oberstingel et Gosselming, dans la direction de Fenestrange.

Le général sent le besoin d'avoir sur sa gauche l'artillerie lourde d'armée affectée au 8e corps ; mais, venant du 13e corps, elle arrivera tardivement en position.

La journée du 20 août.

Le 8e corps français contre le Ier corps bavarois. — Dans la nuit du 19 au 20, la 15e division, qui n'a pas agi le 19, a ordre d'attaquer Gosselming, soutenue par la 16e division. On eût voulu déboucher avant la pointe du jour ; mais il y eut aussi quelque retard, sans doute à cause du brouillard qui fut intense ce jour-là et qui gêna beaucoup les opérations ; il était 4 h. 30 quand le mouvement se déclancha ; on se heurta immédiatement à l'ennemi qui tenait les bois au nord de Langatte ; une partie de la 32e brigade (16e division) dut intervenir.

La 15e division, appuyée par l'artillerie du corps de cavalerie, avait attaqué par brigades accolées : la 29e brigade sur Dolving, la 30e sur Gosselming. La 16e division devait l'appuyer

ARRIÈRE-GARDE D'UN RÉGIMENT D'INFANTERIE FRANÇAISE
TRAVERSANT UN PONT SUR LA SOULTZ

ainsi : la 32ᵉ brigade sur Saaraltdorf-Dolving, la 31ᵉ brigade sur Eich.

Il y eut d'abord un succès marqué : Dolving fut occupé, ainsi que le Bergwald, et l'on atteignit la Sarre ; Gosselming fut brillamment enlevé par le 56ᵉ régiment, et sur la rive droite, la 31ᵉ brigade tenait les lisières d'Eich. Mais aussitôt, Gosselming fut pris à partie par un feu très violent d'artillerie lourde et de mitrailleuses qui fit subir de fortes pertes au 56ᵉ.

Les Allemands laissaient toujours venir : rien ne bougeait dans leurs retranchements. Seulement, leur artillerie lourde tonnait sur tout le front. De leur camp, on voit les choses ainsi : « Le 19, dit le récit officiel, deux divisions de cavalerie ennemie (cavalerie du général Conneau) apparaissent à Sarrebourg ; elles se montrèrent en formation de masse sur un terrain complètement découvert. Quelques coups de notre artillerie lourde qui portèrent au milieu de leurs rangs les dispersèrent aussitôt. L'infanterie française s'avança graduellement dans l'après-midi du 19 jusque dans la nuit du 20. »

Le pays autour de Sarrebourg est couvert de forêts, misérable, plat, presque sauvage, avec d'étroites vallées et cuvettes où courent des ruisselets, où dorment des queues d'étang.

« Tout cela s'enchevêtre comme à plaisir, et le pays se révèle à l'œil une plaine immense à peine ridée, très boisée, très mouillée, et dont toutes les parties se ressemblent... Des eaux, des bois et des marécages, des ruisseaux, des taillis et des roseaux, sans suite apparente, sans liaison naturelle, sans inclination visible, sur une surface qui n'a pas moins de 600 kilomètres carrés » (1).

(1) A. de Pouvourville. *Jusqu'au Rhin*, p. 116 et suiv.

Il s'agit, pour la 1re armée française, de se glisser vers Fenestrange par la région qui s'étend entre l'étang de Lindre, l'étang de Langatte et l'étang de Fenestrange.

L'opération était pleine de difficultés : difficultés tenant au terrain, difficultés tenant surtout à la position ennemie. Si on l'eût bien connue, peut-être eût-on hésité à l'aborder.

Deux routes principales sont construites sur ce maquis humide : celle de Sarrebourg à Fenestrange par Dolvingen, Gosselmingen, Romelfingen, et celle de Sarrebourg à Faulquemont par Langatte, Angevillers, Cuttin et Bensdorff. La route de Sarrebourg-Faulquemont qui longe, en somme, le front allemand vers la gauche, servira à maintenir les liaisons entre la 1re et la 2e armée ; la route de Sarrebourg-Fenestrange peut seule permettre à la 1re armée de s'élever suivant les ordres reçus, droit vers le nord, dans la direction de Sarrebrück.

Mais, cette voie est encore plus exposée que l'autre ; les Allemands, en effet, se sont installés sur la ligne de hauteurs qui longent la rive droite de la Sarre, de Rieding à Fenestrange, et c'est de là qu'ils surveillent la marche des régiments français, obligés, en quelque sorte, de marcher sous leurs feux s'ils veulent déboucher de Sarrebourg dans la direction de Fenestrange. Tout ce que l'on peut dire, c'est que la route du bas, suivie par les Français, est assez bien défilée derrière les hauteurs et les bois qui longent la rive gauche de la Sarre, et que si le brouillard empêche les Français de reconnaître les positions ennemies, l'ennemi doit distinguer assez mal, du moins le matin, les troupes qui cheminent à l'abri des bois dans la vallée.

Le compte rendu officiel allemand décrit le spectacle apparu vers 9 heures quand le brouillard se fut un peu dissipé : « Sarrebourg et les forêts à l'ouest de Saaraltdorf (c'est-à-dire sur la rive gauche), se remplissaient de plus en plus de forces d'infanterie, et il fut reconnu, plus tard, que c'était tout le 8e corps et une partie du 13e corps français. »

Les groupes de fantassins français continuent donc à se glisser bravement le long des bois, s'accrochant au moindre pli de terrain, pompés en quelque sorte par le vide que la plaine offre devant eux, surpris pourtant des rafales qui les accueillaient des hauteurs d'ailleurs invisibles, rafales qui devenaient de plus en plus meurtrières. Les Français gagnent du terrain, occupant, comme nous l'avons dit, Dolving et Gosselmingen.

« Alors, poursuit le récit allemand, l'ordre arrive pour le Ier corps bavarois de défendre définitivement la position depuis Romelfingen jusqu'à Rieding. Et, bientôt, le second ordre salué avec joie qui ordonnait l'attaque générale sur tout le front, le 20, à 11 heures du matin. »

En même temps, circule dans les rangs l'ordre d'armée lancé par le prince Ruprecht de Bavière, ordre qui met le soldat au courant de toute la manœuvre :

« Soldats de la VIe armée ! Des considérations d'ordre supérieur m'ont contraint de réfréner votre ardeur guerrière. Le temps de l'attente et du recul est passé. Nous devons avancer maintenant. C'est notre heure (*nun gilt es*) Il faut vaincre ! Nous vaincrons ! »

RUPRECHT.

C'est la bataille !

Dès la pointe du jour, les artilleries avaient tonné des deux côtés. On était surpris maintenant, dans le camp allemand, de recevoir des obus à longue portée : c'était l'artillerie lourde française qui signalait sa présence. Mais l'infanterie allemande, postée sur les hauteurs, abritée dans ses tranchées, ou prenant ses dispositions pour l'attaque derrière les plis de terrain, était peu éprouvée. Les documents allemands célèbrent la supériorité de l'artillerie bavaroise : « La préparation d'artillerie dura sept longues heures : ce furent d'abord les canons lourds des ennemis auxquels répondit bientôt l'aboiement bref de l'artillerie légère allemande ; puis le vacarme infernal fut dominé par le hurlement des obusiers, l'arme maîtresse de l'artillerie allemande... L'artillerie française tirait bien, mais trop court ; même ses obusiers

HALTE D'UNE COMPAGNIE D'INFANTERIE FRANÇAISE PENDANT L'ÉTAPE

de Rimailho cherchèrent vainement à atteindre les batteries ennemies. Les artilleurs à pied allemands pouvaient, sans danger, fumer tranquillement leurs pipes tout en chargeant leurs pièces. Les Badois qui se trouvaient au sud du Ier corps bavarois eurent à supporter une vraie grêle d'obus français provenant des canons installés derrière Sarrebourg. »

Un autre document allemand (1) s'exprime ainsi :

« La bonne artillerie de campagne française à longue portée était notre plus dangereux ennemi. Ils changeaient de positions continuellement pour nous envoyer leur noir salut. Tantôt ils tiraient de Mückenhof, tantôt derrière le Rebenhügel, tantôt du parc du château d'Imlingen. Au jeu de cache-cache, ils nous étaient certainement supérieurs. »

(1) *La guerre allemande d'après les lettres de campagne* 3⁵ volume.

La concentration du Ier corps bavarois était chose accomplie que les Français n'ont pas encore le sentiment de ce qui se prépare et avancent toujours avec cette belle crânerie des premières heures, où le courage se teinte d'imprudence et de témérité.

L'ordre de bataille des Allemands était le suivant : à droite, la 2⁵ division d'infanterie : 4⁵ brigade, d'Oberstinzel (15⁵ régiment) à Zittersdorf et Saaraltdorf (12⁵ régiment), 3⁵ brigade au nord d'Hilbesheim — à gauche, la 1re division d'infanterie : 2⁵ brigade (16⁵ et 2⁵ régiments) de Tinkelsberg vers Hof-Sarrebourg et 1re brigade des deux côtés de Rieding jusqu'aux hauteurs à l'est de Sarrebourg.

L'artillerie de campagne était sur les hauteurs nord-est d'Obertinzel-Saaraltdorf (2⁵ brigade), sur le Tinkelsberg et au nord de Rieding

(1re brigade). Derrière, les batteries lourdes : le 1er régiment d'artillerie à pied (obusiers lourds de campagne) et le 3e régiment d'artillerie à pied (mortiers) au sud d'Hilbesheim, le 18e d'artillerie de campagne (mortiers) au sud de Rauweiler.

Les pionniers étaient partie avec l'infanterie, partie avec l'artillerie, et la cavalerie était avec l'artillerie. Le ballon de la division d'aéronautique se trouvait à Kirchberg ; la sûreté du tir de l'artillerie fut due en grande partie à ses observations. Le commandant avait son quartier général à Kastelwalder-Hof.

Il est 11 heures du matin. L'attaque française, un peu lente à partir, avait toutefois permis d'occuper, sur la rive gauche, Dolving et Gosselming et, sur la rive droite, Eich. Mais l'artillerie lourde bavaroise, qui préparait l'attaque de l'infanterie, avait écrasé bientôt le 56e régiment dans Gosselming. Onze heures, c'est l'heure où les forces d'infanterie allemandes ont l'ordre d'attaquer.

Sous un feu violent d'artillerie lourde, artillerie de campagne et mitrailleuses, la 15e division est obligée d'évacuer Gosselmingen, elle ne peut faire face à une attaque ennemie débouchant de Saint-Jean-de-Bassel et elle est rejetée des bois au nord du Haut-Clocher (Zittersdorf) ; elle s'établit sur les pentes de l'arbre du Haut-Clocher, cote 299. Mais l'artillerie lourde de campagne allemande la suit de son feu. Les batteries de 75 français installées sur les hauteurs sont repérées et foudroyées.

L'infanterie allemande reçoit l'ordre de descendre dans la plaine et de se jeter sur le flanc de l'ennemi au débouché de Dolvingen. Les premières lignes se portent en avant ; l'infanterie française, soutenue par les mitrailleuses, se bat avec acharnement. L'attaque allemande ne progresse que lentement. Toutefois, la retraite de la 15e division et l'absence du corps de cavalerie, renvoyé dès 9 heures du matin dans ses cantonnements à cause de sa fatigue extrême, ne laissaient plus déjà aucun espoir de franchir la Sarre.

A 2 heures de l'après-midi, les troupes de la 32e brigade se replient sur l'Oberwald, l'arbre du Haut-Clocher, et, à l'ouest, cherchent une liaison avec la 15e division, qui a accentué sa retraite.

L'ennemi débouche de l'Etzelwald, vers 4 heures du soir, avec une nombreuse artillerie, et oblige les forces françaises à un recul sur les bois de Rinting.

Sur la rive droite, la 31e brigade qui, dès le matin, avait attaqué sur Eich, tient et protège Sarrebourg, malgré une canonnade terrible, et repousse, dans l'après-midi, les attaques d'infanterie jusqu'à 2 heures. Mais, peu à peu, l'infanterie allemande progresse dans la plaine découverte qui enveloppe Sarrebourg entre Eich et la Sarre.

Les Français qui occupent la ville résistent héroïquement : ils ont ordre de tenir coûte que coûte Sarrebourg jusqu'à l'arrivée du 13e corps sur la droite : « Des clochers de Sarrebourg, dit un récit allemand, ainsi que des toits des maisons, pleuvait une grêle de coups sur la plaine sans abri devant la rivière. A 2 heures, le bord sud de Sarrebourg était nettoyé jusque dans le milieu de la

ÉVACUATION DE PRISONNIERS ALLEMANDS BLESSÉS

GABRIEL HANOTAUX
de l'Académie Française

HISTOIRE ILLUSTRÉE
DE LA
GUERRE DE 1914

24 PAGES DE TEXTE ET D'ILLUSTRATIONS

FASCICULE
N° 50

L'ÉDITION FRANÇAISE ILLUSTRÉE
(GOUNOUILHOU, Éditeur)
30, Rue de Provence, Paris

PRIX NET
1 franc
ÉTRANGER, PORT EN PLUS

A NOS LECTEURS

ES *deux premiers volumes* de *L'Histoire de la Guerre de 1914* ont donné l'exposé des faits historiques et diplomatiques qui ont précédé et amené la guerre, et qui engagent si lourdement la responsabilité de l'Allemagne.

Avec *le troisième volume*, l'historien est entré dans le vif de son sujet, le grand drame de la guerre.

Le *quatrième volume*, commencé avec le fascicule 40, est consacré au récit de *La Bataille des frontières* (*Charleroi, etc.*) jusqu'à la retraite sur la Marne.

Par les renseignements qu'il a recueillis, par les travaux d'enquête et de recherches auxquels il s'est livré, par les conversations qu'il a eues avec les personnages officiels et les hommes politiques de l'Europe entière, l'historien a approché, d'aussi près que peut le faire un contemporain, de la source où peut se découvrir la vérité sincère et impartiale.

Opérations militaires, descriptions de batailles, portraits de grands chefs, exposés de la situation politique et économique des pays belligérants et des neutres, apparaissent avec une précision, une clarté et une grandeur émouvantes.

C'est vraiment le tableau de la « grande guerre ».

ville. » Il y eut un rude combat de rues qui força les troupes bavaroises à quitter la partie de la ville qu'elles avaient occupée (1). Mais, vers le soir, par suite du fléchissement de la 15ᵉ division sur la gauche, on dut abandonner Eich et se retirer sur le chemin entre Hoff et Bühl ; enfin, il fallut bien que la 31ᵉ brigade évacuât Sarrebourg et Bühl, sous la protection d'un bataillon du 13ᵉ régiment et de ses mitrailleuses, postés à Imlingen. Les troupes quittèrent la ville en bon ordre, la musique du 95ᵉ jouant la *Marche lorraine*.

« Le ciel commence à s'assombrir, écrit un officier de ravitaillement du 95ᵉ resté en arrière de la bataille, à Lorquin, lorsque, à droite dans le lointain, nous entendons et voyons tout à coup une ligne de canons tirer à toute volée. Ces obus, dont nous percevons à peine les échos, éclatent au-dessus des forêts, les encadrant de bulles de fumée qui de loin nous semblent des jouets d'enfants. C'est le 13ᵉ corps français qui, par son entrée en scène soudaine, permet le repli de notre propre corps, le 8ᵉ. Les canons ennemis leur répondent aussitôt, les bois et les villages se mettent à flamber, tandis que le crépitement des mitrailleuses envoie jusqu'à nous leurs échos de crécelle !

« J'apprends enfin des nouvelles de mon régiment. La marche en avant avait été de nouveau ordonnée ce matin

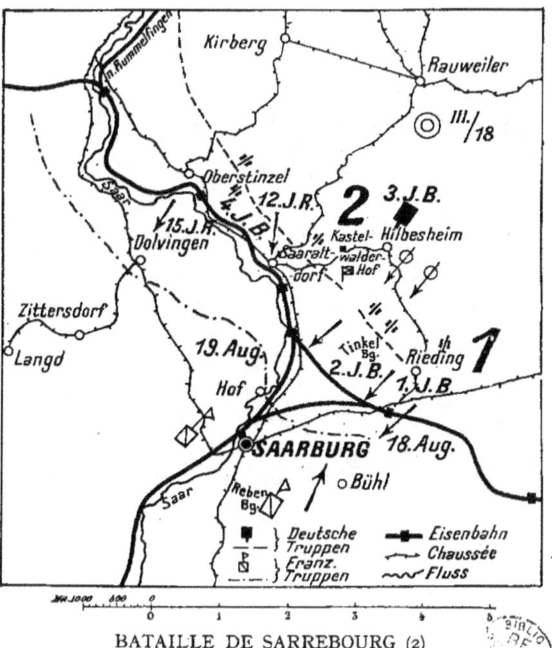

BATAILLE DE SARREBOURG (2)

du 20 août, malgré la progression lente et meurtrière de la veille sur Eich. Bientôt une lutte terrible d'artillerie s'était engagée dans le cimetière du village. Ce mot *Eich* nos troupiers l'ont dans la mémoire comme une vision terrible, obsédante, une vision d'enfer. Ils ont dû, la rage au cœur, céder du terrain pied à pied. En rentrant dans Sarrebourg, ils ont trouvé les fenêtres fermées et des caves, des coups de fusil ont été tirés sur eux par des mains invisibles. Les toits en tuiles volaient en éclats, les rues étaient devenues des fondrières... Décidément ils ne pouvaient plus rester. Les Bavarois, du reste, commençaient à encercler la ville. C'est alors que, au coup de midi, le général de brigade s'était élancé sur notre colonel (colonel Touret, tué le 24 août) et, les larmes aux yeux, lui avait crié :

« — Colonel, au nom de la France, tenez encore une heure, et je ferai décorer le drapeau de votre régiment.

« Et le régiment était resté sous la mitraille, poussant des charges partielles, sans désemparer, pour permettre au 13ᵉ corps, celui-là même dont nous entendions à cette heure les canons, d'intervenir avant l'encerclement complet...

« Les Bavarois avaient été étonnés de tant de résistance et, grâce à elle, n'avaient exercé qu'une pression lente et intermittente.

« Enfin, un ordre supérieur, sans réplique, était venu d'abandonner la ville. Le régiment l'avait exécuté, baïonnette au canon, musique en tête (3). »

Un général bavarois, de son côté, a raconté ainsi l'action sur les bords de la Sarre :

« Notre offensive est lente, car elle est neutralisée par le feu de l'infanterie et des mitrailleuses ennemies. Vers 5 heures du soir, nous tenons Dolfingen, les forêts à l'ouest de Saaraltdorf, ainsi que la lisière sud de Sarrebourg. Le soir, la 2ᵉ division d'infanterie à laquelle on a joint la 3ᵉ brigade occupe la région de Langd-Zittersdorf ; la 1ʳᵉ division d'infanterie tient les hauteurs près de Hof

---

(1) 20 août. — « A Sarrebourg, ça chauffe de nouveau. Des fenêtres et des toits des Français restés en arrière tirent sur les Bavarois. Nous évacuons la ville ; la batterie dont j'ai parlé fait demi-tour et tire volée sur volée sur les maisons. C'est le meilleur moyen, il ne reste plus personne après. » *Appendice au rapport d'enquête anglais*, p 255. Extrait d'un carnet de route allemand.

(2) Extrait de la *Kriegs-Chronik der Münchner Neuesten Nachrichten*, 3 folge : Heft 28, s. 442.

(3) Capitaine Rimbault, *Journal de campagne d'un officier de ligne*, p. 60.

(2e brigade), Sarrebourg et les hauteurs du Rebenberg (1re brigade). A Sarrebourg même, le régiment d'infanterie de la garde bavaroise, lutte contre des détachements ennemis qui l'accueillent à coups de mitrailleuses placées dans les tours, les maisons, etc. Avec l'obscurité de la nuit, l'ennemi tente encore une contre-attaque contre l'aile gauche de la 1re division entre Sarrebourg et Bühl ; l'attaque est brillamment repoussée par la 1re brigade, et la 1re division se tient la nuit à Hof, Sarrebourg et au Rebenberg. La 2e division d'infanterie, poursuivant l'adversaire, arriva à 2 heures du matin jusqu'à Gondrexange. »

Les pertes avaient, en réalité, été très sensibles de part et d'autre ; le récit officiel allemand des opérations du Ier corps bavarois avoue, pour la bataille de Sarrebourg, des pertes atteignant 50 o/o pour certaines unités et ne descendant pas au-dessous de 25 o/o.

21e corps. — Si les événements avaient pris une tournure défavorable sur la gauche de la 1re armée, il n'en avait pas été de même sur le centre et sur la droite.

A l'aile droite, le 21e corps avait affaire en partie au XVe corps allemand, un de ces corps venus d'Alsace pour prendre de flanc l'armée du général Dubail. Les prévisions de celui-ci se réalisaient.

Il faut expliquer clairement la situation de notre 21e corps : la concentration avait amené ce corps de couverture sur la Haute-Meurthe, la 43e division vers Saint-Léonard, le Ban-de-Sapt et la vallée de la Fave, la 13e division sur Celles-Badonvillers-Saint-Pol-Montigny. Dès le 7 août, la 43e division avait occupé les cols du Bonhomme et de Sainte-Marie, non sans être fortement éprouvée, notamment en ce dernier point ; elle ne put s'emparer ni de la ville de Sainte-Marie ni du Renclos-des-

Vaches. Le 9 août, une partie de la 13e division passe dans la vallée de la Bruche, tandis que le gros de la 43e division se réunit dans la vallée de la Fave. Saales est occupé dans la matinée du 12 août. La 26e brigade s'élève le long des Vosges pour étayer le mouvement en avant de la 43e division et tenir le passage du Palais-Château-Saint-Louis-Col du Hanz. Les ennemis essayent en vain d'attaquer le col du Hanz. Le 21e corps tient, le 13, le débouché nord de la trouée de Saales et, par un détachement (général Barbade), les vallées de la Plaine et du Rabodeau ; il a accompli sa mission de corps de couverture ; à cette date, les 8e et 13e corps à gauche ont leurs têtes de colonnes sur la ligne de la Meurthe entre Fraimbois et Raon-l'Étape, ligne que couvre la 6e division de cavalerie sur la rive droite.

Le 14 s'ouvre, pour le 21e corps comme pour le reste de l'armée, la période de l'offensive. Le corps a pour mission de marcher sur le Donon et la vallée de la Bruche. Nous l'avons vu obtenir ce beau succès de Saint-Blaise, non sans des pertes lourdes, notamment celle du colonel du 21e ; les officiers, notamment au 109e, payent un lourd tribut. Mais cette journée a été beaucoup plus dure encore pour les Allemands. Un des officiers supérieurs, le colonel Hamon, qui commandait la 26e brigade, a pu écrire : « C'est la vraie débâcle causée par le feu de notre canon. » Le lendemain, on s'organise ; le 16, par une pluie battante, la division de droite pousse jusqu'à Schirmeck. L'ordre du commandant d'armée, le 17 août, est qu'une division du 21e corps (la 13e), passera la vallée de la Bruche et occupera le Donon, tandis

INTÉRIEUR DE L'ÉGLISE D'ASPACH

UNE VALLÉE EN FACE DU DONON

que le gros du corps d'armée se rassemblera, prêt à se porter à travers le Donon sur Saint-Quirin et Abreschwiller, pour y soutenir l'attaque prévue de l'aile gauche de l'armée sur Sarrebourg.

Le 21e corps, dans cette position, fait donc charnière autour du Donon. Son rôle est ainsi parfaitement défini : il domine le vieux pays historique des Wangen et des Groldseck, depuis Schirmeck jusqu'à Saverne, jusqu'à Phalsbourg; il tient la clef qui ouvre les portes de l'Alsace vers Strasbourg. Pour jouer ce rôle considérable, il s'appuie sur le Donon qui voit couler de son flanc, ou à ses pieds, les trois Sarre, portant leurs eaux vers le nord-ouest, la Bruche qui va vers Molsheim et Strasbourg et à l'arrière la Plaine, le Rabodeau, affluents de la Moselle.

Deux massifs s'affrontent en quelque sorte pour garder ce couloir : l'un, celui du Donon est plus au sud et plus âpre ; l'autre, celui de Dabo, plus au nord et plus mystérieux. D'un côté les rochers, de l'autre les forêts.

Le massif du Donon est plein de majesté :

« Entre le Rabodeau, la Plaine et la Vezouse, les montagnes lorraines et alsaciennes font, autour du Donon, un assemblage étonnant de courbes et de couverts... De Saales à Senones, à Allarmont et à Cirey, les hauteurs et les bois se déroulent en vagues chatoyantes, concentriques et pressées, et offrent le spectacle impressionnant d'une nature ordonnée et régulièrement somptueuse... Sur les flancs du massif s'étendent les plus belles futaies du monde; à perte de vue, s'élevant et s'abaissant avec les montagnes et les ravins, l'océan des arbres moutonne à l'horizon. Les sapins les plus vénérables estompent de la sépia jusqu'aux ténèbres les plus complètes, les failles profondes où roule, avec un bruit d'eaux bouleversées, la triple Sarre : celle d'Abreschwiller, celle de Saint-Quirin (Sarre Rouge) et celle de Turkestein (Sarre Blanche). Des chemins de valeur diverse suivent les thalwegs et les crêtes et seuls leurs lacets blancs éclairent imperceptiblement l'immensité forestière (1). »

(1) De Pouvourville, *Jusqu'au Rhin*.

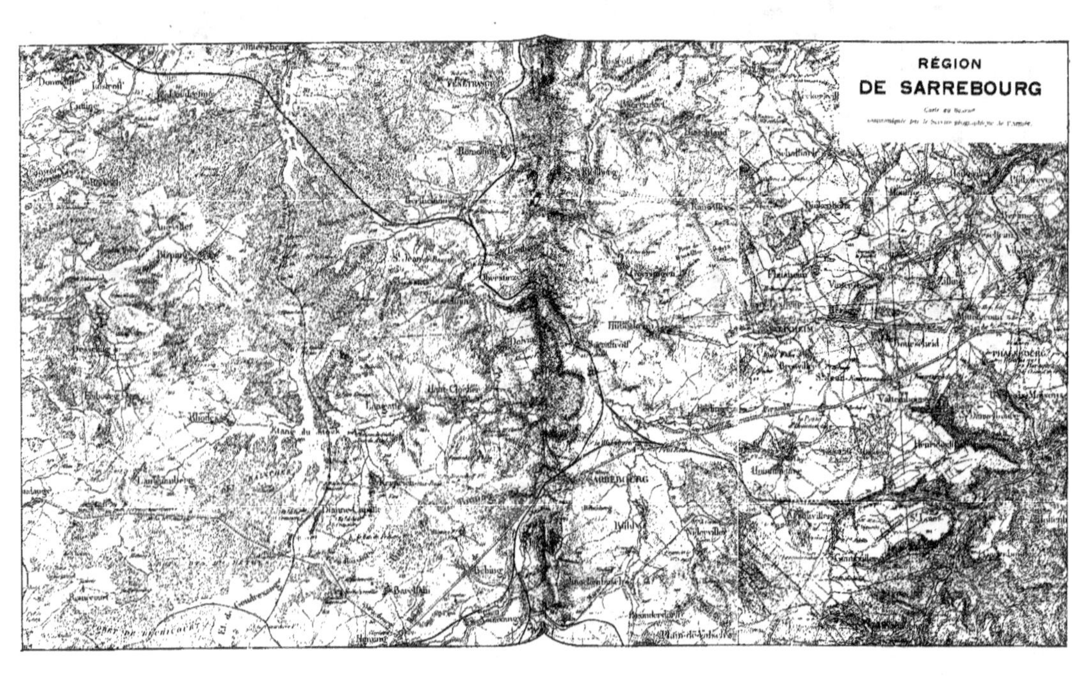

RÉGION
DE SARREBOURG

En face du massif du Donon, s'étage, plus bas mais plus clos, le pays de Dabo (Dagsbourg), qui fut percé et fortifié par le roi Dagobert, quand les rois francs apportaient dans ces contrées la lumière de la civilisation française. Le pays est consacré à l'apôtre vénéré saint Léon : du haut de l'éperon qui porte ce nom, cote 540, la vallée est dominée au loin vers Saverne et vers Phalsbourg. Nous allons voir les troupes du XXIe corps y tenir ferme.

C'est dans le pays de Dabo que se porteront l'attaque et la défense françaises, pays de sous-bois, délicieux par les chaleurs d'août, « remplis en été de parfums sauvages et d'herbes dorées craquant sous le soleil ».

Au pied du Donon, la vallée de la Bruche s'ouvre un clair chemin vers Strasbourg. La vallée est riche, populeuse, jalonnée de villages opulents et industrieux. Au débouché de la montagne, c'est l'Alsace. Saint-Blaise, Fouday, Rothau, Schirmeck travaillent le coton, fondent le fer, entonnent la bière. Toute la vallée chante dans une prospérité sans seconde. La paix s'est glissée au pied de la montagne sourcilleuse d'où, dans les temps anciens, lui était venue la guerre.

Sur ce terrain apaisé, voici que la guerre sévit une fois de plus ; et le 21e corps français va rencontrer le XVe corps allemand accouru du sud et sacrifiant Mulhouse pour défendre la jonction entre Metz et Strasbourg.

Une habile avancée nous a rendus maîtres du Donon. C'est là qu'il faut tenir, tandis que la puissance allemande s'est installée vers Dabo pour reprendre ce que le combat de Saint-Blaise lui a enlevé.

La vallée de la Bruche est le couloir disputé : on se bat de part et d'autre sur les deux rives de la rivière.

Le 18 août, tandis que la 43e division, renforcée de la brigade mixte coloniale, se rassemble sur Abreschwiller-Saint-Quirin avec détachement à Walscheid, la 13e division (25e brigade au Donon et 26e à Schirmeck) doit prendre Wisches et se poster ensuite sur Urmatt ; on avancera par les deux rives.

Sur la rive gauche, Wisches est occupé, le matin du 18, sans résistance ; mais le village est repris le soir par une contre-offensive allemande. Sur la rive droite, l'offensive est moins heureuse encore. Des forces importantes débouchent de Grendelbruck, les Allemands ont organisé défensivement la cote 748. Devant la poussée allemande, le 17e régiment cède, tandis que le 21e régiment (commandant Faivre) et le 109e, qui est à la cote 405, le soutiennent. Les pertes en hommes et en officiers sont toujours très sensibles. Mais l'esprit des troupes, sous l'impulsion du colonel Hamon, des colonels Frisch et Aubry, reste excellent. On s'est fortement appuyé sur Hersbach, et la 13e division, isolée du gros du 21e corps, a été rattachée au 14e corps qui opère à sa droite vers Ville et Champ-de-Feu.

Le lendemain 19, dès 7 heures du matin, les Allemands attaquent vigoureusement. Le 21e résiste pied à pied dans Hersbach. Le colonel Aubry dégage le 109e par une contre-attaque énergique : mais il est tué ; le 109e se replie sur la plate-forme du Donon où il bivouaque ; le 21e régiment s'est porté en arrière sur le col de Praye.

Au soir, la 13e division avait perdu Schirmeck, ramené sa droite sur Grand-Fontaine et le 14e corps était chargé de préparer une attaque dans la vallée de la Bruche pour la dégager.

Le 20 au matin, toute la 13e division est groupée sur le Donon. Vers 2 heures de l'après-midi, les détachements ennemis apparaissent. Nous avons le récit allemand du combat : « Le 20 août, nous eûmes un combat au Petit-Donon ; il dura jusqu'à l'obscurité. Le Petit-Donon est une montagne découpée, très boisée (petits bois et buissons), dont le sommet est un vrai nid de rochers. Les Français ont là une superbe position. » Le combat dura toute la nuit. L'ennemi est contenu. Au matin, le 2e bataillon du 21e régiment regagne le Donon. Le 109e bivouaque à l'est de la route du Donon aux Minières.

De ce côté, le général Dubail peut donc avoir le sentiment qu'il reste maître de la

DANS LES VOSGES. — SECTION ALLEMANDE DE MITRAILLEUSES DE CAMPAGNE

situation. Tant qu'on tient le Donon, la vallée de la Bruche est dominée et la clef reste dans la serrure. « La journée du 20 août ne fit pas avancer beaucoup nos régiments de landwehr, dit un auteur allemand ; les Français avaient une excellente position d'artillerie au nord-ouest de Saint-Blaise-Fouday. Les nôtres attendaient leur artillerie lourde. Le 20 août au soir, la joie de la victoire de Lorraine n'arriva pas encore au Donon. »

La partie du 21e corps chargée de faire face plus au nord, au massif de Dabo, a eu plus de mal. Le 19 août, le 21e corps, comme nous l'avons vu, était diminué de ce côté de la 13e division, qui avait été rattachée la veille au 14e corps et opérait dans la vallée de la Bruche et sur le Donon ; cependant il avait été augmenté sur sa gauche d'une brigade coloniale.

Ces formations réussissaient, le 19, à s'établir sur la ligne des hauteurs ouest de Vallerysthal (à proximité de Plain-de-Walsch), Walscheid et Soldatenkopf. Le 20, la brigade coloniale a ordre d'attaquer Haarberg au débouché du bois ; cette action lui permettrait d'aborder Dabo, mais elle est arrêtée par l'artillerie ennemie, elle ne peut déboucher. Notre artillerie à Voyer, notre infanterie à Walscheid sont prises sous le feu des obusiers lourds allemands et ne peuvent garder leurs positions : elles se replient.

Une brillante contre-attaque du 17e bataillon de chasseurs sur Munichhof arrête la retraite commencée et, vers 7 heures du soir, une reprise générale d'offensive par le 21e corps avec l'appoint du 158e régiment tenu en réserve jusqu'à ce moment, parvient à rejeter l'ennemi au delà de Munichhof et de l'éperon de Saint-Léon. L'ennemi se replie pendant la nuit. Son échec, sur ce point, avait été complet, et les prisonniers que nous y avions faits affirmaient que les Allemands s'avouaient battus.

13e corps. — Entre les 8e et 21e corps, avait opéré le 13e corps. Après l'engagement de nuit malheureux d'une de ses divisions à Cirey, le 14 août, le 13e corps avait atteint lors de l'avance générale de l'armée, le front Niderhoff-Saint-Quirin, le 16 août. Le 18, il s'était emparé des hauteurs nord et nord-ouest d'Hermelange et avait occupé par ses avant-gardes Schneckenbusch et Plain-de-Walsch.

Il devait, le 19 et le 20, rester en réserve générale d'armée, à la disposition du général Dubail.

Mais vers 4 h. 30 du soir, le 20, en présence de la retraite de la 16e division à Sarrebourg et l'échec de la brigade coloniale à Haarberg, le général engage le 13e corps contre le centre ennemi (XIVe corps badois). Les deux divisions sont jetées l'une (la 25e) sur Sarrebourg et Bühl, l'autre (la 26e) entre Bühl et le bois de la Hommerberg.

Ces deux contre-attaques ont un plein succès. D'une part, à gauche, la 25e division dégage aux abords est de Sarrebourg la 16e division, qui se maintient à proximité de la ville jusqu'à la nuit ; à droite, la 26e division reprend Brou-

ASPECT DE LA VILLE DE DIEUZE

derdorf et Plain-de-Walsch et soutient la gauche du 21e corps, dont le centre et la droite, au même moment, ont repris l'avantage et forcé le XVe corps allemand à se replier.

A la nuit, par mesure de précaution, le 13e corps ramène ses gros au sud de la Bièvre ; mais les avant-postes sont au nord du cours d'eau et gardent les débouchés.

Un sous-lieutenant de réserve raconte ainsi l'action à laquelle il prit part :

« J'ai reçu le baptême du feu, le 20 août, sur les bords du canal de Saverne. La 25e division (13e corps) était partie pour prendre Sarrebourg. La ville était fortifiée de ces gros obusiers fixés sur ciment, dont les projectiles font des trous à y enterrer deux ou trois chevaux. Mais nous n'en savions rien. Depuis Epinal, nous avancions remplis d'entrain, sans rencontrer d'obstacles. Les régiments qui nous précédaient avaient vu quelques Allemands, nous pas un.

« Le 20 août, ce fut différent et je m'en souviendrai. Mon bataillon eut à tenir tout le jour sur la cote 330 au milieu des obus. On n'essayait même pas de se retrancher ni de se cacher des aéroplanes : aujourd'hui l'on serait plus prudent. Certaines compagnies furent décimées à plusieurs reprises. Je vois encore mon capitaine faisant baiser le crucifix à deux ou trois hommes qui allaient mourir. Le soir, vers 6 heures, il fallut battre en retraite, malgré le secours de notre artillerie lourde. Comme nous venions de repasser le canal de Saverne, le général de division arrive avec son état-major. Il ordonne demi-tour. Toute la division attaque à nouveau. Nos canons et nos mitrailleuses ouvrent le feu, quatre régiments s'élancent. Nous descendons une première pente et en rencontrons une seconde, sous une pluie d'obus et de balles, quelques fantassins reculent, nous continuons, nous, d'avancer.

« Arrivés à portée d'assaut, l'on nous fait tirer à notre tour et le feu des Allemands diminue d'intensité. Ils avaient fait entendre, pour nous tromper, nos propres sonneries de « cessez le feu », mais nous étions prévenus et distinguions bien la différence du son. Ils s'arrêtèrent de tirer et nous après. Quand nous n'entendîmes plus rien, nous grimpâmes la côte jusqu'à la cime, et ralliâmes ce qui restait du groupe, une centaine d'hommes. La nuit était venue, nous nous demandions où était l'ennemi. Des cris se firent entendre, sans que nous puissions d'abord discerner s'ils venaient de Français ou d'Allemands. Suivit un peu de silence, puis le son du fifre, puis un chœur lent et grave, et, dans la nuit complètement noire, cela ne manquait pas de beauté. Bientôt, à une cinquantaine de mètres, des feux s'allumèrent comme spontanément ; ils avaient dû les préparer pour nous découvrir et nous tirer dessus. Le commandant nous défendit d'en approcher.

« Nous n'étions plus qu'à 470 mètres de Sarrebourg ; mais la ville était trop bien défendue pour qu'il nous fût possible d'y entrer, et nous descendîmes avant le milieu de la nuit vers notre point de départ, sur les bords du canal, ramassant tout au long du chemin des blessés de nos quatre régiments. Des brancardiers leur donnaient les premiers soins. J'en ai emporté un sur mes épaules. Nous arrivâmes au canal exténués (1). »

14e corps. — Nous avons vu à gauche et au centre de la 1re armée l'action des 8e, 13e et 21e corps ; à sa droite, le 14e corps resta plutôt

(1) *Revue des Deux-Mondes* du 1er février 1915. — Félix Klein, *La Guerre vue d'une ambulance.*

CHASSEURS ALPINS DANS DES TRANCHÉES DES VOSGES

sur la défensive et se contenta de tenir les positions conquises antérieurement.

Le corps d'armée, après la concentration qui l'avait amené dans la région Saint-Léonard-Mandray-Corcieux, s'était engagé (27e division) dès le 12 août, aux cols du Bonhomme et de Sainte-Marie, dans de violents combats qui s'étendirent, le 13, jusqu'au col d'Urbeis; enfin, le 14 août, la gauche progressa jusqu'à Urbeis et établit sa liaison avec le 21e corps à Steige; mais il était toujours arrêté aux cols. Il lançait, le 15, une brigade à Lalaye, en avant du col d'Urbeis, et attaquait sur tout le front pour conquérir le débouché des passages, mais il ne put progresser que lentement; toutefois, le 16, Sainte-Marie-aux-Mines fut occupée.

Nous avons vu que, le 17 août, l'offensive principale du 14e corps s'était portée sur la gauche vers Villé et le Champ-de-Feu. Dès lors, l'action du corps d'armée avait été étroitement liée à celle de la 13e division du 21e corps qui, opérant isolément dans la vallée de la Bruche et sur le Donon, lui était rattachée dès le 18.

C'est alors que la bataille s'engage sur la gauche et le centre de l'armée. Les forces allemandes, sur la droite, étaient estimées à une division dans la vallée de la Bruche, un détachement au Champ-de-Feu, une brigade devant Villé. Le 19, la 13e division, nous l'avons vu, perdit Schirmeck et ramena sa droite sur Grand-Fontaine; le soir, le 14e corps reçut l'ordre d'assurer coûte que coûte notre flanc droit Donon-Schirmeck-Champ-de-Feu-Villé-Sainte-Marie-La Poutroye.

A ce moment, sur l'extrême-droite de la 1re armée, une brigade de la 58e division de réserve venue de l'armée d'Alsace atteignait la région Saales-Bourg-Bruche et la 71e division de réserve (réserve mobile de la place d'Épinal) se portait à Corcieux pour appuyer la défense des cols. Par suite de la fatigue des troupes causée par les marches de nuit et les contre-ordres, l'attaque que devait exécuter le 14e corps dans la vallée de la Bruche pour dégager la 13e division ne put avoir

lieu, et nous verrons le corps d'armée, après la bataille du 20 août, livrée par la gauche et le centre de la 1re armée, se conformer au mouvement général de retraite et se replier le 22 août sur le Ban-de-Sapt.

Pour compléter le tableau général des opérations de la Sarre et des Vosges, il est nécessaire de rappeler rapidement ce qui se passait au sud, à la gauche de l'armée d'Alsace du général Pau, au moment où le choc décisif se produisait en Lorraine.

Les cinq groupes alpins (1) (12e, 13e, 22e, 28e, 30e) affectés à la garde des Vosges, de la Schlucht au ballon de Servance, avaient pris part à l'offensive en Haute-Alsace avec mission de conquérir les débouchés des routes sur la plaine. Le 19 août, leur objectif était Colmar; on devait atteindre cette ville par la Fecht (13e et 30e) et par la rive gauche de l'Ill (12e, 22e et 28e). Le 19 soir, ce dernier groupement (12e, 22e et 28e) cantonnait à Osenbach, Soulzmatt et Westhalten. Le 20, il atteignait à Soultzbach la vallée de la Fecht. A ce moment, la route de Turkheim venait d'être ouverte par un brillant combat du 30e bataillon la veille, à Günsbach, contre une brigade wurtembergeoise. Ainsi, le soir même du 20 août, les cinq groupes alpins (le 13e bataillon, détaché sur Orbey-Zell) sont réunis à l'ouest de Colmar, sous les ordres du général Bataille.

Nous les verrons, les jours suivants, couvrir constamment la droite de la 1re armée.

Revenons au 8e corps qui, sur la gauche, comme nous l'avons dit, avait dû battre en retraite et abandonner Sarrebourg le 20, vers 4 h. 30 du soir. Tandis que la 16e division tient dans Imlingen, la 15e division est talonnée par la 1re division bavaroise qui occupe Hoff, Sarrebourg et le Rebenberg, et par la 2e division bavaroise qui essaye un mouvement d'enveloppement en envoyant ses avant-gardes vers 2 heures du matin aux approches de Gondrexange.

(1) C'est-à-dire cinq bataillons alpins avec chacun une section de génie et une batterie de montagne

ÉTAT-MAJOR D'UN GÉNÉRAL DE CAVALERIE FRANÇAISE

A la 16ᵉ division (général de Maudhuy), la 31ᵉ brigade (85ᵉ et 95ᵉ régiments) s'est repliée jusqu'à Xouaxange, et la 32ᵉ brigade (13ᵉ et 29ᵉ régiments) par Héming, au sud du canal de la Marne au Rhin, dont elle tient, d'ailleurs, les passages par ses avant-postes. Pendant la nuit, les dispositions sont prises pour garder la ligne du canal : la 31ᵉ brigade tenant les passages de Xouaxange et du moulin de Hesse, la 32ᵉ brigade ayant gardé ses avant-postes à Héming, son artillerie postée sur les hauteurs de Xouaxange.

Minuit sonne à l'église de Lorquin ; une troupe assez nombreuse traverse les rues de la petite ville, puis s'arrête. Je reconnais mes camarades (du 95ᵉ) et vais au-devant de mon colonel. En silence il me serre la main et je vois qu'il a des larmes dans les yeux. Après ma distribution, il me dit : « Allez à Xouaxange, il y a dans ce village un de mes bataillons. »

Je pars aussitôt à travers les chemins cahoteux. Tout le long de la route ce sont des groupes qui me posent l'éternelle question : « Où est notre régiment ? »

J'arrive à Xouaxange à 1 heure du matin. La lune s'est cachée et la nuit est épaisse. Des hommes, le fusil entre les jambes, le sac sous la tête, ronflent en pleine rue. Je leur demande : « Voulez-vous du pain ? » Des formes se remuent, mais ne répondent pas. « Mettez leurs vivres à côté d'eux, me fait un officier. Ils les prendront à leur réveil. » C'est ce que je fais ; mais ayant dérangé la position de quelques hommes, ceux-ci me disent simplement : « Laissez-nous dormir » (1).

Malgré le repli du 8ᵉ corps, le général Dubail ne considère pas la partie comme perdue. Il prend la décision de se maintenir au contact de l'ennemi en s'installant sur les hauteurs Kerprich-aux-Bois, Bois-de-Rinting, hauteur au nord-est de Bebing (il est vrai que sur son aile gauche le recul du 8ᵉ corps avait atteint le canal de la Marne au Rhin), nord-

(1) Capitaine Rimbault, *loc. cit.*, p. 67.

est d'Hermelange, lisière nord du bois de Hesse, signal et bois de Voyer, hauteurs nord-est d'Ergenthal, Soldatenkopf. Sur la ligne indiquée, le général commandant l'armée pensait refaire ses troupes fatiguées par une lutte ininterrompue depuis le 14, et reprendre méthodiquement, pied à pied, l'attaque de la position allemande.

Résumons cette longue et dure journée du 20 août, commencée à l'aube et qui est la première de la Bataille des Frontières.

Quatre corps français : 8e, 13e, 21e et 14e, qui marchent et combattent depuis le 14, s'avancent contre quatre corps ennemis : Ier bavarois actif et Ier bavarois de réserve, XIVe et XVe corps allemands. L'armée allemande est fortement retranchée, notamment sur la route qui va de Wasselonne à Dabo-Hommert-Brouderdorf-Bühl-Reding-Hilbesheim-Helleringen-Fenestrange ; elle attend l'offensive française, prête à lui tomber dessus dès que celle-ci se présentera au débouché de la vallée.

Malheureusement le général français ne se sent pas en pleine sécurité sur sa droite et ne peut pas consacrer à son offensive vers le nord toutes les forces nécessaires.

La 15e division française défile sous le feu ennemi pour aller s'emparer de la tête de pont de Gosselmingen qui lui permettra de franchir la Sarre et de percer ou de tourner la position ennemie. Elle réussit d'abord ; mais l'artillerie lourde allemande prend le dessus sur l'artillerie de campagne française, écrase le régiment français qui s'est emparé du village et détermine ainsi un recul qui, dès midi, se change en retraite précipitée : la 15e division se réfugie jusqu'au sud du canal de la Marne.

Cependant, la 16e division tient bon à Sarrebourg et aux environs jusqu'à 4 heures. Soutenue par une contre-attaque du 13e corps, elle se replie en bon ordre et ne descend pas au sud de Imlingen. A partir de ce point jusqu'à l'extrême-droite, toute l'armée française a tenu tête. Seule, la brigade coloniale a été repoussée à Haarberg,

Mais le 13e et le 21e corps, combattant en liaison, ont d'abord arrêté, puis refoulé l'ennemi, qui est en retraite au moment où tombe la nuit.

Imaginez-vous un éventail dont la branche gauche s'ouvre, tandis que la poignée tient bon. Il s'ouvre de Gosselmingen jusqu'au canal ; le repli de la 15e division ne dépasse pas, d'ailleurs, 12 à 15 kilomètres. Autour de Sarrebourg, le front s'est à peine modifié et il est sans changement appréciable à partir de Sarrebourg jusqu'à Munichhof.

Le général est en droit de penser que la situation n'est pas sérieusement compromise et que c'est une affaire à reprendre. Si l'ennemi, pour poursuivre son succès, abandonne ses fortes positions défensives, une bataille appuyée sur le canal de la Marne au Rhin et sur les hauteurs Xouaxange-Voyer-pointe de Saint-Léon, peut réparer la journée du 20.

Le sentiment du général eût été confirmé s'il eût connu l'effet produit sur l'ennemi par la bataille elle-même. Nous sommes ici en présence d'un des premiers effets de l'invisibilité du champ de bataille. Tandis que les Français surpris dans leur marche téméraire, avaient le sens très vif de leurs pertes, les Allemands comptaient les leurs et en recevaient une impression non moins vive. Aussi, le soir de la bataille, on hésitait beaucoup dans le camp allemand à considérer la victoire comme acquise.

Certes, les troupes allemandes s'étaient bien comportées, mais dans des conditions qui n'avaient rien de décisif. Les troupes françaises, dans une offensive succédant à une marche en avant de plusieurs jours sans repos, avaient été repoussées, mais non vaincues ni démoralisées. Aucune panique, aucune poursuite contre elles.

Le moral avait été admirable et était resté très solide, même dans la retraite. Nous avons vu le 95e, après une journée de bombardement stoïquement supportée dans Sarrebourg, ne sortir de la ville que sur un ordre formel et aux accents de la *Marche lorraine* ; un de ses officiers, le capitaine du

CANON DE 155 COURT DIT « RIMAILHO » EN POSITION

Couédic de Kergoualer, fut tué glorieusement en soutenant le repli de son bataillon, face à l'ennemi. On cite des traits d'héroïsme dignes de la vieille France. Un régiment de la division de Maudhuy, le 29e, comptait parmi ses hommes le comte de Pelleport, engagé volontaire, simple soldat, âgé de cinquante-neuf ans, qui fit l'admiration du régiment par son entrain et la beauté de son caractère.

Notre compagnie, la 8e, a-t-il écrit, avait été désignée avec la 7e pour aller remplacer notre 3e bataillon qui avait dû reculer, écrasé par l'artillerie allemande. Nous sommes partis vers 23 heures, le 19, et nous nous sommes glissés en silence, malgré les projecteurs allemands, tout à fait en première ligne, sur les bords de la Sarre. Nous avons assisté là au feu le plus infernal qui se puisse concevoir, de 5 heures du matin à midi, le 20 août. Nous n'avons pas perdu un homme. Nous étions trop près des Allemands, et nous aurions pu tenir encore, lorsque notre capitaine a commandé : « Baïonnette au canon pour charger. »

Le vieux gentilhomme se précipita à l'assaut, à la tête de la compagnie, reçut un éclat d'obus, ne pro-

féra pas une plainte, et, transporté à Saaraltdorf par les Allemands, mourut le 26 après avoir écrit à sa femme : « Je me suis conduit en Pelleport. Le moral est parfait. »

Les troupes ayant gardé cette vaillance un peu nerveuse, mais irritée en somme et assoiffée de vengeance, le général en chef conservant toute sa maîtrise, sa lucidité et sa confiance dans le succès final, les choses auraient pu être reprises dès le lendemain.

Mais avant de porter un jugement d'ensemble sur les premiers effets de la bataille de Lorraine, il faut se rendre compte de ce qui se passait dans la 2e armée.

BATAILLE DE MORHANGE Nous avons vu la 2e armée (général de Castelnau), s'avancer du 14 au 18 août sur la ligne que présente la VIe armée allemande (kronprinz de Bavière), derrière la voie ferrée de Metz-Saverne-Strasbourg. Le communiqué du 18, à 9 h. 15, résumait, en ces termes, les progrès de la 2ᵉ armée : « Nous avons occupé toute la région des Etangs jusqu'à l'ouest de Fenestrange. Nos troupes débouchent de la Seille. Notre cavalerie est à Château-Salins. »

En fait, la marche de la 2ᵉ armée avait été assez dure. Le 18, le 16ᵉ corps avait été arrêté au débouché des bois, entre Mittersheim et Kuttingen, sur la route de Dieuze à Fenestrange ; la 31ᵉ division qui, la veille, avait été rejetée sur Angweiler, n'avait pu passer le canal des Salines et avait dû être relevée par la 32ᵉ division.

Cependant, pour se conformer aux ordres du haut commandement dont les directions supérieures ordonnent la marche en avant, il faut prendre les dispositions nécessaires pour progresser dans cette redoutable région dévolue à l'offensive de la 2ᵉ armée.

Le simple examen de la carte suffit pour indiquer les difficultés de la tâche. En déterminant le tracé de la frontière, le maréchal de Moltke et les conseillers militaires du prince de Bismarck avaient pris leurs précautions.

Une fois la frontière de 1871 franchie, aux débouchés de la vallée de la Seille, on se trouve en présence d'une ligne de défenses naturelles qui vont en s'élevant de la ligne de Château-Salins-Sarrebourg aux hauteurs de Saint-Avold et de Sarrebrück, et finalement jusqu'aux lignes de Kaiserslautern. C'est comme un escalier qui monte peu à peu de France en Lorraine et de Lorraine en Allemagne : une armée française qui essaiera de le grimper sera menacée de flanc, à l'ouest, par les deux camps retranchés de Metz et de Thionville.

Or, cette forteresse naturelle est précédée par une demi-lune : la position de Morhange, et soutenue par une courtine rejoignant les Vosges : les collines de la rive droite de la Sarre. Nous avons vu comment la 1ʳᵉ armée essaya de se glisser le long de la courtine de la Sarre ; nous allons voir maintenant comment la 2ᵉ armée se heurta au bastion de Morhange.

La demi-lune de Morhange est formée par le bassin de la Petite-Seille ; elle a sa porte à Château-Salins, ses principaux contreforts vers

Dieuze, Burgaltdorf, Bensdorf à l'est, Gremecey, Gerbécourt, Château-Bréhain, Marthil à l'ouest. La muraille qui l'entoure s'élève en général jusqu'à la cote 320 ou 330, mais avec des à pic très brusques vers la plaine extérieure, tandis qu'à l'intérieur, le plateau, qui forme la véritable place d'armes, se tient généralement à la cote 200-250. Morhange (Mörchingen), réduit du bastion, est à la cote 260.

On peut pénétrer dans la place par plusieurs routes convergeant à Château-Salins et venant de Vic, de Delme et de Moncel ; à l'intérieur de la place d'armes, un chemin de ronde longe la muraille nord, de Château-Salins à Baronvilliers et Faulquemont-Saint-Avold ; une autre route perce la place de part en part, c'est la route de Dieuze à Morhange et Baronvilliers. Une voie ferrée, celle de Nancy à Château-Salins et Bensdorf, s'élève du sud au nord et rejoint l'autre voie ferrée, celle de Metz à Saverne qui passe en arrière, aux pieds de Morhange, et contourne la place d'armes vers le nord. Cette demi-lune se rattache par Bensdorf aux défenses de la Sarre : c'est à Bensdorf que se trouve le point de croisement des voies ferrées ; Bensdorf est une des principales articulations de la Lorraine annexée. La longue crête boisée de Brides et de Kœking, qui forme le glacis-est du bastion de Morhange, commande Bensdorf au nord. Pour avoir les communications libres en Lorraine, il faut avoir Bensdorf et, pour avoir Bensdorf, il faut avoir la muraille de Morhange. C'est l'indispensable chemin et c'est le redoutable obstacle.

La forteresse naturelle a été singulièrement développée et renforcée par l'art. Les Allemands connaissaient la nécessité où se trouvaient les armées françaises d'aborder le bastion de Morhange pour s'élever vers le nord. Ils avaient fait, de la région, un véritable camp retranché, fortifié selon les principes modernes, c'est-à-dire au moyen de levées de terre. Aussitôt que la guerre fut en perspective, ces travaux furent développés, consolidés, bétonnés, tendus de fils de fer. De telle sorte que tout le pays entre Seille et Sarre formait un ouvrage continu où

TOMBES DE SOLDATS EN LORRAINE ANNEXÉE

les moindres plis de terrain étaient soigneusement utilisés et repérés. C'est à cet obstacle que la jeune armée française pleine d'ardeur, d'entrain et d'inexpérience, venait se heurter.

Au moment où la bataille va s'engager, la 2e armée (Castelnau) est disposée ainsi qu'il suit :

Le 16e corps (général Taverna), parti le 17 de la ligne Maizières-Moussey-Réchicourt, avait atteint, le soir même, le front Zemmingen-Mittersheim, en liaison avec la 1re armée par un détachement laissé à Diane-Cappelle. Mais, comme nous l'avons vu, le corps d'armée avait été arrêté au débouché des bois à Mittersheim-Kuttingen, par une contre-attaque qui l'avait rejeté de la route Dieuze-Lauterfingen sur Angweiler ; à cet échec allait correspondre, le 19 soir, celui du corps de cavalerie du général Conneau opérant à droite (1re armée),

dans une tentative de passer la Sarre à Gosselming.

Le 15e corps (général Espinasse) est à gauche du 16e corps. Il s'est avancé, le 17, vers Dieuze, a occupé Marsal, gardé les vannes de Lindre, mais n'a pu assurer le débouché au nord de la Seille. Le 18, il n'a pu encore que se maintenir sur la Seille, enlevant toutefois Zemmingen et Vergaville, mais il n'a pas occupé Dieuze, quoique l'ennemi l'ait évacué.

Le 20e corps (général Foch) est plus à gauche encore ; il s'est emparé de Château-Salins le 17, et a conservé le contact, le 18, au nord de cette ville, tout en assurant la possession de la Seille, de Marsal (exclu) à Chambrey (exclu).

Le 9e corps d'armée (général Dubois) est à la gauche du 20e ; mais, par décision du haut commandement, il reçoit, précisément

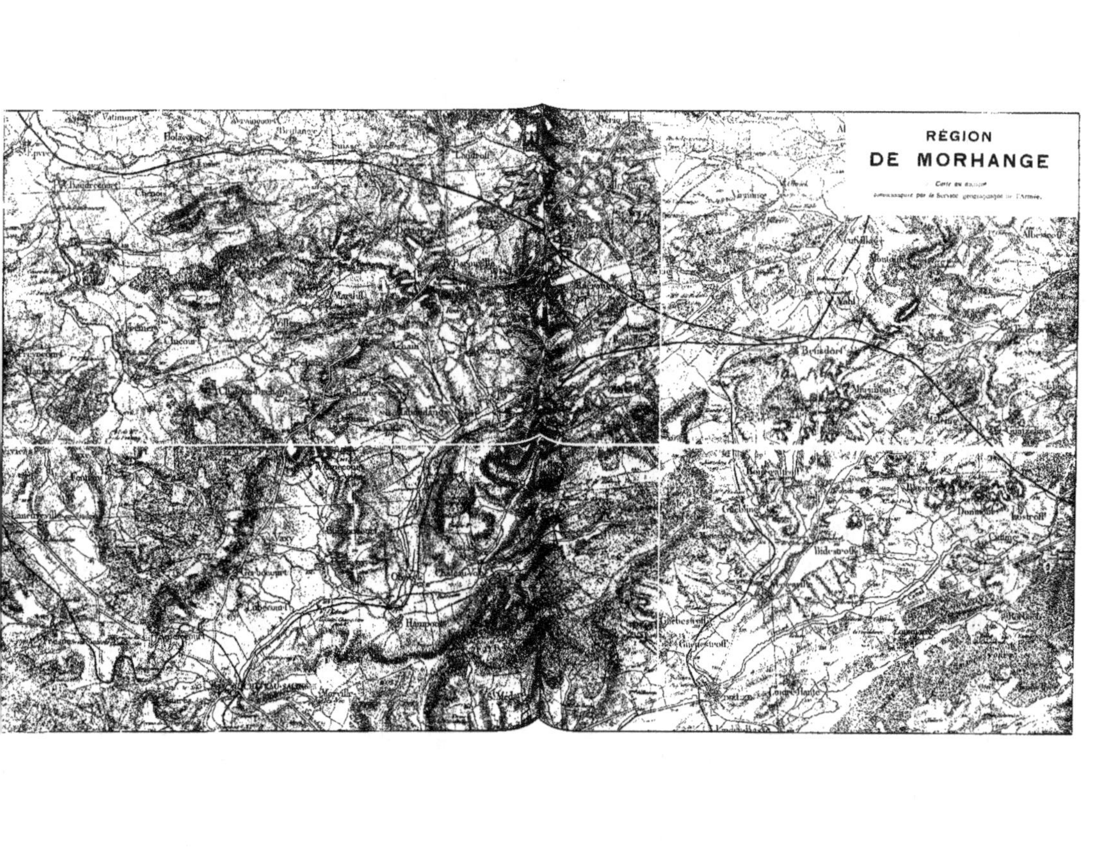
RÉGION
DE MORHANGE

le 18, l'ordre de quitter le front de Lorraine pour être transporté sur Charleville, à la gauche de la 4ᵉ armée (général de Langle). Ce départ, après celui du 18ᵉ corps, diminuait beaucoup la force offensive de l'armée Castelnau.

Le 2ᵉ groupe des divisions de réserve (général Léon Durand), est maintenu sur le Grand-Couronné. La 70ᵉ division (général Fayolle) garde les passages de la Seille entre Arraye et Manhoué et la 59ᵉ division assure, vers Sainte-Geneviève, la protection de Nancy La 68ᵉ division de réserve avait été placée à gauche du 20ᵉ corps pour remplacer le 9ᵉ corps, et couvrait le 20ᵉ corps sur cette aile ; lorsque commença la marche au delà de la Seille, elle s'avança vers Fresnes et Laneuveville.

Journée préliminaire du 19 août. — Le 19 août, l'ordre est donné à la 2ᵉ armée de marcher au nord dans la direction générale de Faulquemont et de poursuivre énergiquement l'offensive de façon à retenir le plus de forces possibles dans la région. On veut ainsi venir en aide à l'armée du général Dubail qui a le sentiment que des forces importantes débouchent de la région Phalsbourg-Obersteigen et le menacent sur son flanc droit.

On a signalé le XXIᵉ corps allemand et la gauche du IIᵉ corps bavarois sur Morhange et l'existence d'une première ligne de résistance sur le front Marthil-sud de Baronweiler-Morhange-Rodalben-Bensdorf.

Dans ces conditions, le général de Castelnau se voit contraint de demander à ses troupes un effort nouveau et de se porter en avant des organisations défensives si soigneusement préparées autour de Nancy. Il n'ignore pas les difficultés auxquelles il va se heurter. Mais le but supérieur et la solidarité des efforts lui imposent son devoir et il donne l'ordre de marche vers le nord.

Cet ordre comporte pour objectif une ligne générale Delme-Bensdorf : c'est l'assaut du bastion de Morhange.

Il fallait cette nécessité absolue, inéluctable, résultant de l'ensemble des événements qui se produisaient alors sur le reste du front, pour que la 2ᵉ armée, un peu fatiguée déjà par les premiers combats et les longues marches, pût répondre à la voix de son chef. Celui-ci avait pris ses dispositions pour l'asseoir et la réorganiser sur la position conquise, l'habituer à la guerre, recompléter les effectifs et surtout les cadres déjà diminués. État d'esprit très sage, que l'ensemble des circonstances ne permettait pas d'appliquer, mais qui eut, du moins, l'avantage de préparer le chef, l'état-major et les troupes aux diverses éventualités de la fortune.

Étant donné la situation pénible du 16ᵉ corps vers Angweiler, le 15ᵉ corps attaquera sur Vergaville pour le dégager et, de là, sur Burgaltdorf et Bensdorf. A la faveur de ce mouvement, le 16ᵉ corps, dégagé, s'efforcera de s'arracher à la région des Étangs en marchant sur Lauterfingen. Au 20ᵉ corps, on indique comme objectif : Morhange.

Donc, le 15ᵉ corps, que les combats de Mouacourt-Moncourt ont déjà éprouvé, a reçu du général en chef « la mission impérieuse de purger la rivière et d'assurer au nord de Dieuze un débouché au reste de l'armée ». La cavalerie a reconnu la présence de détachements de quatre régiments d'infanterie allemande et du 5ᵉ régiment de dragons. Dès le 18 au soir, une section du génie est venue dans la ville de Dieuze pour se porter en avant.

Le 19, dès la première heure, le corps lui-même se met en mouvement ; le bataillon d'avant-garde traverse le bois de Marsack et pénètre dans Dieuze. Tout y paraît tranquille. Quelques fenêtres et quelques portes s'ouvrent et l'on entend chuchoter : « Voici les Français ! » L'appel du clairon retentit. On arbore le drapeau et la ville est traversée allègrement. Les troupes défilent dans la ville, l'artillerie lourde passe vers midi pour aller se poster à 2 kilomètres au nord de Dieuze sur la route de Bens-

UNE DEMI-BATTERIE DE 105 DE CAMPAGNE

dorf (1). A l'arrière, les grands convois se sont mis en mouvement et l'attirail infini des services arrière serpente le long des routes :

(19 août, à Reméréville.) « Des régiments passent ; ils vont vers Moncel. Les hommes chantent, pleins d'entrain. La certitude de la victoire les anime. Ce sont des soldats du Bordelais, de la Guyenne et du pays basque. Malgré la chaleur et la poussière, ils portent allègrement leur sac. Les habitants du pays leur donnent des fruits. Les soldats remercient joyeusement. Tout le monde est content de voir tant de belles troupes se hâter vers la frontière. Les bouchers annoncent qu'ils partent demain. Ils s'installeront à Arracourt et, de là, ils iront à Dieuze... — (20 août.) La boucherie militaire est partie pour Arracourt ce matin. Le canon tonne très fort. Il semble plus rapproché aujourd'hui. On continue les travaux de la moisson... » (2)

Contraste émouvant de la paix et de la guerre,

de l'espoir et de la réalité, de la vie et de la mort !

Vergaville est enlevé par les 6e et 23e bataillons de chasseurs à 7 h. 30 du matin :

« A peine sortis de Dieuze, écrit un officier d'un des bataillons d'alpins, quelques coups de fusil nous mettent en garde. Il fait encore nuit. Le bataillon (avant-garde de la 29e division) se déploie en vue du combat. Nous progressons à travers champs. Le jour se lève et dans la brume du matin, nous apercevons le village de Vergaville. Les balles commencent à siffler. Nous avançons par bonds. Bientôt une balle vient toucher à la cuisse mon caporal de direction. C'était mon premier blessé... Notre progression ralentissait lorsque soudain, derrière nous, le canon tonne. L'artillerie entre enfin en action. A ce propos, il est intéressant de souligner la joie qu'éprouve le fantassin, lorsque, engagé dans la lutte, il se sent soutenu par l'artillerie. Alors il s'écrie : « Il y a du bon, voilà les gros frères ! »

« Ainsi soutenus, nous entrons brusquement dans Vergaville. Mais ses défenseurs en étaient partis et leur rôle de détachement avancé était terminé. Il est sept heures du matin. Un de nos hommes s'écrie : « Voilà le combat fini ! » C'était la modeste ouverture de la macabre symphonie qui allait commencer. »

« Nous recevons l'ordre de continuer sur Bensdorf, par Beidersdorf (3) ».

(1) Lettre d'un jeune soldat dans *Petit Marseillais* du 30 janvier 1915.

(2) C. Berlet, *Réméréville*, p. 20.

(3) *Carnet de route d'un officier d'alpins*, p. 21.

La cavalerie éclairait la marche. Au sortir de Vergaville s'ouvre une large plaine s'étendant jusqu'à cette gare de Bensdorf, objectif envié de la journée. Il semble qu'il n'y ait qu'à tendre la main pour toucher à cette voie ferrée qui, à 6 kilomètres environ, coupe la plaine de son remblai. Un seul village, Beidersdorf, peut servir de point d'appui à la défense dans la plaine : cette étape franchie, on arrive au but.

Mais, à l'ouest de la plaine, sur le flanc gauche des assaillants, une muraille s'élève, la muraille de Morhange, le long de laquelle il faut défiler, comme la 1re armée doit défiler, d'autre part, le long des hauteurs de la Sarre. Des deux côtés, c'est la même préparation, c'est le même repérage de tout ce qui peut aider à la défense sur la moindre motte de terre.

« Pour tenir une telle position, les Allemands devaient avoir accumulé les moyens de défense. Le terrain leur était favorable : à la sortie de Vergaville s'étend une immense plaine limitée vers le nord par des crêtes boisées, dont la direction est sensiblement parallèle à la voie ferrée de Metz à Strasbourg.

« Et cette plaine n'était autre qu'un champ de tir repéré par l'artillerie allemande, où certains de ses éléments s'étaient livrés, durant la paix, à de nombreux exercices. Avant de sortir de Vergaville, et en apercevant cette large étendue, un de mes camarades me dit : « Beau terrain « pour y recevoir un doux accueil dans toutes les formes « de l'art! » (1).

« Un travail de longue haleine préparatoire à la guerre se lisait effectivement sur cette plaine au nord de Vergaville. Des signaux particuliers, des indices, des repères semés çà et là, négligemment, comme par hasard, constituaient pour l'adversaire des moyens parfaits de réglage des batteries : perches verticales en fort grand nombre et très espacées, arbres taillés de façon distinctive (en pointe, en boule, en triangle); sur le sol, linge blanc abandonné comme nécessairement par l'ennemi dans sa retraite; ailleurs, des troupeaux de moutons ou de bœufs obéissant docilement aux ordres d'un guide qui, le plus négligemment du monde, suivait l'artillerie dans ses déplacements et trouvait toujours à proximité de nos pièces en position, un coin de verdure pour ses animaux.

« C'est dans ces conditions et sur ce terrain quadrillé, repéré, mesuré, fouillé, connu dans ses moindres replis par l'adversaire, que la 29e division s'engagea le 19 août au matin » (2).

(1) *Carnet de route d'un officier d'alpins*, p. 22.

(2) *Dépêche de Toulouse*, du 20 au 23 juin 1915.

Les deux divisions du 15e corps, la 29e et la 30e, se mettent donc en mesure de déboucher, la première vers Biedesdorf, la deuxième sur la lisière nord de la forêt de Brides, mais, immédiatement, elles sont accueillies par des salves d'artillerie tirées sur la 29e des bois de Monacker, et sur la 30e des hauteurs de la forêt.

« Et de suite la précision du tir révéla que nous avions affaire à forte partie. L'artillerie ennemie obtint là des résultats qu'elle ne retrouvera jamais plus ailleurs. Son tir réglé atteignait des isolés, des cavaliers comme des points dans l'immensité, faisait sauter en l'air des caissons, des munitions. »

Malgré ce feu d'enfer, malgré les marmites qui l'encadrent, malgré la perte des hommes et la diminution des effectifs et des cadres, la 29e division poursuit énergiquement l'exécution des ordres donnés. Précédée des bataillons d'alpins qui avaient quitté Vergaville vers 9 heures, elle s'était mise en mouvement vers midi, se portant sur le bois de la Tuilerie, direction Biedesdorf, Wolfert, Steinbach; Biedesdorf devient, sur cette plaine morne, l'espoir et le refuge désiré.

« Bien groupés par sections, nous essayons de progresser par bonds. Les sections, se couchant brusquement au moment où l'obus arrive et les hommes collés les uns contre les autres, la face contre terre, faisant ce qu'on appelle la « tortue », nous réussissons à faire ainsi 800 ou 1.000 mètres. Bientôt nous sommes cloués au sol. La canonnade fait ses ravages sans arrêt, sans répit... A tout instant, je regardais ma montre : 10 heures, 11 heures, midi... Et qu'attendons-nous dans cet enfer ? Que la nuit arrive. Pendant dix heures, le bataillon resta sous cette pluie de fer qui semait la douleur et la mort, sans qu'un seul des hommes bougeât, sans que l'idée de recul entrât dans l'esprit d'aucun d'eux... »

La 29e division, dans un élan suprême, s'est portée jusqu'à Biedesdorf.

« Biedesdorf, c'est là, seul refuge dans cette immense plaine entre le canal des Salines et la voie ferrée Dieuze-Bensdorf, que la plus grande partie de la division chercha un abri contre la multitude des projectiles que, sans arrêt, l'adversaire faisait pleuvoir à outrance. Elle s'engouffra là, se blottit derrière les haies, contre les murs, dans les granges, comptant y trouver quelque répit et protection; mais cet entassement de troupes sur un

UNE ARRIÈRE-GARDE FRANÇAISE QUITTANT UN VILLAGE LORRAIN

espace restreint, dans un village repéré, dont le clocher servait de cible aux batteries allemandes de Domnon (Dommenhein), fut des plus funestes à la division ! »

On eût dit que les obus d'artillerie lourde, battant surtout les flancs des formations françaises, tandis que les rafales de 77 tombaient au milieu, faisaient l'office du berger qui rassemble son troupeau.

Et de fait, à 15 heures 15, à peine les derniers éléments de la division eussent-ils disparu dans Biedesdorf que commença un bombardement d'une violence inouïe. Il devait durer jusqu'à la chute du jour et même se prolonger dans la nuit. A ce feu répondait celui de l'artillerie française. Une partie de l'artillerie du corps d'armée, après s'être installée sur la route de Bensdorf, soutenue par le 3e bataillon du 141e, occupait, à partir de 5 heures du soir, la crête à l'ouest de Lindre-Haute, dominant la voie ferrée et la gare de Vergaville. Six batteries de 75 et deux batteries de 120 long tiraient sur l'ennemi; malheureusement, elles sont repérées par les avions allemands et obligées de se déplacer plusieurs fois (1).

Cependant, dans le village même, on s'organisa. On prit possession des caves, des lieux à demi abrités. Les compagnies, réduites du reste de moitié et plus, sont mises sous les ordres de sergents et même de caporaux. La division, dans la soirée, se prépare pour le 20 août à reprendre l'offensive sur Burgaltdorf s'il le faut ; l'ordre donné au 15e corps prescrivait, en effet, de se retrancher sur la ligne Biedesdorf-Vergaville et de reprendre le lendemain l'offensive, avec

(1) Lettre d'un jeune soldat dans *Petit Marseillais*, du 30 janvier 1915

des soutiens d'artillerie, de façon à se porter, dès la première heure, sur Burgaltdorf-Bessingen.

Pourtant, un mouvement de repli s'est déjà produit dans une partie de la troupe. Le bataillon de chasseurs, qui était sorti de Vergaville le matin, s'était, à la chute du jour, retiré sur Dieuze.

« La nuit vint qui nous libéra. Le bataillon se rassemble dans Vergaville et se replie sur Dieuze. La compagnie reste dans le village pour parer en cas d'attaque. Or, tandis que, dans la plaine, les brancardiers allaient chercher les blessés, du fond des crêtes de Bensdorf surgirent dans la nuit les faisceaux lumineux des projecteurs allemands. Méthodiquement, ils balayaient la plaine, s'arrêtant parfois pour scruter la nuit et pour déceler nos mouvements. C'était un rappel à l'ordre que l'ennemi nous envoyait. Il semblait dire : bien que les ombres du soir soient descendues et masquent votre repli, nous sommes aussi là qui veillons. Et cela avait quelque chose d'hallucinant et de terrible !

« La nuit du 19 au 20 août compte parmi les plus terribles que j'ai dû passer pendant cette campagne... » (1)

Pendant cette longue journée du 19 où le 15e corps lancé en avant, au centre, a supporté vaillamment le premier choc, la droite n'a pas été heureuse. Le 16e corps, refoulé la veille, est resté à se refaire sur Angweiler et Bisping, et le 15e corps n'a pas pu remplir sa mission qui était de le dégager. Plus à droite, la 1re armée a, ainsi que nous l'avons dit, fait un pas en avant sur Sarrebourg et au delà sur la rive gauche de la Sarre, mais elle a été accueillie par une très vive canonnade.

En somme, l'offensive française n'a pas pu se dégager de la région des Etangs.

20e corps. — A gauche, au 20e corps d'armée, des forces de cavalerie sont engagées sur les crêtes entre Morhange et Rodalbe. Le gros du corps s'avance d'un mouvement régulier vers le parallèle de Morhange.

19 août, 4 heures du matin. — Le temps est superbe, nous voilà repartis à travers la campagne... A *Morville,* nous regagnons la 39e division et c'est à notre tour de passer en tête. Comme par hasard et pour ne pas changer :

(1) *Carnet d'un officier d'alpins,* p. 26.

4e *bataillon de chasseurs avant-garde du corps d'armée.* L'ordre est donné de mettre l'outil au ceinturon et d'approvisionner les armes. L'instant est solennel pour nous ; on sent qu'il va se jouer un grand coup, aussi sommes-nous prêts.

On s'enfonce dans le bois dont la traversée dure au moins une heure ; on s'arrête de nouveau avant d'en sortir, car il fait toujours bon se méfier bien que nous soyons couverts en avant par des éclaireurs montés. Quel beau coup d'œil en débouchant du bois ! Un panorama splendide se déroule à nos pieds ; une plaine immense, toute dorée, avec de petits villages dont les clochers s'élancent dans le ciel bleu ; on se croirait en présence d'une immense carte où se lirait le mouvement des troupes.

Mais l'heure n'est pas à la rêverie ; on utilise avec soin les accidents de terrain et l'on gagne *Hampont* que les derniers éléments d'arrière-garde ennemie ont quitté cette nuit.

Tout est calme ; un calme qui impressionne même ! Nous repartons à l'escalade d'une formidable crête, puis, nous traversons le bois d'Habudingen qui devait protéger notre retraite de demain. A midi, grand'halte ; à 1 heure, sac au dos et l'on se prépare à sortir du bois. Tiens, des coups de fusil ! Ce sont les premières patrouilles qui, se rencontrant, ont l'air de s'amuser dur, car plus ça va plus ça augmente d'intensité. On quitte la lisière du bois pour gagner le talus du chemin de fer de Château-Salins à Bensdorf qui se trouve bien à point pour nous protéger.

Dans le fond, on aperçoit les hauteurs de *Morhange.* Bon... Ça grimpe dur pour aller là-haut.

Les Boches arrosent maintenant sans discontinuer la lisière du bois. Si seulement le soleil ne chauffait pas tant ! Changement à vue ; l'enfer cesse de cracher de la redoute de Mohrange et l'on en profite pour avancer. En un clin d'œil, le village d'*Habudingen* est fouillé dans tous les coins ; les habitants nous regardent d'un drôle d'œil, sauf quelques vieux restés Français quand même, et qui nous apportent quelques bouteilles de vin en nous souhaitant bonne chance !

4 heures du soir. — Nous sortons du village vers la plaine où, à notre gauche, les fantassins de la 11e division ont l'air, eux aussi, de faire du bon travail. Pas le temps de réfléchir plus longtemps qu'un sifflement connu se fait entendre et les « gros noirs » tombent dru pendant toute notre avance sur *Pewingen* et jusqu'à la nuit. Si les Allemands tirent à profusion, ils tirent très mal. Nous rejoignons à Pewingen le gros du bataillon qui n'a pas subi de pertes.

9 heures du soir. — Temps superbe, bien qu'un peu sombre. Les coups de feu succèdent aux coups de feu ; on s'installe en petits postes devant le village et... l'on casse un peu la croûte. Mais voilà les projecteurs qui illuminent la plaine si sombre et la fusillade redouble. Le reste de la nuit est assez agité et l'on se replie légèrement derrière une petite crête où nous prenons nos dispositions pour l'offensive (2).

(2) Carnet de route inédit du caporal Cazeneuve, du 4e bataillon de chasseurs à pied.

UN CONVOI SANITAIRE SUR LA ROUTE DE MORHANGE

Le 20ᵉ corps a ainsi atteint la ligne Oron-nord de la forêt de Château-Salins-Bréhain-Pewingen-Conthil, la 39ᵉ division à gauche, la 11ᵉ division à droite, celle-ci parvenue sur son front après avoir subi quelques pertes.

En fin de journée, ce 19 août, le 20ᵉ corps a stationné dans la zone Puttigny-Château-Bréhain-Bollingen ; l'artillerie est assez en arrière. En somme, il occupe la partie sud du bastion. S'il n'était menacé, sur sa droite, par les forces allemandes qui occupent le nord de la forêt de Kœking et de Brides, il serait à pied d'œuvre le lendemain pour aborder son objectif : Morhange.

Il semble que, dans l'esprit du général de Castelnau, le 20ᵉ corps doit « faire charnière » entre les deux ailes : à gauche, le 2ᵉ groupe de divisions de réserve (59ᵉ, 68ᵉ, 70ᵉ) couvrant, du côté de Metz, la 68ᵉ division qui a remplacé

le 9ᵉ corps se maintenant dans la région Fresnes-Laneuveville-en-Saulnois ; à droite, les 15ᵉ et 16ᵉ corps devant attaquer dès 5 heures du matin sur le front Bessingen-Domnon-Kuttingen et rejeter l'ennemi sur la voie ferrée Bensdorf-Sarrebourg.

Le général commandant compte beaucoup, pour la solidité de son front, sur cette position des éléments de gauche. Selon les ordres qu'il donne le 19 au soir, le 20ᵉ corps a un rôle de protection. Il s'installera solidement prêt, soit à reprendre son offensive, soit à faire face à une attaque venant de Metz.

Mais l'ardeur de ce beau corps le porte en avant. On applique, de ce côté, les principes de l'offensive. Le général Foch prescrit, pour la journée du 20 août, de reprendre l'attaque, dès la première heure, sur les hauteurs de Baronweiler et de Morhange.

Journée du 20 août. — Nous voici donc arrivés à cette journée du 20 août qui, en Lorraine, voit l'échec de l'offensive sur Morhange et Bensdorf et l'échec de la 1re armée tentant de se porter sur Gosselmingen et Fenestrange.

Le général de Castelnau a son poste de commandement à Maizières.

16e *corps.* — Le 16e corps, ayant repris haleine dans la journée du 19, doit être en mesure de procéder à l'offensive droit devant lui. C'est pourquoi le 15e et le 16e corps, combinant leur action, doivent se porter en flèche pour attaquer, à partir de 5 heures du matin, au nord du canal des Salines, c'est-à-dire sur la route qui, par Rohrbach et Angweiler, maintiendra les liaisons avec la 1re armée. Ces deux corps s'efforceront de rejeter l'ennemi sur la voie ferrée Sarrebourg-Bensdorf.

Malheureusement, la brume empêche de reconnaître, le matin du 20, les dispositions de l'ennemi. Les deux corps qui doivent prendre la flèche, le 16e et le 15e corps, partent lentement. Au moment où ils prennent l'offensive, ils sont attaqués, vers 7 heures du matin.

Le haut commandement allemand ayant attiré l'ennemi dans le piège dont Dieuze est le centre, a jugé le moment venu de renoncer à la retraite commandée et de passer, sur toute la circonférence du cirque, à une offensive générale.

« L'armée du kronprinz de Bavière s'était retirée jusqu'à la ligne de chemin de fer qui va de Herlingen (sud-est de Metz) à Saverne. Cette ligne de retraite peut être ainsi fixée : Herlingen - Bensdorf - Fenestrange - Phalsbourg. Dans l'intervalle, des renforts allemands étaient arrivés : d'abord le 1er corps de réserve bavarois (au sud-ouest de Sarrebourg) ; à l'aile droite allemande, des troupes de la forteresse et des environs de Metz prirent part à l'attaque » (1).

La relation officielle allemande des combats livrés par l'armée bavaroise s'exprime ainsi : « La retraite prit fin, le 19 août, sur la ligne Morville-sur-Nied-Mörchingen (Morhange)

Bensdorf-Finstingen (Fenestrange)-Phalsbourg. Le 20, commença alors la marche en avant de l'armée allemande et l'attaque de surprise » (2).

Un civil allemand, assesseur des forêts à Fenestrange, qui servit de guide à l'armée du prince Ruprecht de Bavière, expose ce qui se passait contre notre 16e corps de ce côté, c'est-à-dire à la jonction de la 2e et de la 1re armée.

« Le grand commandement allemand avait réglé toute chose comme pour les manœuvres. Un corps français a besoin d'une longueur de 30 à 35 kilomètres dans les montagnes pour passer tout entier. Nos chefs en choisissant la position de la Sarre semblaient avoir mesuré la chose au compas. Le passage par l'ennemi n'aurait pu s'effectuer que par une artillerie bien plus forte en nombre et surtout par une artillerie lourde qui aurait ébranlé nos positions. »

Il semble, cependant, que le commandement allemand ait craint, un instant, le 18, que le 16e corps ne passât par la gauche de la Sarre et ne contournât la position de Gosselmingen. Car des troupes furent transportées hâtivement de la rive droite sur la rive gauche, et c'est ce qui peut expliquer en partie l'échec du 16e corps en ce point : « Le 18 août, dit le compte rendu allemand, la brigade qui était en position entre Fenestrange et Wolfskirchen (rive gauche) fut portée vers Mittersheim. »

La bataille se lie ainsi d'une façon précise dans les deux camps, une manœuvre répondant à l'autre :

« J'admets, poursuit le récit, que le commandement français ait eu connaissance de la force de notre position de la Sarre et que ce soit le motif pour lequel il ait poussé sa pointe directement au nord (c'est-à-dire vers Bensdorf). Trop tard pour lui. Le 18 août, l'ennemi était sur un front de 20 kilomètres de large de Dieuze à Mittersheim (15e et 16e corps français), en face *de notre aile droite très renforcée;* il devait déboucher des bois de Firstingen et Albersdorf (Alberschof ?) (16e corps) et avancer *en champ découvert* contre nos positions... Le matin du 20, l'ennemi apparut sur les prairies et les champs bien connus de nous sur la Sarre et dans la direction de nos tranchées. Ils avançaient sans avoir préparé le tout par l'artillerie lourde. A mon avis, ce fut la cause de leur perte. A 8 heures du matin, le combat d'artillerie battait son

(1) Kircheisen, *La Lutte des peuples,* fasc. 18.

(2) *Kriegs-Chronik der Münchner Neuesten Nachrichten,* t. III. p. 325.

GABRIEL HANOTAUX
de l'Académie Française

HISTOIRE ILLUSTRÉE
DE LA
GUERRE DE 1914

24 PAGES DE TEXTE ET D'ILLUSTRATIONS

FASCICULE
N° 51

L'ÉDITION FRANÇAISE ILLUSTRÉE
(GOUNOUILHOU, Éditeur)
30, Rue de Provence, Paris

PRIX NET
1 franc
ÉTRANGER, PORT EN PLUS

A NOS LECTEURS

ES *deux premiers volumes* de **L'Histoire de la Guerre de 1914** ont donné l'exposé des faits historiques et diplomatiques qui ont précédé et amené la guerre, et qui engagent si lourdement la responsabilité de l'Allemagne.

Avec *le troisième volume*, l'historien est entré dans le vif de son sujet, le grand drame de la guerre.

Le *quatrième volume*, commencé avec le fascicule 40, est consacré au récit de **La Bataille des frontières** (*Charleroi, etc.*) jusqu'à la retraite sur la Marne.

Par les renseignements qu'il a recueillis, par les travaux d'enquête et de recherches auxquels il s'est livré, par les conversations qu'il a eues avec les personnages officiels et les hommes politiques de l'Europe entière, l'historien a approché, d'aussi près que peut le faire un contemporain, de la source où peut se découvrir la vérité sincère et impartiale.

Opérations militaires, descriptions de batailles, portraits de grands chefs, exposés de la situation politique et économique des pays belligérants et des neutres, apparaissent avec une précision, une clarté et une grandeur émouvantes.

C'est vraiment le tableau de la « grande guerre ».

PATROUILLE FRANÇAISE DANS UNE CLAIRIÈRE DE LA FORÊT DE CHAMPENOUX

plein. Notre artillerie, bien supérieure à celle de l'ennemi, était manœuvrée avec une rapidité extraordinaire contre les positions ennemies plusieurs fois changées. A 8 h. 1/2, l'attaque se produisit sur toute la ligne par la landwehr bavaroise...»

Le 16e corps français reçoit donc le choc des troupes ennemies venant de Kuttingen, Lauterfingen, Mittersheim, sur la route de Dieuze à Fenestrange.

Une artillerie formidable tonne de toutes parts. Le cirque de Dieuze s'est gravé, dans le souvenir de ceux qui ont supporté le poids de la bataille, comme un des cercles de l'enfer.

Le corps d'armée assailli ainsi par des forces supérieures venant de la ligne des hauteurs dominant au nord le canal des Salines, de Mittersheim à Kuttingen, défendit le terrain pied à pied ; mais l'ennemi filtrait à travers la région très boisée et pressait l'adversaire sur la ligne Zemmingen-Germingen.

Le corps d'armée ne se dégagea que par de vigoureuses contre-attaques ; sa situation était d'ailleurs devenue très difficile par suite de l'échec du 8e corps (armée Dubail) à droite, et du 15e corps à gauche. La 31e division, éprouvée, dut se replier dans la direction de Maizières. La 32e division avait également dû rétrograder sous le nombre et les rafales d'artillerie. A Rohrbach, notamment, où le 53e était entré le 19 au soir, une vive fusillade éclata dans la nuit ; l'ennemi, se glissant à travers le pays boisé et marécageux, engageait le combat dès 4 heures du matin, le 20. L'artillerie lourde allemande tonnait sans discontinuer, et, malgré plusieurs charges à la baïonnette conduites par le colonel, il fallut battre en retraite.

15e *corps.* — A gauche du 16e corps, le 15e corps avait été vivement attaqué, dès 6 h. 30 du matin, des hauteurs boisées de Brides et de Kœking, au moment même où il devait attaquer lui-même en partant de la lisière de la forêt de Kœking, de Biedesdorf et du canal des Salines, la 30e division à gauche, la 29e division à droite.

« A l'aube, écrit un témoin (1) nous rejoignons notre régiment (le 141ᵉ de la 30ᵉ division) près des marais de Bensdorf. C'est alors que commence l'attaque la plus violente qui soit; le 15ᵉ corps, déclenché tout entier, avance malgré les canons, les mitrailleuses et les mausers, les hommes ayant de l'eau et de la boue jusqu'à la ceinture — beaucoup se sont noyés en cet endroit. Vers 10 heures du matin, la situation, qui semblait nous sourire jusque-là, est singulièrement changée; le canon ennemi crache à 3.300 mètres seulement et nous n'avons aucun abri, alors que l'armée boche est solidement retranchée sur des hauteurs constituant des points stratégiques admirables. Vers 11 heures, les bataillons de chasseurs qui donnaient l'assaut commencent à fléchir avec d'effroyables pertes. Ordre est donné de se replier sur Dieuze; alors commence une retraite sur l'arrière sous les 210 allemands, les mitrailleuses de l'infanterie, cependant que, la rage au cœur, des clairons sonnent encore la charge. »

Voici la situation dans l'autre camp d'après les documents allemands : « Nous avons passé la nuit du 19 au 20 à Burgaltdorf, dans les tranchées, nous attendant à une attaque de la part des Français. De temps en temps, des coups étaient échangés par des patrouilles en reconnaissance. Mais les Français n'avancent pas. A 5 heures et demie du matin, l'ordre est donné d'attaquer les positions françaises à l'ouest de Dieuze. Les Français avaient une position avancée dans les bois de Monack au nord-ouest de Vergaville (c'est la 30ᵉ division du 15ᵉ corps). En dépit des obstacles, — l'avoine très haute en était un dans les champs, — nos mitrailleuses eurent bientôt raison de ces résistances. L'attaque à la baïonnette fut ordonnée contre l'aile droite. Les Français durent regagner leurs positions principales d'où leur artillerie tâchait de nous arrêter, mais en vain. Nous avancions toujours. Les champs jonchés de cadavres français montrent l'acharnement de la lutte. Notre artillerie prit l'ennemi sous ses feux. A gauche, les Français se replient sur Dieuze. Le chemin de Vergaville à Gebling était jonché de pantalons rouges » (2).

De la forêt de Brides et de Kœking, les Allemands avaient en effet débouché dans le flanc de la 30ᵉ division, tandis que, descendant de Bessingen et de Dommenheim, ils attaquaient le front de la 29ᵉ division établi autour de Biedesdorf.

Ici, à la 29ᵉ division, l'attaque ennemie est soudaine et violente. Les 111ᵉ et 112ᵉ défendent les abords de Biedesdorf, mais les Allemands se sont emparés, aux deux ailes, de Steinbach et de Wolfert, menaçant le centre d'enveloppement.

Il faut se résigner à la retraite. Le 3ᵉ d'infanterie doit bien tenter une contre-attaque au moulin de Biedesdorf, mais il ne peut agir, arrêté par les feux de barrage de l'ennemi; le mouvement de retraite se généralise.

Après Biedesdorf, il faut quitter Vergaville. Une compagnie de chasseurs alpins s'efforce de protéger la retraite en s'installant à la gare de Vergaville. Le commandant est resté auprès de cette compagnie, tandis que le gros du bataillon est à Dieuze ; un officier décrit les faits avec précision :

« Lorsque le matin arriva, nous entendîmes, dans le lointain, les coups de feu des éléments de sûreté qui se repliaient sur le village de Vergaville. C'était la formidable offensive allemande qui venait de se déclencher à son tour et qui força l'armée de Lorraine à se replier sur Nancy et sur Lunéville... Bientôt, pendant que le soleil se levait, nous eûmes une vision qu'il vaut vraiment la peine d'évoquer. Environ à 800 mètres de nous, se profilait une crête. A cette crête apparurent d'abord les patrouilleurs, puis les unités ennemies qui, brusquement, se déployaient lorsqu'elles arrivaient à la ligne de faîte. On voyait les fantassins grisâtres se porter en courant vers la droite et vers la gauche, et dégringoler la pente au plus vite pour aller chercher un abri dans un chemin creux, en progressant droit sur nous. La répétition régulière de ce déploiement avait quelque chose de beau et de menaçant tout à la fois. Mais nous ne restions pas inactifs et mes hommes, abrités derrière leur mur, tiraient sans arrêt sur cette véritable avalanche humaine; car les troupes ennemies qui poussaient ainsi de l'avant et marchaient sur Dieuze étaient vraiment nombreuses. »

Le repli se fait sur Dieuze conformément aux ordres reçus...

« Nous errâmes longtemps dans Dieuze avec mon camarade, à la recherche du bataillon. Mais, quand nous le retrouvâmes, il errait encore plus que nous. Il faut reconnaître qu'un sublime désordre régnait dans la petite ville lorraine : fantassins, artilleurs traînant leurs encombrants caissons, trains de combat, et trains régimentaires, brillantes automobiles de nos brillants états-majors,

(1) *Petit Marseillais* du 30 janvier 1915.
(2) Kircheisen, fasc. 18.

LA GARDE DU DRAPEAU PENDANT UNE HALTE PRÈS D'ARRACOURT

tout cela se rencontrait, se croisait, ne sachant trop que faire ni où aller. Cela sentait sinon la retraite, du moins un repli précipité. »

En fait, c'était la retraite, la retraite locale qui devait bientôt se transformer en retraite générale et par ordre. Même dans Dieuze, il ne pouvait pas être question de résister.

Le général Carbillet, commandant la 29e division, prenait ses dispositions pour réorganiser brigades et régiments, et pour faire écouler en ordre cette foule militaire qui encombrait la petite ville. Il avait conçu le projet de faire front un peu au sud de Dieuze et en avant de la frontière française, à l'étroit défilé de Gisselfingen (Gélucourt) ; à gauche, la cote 252, à droite la hauteur 254. Deux bataillons de chasseurs alpins, le 23e et le 24e, occupent ces deux hauteurs et ont ordre de résister à tout prix. Ils obéissent et leur héroïsme arrête en fait l'offensive ennemie jusqu'à la nuit. Toutes

les autres formations, quatre régiments et deux bataillons de chasseurs, le 6e et le 27e, défilent sur Gélucourt. La 57e brigade reçoit l'ordre de se réunir autour de la ferme Krapfel, et la 58e brigade autour de la ferme Videlange.

Il était 2 heures de l'après-midi. Une matinée avait suffi pour ramener les troupes du 15e corps en arrière du terrain qu'elles avaient si péniblement conquis. Le 173e, gardé jusque-là en réserve générale d'armée, assurait maintenant la retraite de la 30e division, les 23e et 27e bataillons alpins celle de la 29e division. Nous les retrouverons sur Donnelay-Château de Maricourt à la fin de cette même journée du 20.

Le terrain perdu atteignait et même dépassait 15 kilomètres. Le nombre des tués, des blessés, des disparus était élevé. Mais on ne laissa aux mains de l'ennemi ni un drapeau, ni une voiture, ni un bagage, seulement quelques canons démolis par l'artillerie. Au cours de l'action, le

s'élançant entre la Grande-Nèthe et le Démer, comme si elle cherchait à tourner l'armée belge et à couper ses communications avec Anvers.

Les *IIIe, IVe et X^e corps* formaient l'aile gauche entre Jodoigne et Namur. Ils avaient passé la Meuse entre Liége et Huy et ils marchaient vers Wavre et Gembloux, précédés d'une nuée de cavaliers appartenant à la 4e et à la 9e division. L'objectif des corps de droite était Louvain; l'objectif des corps de gauche était Bruxelles.

Nous avons dit que l'armée belge avait reçu, dès le 18 au soir, l'ordre de se replier sur Anvers. La Ire armée allemande ne devait donc rencontrer aucune résistance. Seule, la 3e division belge (9e et 14e de ligne) était restée en surveillance devant Aerschot pour couvrir la retraite au nord. Ce fut cette division qui fut rencontrée et bousculée par le *IIe corps* allemand quand il commença son mouvement le 19, à 5 heures du matin. Un combat, honorable pour la division belge, s'engagea et se prolongea jusqu'à 8 heures du matin (1). La division reçut l'ordre de se replier sur Louvain. Le *IIe corps* marcha sur Aerschot.

Aerschot (8.000 habitants) est une vieille petite ville aux rues étroites et anguleuses, endormie au milieu d'une campagne pauvre et triste. Mares stagnantes, fermes pauvres, bois de sapins, c'est le « Hageland » qui annonce la Campine. Pas d'industrie, pas d'ouvriers. Dans les vieux temps, aux temps des grandes guerres et des révolutions, quand la Belgique souffrit, la campagne d'Aerschot, refuge des proscrits souffrit plus que les autres. Mais la guerre de 1914 devait lui révéler des maux qu'elle n'avait pas connus.

Aerschot est la première ville atteinte par l'armée allemande depuis les incidents de la région de Liége. L'entrée du *IIe corps* suit immédiatement le combat du matin. Les troupes allemandes sont encore dans le feu de la lutte :

au début de la grande marche qui commence, chefs et soldats ont présentes à l'esprit les formules du terrorisme inscrites dans le *Kriegsgebrauch im Landkriege* : « Employer sans ménagement les moyens nécessaires de défense et d'intimidation n'est pas seulement un droit, mais un devoir pour l'armée » (1) — ou bien encore : « Le seul moyen de *prévenir* les attaques de surprise de la part des habitants est de déployer une sévérité impitoyable et de faire des exemples, qui, par leur horreur, soient un avertissement pour tout le pays » (2).

Les soldats allemands, en pénétrant dans la ville, tirent à droite et à gauche, tuent quelques civils, pillent plusieurs magasins, notamment les auberges, et commencent à s'enivrer (3).

D'après certaines dépositions, il semble bien que quelques soldats belges étaient restés dans la ville; pendant toute la journée, on tiraille.

Le bourgmestre, M. Tielemans, homme paisible et bon, réunit les habitants, et, accompagné d'un officier allemand, le colonel Jenrich du 140e d'infanterie, lit une proclamation, aux termes de laquelle toutes les armes doivent être remises : si un seul coup de feu est tiré par un civil, on exécutera, outre le coupable, trois habitants.

Des troupes allemandes de plus en plus nombreuses passent dans la ville et s'y arrêtent. Voilà les voitures du train, les services de santé, en un mot tout le *IIe corps* avec ses éléments divers, bons ou mauvais. Le colonel Senger, commandant la 8e brigade d'infanterie, prend son logement dans la maison même du bourgmestre, sur la grand'place d'Aerschot. C'est une demeure confortable, à la façade de pierre, avec de hautes fenêtres; celle du milieu, au premier étage, s'ouvre sur un balcon qui a des vues sur

<hr>

(1) V. un récit de ce combat par le capitaine Gilson commandant du 9e de ligne qui y prit part, dans *Récits de combattants*, recueillis par le baron Buffin. Plon, 1916, p. 90.

(1) *Kriegsgebrauch im Landkriege*. Manuel à l'usage des officiers, 1902, p. 115.

(2) Message officiel allemand télégraphié sans fil, le 27 août 1914. (*La Belgique et l'Allemagne*, publication officielle belge, in-4°, p. 83.)

(3) Déposition de l'instituteur. *Livre gris*, p. 167 : « Les Allemands ont immédiatement (c'est-à-dire en entrant en ville), tué six hommes à coups de baïonnette dans le corridor d'une maison. »

GABRIEL HANOTAUX
de l'Académie Française

HISTOIRE ILLUSTRÉE
DE LA
GUERRE DE 1914

24 PAGES DE TEXTE ET D'ILLUSTRATIONS

FASCICULE N° 47

L'ÉDITION FRANÇAISE ILLUSTRÉE
(GOUNOUILHOU, Éditeur)
30, Rue de Provence, Paris

PRIX NET
1 franc
ÉTRANGER, PORT EN PLUS

A NOS LECTEURS

ES *deux premiers volumes* de *L'Histoire de la Guerre de 1914* ont donné l'exposé des faits historiques et diplomatiques qui ont précédé et amené la guerre, et qui engagent si lourdement la responsabilité de l'Allemagne.

Avec *le troisième volume*, l'historien est entré dans le vif de son sujet, le grand drame de la guerre.

Le *quatrième volume*, commencé avec le fascicule 40, est consacré au récit de *La Bataille des frontières (Charleroi, etc.)* jusqu'à la retraite sur la Marne.

Par les renseignements qu'il a recueillis, par les travaux d'enquête et de recherches auxquels il s'est livré, par les conversations qu'il a eues avec les personnages officiels et les hommes politiques de l'Europe entière, l'historien a approché, d'aussi près que peut le faire un contemporain, de la source où peut se découvrir la vérité sincère et impartiale.

Opérations militaires, descriptions de batailles, portraits de grands chefs, exposés de la situation politique et économique des pays belligérants et des neutres, apparaissent avec une précision, une clarté et une grandeur émouvantes.

C'est vraiment le tableau de la « grande guerre ».

LA MAISON DU BOURGMESTRE SUR LA GRANDE PLACE D'AERSCHOT
ET LA TOMBE OU FURENT ENFOUIS LES CORPS DU BOURGMESTRE, DE SON FILS ET DE 43 AUTRES CIVILS

la place. Plusieurs incidents se produisent au cours de la journée. Au collège, où se trouvent massés environ 200 réfugiés, un officier allemand affirme « qu'on a tiré », et jure de détruire la ville s'il est tiré un seul coup de fusil : c'est la menace de tous les instants. Pourtant, la journée se passe.

Vers 8 heures du soir, d'après l'exposé du *Livre Blanc* allemand, « on entendit subitement la détonation fort violente d'une arme à feu. Ce fut le signal d'une fusillade générale contre les troupes allemandes réunies dans les rues et sur la place du Marché. La fusillade, et probablement aussi le coup de feu qui avait servi de signal, partait de la lucarne d'une maison du coin, près de la place du Marché, *en face de la maison du maire* ».

Le colonel Stenger était resté seul dans sa chambre au premier étage de la maison du maire. On l'avait vu, dans la soirée, sur le balcon, puis (toujours d'après le document officiel allemand), il serait rentré dans la chambre, la lumière allumée et la fenêtre ouverte. Les officiers qui viennent prendre des ordres au sujet de l'échauffourée le trouvent mort, nageant dans son sang. Il était frappé d'une

balle. Les documents allemands ne permettent pas d'établir de quel calibre était la balle et de quelle nature était la blessure.

Une perquisition fut faite dans la maison. M. Tielemans ne pouvait être accusé, car il était alors sur la place à distribuer des cigares aux soldats, et, aux premiers coups de feu, il était rentré et s'était mis à l'abri dans sa cave ; mais on trouva son fils, un garçon de quinze ans, « blotti dans un coin où il avait été caché par la famille ». C'est cet adolescent que le rapport officiel allemand accuse d'avoir tiré de la cave, et d'avoir tué le colonel, alors que le même rapport dit en propres termes, quelques lignes plus haut « que la fusillade, et probablement le coup de feu qui avait servi de signal, partait de la lucarne de la maison du coin, située en face de celle du maire ».

D'après l'ensemble des témoignages tant belges qu'allemands, l'accusation portée contre l'adolescent est tout à fait inadmissible. Tout au plus pouvait-on admettre qu'un coup de fusil ou de revolver serait parti de la rue ou de la maison d'en face, visant le colonel sur le balcon ou dans la chambre. Seule la nature de la balle pourrait faire preuve. Les témoins

général Gasquy avait été blessé, le colonel du 141e fait prisonnier avec les débris de son 3e bataillon dont il ne revint que 96 hommes ; le régiment avait perdu près de 1.700 hommes à lui seul (1).

Il faut se garder d'exagérer l'échec. Nous avions souffert, mais l'ennemi avait aussi perdu beaucoup de monde. La poursuite était molle (l'ennemi met près d'une heure pour sortir de Vergaville évacué), rien moins que décisive, immédiatement arrêtée.

Pour des motifs se rattachant à des causes plus générales, le mouvement de retraite allait se développer et prendre un caractère stratégique et *voulu*. Il importe de ne pas confondre les deux événements : la décision stratégique et l'échec tactique qui refoule le 16e et le 15e corps sous la pression d'un ennemi fortement organisé, échec qui vient d'être exposé dans ses véritables proportions.

20e corps. — Voyons, maintenant, ce qui se passait, également le 20 août, sur le reste du front de la 2e armée, c'est-à-dire sur sa gauche.

Le 20e corps était, dans la pensée du général de Castelnau, le suprême espoir de la journée. Installé sur le triangle Château-Salins-Oron-Conthil, il avait conquis la partie méridionale du bastion de Morhange. De Château-Salins il protégeait Nancy à tout événement, mais, par sa position dominante sur le plateau de Morhange, il pouvait soit se porter à droite et prendre à revers les Allemands installés dans la forêt de Kœking et de Brides, soit faire face à gauche et contenir les forces allemandes débouchant de Metz par la ligne de Metz-Saverne. Enfin, si les choses tournaient bien, ce corps pouvait descendre soit de Conthil sur Bensdorf, soit de Baronweiler sur Landorf et occuper, en l'un de ces points, la voie ferrée qui était l'objectif principal de la 2e armée.

Mais il était nécessaire que l'action du corps d'armée fût habilement ménagée. Car s'il se pressait trop et s'il se portait trop vite en avant, il découvrait, à sa gauche, la 68e division de

réserve chargée seule de protéger l'armée du côté de Metz et, à sa droite, le 15e corps, un peu en retard vers Vergaville. En plus, s'il allongeait prématurément sa propre offensive vers Rodalbe et Bensdorf, il présentait son flanc gauche à l'ennemi qui guettait du haut de la crête 327-341 (entre Destrich et Lucy) et qui recevait sans cesse, par la ligne de chemin de fer, des renforts venant de Metz.

Comme défensive, la position du 20e corps installé sur les deux routes qui s'ouvrent en éventail, l'une de Château-Salins vers Morhange, l'autre de Château-Salins vers Wuisse-Conthil-Bourgaltdorf, est excellente. Au point de vue de l'offensive, elle est extrêmement périlleuse, car le corps d'armée est obligé de sortir de la place d'armes et il s'expose aux contre-offensives débouchant de la circonvallation ennemie.

Il ne semble pas que le 20e corps, fier de sa force et de sa renommée, emporté par cette joie de l'offensive qui fut la grande séduction de notre doctrine et le noble entraînement de notre armée au début de la guerre, ait su résister à la tentation de frapper un coup décisif. Interprétant plutôt qu'appliquant les ordres du général d'armée, il « tirait sur la bride », si j'ose dire, et se trouva ainsi celui de tous les corps qui s'engagea le plus dangereusement dans le piège que l'ennemi nous avait tendu. On eût dit que celui-ci avait escompté et exploité d'avance l'ardeur même de ces sentiments.

Quoi qu'il en soit, à la pointe du jour, le 20e corps se met en mouvement dans l'ordre suivant : à gauche, la 39e division se porte à l'attaque des hauteurs Marthil-Baronweiler, et la 11e division marche à droite sur Conthil pour aborder Morhange et déboucher dans la plaine par Rodalbe sur Bensdorf. Si l'on réussissait, après avoir abordé de front l'objectif principal, on tournait la position ennemie et on débouchait dans la plaine : c'était se couvrir de gloire, mais il fallait passer par le plus terrible défilé sous les feux de l'ennemi ; et si on ne réussissait pas, c'était la retraite sans soutien et sans réserve, car le mouvement

---

(1) *Petit Marseillais*, 30 janvier 1915.

offensif, ayant ce caractère de crânerie et de témérité, n'avait été ni conçu, ni préparé.

Or, à peine la 39e division a-t-elle commencé son mouvement vers les hauteurs de Marthil-Baronweiler, que le feu d'une artillerie formidable s'allume, vers 7 heures du matin, sur la crête 327-341 qui la domine de l'autre côté de la Nied française. C'est une canonnade terrible au-dessus de la vallée, à une portée de 5 à 6 kilomètres, extrêmement favorable à l'artillerie lourde allemande. Et, soudain, tout le IIIe corps bavarois dévale des bois sur la division française en pleine marche qui défile par Château-Bréhain, Bréhain, Marthil, la prend de flanc et, dans un élan formidable, la renverse et la force à la retraite. Deux de ses trois groupes d'artillerie divisionnaire sont coupés de toute retraite et restent aux mains des Bavarois. En une demi-heure, après un choc violent, cette belle division du 20e corps se replie dans la direction de Château-Salins.

« Le petit jour se découvre. Un léger brouillard tombe dans le calme de la campagne. Nous marchons, le 4e bataillon de chasseurs, par petits groupes sur Morhange. A peine avons-nous eu le temps de faire 400 mètres que nous sommes accueillis par une vive fusillade qui éclate de toutes parts.

« C'est bientôt un véritable enfer; mais, malgré tout, nous tiendrons quand même pendant huit heures sans perdre un pouce de terrain et en dépit de nos pertes. La lutte est ardente, opiniâtre; la mitraille tombe de partout, et, de plus, il y a ces satanés moustiques qui nous dévorent. A un certain moment, les Boches faiblissent ou semblent faiblir; on fait un bond en avant d'au moins 200 mètres d'où l'on gagne une petite crête abritée par une haie vive.

« Notre lieutenant vient d'être tué par un obus; je le cherche partout sur la ligne de feu, mais impossible de le trouver dans cette avoine et les balles sifflent de plus belle. Je constate, hélas, en revenant près du capitaine, qu'il y a bien des vides dans la section! Eh bien, malgré tout, on tient quand même, et la lutte n'en est que plus acharnée; la rage nous prend, on tire, on tire, on hurle, l'odeur de la poudre nous grise, on voudrait que ça cesse, non pas pour le danger, on n'y pense pas, mais pour le bruit. Quel enfer! et quelle chaleur!

« N'étant plus très nombreux à la compagnie le capitaine nous fait tous mettre ensemble dans un petit verger, légèrement dominé par une crête à 400 mètres de là. La fusillade augmente; les Allemands avancent par petits groupes, mais on a l'avantage du champ de tir. Nous sommes là une quarantaine qui luttons désespérément, les moustiques nous dévorent,

INTERROGATOIRE DE PRISONNIERS ALLEMANDS

mais pendant trois heures, nous faisons de superbes cartons; nous devions justement faire nos tirs d'honneur ce jour, on ne peut mieux tomber comme silhouettes mobiles. On cuit et j'ai tellement soif que je quitte la ligne de feu pour grimper dans un pommier; j'en reviens les poches pleines.

« Le capitaine fait le coup de feu avec nous et notre commandant, lui aussi, vient nous réconforter (1). »

(1) Carnet inédit, loc. cit.

La 11e division n'est guère plus heureuse. Morhange est, en effet, le réduit formidablement armé du grand bastion. Mêmes obstacles, même surprise et même scène : à 8 heures du matin, la 11e division avait été contre-attaquée de Morhange ; elle est bousculée de Conthil et, si elle ne perd pas pied, du moins elle est obligée de se replier sur Linderchen (Lidrequin), cote 238, où elle se retranche.

Un colonial a raconté ainsi l'action à laquelle il prit part dans cette direction :

« Le 20 août, dès le petit jour, nos régiments se lançaient à l'attaque des positions ennemies de Morhange. Nous tombâmes sur des tranchées en ciment armé toutes remplies d'hommes et de mitrailleuses, et lorsque nous les eûmes emportées à la baïonnette, des rafales terribles d'artillerie lourde nous obligèrent à battre en retraite. Nous comprîmes dans quel piège nous étions tombés. Le régiment avait reçu, vers 8 heures, l'ordre de se maintenir pendant six heures sur une hauteur, d'arrêter pendant ce temps la marche d'une division (du IIIe corps bavarois) pour permettre au 20e corps de se replier. En quelques minutes nos hommes firent une petite tranchée dans la terre fraîchement labourée; deux batteries de 75 crachaient derrière nous et retenaient la division bavaroise. Aussitôt les pièces furent démontées par l'artillerie adverse, et notre régiment resta seul en face de l'infanterie et de l'artillerie ennemies. Aplatis derrière leur petit mur de terre, nos hommes tiraient à coup sûr, les mitrailleuses fauchaient et pendant quatre heures, nous réussîmes à maintenir l'ennemi à 1.000 ou 1.200 mètres de nous. Cependant leurs balles sifflaient et leurs obus tombaient de toutes parts; ayant remarqué, les premiers jours, que leurs shrapnells étaient presque sans effet, ils employaient leurs obusiers lourds de campagne de 150; au point de chute, l'obus fait en terre labourée des entonnoirs de 6 à 7 mètres sur 2 de profondeur, mais peu de victimes. Le régiment a été, cette matinée-là, fortement éprouvé : colonel blessé et disparu, la moitié des chefs de bataillon et capitaines tués ou blessés ; mais en face de nous, en bas de la colline, les Bavarois entassaient leurs morts, dont ils se servaient comme de rempart contre le feu foudroyant de nos tranchées. Vers 2 heures, le régiment battait en retraite, ayant accompli sa mission (1). »

Les pertes du 20e corps avaient été sensibles. Le 69e avait, en voulant tenir contre un feu terrible, vu succomber un chef de bataillon, plusieurs officiers et une partie importante de son effectif.

(1) *La Vie en Lorraine*, octobre 1914, p. 98.

Malgré la bravoure des troupes, Morhange était resté à l'ennemi. Le 160e y avait été surpris par un stratagème des Bavarois : les tranchées paraissant peu importantes, le régiment s'était avancé ; mais les tranchées étaient fausses, des mannequins les gardaient et derrière elles se trouvaient les véritables fortifications d'où l'ennemi tirait à bout portant.

Il faut se replier. Pourtant le 26e ramenait avec lui 17 voitures de munitions prises à l'ennemi, 34 chevaux, les bagages du colonel du 137e allemand (XXIe corps, 31e division) et 115 prisonniers dont 3 officiers. Par les sentiers où se traînaient les blessés, les fractions éparses des régiments se ralliaient pour la retraite.

« L'enfer avait duré jusqu'à 2 heures de l'après-midi, heure à laquelle nous avions dû nous replier, après nous être approchés jusqu'aux portes de la ville. Or, à ce moment et comme par enchantement, tout cessa brusquement; et c'est bizarre, ce calme... Que se passe-t-il donc ? L'ennemi reculerait-il ? En tous cas, nous reçûmes l'ordre de nous replier derrière Pewingen et là, de nous organiser. Mais pourquoi s'en aller puisqu'ils ne tirent plus ?

« A Pewingen, le village est plein de blessés; des obus tombent et incendient plusieurs maisons. La bataille reprend, mais nous ne pouvons emmener nos blessés sous un tel ouragan, on se ferait tous tuer sur la route. On gagne Habudingen par petits groupes car le versant de la crête qui descend sur la route de Pewingen est battu à outrance. Quel tableau que cette retraite ! Ça siffle de partout, on se couche dans un sillon, on file en zigzag; encore un bond; enfin un remblai; mais voici des fils de fer d'une clôture; on escalade; l'ennemi nous talonne à 500 mètres. On saute dans le fossé de la route ; quelle poussière sur cette route, les balles et les obus y pleuvent! Voici notre train de combat qui s'enfuit ventre à terre. Mais nous franchissons la crête d'un bond. Ouf! quel soulagement !

« On arrive à Habudingen sans trop de mal. La compagnie se rassemble et va occuper la fameuse ligne du chemin de fer à 1.500 mètres de là. Mais compter prendre position là est impossible. On se replie sur le bois où nous rencontrons une brigade de marsouins venue en renfort, mais obligée, comme nous, de se replier.

« 5 *heures du soir*. — Un officier d'état-major vient prévenir le commandant du 4e bataillon de chasseurs que nous devons assurer l'arrière-garde de la division. Les Allemands n'ont pas l'air d'avoir beaucoup de courage pour nous poursuivre. De plus, nous avons une batterie volante de 75 qui nous sera bien utile.

« Nous marchons depuis trois heures tout pensifs, songeant à nos camarades restés là-bas. On a presque honte

CUISINE ROULANTE PRISE AUX ALLEMANDS

de se replier; on a peur, non de l'ennemi, mais de ce que l'on va penser de nous. Les officiers essayent de nous rendre un peu de gaieté. La nuit arrive, on décide de faire un peu de jus et de manger un peu des quelques vivres qui nous restent. C'est vite fait et pendant ce temps on commente les faits de la journée. Rien ne vient troubler notre petit repas, les uhlans sont loin derrière nous! Château-Salins est traversé à la nuit (1). »

Le 4ᵉ bataillon de chasseurs avait été admirable durant la retraite. Pendant quatre heures, le bataillon avait tenu contre un marmitage continuel; malgré des pertes sévères, il avait tenu bon. Les jeunes officiers avaient montré un courage héroïque; sont cités à l'ordre du jour, le sous-lieutenant Viala, tombé mortellement au moment où, à la tête de sa section, il prononçait une contre-attaque à la baïonnette; les sous-lieutenants Devic, Picard, Munnier, Guillemin, tués eux aussi à la tête des troupes ;

(1) Carnet inédit, *loc. cit.*

le sous-lieutenant de Castelnau, fils du général, qui, ayant pris le commandement de sa compagnie, fait tête à l'ennemi durant cinq heures et se fait tuer à l'instant même où il vient de le rejeter par une vigoureuse contre-attaque. Rappelons, enfin, cette magnifique citation du colonel Bérot, commandant le 146ᵉ (39ᵉ division) :

« A déployé au début de la campagne, pendant la couverture et les premières opérations offensives, une activité inlassable, ne dormant presque jamais, a su élever au plus haut point l'enthousiasme de son régiment qui avait en lui la plus entière confiance. Grièvement blessé le 20 août, tandis qu'il dirigeait le combat du régiment, allant de sa personne en avant des lignes. Mort quelques jours après des suites de ses blessures. »

2ᵉ groupe de divisions de réserve. — La retraite du 20ᵉ corps découvrait, à sa gauche, la 68ᵉ division de réserve (de Bordeaux) qui surveillait les abords de Metz. Cette division, mise le 19 août à la disposition du 20e corps, recevait à Viviers, Donjeux, Faxe et Fonteny le choc des forces ennemies débouchant de Tincry et Hannocourt.

Un témoin a donné l'impression du combat soutenu sur cette aile de la bataille, notamment par le 344e engagé sur Faxe et Fonteny.

Dans le matin lumineux du 20 août, le régiment se rassemble pour aller au combat, car des forces allemandes descendent de Metz pour briser notre marche en avant. Déjà les flocons blancs des shrapnells éclatent dans le ciel immaculé. Le canon gronde violemment, mais nos âmes se grisent du fracas grandissant de ce tonnerre. J'atteste que, dans cette matinée, on aurait tout pu demander aux soldats, tant leur confiance était absolue. J'entends encore un homme criant à un clairon : « J'espère que tu vas nous la sonner vivement, cette charge, hein, petit ! » Le plus joyeux de nous tous, à coup sûr, était Cassagnac. Pendant que sa section se formait, il eut un geste que n'oublieront aucun de ceux qui l'ont vu. Sans affectation, il alla vers une meule de paysan et, avec soin, il aiguisa son épée... Nous venions de gravir plusieurs coteaux et de gagner une crête d'où notre attaque devait partir. Les gros obus tombaient et les balles chantaient à nos oreilles leur méchante chanson. Notre colonel, qui devait être frappé peu après, donna à ma compagnie ordre de charger. Alors mon capitaine réunit ses chefs de section et, s'excusant de ne pouvoir faire à chacun d'eux le même honneur, pria le lieutenant de Cassagnac de partir le premier. Cassagnac, resplendissant de bonheur, inclina sa haute taille, en remerciant le capitaine, en s'excusant auprès de ses camarades, en prenant congé de tous. Ainsi, sur ce plateau que la mort venait battre, une atmosphère de haute politesse régnait. Face aux lourdes brutes dont le flot s'avançait, deux hommes, deux gentilshommes, deux officiers français faisaient assaut de courtoisie, et, avant de mourir, se saluaient tout comme en un salon. Et puis ce fut l'ouragan de la bataille...

Guy de Cassagnac repose sur la terre lorraine, glorifié par cette citation à l'ordre de l'armée : « A fait preuve de « la plus grande bravoure et d'un véritable mépris de la « mort. Blessé une première fois, a continué à commander « et à entraîner sa section en avant. A été tué au moment « où, ayant pris le commandement de sa compagnie, il « exaltait par ses paroles et son attitude le moral de ses « hommes. Se sentant perdu, n'a pas voulu qu'on l'empor- « tât, disant qu'il voulait rester en territoire annexé (1). »

Malgré l'héroïsme des troupes, notamment du lieutenant-colonel Barraud, commandant le 344e, grièvement blessé en dirigeant une attaque,

(1) Récit de Pierre Dumoulin, *Echo de Paris* du 3 juin 1915.

malgré le calme et le sang-froid de chefs tels que le commandant Mansion, blessé en déployant son bataillon sous un feu des plus violents, la 68e division dut se replier sur Laneuveville-en-Saulnois et Jallaucourt ; en fin de journée elle occupait la lisière nord de la forêt de Grémecey.

Une brigade et un groupe d'artillerie de la 70e division franchirent alors la Seille pour la soutenir et la recueillir. Vers 7 heures du soir, le feu fut ouvert contre le flanc droit des Bavarois, pendant qu'une batterie canonnait la cavalerie ennemie étagée sur les pentes sud de Delme. La 68e division, dégagée et mise à nouveau sous les ordres du général Léon Durand, commandant le 2e groupe de divisions de réserve, pouvait dès lors se replier sur le Couronné.

A l'extrême-gauche, pendant que se livrait, au centre, la bataille de Morhange, les troupes ennemies, sorties précipitamment de Metz, avaient attaqué également la 59e division de réserve sur le front nord du Couronné. Nomeny, comme nous le verrons, n'est bientôt plus qu'un immense brasier et le théâtre d'atrocités inouïes commises par des fractions des 4e et 8e bavarois. L'ennemi est de ce côté heureusement contenu ; il ne peut progresser ; ses pertes sont sérieuses ; chez nous cependant, les 277e et 325e de réserve sont éprouvées, le lieutenant-colonel d'Houston, le commandant Schwœblé ont été tués à la tête de leur troupe. Mais l'œuvre du général de Castelnau, commencée dès le début de la guerre, portait déjà ses fruits au premier jour de la bataille : notre ligne principale de défense sur le Couronné n'avait pu être entamée.

Début de la retraite. — Toutefois le recul général de l'aile gauche avait décidé de la journée. Toute l'armée du général de Castelnau se voyait donc obligée de se replier et la relation officielle allemande sur les combats de l'armée bavaroise dit : « L'armée française recula sur la ligne Delme-Château-Salins-Marsal-Bisping, pendant qu'une partie

LA FAMILLE IMPÉRIALE D'ALLEMAGNE ASSISTANT A UN SERVICE RELIGIEUX DANS LA COUR DU PALAIS DE POSTDAM
(AOUT 1914)

était retenue à Sarrebourg. Il y eut de remarquables et violents combats à Conthil, plus loin entre Dieuze et Vergaville, à Bisping et à la jonction du chemin de fer de Sarrebourg. Tous ces points ont une remarquable importance au point de vue tactique. A la suite de cette attaque très énergique et de la poursuite commencée, l'armée française fut refoulée de 15 kilomètres en ce premier grand jour de bataille. »

Par suite de l'échec précipité du 20e corps, le général de Castelnau était obligé de renoncer au projet de manœuvre qu'il avait médité : à savoir de faire déboucher le 20e corps du haut de la place d'armes de Morhange, non pas au nord-est vers Bensdorf, mais à l'est, sur Liedersingen, pour prendre à revers l'offensive ennemie débouchant de la forêt de Brides et Kœking dans le flanc du 15e corps. Ainsi la bataille plus ramassée eût eu, sans doute, un tout autre succès.

La gauche du 15e corps (30e division) étant découverte, la situation de ce corps devient difficile : il n'a plus qu'à se replier, comme nous l'avons vu, sous la pression de forces plus nombreuses. La 29e division avait abandonné Biedesdorf et elle avait reçu l'ordre de résister dans Vergaville ou, du moins, de tenir sur Lindre-Haute ; on lui demandait de résister pendant une heure, elle tint pendant cinq heures. La 30e division, assaillie par des forces allemandes dans l'intervalle qui la séparait du 20e corps, avait plié peu à peu, sous la protection du 173e, qui se fit décimer devant Dieuze et Kerprich.

Nous avons vu le 16e corps vivement pressé à Zemmingen-Germingen, et soutenir, en fin de journée, l'attaque de forces ennemies supérieures arrivées par le train. Il est obligé de se replier dans la région Maizières-Bourdonnaye.

Dès lors, les ordres de l'armée prescrivirent le repli par échelons du 15e corps sur le front Marsal-Donnelay-Marimont.

« Le 20 août, à minuit, après avoir été orientée sur Marimont, aiguillée ensuite sur Donnelay, reportée sur Marimont, la 29e division s'installait à Ley-Ommeray.

« L'annonce d'un régiment de cavalerie allemande en marche sur Gélucourt, sur Marimont et sur Donnelay, la présence au-dessus des troupes d'un taube qui laissait tomber sur elles des étoiles blanches et semblait destiné à préparer le réglage d'un tir de nuit de gros calibre, furent les causes de changements continuels dans l'orientation des troupes (1). »

Le 16e corps devait se replier sur Maizières-Réchicourt-le-Château et le 20e corps devait tenir le front Marsal-Hampont-Jallaucourt.

Mais le général de Castelnau, à son poste de commandement d'Arracourt, en prévision d'une pression soutenue de l'ennemi, préparait déjà, comme nous le verrons, les ordres de retraite générale.

LES PREMIÈRES RENCONTRES DE L'EST ET L'OPINION Après six jours de combat (du 14 au 19 août), les deux armées françaises de l'Est, d'abord victorieuses, s'étaient heurtées, le 20 août, aux crêtes préparées pour la défensive par l'état-major allemand ; elles avaient été repoussées sur plusieurs points et avaient été ramenées sur la frontière. D'autres événements, que nous aurons à exposer, portaient au même moment le commandement français à prendre la décision d'une retraite stratégique générale, et les armées de Lorraine, sérieusement éprouvées, eurent à suivre le mouvement.

Mais il ressort du récit impartial qui vient d'être fait, que si les deux armées françaises avaient dû reculer, elles n'étaient nullement désorganisées ni, à plus forte raison, détruites. L'étude que nous allons faire de la retraite établira, sans conteste, qu'en s'installant sur leurs positions de repli, elles tiennent partout tête à l'ennemi ; à peine trois jours se sont-ils écoulés qu'elles sauront prendre une revanche éclatante et infliger à l'ennemi une défaite qui réduira à néant son fameux plan d'écrasement par étreinte.

Nous reprendrons, plus tard, l'examen d'ensemble des raisons qui ont amené nos premiers

(1) *Dépêche de Toulouse, loc. cit.*

L'EMPEREUR GUILLAUME ET L'IMPÉRATRICE SE RENDENT A LA CATHÉDRALE DE BERLIN

échecs. En ce qui concerne spécialement les « rencontres de l'Est », il suffit de déterminer les plus apparentes : l'ennemi profite de l'avantage que lui assure un terrain soigneusement préparé. A proximité des places fortes de Thionville, Metz et Strasbourg, il reçoit des renforts dissimulés jusqu'à l'heure où se déclanche l'offensive. Un trop lent développement des affaires de la Haute Alsace libère deux corps allemands qui viennent menacer, sur la droite, l'armée du général Dubail. Un certain manque de liaison entre les trois armées ne coordonne pas suffisamment les efforts. Les heureux résultats de l'offensive pendant la première phase de la lutte trompent les chefs et surtout les soldats : la tâche leur paraît relativement facile ; la doctrine de l'offensive les pousse en avant ; souvent les soldats entraînent les officiers qui, à leur tour, entraînent les chefs. La pratique de la « sécurité », telle qu'elle s'est introduite dans les méthodes françaises, est insuffisante. La liaison entre les différentes

armes n'est pas au point ; l'artillerie n'a pas encore le sentiment de son rôle et de la préparation à fond qui lui incombe. Le rôle des avions comme adjuvants de l'artillerie n'est pas suffisamment entré dans la pratique ; d'ailleurs, du côté français, les avions sont rares.

Enfin, et surtout, l'invisibilité du champ de bataille étonne le soldat : il sent ses pertes et ne voit pas celles de l'ennemi. Il avait rêvé de combats à l'arme blanche où il tiendrait le soldat ennemi à la pointe de la baïonnette ou du sabre, et il ne voit rien, il ne peut approcher un ennemi insaisissable. Les tirs de barrage de l'artillerie ennemie arrosent en arrière le terrain par où doivent lui venir les renforts et qui lui permettraient le repli : il se croit tourné ; les gros obus de l'artillerie lourde ennemie détruisent les abris et répandent une émotion presque mystérieuse. Le *vide du champ de bataille* agit sur ces imaginations ardentes. Ne pas voir, ne pas frapper, ne pas avancer, ne pas courir, c'est juste l'opposé de ces beaux combats que l'on s'était promis.

Ajoutons que les troupes étaient épuisées par six jours de marches et de combats, et que la supériorité en nombre et en armement des ennemis, la solidarité de l'ensemble du front portèrent les chefs à ne pas insister sur une bataille qui avait, d'ailleurs, pour objet unique et déclaré de « retenir le plus possible de forces ennemies en Lorraine ».

Ces raisons suffisent, et au delà, pour expliquer les échecs de Sarrebourg et de Morhange et la retraite qui suivit. Les communiqués français exposent les faits au pays en ces termes :

« 21 août, 23 heures. — La journée d'hier a été moins heureuse que les précédentes; nos avant-gardes se sont heurtées à des positions très fortes, et ont été ramenées par une contre-attaque sur nos gros qui se sont solidement établis sur la Seille et sur le canal de la Marne au Rhin. En Lorraine, nos troupes se replient.

« On sait, qu'après avoir reconquis la frontière, nos troupes s'étaient avancées sur le front du Donon jusqu'à Château-Salins. Elles avaient refoulé, dans la vallée de la Seille et la région des Etangs, les troupes allemandes, et nos avant-gardes avaient atteint Delme, Dieuze et Morhange.

« Dans la journée d'hier, plusieurs corps d'armée ont engagé sur tout le front une vigoureuse contre-attaque. Nos avant-gardes s'étant repliées sur le gros, le combat a commencé extrêmement vif de part et d'autre; en raison de la supériorité numérique de l'ennemi, nos troupes, qui se battaient depuis six jours sans interruption, ont été ramenées en arrière. Notre gauche couvre les ouvrages avancés de Nancy. Notre droite est solidement installée dans le massif du Donon. L'importance des forces ennemies engagées ne nous eût permis de nous maintenir en Lorraine qu'au prix d'une imprudence inutile. »

LA « MANŒUVRE MORALE » Du côté allemand, la première impression reste un peu confuse : on a le sentiment du succès, mais incomplet et chèrement acheté. C'est cette impression que traduit la proclamation du prince Ruprecht de Bavière à ses troupes. Il les remercie et les encourage : rien de plus.

« Mes braves troupes! Le cœur plein de reconnaissance, je vous exprime ici tous mes remerciements et toute mon admiration. Vous vous êtes battus comme des lions et, dans votre impétueux élan, vous avez vaincu un ennemi supérieur en nombre et en groupement. Avec une ferme confiance dans votre force et votre courage, je n'ai pas

hésité à vous envoyer à l'attaque de cet ennemi. Mais, *tout n'est pas terminé.* Il faut encore nous servir de toute notre force *pour défaire complètement l'ennemi* et le poursuivre de telle façon qu'il ne puisse plus y revenir: voilà le devoir des jours prochains, *l'achèvement de la victoire* pour le salut de la patrie et pour la perte de l'ennemi. La patrie saura vous remercier. »

RUPRECHT,
prince héritier de Bavière.

Mais, à Berlin, on a besoin d'autre chose. L'opinion en est restée sur l'arrière-goût un peu fade de l'entreprise de Liége. On tient un succès, il faut l'exploiter.

Alors, nous voyons se développer en plein cette « manœuvre morale » qui fait partie, elle aussi, du système des préparations militaires de l'état-major et qui vise, à la fois, l'opinion allemande, les neutres et l'opinion française. C'est de bonne guerre. Il est seulement fâcheux qu'en France on n'ait pas su réagir.

Avant tout, il faut donner l'impression d'un succès qui égale et même surpasse ceux du début de la campagne de 1870. Les communiqués allemands, datés du 21 et du 22 août, sont gradués de façon à passer du fait approximativement exact à l'effet conventionnel dont on a besoin :

Berlin, 21 août. — LA BATAILLE DE METZ. « Les troupes allemandes, commandées par le prince héritier de Bavière, ont remporté, hier, une victoire entre Metz et les Vosges.

« L'ennemi, qui avait avancé en Lorraine avec des forces importantes, a été battu sur toute la ligne et a subi des pertes importantes.

« Plusieurs milliers de prisonniers et de nombreuses pièces d'artillerie sont tombées entre nos mains.

« L'importance de cette victoire ne peut encore être envisagée, *l'étendue du front dépassant celle qu'occupait, en 1870-1871, notre armée entière.*

« Nos troupes sont animées d'un élan irrésistible et le combat continue aujourd'hui. »

Et le lendemain, d'un ton de fanfare :

Berlin, 22 août. — LA FUITE DE L'ARMÉE FRANÇAISE DANS LES VOSGES. « Les forces françaises battues entre Metz et les Vosges sont poursuivies aujourd'hui (vendredi) par les troupes allemandes.

« La retraite des Français a dégénéré en fuite.

« Jusqu'ici nous avons fait plus de 10.000 prisonniers et pris au moins 50 canons.

« Les forces ennemies comprenaient plus de huit corps d'armée. »

BACCARAT ET LES BORDS DE LA MEURTHE

Quand il s'agit d'emphase, on peut compter sur l'empereur Guillaume : le voici qui appelle autour de lui les officiers de son Grand Quartier Général pour leur adresser ce discours :

« Camarades ! je vous ai réunis ici pour nous réjouir ensemble de la victoire que nos braves camarades ont remportée en Lorraine. Des troupes allemandes de toutes races, conduites par le fils du roi de Bavière, ont repoussé l'ennemi dans une lutte qui a duré plusieurs jours, avec un joyeux esprit de sacrifice et une inébranlable bravoure. Nos troupes de toutes les classes étaient représentées. Soldats de l'active, de la réserve et de la landwehr, tous ont montré la même énergie, le même courage, la même confiance en Dieu et le même mépris du danger. Pour cela, nous devons, avant tout, adresser au Dieu tout-puissant nos remerciements. J'évoque avec honneur les glorieux tombés qui ont versé le sang de leur cœur comme nous le ferons aussi. Ils l'ont fait avec une inébranlable confiance en Dieu.

« Nous aurons à soutenir encore bien des combats sanglants. Nous voulons vaincre et nous devons vaincre. A vous, braves camarades, qui nous avez devancés à la victoire, un triple hourrah ! »

La note est donnée. D'un bout à l'autre de l'Allemagne, on embouche la trompette. Le roi de

Bavière célèbre, comme il est naturel, le succès remporté par son fils et par les armées bavaroises A la foule qui manifeste devant le palais, il dit :

« Je suis fier de voir mon fils remporter de si beaux succès à la tête de ses vaillantes troupes, mais ceci n'est que le début. De grandes victoires nous attendent encore. J'ai confiance dans la qualité de l'armée allemande, qui restera encore victorieuse quel que soit le nombre des ennemis. »

La foule répond par des hourras frénétiques.

Les journaux racontent que, dans l'armée française, les Bavarois sont appelés « les lions de Bavière ». L'un d'eux écrit :

« *La bataille des Vosges est la plus importante bataille de l'histoire du monde.* L'armée française était forte de plus de 400.000 hommes. C'est la fuite éperdue du noyau des forces françaises sur Toul et Epinal où il faudra tenir. L'origine de la ligne de bataille était Sarrebourg-Dieuze-Delme, champ de bataille bien connu des officiers allemands des écoles de guerre. *Le plan, préparé depuis des années par le grand état-major*, obtient le plus grand triomphe. »

Des versions officieuses permettent au public de croire qu'il y a eu débâcle complète parmi les troupes françaises et que cette débâcle continue.

BATAILLON DE CHASSEURS ALPINS MARCHANT VERS LA FRONTIÈRE LORRAINE, TRAVERSANT LE VILLAGE DE BAUZEMONT

Une Française, alors en Allemagne, nous dit la note répandue par l'administration et dans les cercles officiels :

« Le Landraht de G... vient de téléphoner que la ville est pavoisée en l'honneur... de la prise de Nancy !... où huit corps d'armée français ont été écrasés ! Ici aussi on sort tous les drapeaux du village et toutes les fenêtres seront illuminées ce soir... La joie est indescriptible à Berlin. Le prince Ruprecht de Bavière a remporté une grosse victoire le 20 et le 21, à Metz, sur les Français qui, partout, sont défaits, et sans aucune peine. Ils ont laissé entre les mains des Bavarois 10.000 prisonniers, 50 canons, et ils étaient là 400.000, si nous voulons le croire. Le champ de bataille était, par ses dimensions, «kolossal» et s'étendait sur une longueur de 100 kilomètres... Ma pauvre France! Sans doute, est-ce cette victoire de Metz que le Landraht nous a annoncée comme celle de Nancy: on n'aurait pourtant pas deux succès semblables à enregistrer à la fois!... «Enfin, la chance est pour nous», crient les Allemands; et l'empereur télégraphie à sa fille régente de Brunswick depuis que son mari est parti pour la guerre : « Dieu manifeste ouvertement sa protection sur nous. Mettez-vous tous à genoux et remerciez-le ! » (1)

Les « lettres du front » commencent à se répandre dans les journaux, et ce n'est, partout, que pantalons rouges en fuite, capotes bleues éparses sur le champ de bataille, débâcle sans nom, armée sans courage, sans discipline, sans armes, sans souliers ; les batteries françaises sont écrasées par l'artillerie lourde des Allemands ; supériorité des hommes, des chefs, de la manœuvre et surtout exclamations sans fin sur la *fameuse surprise*, le *fameux piège*, tout ce qui décèle la supériorité de la préparation allemande, de l'esprit allemand, du cœur allemand.

Enfin, l'apothéose : la parade du kaiser sur le champ de bataille, telle que la raconte un homme de la landwehr dans le journal *Tremonia*, de Dortmund :

« C'est un jour inoubliable. Le kaiser arrive à cheval, l'air jeune et aimable, mais sérieux. « Bonjour, camarades!» Et des milliers de voix répondent sur l'immense terrain : « Bonjour, Majesté! » Tout souriant le kaiser passe avec sa suite devant le front, interroge quelques hommes. Puis le commandant ordonne un « hurrah! » à l'empereur. « Adieu, camarades ! » « Adieu, Majesté ! » L'empereur s'éloigne avec sa suite. Alors retentit le commandement : « Parademarsh!»«Comme alors volent les jambes des vieux

guerriers ! » Et, jusqu'à la nuit, la joie est débordante ; tous, jeunes et vieux, demandent à être conduits à l'ennemi.»

Auprès et au loin, cette liesse est partagée par tout ce qui est allemand. Les événements s'accomplissent comme ils doivent s'accomplir. L'armée allemande était sûre de la victoire. Comment pouvait-il en être autrement ? La longue préparation avait produit logiquement ces heures; le plan de Schlieffen s'exécutait à la lettre.

A force de crier *victoire*, on finit par la réaliser pleine, entière, absolue ; et la manœuvre morale agit si bien qu'elle prend à son piège non seulement l'opinion allemande et l'opinion universelle, mais le commandement allemand qui, pourtant, l'avait lui-même combinée. Nous allons voir bientôt vers quelles fautes et quels revers une confiance excessive l'entraîna.

Quant à l'opinion française, elle fut mal défendue. Les bruits funestes répandus par les populations en fuite, par les hommes découragés ou déprimés, colportés par les gens mal intentionnés ou qui veulent paraître bien informés, propagèrent dans le pays l'idée d'une grande défaite. Nous prenons la chose sur le vif, dans une correspondance qu'un de ces badauds (peut-être suspect), adresse, quelques jours après, au *Journal de Genève*. Il est à Nancy, le 21 août :

« Je vais aux nouvelles ; elles ne sont pas bonnes : on parle de troupes décimées, de fautes commises, de chefs déplacés... Nos pressentiments se vérifient-ils ? Je craignais tout, après cette semaine de silence officiel, succédant aux coups de clairon du début et aux histoires de patrouilles de uhlans dont on nous régalait en guise d'informations. En tout cas, il est certain qu'on s'est battu tout près d'ici. »

Comme notre voyageur a deux heures d'arrêt à Lunéville, il fait un tour en ville :

« En sortant de la gare, quel tableau ! Toute la place est encombrée de blessés qui arrivent par fournées, hissés ou jetés sur toutes sortes de véhicules, depuis l'automobile jusqu'au plus modeste cabriolet de village. Beaucoup sont entassés dans les pittoresques chars à foin du pays, traînés par des bœufs. Le spectacle, à la fois poignant et lamentable, rappelle d'une façon saisissante les admirables

(1) *Journal d'une Française en Allemagne,* juillet-octobre 1914, p. 65.

QUELQUES BLESSÉS FRANÇAIS DANS UNE AMBULANCE DE L'ARRIÈRE

tableaux que Georges Scott a rapportés de la guerre des Balkans. Tout de suite, j'ai l'impression de la défaite... Ces figures déprimées, hâves et terreuses, ces attitudes affaissées, ces regards sombres ou abattus, comme lassés de tout, ne peuvent tromper. Et le flot grossit toujours... Quelques-uns arrivent à pied, s'appuyant sur leur fusil ou sur le bras d'un camarade moins atteint. A ma grande surprise, je vois beaucoup de chasseurs alpins. Je m'approche et je reconnais les numéros des bataillons et régiments que mes longs séjours à Nice m'ont rendus familiers... Aucun doute possible, toutes ces troupes appartiennent au 15ᵉ corps. Comme il est assez difficile d'approcher les blessés, qui sont entourés d'une foule anxieuse et évacués sur les quais d'embarquement au fur et à mesure de leur arrivée, j'engage la conversation avec un des commissaires civils de la gare qui, fort aimablement, me donne quelques explications. Il y a eu une terrible bataille la veille dans la région de Dieuze et de Château-Salins. Presque tous les blessés arrivent de Vic et d'Arracourt... Les alpins ont fait plusieurs charges superbes, mais dans certains régiments il y a eu des défaillances. « D'ailleurs, ajoute mon interlocuteur, on a « été trahi. Des gens qu'on croyait sûrs, des annexés, ont « donné de fausses indications et parmi eux des prêtres

« et des femmes..., le tenancier du buffet d'A., qu'on « croyait des nôtres, mangeait en réalité aux deux râte- « liers et nous vendait... ; la Situation est sérieuse et « nous attendons l'ordre d'évacuer Lunéville d'un moment « à l'autre... » Dans la salle d'attente, un commandant d'infanterie explique au milieu d'un cercle attentif que le feu des mitrailleuses allemandes est terriblement efficace : « Ces gens tirent sans discontinuer et sans souci des « munitions, tandis que nos mitrailleuses, moins nom- « breuses et moins bien approvisionnées, sont obligées « de ménager leur feu. »

A Baccarat, le témoin rencontre d'autres blessés d'un corps différent, dont il constate avec plaisir l'entraînant bagout, après le triste spectacle de Lunéville.

L'écho de ces bruits et de ces racontars arrive jusqu'à Paris. On veut savoir, on s'arrache les journaux, on dévore les communiqués, on lit entre les lignes, les commentaires se heurtent selon les passions, les vœux, les douleurs, les espérances. Le gouvernement est comme absent, invisible, inaccessible. Que pense-t-il ? Que sait-il ? La presse soutient énergiquement l'esprit public. Mais les renseignements lui manquent ; elle broie à vide. C'est un peu à tâtons qu'elle s'arrache au détail du moment et se porte vers les ensembles : « A supposer qu'une contre-attaque vigoureusement menée avec le secours des forces anglaises ne nous permette pas de rejeter les Allemands, notre défensive énergique les contient et les épuise. Dans de pareilles conditions, le simple fait de tenir, pour nous, c'est vaincre. Si même nous fléchissions, il nous resterait, en arrière de nos lignes actuelles, à défendre les territoires boisés de la Haute-Meuse, les forêts qui protègent l'ouverture de Chimay, et, derrière encore, après de nombreuses journées de combats acharnés, la ligne des camps retranchés qui couvrent l'Oise, l'Aisne et la Vesle. En voilà pour des semaines et des semaines d'une lutte pied à pied qui offrirait encore bien des chances favorables. Pendant ce temps, sur l'immense champ européen, déjà de nouveaux éléments se présentent... Combien de temps devrons-nous soutenir l'effort total des armées allemandes ? Quelques jours, deux ou trois semaines au plus. Gagnons ces journées. Il y va du sort du monde. » (*Figaro* du 24 août.)

Dans le silence voulu, l'impression pénible se répand, s'exagère. On interroge le visage de « ceux qui savent » et leur figure parle. Les dépêches allemandes, les radiogrammes allemands qu'ils connaissaient seuls, pèsent sur eux. Ils étouffent de ne pouvoir dire ce qu'ils pensent, ce qu'ils craignent. Les communiqués s'en ressentent : le colonel Feyler, visant les bulletins officiels du 22 août, 23 heures, et du 24 août, 23 heures, dit : « C'est une œuvre de journaliste militaire, où le journaliste l'emporte sur le militaire. »

Cependant, le Grand Quartier Général a répondu nettement et fermement, le 22 août, 23 heures, aux vantardises allemandes :

« *Le retrait de nos troupes en Lorraine.* — Les télégrammes officiels allemands et ceux de l'agence Wolff ont annoncé que l'échec subi par nous en Lorraine le 20 août s'était transformé, le 21 août, en une déroute au cours de laquelle nous aurions perdu 10.000 prisonniers et 50 canons. Ce sont là des exagérations ridicules. Le succès des Allemands en Lorraine ne dépasse pas celui remporté par nous en Alsace ; d'ores et déjà même, le nombre des canons laissés par nous entre leurs mains est certainement inférieur à celui que nous leur avons pris en Alsace, et le total des morts, blessés, prisonniers, disparus, n'atteindra pas, de beaucoup, 10.000, chiffre donné comme nombre de prisonniers seuls. Aucun élément n'a, au cours de la retraite, franchi la Meurthe. Nos forces sont restées au nord de Nancy. Ce recul momentané, consécutif à un vigoureux mouvement en avant, n'est qu'un épisode d'une lutte qui entraînera nécessairement de nombreuses alternatives de flux et de reflux. Nos troupes de Lorraine restent pleines d'ardeur, de volonté de vaincre, et n'aspirent qu'à venger leurs morts. »

Ces faits eussent suffi. Tout commentaire était inutile ; de proches lendemains allaient donner raison à ces appréciations judicieuses. Pourquoi fallut-il qu'une polémique, soulevée inopportunément, jetât une lueur inquiétante sur la fermeté d'âme de ceux qui l'inspiraient.

Le Matin du 24 août publiait, sous la signature de M. Gervais, sénateur de la Seine, un article intitulé : « La Vérité sur l'affaire du 21 août », et dont voici le passage principal :

« Un incident déplorable s'est produit. Une division du 15e corps, composé des contingents d'Antibes, de Toulon, de Marseille et d'Aix a lâché pied devant l'ennemi. Les conséquences ont été celles que les communiqués officiels ont fait connaître. Toute l'avance que nous avions prise au delà de la Seille, sur la ligne Avricourt, Dieuze et Château-Salins, a été perdue ; tout le fruit d'une habile combinaison stratégique, longuement préparée, dont les débuts promettaient les plus brillants avantages, a été momentanément compromis. Malgré les efforts des autres corps d'armée qui participaient à l'opération et dont la tenue a été irréprochable, la défaillance d'une partie du 15e corps a entraîné la retraite sur toute la ligne.

« Le ministre de la Guerre, avec sa décision coutumière, a prescrit les mesures de répression immédiates et impitoyables qui s'imposaient. L'heure n'est plus, en effet, aux considérations de sentiment... etc. »

L'impression produite par cet article fut grande. Non seulement il portait une accusation grave contre une partie de l'armée française, opposant les corps les uns aux autres, mais il présentait les choses sous un jour faux, donnant une allure de déroute, au moins sur un point, à une retraite vigoureuse et solidement conduite. Cette impression s'aggrava quand le bruit se répandit que l'article était écrit « à la demande de M. Messimy, ministre de la Guerre » (1).

Les protestations des représentants de la région nommément désignée, les détails précis qui furent publiés, des publications autorisées comme les articles de la *Dépêche de Toulouse* cités ci-dessus, ont peu à peu remis les choses au point et rectifié ce qui devait être rectifié. Le Quartier Général, dans son communiqué du 25 août, rendit justice à la vigoureuse reprise devant l'ennemi, d'un corps « fortement éprouvé ». On put établir, en effet, que le 112e de ligne, parti de Toulon avec 61 officiers, en avait perdu 48 et le tiers de son effectif.

La polémique au sujet d'une division du 15e corps ne laissa que peu de traces dans l'opinion. Tout le monde adhéra à la « rectification » que M. André Lefèvre fit paraître, quelque temps après, dans le journal où avait paru la malheureuse invective. On partagea les sentiments qu'inspirait à l'auteur de l'article la mort héroïque du député de Marseille, Chevillon.

« Les enfants de Provence, comme tous les autres, ont fait leur devoir, tout leur devoir. Ils se sont bravement battus. Ils ont fait comme ce brave petit Chevillon,

(1) Voir article de M. André Lefèvre, député, dans *Le Matin* du 25 février 1915.

parti sergent, devenu lieutenant, deux fois cité à l'ordre du jour, et que je me représente, se faisant tuer, le sourire aux lèvres, avec un lazzi en provençal, rendant service à la petite patrie au moment où il mourait pour la grande. »

Mais on adhérait aussi au blâme nettement formulé par le même écrivain :

« Voyez-vous, il faut, surtout dans les temps troublés où nous vivons, se garder des énervements. Un peu de sang-froid aurait suffi pour éviter cette lugubre histoire qui a fait profondément souffrir toute une région de la France durement éprouvée. »

Oui, on avait manqué de sang-froid. La « manœuvre morale » des Allemands opérait. Nous allons la revoir à l'œuvre dans les événements qui vont suivre et altérer, au détriment de la France, et par un effet aux conséquences incalculables, leur véritable caractère.

C'est pourquoi il était important de la signaler dès le début, telle que l'a reconnue, depuis longtemps, le neutre clairvoyant qui l'a nommée, le colonel Feyler. Il résume en deux mots l'effet recherché et le résultat obtenu par les communiqués allemands : « Après la lecture de ces textes, on peut se rendre compte de l'état d'esprit qui doit régner dans l'Empire. Ils témoignent d'une telle assurance, ils sont remplis de tant de détails ingénieux de nature à faire impression, *que la victoire finale ne peut faire doute pour personne. Mieux que cela, elle est acquise* » (2).

(2) Colonel Feyler, *Avant-propos stratégiques. La Manœuvre morale*, p. 33.

CHAPITRE VIII

LES PREMIÈRES RENCONTRES DE L'EST
LA VICTOIRE DE LA TROUÉE DE CHARMES

La Retraite et la contre-attaque française. — Résistance magnifique des deux armées de l'Est.
La Victoire de la trouée de Charmes. — Echec complet du plan allemand dans l'Est.
(21-26 août 1914)

LES ALLEMANDS HORS D'ÉTAT DE POURSUIVRE APRÈS SARREBOURG ET MORHANGE

Ce n'était pas la victoire !

Les Allemands ont cru la besogne trop facile. Ils pensaient tenir la proie : or, leur présomption la laissait échapper.

La retraite des deux armées françaises, exécutée par ordre, s'opère dans des conditions de tenue et de solidité telles que nos affaires s'améliorent bientôt et que l'armée allemande, arrêtée à son tour dans son élan, est contrainte de renoncer, de ce côté du moins, au plan conçu par le grand état-major.

Quatre jours suffisent pour que ce revirement se produise : quatre jours admirablement employés par tous, chefs et soldats, et dont le résultat nous offre comme une première esquisse de la bataille de la Marne.

Ni à la 1re armée, ni à la 2e armée il n'y avait eu poursuite de la part de l'ennemi ou débâcle stratégique du côté des troupes françaises. Pas de charge de cavalerie, pas de canons saisis dans le repli, pas de bataillons rompus, pas de convois surpris ; les unités françaises sont éprouvées, elles ne sont pas anéanties. La 2e armée a été particulière-

ment éprouvée, surtout le 20e corps; mais si elle a souffert, ses formations ne sont pas rompues.

Pour mesurer le caractère des fanfaronnades allemandes, même aux yeux de ceux qui les exagéraient consciemment, il suffit de citer les règlements militaires qui déterminent les devoirs impérieux de l'armée victorieuse :

«Se contenter de battre l'ennemi, c'est une demi-victoire. La victoire devient complète par la *poursuite* qui a pour but l'*anéantissement* de l'adversaire.

« A défaut d'une poursuite énergique, un adversaire battu sera bientôt en mesure d'opposer une nouvelle résistance qu'il faudra briser par un nouveau combat.

« La défaite de l'ennemi doit être poussée jusqu'à sa désorganisation complète, tant par le feu *qu'en marchant sur ses talons avec acharnement. Offre-t-il un but vulné-rable ? on tire ; échappe-t-il au feu ? on met tous ses efforts pour le rejoindre afin de lui infliger de nouvelles pertes au moyen de l'artillerie, du fusil, des mitrailleuses ou *de l'arme blanche.*

« La cavalerie et les détachements d'infanterie qui sont sur ses ailes accompagnent parallèlement sa retraite et *lui tombent dans les flancs et sur le dos.*

«Chaque chef apporte toute son énergie à *une poursuite sans trêve.* Des troupes même victorieuses ne sont pas soustraites à l'épuisement ; la nature leur impose ses droits pour les exciter ou les déprimer. Seule, une volonté forte permet au chef de surmonter sa propre fatigue pour entraîner ses subordonnés.

« En un moment pareil, *le chef doit faire presque l'impos-*

DES SOLDATS FRANÇAIS EMPORTENT LES DÉBRIS DU ZEPPELIN ABATTU PAR NOS ARTILLEURS
DANS LA FORÊT DE BADONVILLERS

sible et ne pas reculer devant l'obligation de la dureté à l'égard de ses troupes. Mieux vaut abandonner qui ne peut suivre. Il ne faut pas plus prendre en considération ces pertes-là pour arrêter la poursuite qu'on n'en a tenu compte auparavant lorsqu'il s'agissait de gagner le combat (1). »

Après nos dures journées du 19 et du 20, — dures pour les deux partis, — quel cas fait-on de ces règlements visant le cas de victoire ? Où trouve-t-on le moindre indice de cette *poursuite acharnée* qui a *pour but l'anéantissement de l'adversaire ?* où ces *combats à l'arme blanche ?* où ces charges de cavalerie *qui lui tombent dans le flanc et sur le dos ?* où ces chefs qui doivent *faire l'impossible* et forcer leurs troupes pour les pousser sur les talons de l'ennemi *jusqu'à épuisement ?*

Les règlements ne sont pas appliqués parce que la force et les moyens font défaut ; il n'y a pas de poursuite, parce qu'il n'y a pas victoire dans le sens exact du mot. L'armée française se retire en force, prête à faire tête. Cela, les chefs le savent et le prince Ruprecht de Bavière le dit. Voilà la vérité : le reste est affaire de bluff et de « communiqués ».

En somme, le résultat principal des deux journées de Sarrebourg et de Morhange fut d'arracher les troupes allemandes aux positions défensives qui leur avaient été si habilement préparées.

Une fois en plaine, elles deviennent hésitantes et sont comme désemparées. La nature des lieux avait plus travaillé au succès que la supériorité des troupes allemandes.

Cela est si vrai que la première pensée du général Dubail, appuyé sur le Donon, avait été de se réorganiser et d'attendre l'ennemi de pied

(1) J'emprunte la traduction du colonel F. Feyler. *Avant-propos stratégiques,* p. 60.

ferme; mais les ordres supérieurs, résultant de l'ensemble de la situation, ne le lui permirent pas.

Il faut donc suivre ce qui se passait simultanément sur tout le front de Lorraine aux Vosges.

Dès le 20 août au soir, le haut commandement qui avait cru possible, d'abord, de tenir en arrière du champ de bataille, sur une position bien choisie, s'était rendu compte que le front français étant menacé vers son centre par le fléchissement des 15e, 16e, et 8e corps, mieux valait prendre du champ; et, dans la nuit du 20 au 21, il avait fait savoir qu'il y avait lieu de ramener les convois derrière la Meurthe sans s'acharner à défendre une ligne qui pouvait être soit percée entre les deux armées, soit tournée.

A ce moment, la 1re armée s'était consolidée sur le front général: canal de la Marne au Rhin-hauteur de Bebing-bois de Voyer-Soldaten-kopf. Les corps avaient déjà pris leurs dispositions pour se maintenir sur cette position quand arriva l'ordre de retraite générale.

Le général Dubail profite de sa situation avantageuse pour faire refluer les convois au sud de la Meurthe, s'alléger de tous ses impedimenta et prendre les dispositions de repli, tout en gardant les contacts.

A 4 heures du matin, l'objectif est indiqué sur le parallèle de Blamont en terre française, où le général venait d'installer son poste de commandement qui, dès lors, fut reporté de Blamont à Rambervillers.

RETRAITE DE LA 2e ARMÉE FRANÇAISE Dans cette même nuit du 20 au 21 août, la 2e armée, plus éprouvée et n'ayant pas à sa disposition la forte situation du Donon, avait cherché son point d'appui où il se trouvait, c'est-à-dire aux approches du Grand-Couronné de Nancy.

Dès le milieu de la journée du 20, la prévoyance du général de Castelnau, qui n'avait jamais oublié la force que cette position lui offrait en cas d'insuccès, avait donné aux différentes unités les indications suivantes:

La 31e division travaillera à se reconstituer dans la région Maizières-Bourdonnaye, et l'ensemble du 16e corps gagnera la ligne générale Maizières-Réchicourt-le-Château.

Le 15e corps se portera, par échelons, sur le front Marsal-Donnelay-Marimont.

Le 20e tiendra le front Marsal-Hampont-Jallaucourt.

Le général s'est rendu de sa personne à Arracourt: de là, il veille à l'écoulement du courant désordonné qui reflue vers la frontière française. Il se rend compte que la pression de l'ennemi s'exerce assez mollement; c'est pourquoi, en tamponnant le premier front, il fait une digue pour arrêter l'ennemi et pour que tous les trains, parcs, convois, etc., puissent se porter, selon les instructions du Grand Quartier Général, sur la rive gauche de la Meurthe.

Un certain ordre est bientôt rétabli et le mouvement se produit dans un calme suffisant.

Nous avons un tableau sincère de la retraite des convois qui précède celle de l'armée:

« Le 20 vers le soir, les autobus chargés de viande reviennent à Réméréville sans avoir fait la distribution. Les voitures du matériel d'abattoir les suivent. Ce retour inquiète. Les bouchers expliquent qu'ils ont reçu contre-ordre à Arracourt. A la tombée de la nuit, un troupeau de 200 bêtes à cornes, amené de la Lorraine annexée, traverse le village et s'en va par la route de Saint-Nicolas-du-Port. Des voitures de ravitaillement passent nombreuses, venant de Hoéville. Les autobus de la boucherie militaire s'en vont aussi. Ce défilé vers l'arrière est de mauvais augure (1). »

Cependant, les ordres généraux se précisent. Il ne s'agit plus de s'accrocher à chaque motte de terre. Mieux vaut prendre le parti d'un repli stratégique qui permettra, à bref délai, des dispositions meilleures.

En fin de journée, le 20 août, les ordres sont donnés ainsi qu'il suit :

Le 16e corps se repliera en direction Lunéville.

Le 15e corps se repliera en direction Dombasle.

Le 20e corps en direction Saint-Nicolas-Laneuveville.

Le groupe des divisions de réserve occupera

(1) C. Berlet, *Réméréville, loc. cit.*

GABRIEL HANOTAUX
de l'Académie Française

HISTOIRE ILLUSTRÉE
DE LA
GUERRE DE 1914

24 PAGES DE TEXTE ET D'ILLUSTRATIONS

FASCICULE
N° 52

L'ÉDITION FRANÇAISE ILLUSTRÉE
(GOUNOUILHOU, Éditeur)
30, Rue de Provence, Paris

PRIX NET
1 franc

A NOS LECTEURS

Les *deux premiers volumes* de *L'Histoire de la Guerre de 1914* ont donné l'exposé des faits historiques et diplomatiques qui ont précédé et amené la guerre, et qui engagent si lourdement la responsabilité de l'Allemagne.

Avec *le troisième volume,* l'historien est entré dans le vif de son sujet, le grand drame de la guerre.

Le *quatrième volume,* commencé avec le fascicule 40, est consacré au récit de *La Bataille des frontières (Charleroi, etc.)* jusqu'à la retraite sur la Marne.

Par les renseignements qu'il a recueillis, par les travaux d'enquête et de recherches auxquels il s'est livré, par les conversations qu'il a eues avec les personnages officiels et les hommes politiques de l'Europe entière, l'historien a approché, d'aussi près que peut le faire un contemporain, de la source où peut se découvrir la vérité sincère et impartiale.

Opérations militaires, descriptions de batailles, portraits de grands chefs, exposés de la situation politique et économique des pays belligérants et des neutres, apparaissent avec une précision, une clarté et une grandeur émouvantes.

C'est vraiment le tableau de la « grande guerre ».

SAINT-NICOLAS DU PORT

les positions fortifiées du Couronné de Nancy.

La nuit aide à une première réorganisation des formations trop éprouvées. On se retrouve, on se ressaisit dans l'obscurité.

« Toute la nuit, des convois ont traversé le village (Réméréville). Ce roulement sourd des voitures lourdement chargées est angoissant. »

Pour les chefs, c'est une nuit d'activité, de réflexion et de travail sans relâche, dans l'inquiétude et le désordre apparent ; mais l'esprit veille et voit.

A 11 h. 30 du soir, la 30e division d'infanterie, sortie du traquenard du bois de Monach, est sur le front lisière du bois au sud de Dieuze; la 29e division s'est portée sur la lisière du bois au sud de l'étang de Lindre et tient toujours le défilé de Gélucourt.

Le 20e corps, malgré les pertes sévères qu'il a subies, est déjà reconstitué. Il reçoit l'ordre de couvrir la retraite de l'armée par une brigade, en se maintenant le plus longtemps possible sur la tête de pont de Château-Salins. La 68e division est, en fin de journée, sur les bois à l'est de Jallaucourt.

Malgré les fatigues, on marchera toute la nuit, et l'armée, se dérobant à la faveur de l'obscurité, gagnera, comme première étape, le front Maizières-Marimont-Donnelay-Juvelize-Hampont-Fresnes-en-Saulnois, où elle laissera des arrière-gardes, puis le cours de la Seille rive gauche et la région Cercueil-Pulnoy, à l'est de Nancy.

Une fois ces dispositions prises sur le terrain, le général de Castelnau s'arrache à la surveillance des détails et il vient à Nancy. Là, il s'enferme, se met au travail et donne les ordres nécessaires pour permettre à son armée de se rasseoir derrière la Meurthe et sur le Couronné.

C'est alors qu'il retrouve les précautions prises par lui pour faire de cette position, le cas échéant, non pas seulement le rempart de la ville, mais le principal point d'appui de la manœuvre pour les armées de l'Est. Son imagination fertile a immédiatement la vision de ce qui va se produire : l'imprudence des Allemands se précipitant vers la plaine et l'étau des deux armées françaises qui les attend pour se refermer en quelque sorte sur eux. Il lui appartient de tirer parti du Couronné, non seulement pour la défensive, mais pour l'offensive contenue et à courte portée telle qu'il la pressent. Il connaît admirablement le terrain et il aurait à peine besoin de consulter les cartes pour prendre les dispositions qui sont, en quelque sorte, l'expression naturelle de sa pensée militaire.

DISPOSITIONS PRISES PAR LE GÉNÉRAL DE CASTELNAU — On se souvient que le 9e corps d'armée avait été enlevé, par ordre, à la 2e armée pour être transporté sur la forêt des Ardennes. Heureusement, une division (34e et 35e brigades et une brigade de réserve) n'était pas embarquée. Elle est arrêtée par ordre du haut commandement et reste à la disposition du général de Castelnau.

La 73e division de réserve, qui est sortie de Toul pour protéger la gauche de l'armée, se portera sur la rive gauche de la Moselle pour empêcher la position de Sainte-Geneviève d'être tournée.

Deux autres divisions de réserve commencent à débarquer très opportunément : c'est la 64e et la 74e ; on les disposera bientôt, comme nous le verrons, la première sur le plateau de Saffais, la seconde de Saffais à la Mortagne.

A 3 heures du matin, un ordre de mise au point générale est expédié confirmant, d'après l'état de choses qui se modifie et s'améliore de minutes en minutes, l'ensemble des dispositions prises pour la reconstitution de chacun des corps d'armée autour de Nancy ·

Avant-gardes du 16e corps sur la ligne organisée Marainviller-Crion-Sionviller, entre Lunéville et la forêt de Parroy ; avant-gardes du 15e corps sur la ligne Anthelup-Flainval, se reliant à gauche avec les tranchées des éléments du 9e corps qui occupent le Rembêtant.

Quant aux gros, ils doivent s'installer dans les conditions suivantes : le 16e corps, au sud de Lunéville, dans la zone Moncel-Fraimbois-Gerbeviller-Mont-sur-Meurthe ;

Le 15e corps cantonnera sur les rives de la Meurthe à Dombasle, Flainval, Damelevières et Rosières-aux-Salines ;

Le 20e corps, avec son quartier général à Saint-Nicolas-du-Port, occupera le Vernois, au sud-est de Nancy, et prendra ses cantonnements dans les villages de Manoncourt, Lupcourt, Azelot, Fléville, Art-sur-Meurthe, Varangéville ;

La 68e division, aux abords sud de Nancy, à Jarville et Vandœuvre.

Les 2e et 10e divisions de cavalerie (général Conneau), remises à la disposition de la 2e armée, vont couvrir la droite, dans la région de Veho-Ogéviller, sur la Vezouse.

L'impression que l'ensemble de sa propre marche en avant, en somme hésitante, produit sur l'ennemi lui-même me paraît assez exactement rendue par cet extrait d'un carnet de route allemand, dont l'auteur (174e d'infanterie de Forbach) appartient, sans doute, à la brigade d'avant-garde du XXIe corps qui a ordre de marcher sur Lunéville :

Achevant la journée du 20, le carnet de route s'exprime en ces termes :

... Grande victoire, 1.500 prisonniers non blessés. Le soir, remerciements émus du général pour notre belle tenue. *Victoire chèrement achetée.* Le 21, la marche en avant est continuée. Moment sacré quand nous franchissons la frontière française. Moi qui voulais justement aller passer mes vacances en France !... On s'arrête dans un petit village tout près de la frontière pour coucher (donc, progrès très lent)... Le lendemain, 22 août, marche très fatigante et difficile. *Combat inattendu* et très violent. (Ce sont les contre-attaques qui protègent la reconstitution des corps de la 2e armée.) Les Français s'étaient repliés jusqu'au canal de la Marne au

RUINES A NOMENY

Rhin. Là nos faibles troupes d'avant-garde se heurtèrent à l'ennemi. Notre compagnie devait tourner à droite ; elle avança victorieusement (voilà bien la confiance dans un succès facile) ; mais elle tomba dans un violent feu d'artillerie auquel nous essayâmes de nous soustraire par une marche rapide de côté.

De cette manière, nous atteignîmes une route avec de hauts talus qui nous abritèrent pendant deux heures. A ce moment, le combat nous était très défavorable. Nous attendions des renforts. Quand ceux-ci arrivèrent, il y eut un changement de face complet... (1)

MARTYRE DE NOMENY Le mouvement, ordonné méthodiquement aux troupes françaises, s'est exécuté de même dans la journée du 21 août. L'ennemi, très éprouvé par les

(1) Das Volkerringen 1914-1915. Kircheisen, fasc. 18.

pertes qu'il a subies la veille, ne manifeste pas la moindre activité, n'essaye ni « d'achever sa victoire », selon le mot du prince R. de Bavière, ni même d'inquiéter la marche des colonnes.

Mais, il y a une chose qu'il n'oublie pas : c'est de profiter de son éphémère succès pour terroriser les malheureuses populations de la frontière. La première ville qui se trouve sur la frontière, Nomeny, est traitée atrocement. Il y eut là, dès les premiers pas des troupes allemandes en France, après la bataille, une volonté manifeste de faire le mal, un acte réfléchi et ordonné qui révolte la conscience humaine.

On tient une population française : on lui

NANCY. — LA PLACE STANISLAS

fera son affaire pour donner un exemple aux autres. Dessein prémédité, se rattachant aux mêmes méthodes qui, à la même heure, ensanglantent la Belgique ; d'ailleurs, nous connaissons les ordres des chefs, les aveux des soldats ; ils déclarent eux-mêmes qu'ils comptaient en faire autant à Nancy.

1º Les prétextes ont manqué ; bien entendu, on retrouve la fameuse allégation : « On a tiré. » Mais toutes les armes avaient été déposées à la mairie ; aucun fait précis n'est allégué par les Allemands. Un témoin habitant Nomeny, professeur à la Faculté des Sciences de Nancy, qui, emmené prisonnier par les Allemands, les interroge, n'obtient d'eux qu'une simple affirmation : « on a tiré ». « Il est vrai, ajoute-t-il, qu'on m'a montré deux douilles de cartouches de chasse. » Et il ajoute : « La preuve ne m'a paru nullement convaincante » (1).

2º Les chefs ont voulu et ordonné : cela résulte de l'ensemble des dépositions et d'un certain nombre de carnets de route allemands. Un témoin, une femme de soixante ans, qui, sachant l'allemand, a pu parler avec les soldats, dépose : « J'ai demandé à un soldat pourquoi on voulait me tuer ainsi que mon mari et pourquoi on avait incendié notre ville. » Il m'a répondu : « On nous l'a commandé. Il n'y a plus de pardon parce que les Français ne font plus de prisonniers ; ils crèvent les yeux aux blessés et leur coupent les membres les uns après les autres. Si ce n'était pas vrai, nos chefs ne nous l'auraient pas affirmé » (2).

C'était un système, et Nancy eût, le cas échéant, subi un sort analogue. Parmi d'autres indices, celui-ci est formel : « Un général allemand à qui je demandais un laissez-passer pour Nancy m'a répondu : — Nancy pas sûr. Nancy comme Nomeny (3). »

Un carnet de route allemand (*Revue Bleue* du 20 février 1915) nous renseigne sur les conditions dans lesquelles eut lieu l'occupation de Nomeny. La 33e division de réserve allemande (XVIe corps de réserve de Metz) après avoir

fait des tranchées dans la région de la Nied au nord de Boulay, se mit en route, le 20 août, pour Metz, mais elle fut brusquement alertée vers minuit et le succès s'étant affirmé vers Morhange, quelques-uns de ses éléments furent embarqués immédiatement pour le sud vers Nomeny. Le 21, à 2 heures après-midi, ces troupes passent la frontière au nord de Nomeny en poussant des hourras et le témoin ajoute : « Dans les fonds, les villages brûlent, la fumée jaunâtre monte au ciel. Il paraît qu'à Nomeny les cadavres sont empilés dans les rues... » On signale, en outre, sur les lieux, la présence du 2e, du 4e et du 8e bavarois. Voici, d'ailleurs, l'extrait d'un carnet allemand.

Extrait du carnet du soldat Fischer, du 8e régiment bavarois d'infanterie (33e division de réserve).

« Un obus éclata près de la 11e compagnie et blessa sept hommes, dont trois grièvement. A 5 heures nous fut communiqué *l'ordre de l'officier commandant le régiment de fusiller tous les habitants mâles de Nomeny et de raser jusqu'au sol la ville entière*, parce que les gens essayaient follement de s'opposer les armes à la main à la marche en avant des troupes allemandes. Nous avons foncé dans les maisons et saisi tous ceux qui résistaient pour les exécuter selon la loi martiale. Des maisons que l'artillerie française ou la nôtre n'avaient pas encore mis en flammes furent incendiées, et de la sorte presque toute la ville fut réduite en cendres. C'est une chose terrible de voir les femmes et les enfants dénués de tout, chassés comme un troupeau pour être refoulés en France. »

Des aveux d'un sous-lieutenant bavarois fait prisonnier quelques mois plus tard, il résulte que la responsabilité des événements de Nomeny incombe au colonel Hannapel, commandant le 8e bavarois (1).

Les procès-verbaux de la commission d'enquête donnent, dans leur manière sobre, l'exposé des événements eux-mêmes.

L'histoire les placera auprès des pages les plus affreuses des invasions barbares, des

<hr>

(1) Rapports et procès-verbaux, t. I., p 118.
(2-3) *Ibid*, p. 116 et p. 118.

(1) D'après les déclarations de cet officier, lequel reconnaît formellement les atrocités commises à Nomeny, c'est en effet le colonel Hannapel, qui, sous le faux prétexte que la population civile, menée par le curé, avait tiré sur les troupes, donna l'ordre d'incendier le village. Une compagnie de chacun des 8e et 4e régiments bavarois fut désignée pour piller et brûler. Le colonel Hannapel a été tué à Aulnois, près de Fresnes-en-Woëvre, en octobre 1914 (*Temps* du 5 avril 1915).

UNE PATROUILLE DE CAVALERIE DEVANT UN RÉSEAU DE FILS DE FER

guerres de religion ; ou, plus exactement encore, ils évoquent les souvenirs de la Guerre de Trente ans. La « kultur » ne modifie pas les tempéraments : elle les excite et elle les arme (1).

« Nous avons éprouvé une véritable impression d'horreur quand nous nous sommes trouvés en présence des ruines lamentables de Nomeny. A part quelques rares maisons qui subsistent encore au delà de la Seille, il ne reste de cette petite ville qu'une succession de murs ébréchés et noircis, au milieu d'un amas de décombres, dans lequel se voient, çà et là, quelques ossements d'animaux en partie calcinés et des débris carbonisés de cadavres humains (2). »

Pour mettre le feu, les soldats allemands opéraient par quartier à l'aide de pastilles incendiaires dont ils étaient munis. Pour le pillage et

la destruction, tout était abandonné à la brutalité des soldats, excités encore par les officiers. Pour le meurtre des civils, tous les genres d'abomination, de trahison et de perfidie furent employés. Les hommes furent poussés en avant des troupes combattantes, les familles furent brûlées dans les maisons et asphyxiées dans les caves ; les blessés furent achevés ; des victimes, indistinctement, collées au mur et fusillées ; la plupart furent tirées à la course, alors qu'elles se sauvaient, comme un gibier.

Voici un des incidents les plus abominables, mais parmi combien tant d'autres ; c'est un tir à l'affût devant un terrier enfumé :

Le sieur Vassé avait recueilli dans sa cave, faubourg de Nancy, un certain nombre de personnes. Vers quatre heures, une cinquantaine de soldats envahissent la maison, en enfonçant la porte ainsi que les fenêtres et y mettent aussitôt le feu. Les réfugiés s'efforcent alors de se sauver, mais ils sont abattus les uns après les autres à la sortie. Le sieur Mentré est assassiné le premier. Son fils Léon tombe ensuite avec sa petite sœur de huit ans

(1) Voir sur Nomeny le *Rapport du 17 décembre 1914* de la Commission d'enquête française, p. 8, 21, 23, 109 à 119 ; le volume *Violation des lois de la guerre par l'Allemagne*, p. 59, 127, 130, 131, 136 ; le *Figaro* des 24 août et 12 décembre 1914 ; un récit reproduit dans le *Pèlerin* du 25 juillet 1915 ; le *Temps* du 5 avril 1915 et enfin la brochure de A. Viriot : *Les Allemands à Nomeny*.

(2) Procès-verbaux de la commission d'enquête, p. 20-22.

dans les bras. Comme il n'est pas tué raide, on lui met la gueule du fusil sur la tête et on lui fait sauter la cervelle. Puis, c'est le tour de la famille Kieffer. La mère est blessée au bras et à l'épaule; le père, le petit garçon de dix ans et la fillette âgée de trois ans sont fusillés. Les bourreaux tirent encore sur eux quand ils sont à terre. Ensuite, c'est le sieur Striffler et un des fils Vassé qui sont massacrés, tandis que la dame Mentré reçoit trois balles. Le sieur Guillaume, traîné dans la rue, y trouve la mort. La jeune Simonin, âgée de dix-sept ans, sort enfin de la cave avec sa sœur Jeanne, âgée de trois ans. Cette dernière a un coude presque emporté par une balle. L'aînée se jette à terre et feint d'être morte, restant pendant cinq minutes dans une angoisse affreuse. Un soldat lui donne un coup de pied en criant : « Kapout! » Un officier survient à la fin de cette tuerie. Il ordonne aux femmes qui sont encore vivantes de se relever et leur crie : « Allez en France! »

Une centaine de civils furent ainsi tués; les autres furent emmenés en troupeau, menacés cent fois d'être fusillés, frappés, traités comme ne le sont pas les nègres d'Afrique dans les pires razzias. D'autres s'échappèrent ou furent relâchés. Les uns sont en Allemagne enfermés dans des camps de concentration où ils ont supporté toutes les douleurs et toutes les humiliations. Beaucoup sont morts. D'autres sont on ne sait où, errant, sans asile, lamentables, l'âme bourrelée de ces affreux souvenirs. Combien, après avoir tout perdu, ont perdu la raison!

La gracieuse petite ville est anéantie. Tel est le premier résultat de la victoire allemande : il n'y a plus de Nomeny!

ASPECT DE LA RETRAITE FRANÇAISE Pendant que ces événements se passent à quelques kilomètres au nord de Nancy, l'armée qui doit protéger la ville contre ces abominations poursuit sa retraite dans la journée du 21 août et vient chercher, sur le front du Grand-Couronné, les positions solides qui lui permettront de réagir bientôt. Cette assiette stratégique menace le flanc d'invasion et, des hauteurs où elle est installée, domine au loin la plaine.

Voici l'aspect que cette retraite présente aux yeux des habitants des villages lorrains qui la contemplent dans une indicible angoisse :

Dans la matinée (vendredi 21 août), des soldats arrivent au village (Réméréville), descendant de Vic et de Château-Salins (c'est le 20ᵉ corps). Ils marchent par petits groupes. Ils sont harassés de fatigue. Quelques-uns sont blessés. Tous ont faim et soif. Les uns cherchent leur régiment; d'autres, à bout de forces, supplient qu'on les laisse reposer dans une grange avant de repartir. Ils disent que notre armée a subi un échec à Morhange. Nos régiments s'étaient élancés à l'assaut crânement, avec fougue; mais, de tous côtés, ils avaient été mitraillés. Des compagnies entières avaient été fauchées: « Nous avons été pris comme dans un fer à cheval, dit un des blessés. Les balles et les obus tombaient dru; et puis, pas moyen de les voir, ces cochons-là qui nous tiraient dessus! Ils étaient tous terrés dans des trous. Si on les avait dénichés, ils auraient pris quelque chose à la pointe de nos baïonnettes (voilà bien l'effet précis de l'invisibilité de l'ennemi). Mais pas moyen d'approcher; ils jetaient trop de balles et d'obus! *Presque tous nos officiers ont été tués. Ils se sont lancés en avant de si bon cœur!* C'est ce qui nous décourage le plus. Qu'est-ce que vous voulez que nous fassions sans nos officiers! » (On a déjà cité le mot du poilu : « Nos officiers ne sont pas chics. Ils se font tous tuer. Et qui est-ce qui restera pour nous commander ? »)

Au commencement de l'après-midi, plusieurs chariots amènent des blessés à l'ambulance... Vers 4 heures arrive l'ordre d'évacuer tous les blessés sur Nancy... Toute l'après-midi, des groupes de soldats traversent le village. Ils s'arrêtent dans les prés et cherchent à se rassembler. *Il y a là des caporaux et des sergents, mais pas d'officiers.* Vers 5 heures, la grande rue est envahie par les soldats qui défilent en rangs pressés; c'est un flot continu. Par les routes d'Hoéville et d'Erbéviller, les colonnes débouchent sans arrêt et se rejoignent dans le village. C'est la retraite!

Toute la division de Toul (39ᵉ division) recule. C'est une masse silencieuse. (Donc, l'ordre subsiste.) Les hommes ont fait une longue étape; ils tendent le dos sous le sac, certains traînent la jambe; ils marchent quand même. Quelle tristesse de voir l'abattement de nos soldats qui, les jours derniers, arrivaient si joyeux! Des artilleurs doublent la colonne au grand trot; certains attelages n'ont que deux chevaux, quelques avant-trains n'ont plus leur pièce; il a fallu, paraît-il, les sacrifier pour protéger la retraite.

La nuit tombe, le défilé continue, *sans hâte*, dans la poussière, dans une rumeur sourde, lugubre. Pas un cri! Parfois une halte courte, un à-coup dans la marche, puis de nouveau la masse s'ébranle et repart. (N'est-ce pas un tableau impressionnant avec la sécurité d'un témoignage intelligent et exact ?)

A la croisée des rues, au centre du village, le général D... se tient debout. Il regarde défiler ses troupes. Il dit aux paysans qui l'entourent : « Je suis fier de mes soldats; ils se sont bien battus. »

Puis vient l'interminable cortège des paysans qui fuient devant l'invasion et qui, si souvent, ont été, pour l'armée, une gêne et une entrave :

Voici que, dans la colonne, *au milieu des soldats,*

VUE DE DOMBASLE. — VARANGEVILLE

marchent des hommes, des femmes, des enfants; ils portent de petits ballots, poussent devant eux une chèvre, une vache; des voitures de paysans passent aussi; sur les matelas et les sacs entassés, les vieillards sont juchés. Ce sont les habitants de Sornéville: ils fuient. Des obus sont tombés sur leur village. Ils suivent les soldats; ils ne savent où ils vont. Consternés, les habitants de Réméréville regardent ce triste défilé. Ils demandent : « Faut-il partir ?... »

Les soldats continuent à passer pendant une partie de la nuit. Angoissés, les habitants sortent sur le pas des portes à regarder le défilé. Vers 2 heures du matin, c'est fini, il n'y a plus que quelques retardataires qui circulent dans les rues à la recherche d'un abri. Chacun rentre dans la maison. Au moindre bruit, on se met aux écoutes, croyant entendre l'ennemi (1).

Donc, comme on le voit, retraite en ordre, nulle panique, nulle poursuite de la part de l'ennemi. Il suit, mais de loin. C'est seulement le lendemain 22 août, vers 7 heures du matin, que les avant-gardes allemandes pénètrent sans un coup de fusil dans le village.

L'impression est à peu près la même partout. Maurice Barrès, qui a recueilli sur les lieux tant de détails précieux et les impressions encore chaudes que sa maîtrise a rendues dans leur intensité, s'exprime ainsi:

Le 20 août, à minuit, la 39e division qu'on appelle la « division d'acier » et qui forme avec la « division de fer », le glorieux 20e corps de Lorraine, quittait la ligne de la Seille. L'histoire dira avec quel calme elle menait sous un feu effroyable sa retraite. J'ai sous les yeux des notes où un habitant de Vic, témoin oculaire, déclare: « C'était admirable! Les troupes marchaient comme à la manœuvre. »

Un trait m'a été rapporté, dont l'exactitude est certaine et qui clôt dignement ces grandes journées tragiques des 19, 20 et 21 août. Le 21, à 11 heures du soir, le colonel du 160e, vieux brave cuirassé par trente années de campagne, s'approche du général de brigade. Son régiment est arrêté pour une halte horaire, là, tout à côté, sur une route. Les deux chefs causent des dispositions à prendre, puis le général dit: « Nous allons repartir. » Le colonel secoue sa tête grise: « Impossible! Ils dorment! » C'est vrai. Arrêtés pour quelques instants, ces braves qui n'ont pas cessé de se battre et de marcher toute la nuit du 19, toute la journée du 20, toute la nuit du 20 et toute la journée du 21, eux que l'ennemi n'a pu abattre, les voilà terrassés, tous. Ils dorment d'un sommeil de héros que rien ne peut interrompre. Tout un groupe attentif les regarde dormir: officiers, colonel, le général. Le général

rassemble quelques gradés et, pieusement, pour que l'artillerie qui va passer n'écrase pas ces sublimes dormeurs, il les fait ranger le long des fossés de la route. Puis, sur un ordre, les canons et le reste de la colonne continuent leur chemin, défilant devant le 160e endormi (2).

La 39e division franchit la Meurthe à Rosières-aux-Salines. L'autre division, la 11e, la franchit plus à l'ouest, sur un pont de bateaux entre Laneuveville et Saint-Nicolas; sa 22e brigade était arrivée à Dombasle dans la nuit du 21 au 22 après une terrible marche forcée. Le 4e bataillon de chasseurs avait protégé la retraite de la 11e division et était rentré en France par Arracourt le 21, à 6 heures du matin :

« Sans arrêt nous filons à Hoéville où nous faisons grand'halte. Toute la division de fer est là et chacun va chercher des nouvelles aux régiments sur la journée d'hier. Le 26e, lui, a eu la chance de faire un train de combat prisonnier, hommes et matériel; on va regarder ces têtes carrées qui ont plus ou moins l'air triste; par exemple le capitaine allemand a plutôt l'air féroce, ainsi que ses deux lieutenants qui font mauvaise mine d'être entre nos mains.

« Deux heures plus tard, nous repartons sur Saint-Nicolas. Nous sommes rompus de fatigue, mais on marche quand même. Les marsouins s'installent en avant-poste sur le fameux Rembêtant et nous gagnons Saint-Nicolas-du-Port à 7 heures du soir, après une étape de 58 kilomètres. En passant dans les rues, tout le monde nous entoure et chacun s'inquiète des parents disparus; comme par hasard, tous ceux que l'on demande manquent à l'appel; les larmes coulent, ce n'est pas gai.

« Arrivés au quartier, on se précipite dans les chambres, mais il n'y a plus rien, sauf quelques territoriaux qui sont là pour garder et nous pressent de questions. Pour nous, on ne demande qu'une chose, dormir... »

Le 16e corps, à droite, se repliait et gagnait, le 21 au soir, le sud de la Meurthe, entre Lunéville et Gerbéviller, où il se trouvait bientôt en liaison avec le 8e corps (1re armée) qui occupait le terrain entre la forêt de Mondon, la Vezouse et la Verdurette.

Quant au 15e corps, éprouvé et fatigué, il se repliait par divisions échelonnées, la 29e dans la région Haraucourt-Drouville, la 30e à Serres et Courbessaux; les avant-postes à Beauzemont et à La Fourasse.

---

(1) *Réméréville*, par C. Berlet, p. 23.

(2) *Echo de Paris* du 7 mai 1915.

LE CANAL DE LUNÉVILLE

ORGANISATION DE LA RETRAITE COMBINÉE DES DEUX ARMÉES. LA PLAINE LORRAINE ET LA TROUÉE DE CHARMES

Tandis que la 2e armée commence à s'organiser sur des positions où elle est décidée à faire tête, voyons comment la 1re armée opérait sous les ordres vigilants du général Dubail. Les deux armées se prêtent mutuellement appui et jouent serré en présence d'un adversaire qui essaie de les séparer et de passer par la fissure que la journée du 20 août semblait avoir entr'ouverte à leur point de jonction.

Nous avons dit l'ordre général de repli dans la direction de Blamont. Il s'exécute dans la journée du 21 août.

Le haut commandement va, d'ailleurs, le 22 août, déterminer parfaitement la situation et le rôle des deux armées. Elles ont rempli la première partie de leur mission en retenant une part très importante des forces adverses dans l'Est. Maintenant que l'ennemi est descendu de ses positions défensives dans la plaine lorraine, elles doivent se placer de façon à interdire à l'ennemi toute progression sérieuse, tout en se mettant elles-mêmes en état de reprendre l'offensive.

Il faut bien se rendre compte des dispositions du terrain, des avantages et des inconvénients qu'il présente pour les deux parties.

Entre le Grand-Couronné et les Vosges, la plaine affecte une forme triangulaire : elle est traversée obliquement par quatre rivières presque parallèles, la Vezouse, la Meurthe, la Mortagne et la Moselle. Les cours obliques et convergents de ces quatre rivières forment, de l'est vers l'ouest, quatre fossés qu'il faut franchir successivement si on veut se rendre maître de la dépression où ils se rapprochent et se rencontrent.

Où conduit cette dépression ? Droit du nord au sud-est, elle remonte vers Belfort et le Jura ; rien à faire pour une armée qui veut frapper un coup brusque, de ce côté. Mais en fonçant du nord vers le sud-ouest, par Lunéville et Rambervillers, la vallée s'ouvre sur un couloir célèbre qui conduit droit au cœur de la France, c'est la fameuse *trouée de Charmes*.

Si une armée d'invasion parvient à franchir la Moselle à Charmes, elle a tourné Nancy et Toul d'une part, Epinal de l'autre et elle n'a plus qu'à marcher par Neufchâteau sur Troyes et la Champagne. C'est-à-dire que cette pince de la tenaille va rejoindre celle qui, par la Belgique et l'Oise, descend sur Laon et Reims. La bataille décisive, la bataille d'écrasement se livrera dans les champs catalauniques, peut-être même vers ce camp de Châlons où les armées françaises se préparent, depuis des années, à la lutte décisive contre l'Allemagne.

Qu'importe Nancy, qu'importent même les places de l'Est si on parvient à les isoler et à les tourner. Tout au plus, le centre des armées allemandes commandé par le kronprinz aura-t-il à entourer et à masquer Verdun (les ordres saisis le prouvent) pour venir prendre sa part à la curée et assener le coup fatal sur les armées françaises traquées et épuisées dans leur suprême hallali.

Tel est le plan, telle est la grande pensée de Schlieffen traduite en action maintenant par le grand état-major allemand (1).

Les deux armées françaises de l'Est, ébranlées par le double échec de Morhange et de Sarre-

bourg, sauront-elles briser l'élan des armées allemandes qui, d'ores et déjà, se croient assurées de la victoire ?

Du sort de la vallée de Lunéville va dépendre peut-être le sort de la France.

Que l'on considère le triangle Nancy, le Donon, Charmes : c'est un entonnoir dont la partie supérieure est fermée par la frontière française de Château-Salins à Schirmeck. Dans cet entonnoir, les troupes allemandes vont s'engouffrer et la plus facile des manœuvres les rapproche et les agglomère par leur offensive même : elles seront groupées et elles exerceront toutes ensemble leur pression au moment où il s'agira de franchir la trouée de Charmes.

Et cette manœuvre, indiquée par la nature des lieux, se trouve facilitée encore par deux autres avantages qui se dessinent en faveur de l'ennemi : en premier lieu, une fissure tend à se produire entre les deux armées françaises entre Lunéville et Blamont, précisément à l'ouverture de l'entonnoir dont la trouée de Charmes occupe le fond. Et, d'autre part, la 1re armée ne paraissant plus pouvoir tenir longtemps les cols des Vosges et ne pouvant compter sur la défense de l'Alsace par l'armée du général Pau, est exposée sur son flanc droit, tandis qu'elle est obligée de faire face au nord-est pour s'opposer, conjointement avec la 2e armée, à la marche des Allemands sur la Moselle.

Le plan de l'ennemi d'arriver à la trouée de Charmes ne fait aucun doute. Des instructions formelles tombées entre nos mains donnent pour objectif à l'armée du prince de Bavière : ROZELIEURES, c'est-à-dire le village qui commande l'entrée de la trouée. Il suffit, d'ailleurs, de relever la marche convergente des deux armées qui franchissent à la fois la frontière lorraine et les Vosges pour rattacher ces dispositions locales au plan général qui vient d'être rappelé.

Pour résister, pour faire échouer ce plan, les deux armées de l'Est qui ont déjà été diminuées d'une partie de leurs effectifs tant par l'envoi de troupes dans l'Ouest que par les luttes épuisantes des quinze premières journées de la

---

(1) Sur cette conception générale du plan allemand, je me rencontre avec le colonel F. Feyler : « Dans le dessein même de la bataille, s'affirme l'intention que l'on pourrait appeler traditionnelle du haut commandement allemand, l'attaque par les deux ailes. Dans la zone de droite, dix corps d'armée. Dans la zone de gauche, en liaison avec les quatre corps du prince de Bavière, les cinq du prince impérial. Total neuf corps. Dans la zone centrale, entre ces deux masses puissantes, six corps d'armée seulement, moins du quart de l'armée. » *Loc. cit.*, p. 55.

PRISONNIERS ALLEMANDS RAMENÉS A L'ARRIÈRE PAR DES CAVALIERS FRANÇAIS

campagne, n'ont que deux ressources stratégiques : d'une part défendre pied à pied la vallée en s'appuyant sur les rivières qui la traversent obliquement; d'autre part, après s'être massées sur le Grand-Couronné qui borde la vallée à l'ouest, foncer sur l'ennemi engagé dans la plaine et le surprendre par une attaque sur son flanc. Telles sont les deux tâches que le Grand Quartier Général assigna séparément, le 22 août, à chacune des deux armées, tout en combinant leur action.

Il entend qu'à l'heure décisive, au moment précis où l'armée allemande se portera sur la trouée de Charmes, la 1re armée lui barre la route sur une ligne ouest-est entre le col de Saales et le nord de la forêt de Charmes, tandis que la 2e armée, « disposée perpendiculairement à la première », soit en mesure de tomber des hauteurs du Grand-Couronné et du sud de la Meurthe sur les colonnes ennemies en marche. Et, pour que cette belle manœuvre ne soit pas exposée à un péril venant du sud-est, des dispositions sont prises pour garder en force les cols des Vosges.

Remarquable conception stratégique qui n'a été jusqu'ici ni bien exposée ni bien comprise, mais qui ne peut être mise en doute puisqu'elle résulte d'ordres précis et que nous allons la voir se préparer et s'exécuter en trois jours par une série de commandements et d'actes dérivant, pour ainsi dire, les uns des autres avec une remarquable ponctualité.

Remarquable conception stratégique, et remarquablement exécutée! Les deux lieutenants du général Joffre ont compris, et se sont donnés, chacun avec leurs facultés propres, à la réalisation commune de ce beau plan: l'un apporte son labeur, son imagination, sa foi; l'autre sa ténacité, sa vigueur, son sang-froid. L'un et l'autre chef ont des subordonnés dignes d'eux. Généraux et soldats, tous comprennent, tous se dévouent. Ni la fatigue, ni le danger, ni la mort ne comptent pour ces âmes fortes qui, du général au soldat, savent ou devinent que, de leur volonté de vaincre, dépend le sort de la patrie.

Que les Allemands aient pu perdre cette partie alors qu'ils la savaient, eux aussi, décisive, c'est une chose presque incompréhensible. Assurément les batailles du 19 et du 20 avaient sérieusement éprouvé leurs troupes — beaucoup plus même qu'ils ne le disaient et que nous ne le savons peut-être à l'heure présente. Mais ils gardaient cependant la supériorité du nombre, l'avantage de l'armement, l'élan du succès. La retraite de l'armée française, abandonnant, par ordre, le terrain presque sans résistance aux armées allemandes, ne pouvait qu'assurer celles-ci dans leur confiance et gonfler leurs cœurs de la certitude de la victoire.

LA MORTAGNE A GERBÉVILLER

Cette assurance du triomphe prochain se retrouve dans les lettres des combattants.

L'un écrit :

« La poursuite commença immédiatement. D'après ce que nous savons, nous avancerons jusqu'à Toul pour faire le siège de la forteresse. Quand je serai de nouveau au milieu de vous, ce qui ne peut plus durer longtemps, j'aurai bien des choses à vous raconter. »

Un autre :

« A présent nous avançons. Nous devons nous porter sur les forteresses françaises qui doivent être prises le plus vite possible. »

Un autre encore :

« Nous sommes en France depuis hier samedi 22 août midi. Notre artillerie à pied bombarde les fortifications françaises qui seront certainement bientôt forcées et nous pourrons marcher sur Paris. Vous aurez certainement appris les victoires allemandes par les journaux. Si cela continue ainsi, la paix est prochaine. »

Pourtant, une note moins joyeuse :

« De garde, 23 août. — Avant hier, on nous a lu l'ordre du jour du kronprinz Ruprecht où il nous loue vivement et nous félicite pour notre bravoure des derniers jours. Vous savez certainement tout cela par les journaux. Nous-mêmes ne savons pas grand'chose : nous nous occupons de nos pieds fatigués, des estomacs affamés, et la nuit, d'avoir une botte de paille pour reposer notre corps fatigué. Le général s'occupe du reste... En Alsace, on avait de bons cantonnements et des paysans agréables. En Lorraine, il souffle un autre vent... (1). »

Comment les armées allemandes ont-elles échoué ? Il y eut certainement incapacité des chefs; mais cette incapacité presque incroyable, quand il s'agissait d'une entreprise si mûrement préparée, ne peut avoir d'autre origine qu'une altération morale. Chefs et soldats, tous furent perdus par l'orgueil. La folie orgueilleuse qui avait poussé cette nation vers l'abominable dessein de la guerre universelle, les aveugle encore et les frappe d'impuissance dès les premiers pas. Ils croient la besogne trop facile; ils ne prennent aucune précaution, aucune mesure ; ils se lancent. Dans une course ardente, ils avancent vers le but, ils tendent la main ; ils croient le saisir... et ils tombent.

L'empereur Guillaume vint, en personne, assister à ce drame. Son ingérence, souvent malheureuse, y mit sans doute la main.

Relevons, maintenant, les courtes et passionnantes péripéties du drame.

RETRAITE DE LA 1re ARMÉE FRANÇAISE Dans la situation qui vient d'être expliquée, la principale préoccupation de la 1re armée devait être d'empêcher autant que

(1) Extraits de : *Der Deutsche Krieg in Feldpostbriefen.*

UNE PLACE DE PONT-A-MOUSSON AUX ARCADES GARNIES DE SABLE
EN VUE D'UN BOMBARDEMENT

possible, de s'agrandir la fissure entre les deux armées, fissure qui avait son origine dans la séparation que la région des Etangs avait déterminée entre elles.

C'est pourquoi nous voyons le général Dubail, dans le premier mouvement de repli qui lui est ordonné (nuit du 20 au 21, minuit 30), tendre la main vers la 2ᵉ armée et ramener le plus possible de forces dans la direction de Lunéville, tandis que le général Castelnau fortifiait aussi son front de ce côté.

On put craindre un instant que la liaison ne pût être maintenue : car un renseignement alarmiste annonçait que les Allemands étaient entrés, le 20 dans la soirée, à Avricourt. C'était le point le plus dangereux : heureusement le renseignement était faux.

Journée du 21 août. — Dans la journée du 21, les ordres donnés par le général Dubail, à 4 heures du matin, s'exécutèrent. Le 8ᵉ corps, après s'être opposé pendant la nuit au débouché de l'ennemi sur le canal de la Marne au

Rhin, se replie par échelons, la 15ᵉ division sur Igney, la 16ᵉ division sur Repaix. Il se trouve, ainsi, en contact sur Avricourt avec la 6ᵉ division de cavalerie qui, le soir, cantonnera sur la Verdurette, vers Ogeviller, tandis que les 2ᵉ et 10ᵉ divisions de cavalerie (général Conneau) occupent la région de Vého, couvrant la droite de la 2ᵉ armée.

Le cours de la Vezouse devient ainsi une première base défensive. En fin de journée, le 21, le même 8ᵉ corps tient les hauteurs de Blamont à Reillon, au nord de la Vezouse ; la 16ᵉ division est dans la zone Repaix, Barbas, Verdenal ; la 15ᵉ division est à sa gauche.

« Ce matin (21 août), je suis allé de bonne heure à la recherche de mon régiment (95ᵉ régiment de la 16ᵉ division). Je l'ai rencontré au signal de Fraquelfing. C'est un plateau de 359 mètres d'altitude, qui domine tout le pays. Nos canons s'y étaient établis en ligne et crachaient leur mitraille sans discontinuer sur les avant-gardes bavaroises qui, *très lentement* du reste, avaient franchi le canal.

« Lorsque les hommes aperçurent mes voitures, un cri de joie partit de toutes les poitrines, et pour aller plus vite,

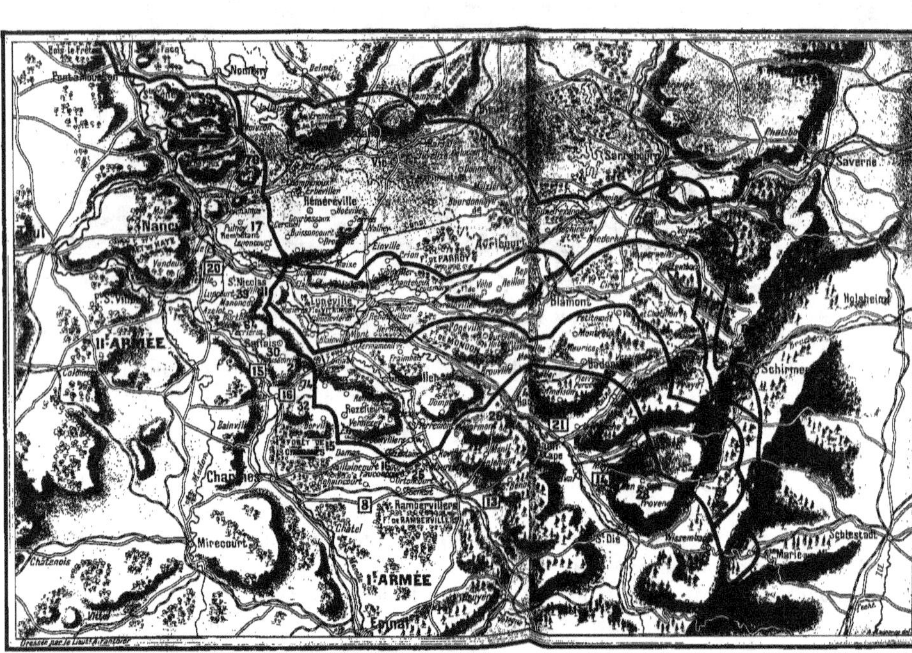

RETRAITE
DE
LORRAINE

Positions successives des Armées françaises les 20, 21, 22, 23 août, au soir.

Les ordres supérieurs ont donné à la 1re et à la 2e armée l'objectif commun qui doit consister à tendre une sorte de piège à bascule devant les troupes allemandes. La plate-forme piège est constituée par l'armée Dubail qui a l'ordre de s'établir en ligne par le travers de la vallée tandis que la charnière et l'abattant se composent de l'armée Castelnau, occupant les hauteurs du Grand-Couronné, passant par-dessus la Meurthe et s'établissant jusqu'à la crête de Saffais-Belchamp.

SIGNES

Routes.
Chemin de fer.
Canal.
26   Division.
21   Corps d'armée.

Echelle 1/350.000

A. P.

le colonel Rabier lui-même prit des boules dans mes fourgons et les donna aux soldats qui venaient les lui récla-
mer. La retraite se fait en bon ordre. Nous venons de
repasser la frontière sous la protection d'une solide
arrière-garde et nous couchons à Blamont (1). »

Le 13e corps, qui avait résolument tenu tête
à l'ennemi le 20 au soir, s'était disposé à résister
sur place. Mais d'après les instructions générales, il avait dû se replier, le matin du 21 août,
et cantonner sur la frontière même, sur les
bords de la Sarre blanche, au bois de la Minière
et Niederhof. Cette position couvre le chemin qui,
de Saverne par Voyer, ouvrirait une voie à l'ennemi. La 25e division, partie de l'est de Sarrebourg, effectue très tranquillement sa retraite.
Malheureusement la 26e division, n'ayant pas
été touchée par l'ordre du général Alix, commandant le 13e corps, reste sur place ; aux environs
de Plain-de-Walsch, elle est accrochée et perd
une partie de son artillerie. Elle échappe,
cependant, et en fin de journée, le 13e corps
tient la ligne amont de la Vezouse depuis le
bois du Trion jusqu'à Cirey.

Le 21e corps était resté sur ses bonnes
positions autour du Donon et dans la vallée de
la Bruche. Protégeant, de ce côté, la gauche de
l'armée Dubail, il n'avait pas ressenti directement les effets des affaires de Dieuze et de Sarrebourg.

Le 20 août, la 13e division Bourdériat (25e et
26e brigades) s'était consolidée sur le Donon,
où l'on avait pris de solides dispositions de
défense. On avait vu l'ennemi marchant vers les
Minières, mais l'attaque ne s'était pas produite.

Dans la nuit du 20 au 21, un combat assez
vif avait été livré vers Grandfontaine par le
60e chasseurs et un bataillon du 21e régiment :
l'ennemi avait été contenu.

Le 21 au matin, le 21e corps a reçu l'ordre
général de retraite. Il organise d'abord sa position de repli à Wassperwiller-Lettembach, et,
là encore, il fait tête. L'ennemi, en effet, est
devenu plus pressant, notamment sur le front

de la 13e division. Il a pris pied sur le Fal-
lenkopf à l'est du Donon et, de là, menace la
13e division et les bataillons de chasseurs qui
défendent la plate-forme et les pentes de la
montagne. Le 2e bataillon du 21e subit de
grosses pertes en abordant à la baïonnette les
tranchées que l'ennemi a établies sur son front
et qu'il défend à coups de grenades.

Un duel violent s'engage entre l'artillerie
française au Donon et l'artillerie allemande à
Fréconrupt : celle-ci est réduite au silence au
bout de deux heures. Mais les Allemands
grimpent les pentes du Donon.

« Le 21 août, écrit l'un deux, de très bonne heure, net-
toyage du village de Saint-Blaise. Pendant la nuit, les
canons lourds tant attendus étaient enfin arrivés. Au premier coup, le clocher fut fendu du haut en bas. Alors les
puissantes masses d'infanterie française concentrées à
Saulxures et Fréconrupt ouvrirent un feu d'enfer. Les
lignes allemandes semblaient hésiter ; mais nos gros obusiers commencèrent à chanter leur chanson. Après deux
heures de défense, les Français n'y tinrent plus... Avant
la dernière hauteur, il y eut une dernière résistance brisée
par l'arrivée de nouveaux renforts allemands à 3 heures.
Le soir, les nôtres chantaient sur le sommet du Donon
le « Deutschland über alles ! » (2).

Voici, d'autre part, le récit d'un chasseur
allemand qui prit part à l'affaire :

« Le 20 août, nous eûmes un combat au « Petit Donon »
qui dura jusqu'à la nuit. Le Petit Donon est une montagne découpée très boisée (petits bois et buissons) dont
le sommet est un vrai nid de rochers. Les Français ont
là une superbe position.
Le 21 août, nos obus commencent, dès l'aurore, une
bonne préparation et, vers 6 heures, toute la brigade est
en marche. On avance péniblement sous le feu des
Français, se servant de chaque buisson comme d'un
abri. Plusieurs des nôtres tombent, hélas ! On monte quand
même. Enfin, on est tout près des positions de l'ennemi.
Le signal sonne : « Baïonnette au canon ! » Puis les tambours
et les cors, suivis des hourras de toutes nos poitrines,
et l'assaut allemand auquel rien ne résiste. »

Le soir du 21, à la 13e division, la 26e brigade (Hamon) couvre le repli de la 25e brigade Barbade : en conséquence, le 1er bataillon
du 109e occupe les tranchées face au Donon et
au ravin de Grandfontaine et les deux autres

(1) Capitaine Rimbault, *loc. cit.*, p. 71.

(2) Fendrich, *Gegen Frankreich und Albion.*

CONVOIS D'ARTILLERIE SUR UNE ROUTE PRÈS DE LUNÉVILLE

sont en arrière sous les bois; le 21ᵉ, sur les pentes sud de la vallée de la Plaine et vers la Tête de Cerf, surveille la route descendant du Donon sur Raon-Plaine. Puis, le 21ᵉ se dirige sur Raon-Plaine avec l'état-major et y cantonne, et le 109ᵉ arrive à Raon-les-Leau.

La retraite du 21ᵉ corps n'est d'ailleurs accompagnée que par la canonnade ennemie. Au nord du Donon, la position de repli entre Saint-Quirin et Alberschweiler est évacuée à 4 heures du soir, non sans que les troupes aient arrêté net la poursuite des Allemands, qui sont peu mordants.

La perte du Donon n'en était pas moins, pour la 1ʳᵉ armée, une douloureuse épreuve dans cette retraite précipitée.

« Le 21 août, dit un document allemand, d'importants renforts allemands venant des Basses-Vosges arrivèrent à l'aide des régiments badois et bavarois sur l'aile gauche du champ de bataille de Lorraine (1). »

Journée du 22 août. — Après cet événement, la journée du 22 août fut l'une des plus pénibles. D'une part, en effet, la 1ʳᵉ armée était obligée de « se décrocher » des positions qu'elle tenait encore sur la frontière; d'autre part, elle entrait dans cette tâche laborieuse, toute de lutte et de sacrifice, qui devait être la sienne pendant plusieurs jours, pour se former en ligne perpendiculaire au Couronné de Nancy et, en barrant la route à l'ennemi, aider à la manœuvre de flanc que doit accomplir la 2ᵉ armée.

Partie par ordre, partie sous la pression de l'ennemi, la 1ʳᵉ armée abandonne les dernières positions qu'elle a conquises si péniblement en

(1) Fendrich, *Gegen Frankreich und Albion.*

Lorraine, en Alsace, et dans les Vosges; elle lâche les bords de l'entonnoir.

La 6e division de cavalerie qui, avec les 2e et 10e divisions, couvrait la fissure entre les deux armées, est si fatiguée que ses chefs déclarent ne pouvoir compter sur elle pour la défense du front ; elle a l'ordre de se replier vers le sud pour reposer les chevaux et accomplit ce mouvement sans, d'ailleurs, être inquiétée.

Le 8e corps d'armée, n'étant plus couvert et se trouvant très exposé, se retire, à son tour, dans les mêmes conditions.

Le mouvement du 8e corps entraîne, vers 1 heure de l'après-midi, celui du 13e corps qui s'opère également sans la moindre difficulté (à peine quelques coups d'artillerie lourde). On est obligé d'abandonner Blamont d'où était partie, huit jours auparavant, l'offensive française.

Le flanc gauche de chaque corps étant menacé par le repli du corps voisin, le 21e corps rétrograde, mais non sans donner quelques coups de boutoir à l'ennemi. « Le 22 août, dit le carnet de route du chasseur allemand, nous, chasseurs, franchissons la frontière à 6 heures du soir ; l'ennemi se retire toujours davantage ; mais nous souffrons de son artillerie. »

La retraite de la 13e division rejetée du Donon se fait par la vallée de la Plaine ; les troupes vont d'une allure très modérée et, comme le dit le carnet allemand, profitent du moindre buisson. Dans la matinée du 22, la 26e brigade (colonel Hamon) a résisté d'abord sur Raon-Plaine, puis sur Luvigny, premier village frontière qui n'est abandonné que vers 2 heures. De Luvigny, ordre de se replier sur Vexaincourt, puis sur Celles et la Planée, cependant qu'une partie des troupes tiennent encore entre Vexaincourt et Allarmont. L'état-major, avec le 2e bataillon du 109e, cantonne à Allarmont.

A tout prix, il faut se dégager ; car voilà maintenant que la menace apparaît du côté de l'Est. Les unités allemandes de l'Alsace se

sont avancées sur les cols des Vosges, et la situation du 14e corps français (général Pouradier-Dutheil) qui, depuis le début, les a protégés, devient peu brillante. Sur la nouvelle d'une offensive menaçante du côté de Steige, on avait projeté une contre-attaque dans la vallée de la Bruche. Mais le corps est épuisé par des marches et des contre-marches. De même que la 13e division a perdu le Donon, la 71e division (d'Épinal) perd le col de Sainte-Marie. La position du 14e corps en flèche entre Saales et Sainte-Marie devient des plus dangereuses. Le corps arrête l'attaque qu'il devait exécuter dans la vallée de la Bruche et recule à son tour.

C'est à l'aube de cette journée du 22 août que se place un brillant exploit, la chute du premier zeppelin, le L-8. Une patrouille l'avait signalé vers 4 heures, aux abords de la gare de Badonviller ; après avoir volé au-dessus du village, il se plaça, vers 4 h. 40, un peu au delà de la gare, à 600 mètres de hauteur. Un détachement de territoriaux ouvrit un feu nourri ; le zeppelin tenta de bombarder le 2e échelon du parc du 21e corps. A ce moment, le chef d'escadron Beaucourt, avec les deux pièces de 75 de l'équipe mobile, réussit à le descendre. Le L-8 alla s'abîmer à 5 kilomètres de Badonviller, dans la forêt de Celles ; ses débris sont actuellement exposés aux Invalides (1).

En fin de journée du 22 août, la 1re armée a perdu la ligne de la Vezouse. Elle est disposée sur le front : lisière nord de la forêt de Mondon (où son repli l'a rapprochée de l'aile droite de la 2e armée à Lunéville), Vaxainville, hauteurs au nord de Montigny, Saint-Maurice, Montreux, Petitmont, Val-et-Châtillon, Raon-sur-Plaine, Saint-Blaise, Col d'Urbeis, Wissembach, devant le col de Sainte-Marie-aux-Mines, col du Bonhomme.

Il est à rappeler, qu'à cette date, l'armée d'Alsace opère toujours au delà des Vosges et

(1) Voir *Figaro*, 5 septembre 1914 ; *Liberté*, 22 août 1915 ; *La Vie en Lorraine*, septembre 1914, p. 48 ; *Les Feuilles de route d'un ambulancier*, p. 41.

DEUX ASPECTS DE LA MEUSE A COMMERCY

qu'elle a atteint le débouché de la vallée de la Fecht devant Colmar.

On a vu, en effet, que les cinq groupes alpins du général Bataille étaient réunis le 20 août au soir dans la vallée de la Fecht. Les 21 et 22 août, il y eut une certaine dispersion : le 13e bataillon resta sur Orbey-Zell, le 30e fut dirigé par Walbach sur Türkheim et les 12e, 22e et 28e bataillons se portèrent au nord, dans la vallée de la Weiss, sur Ammerschweier et Kaysersberg. Or, dans l'après-midi du 22 août, l'ennemi déboucha du sud de Colmar avec trois ou quatre régiments ; il attaqua, entre Türkheim et Logelbach, la 81e brigade française et notamment le 30e bataillon alpin devant Logelbach, aux portes mêmes de Colmar. Poussant son offensive vers le nord, l'ennemi menaça sérieusement le 5e bataillon de chasseurs qui défendait Ingersheim. Mais, à ce moment, les trois bataillons de la vallée de la Weiss descendirent au nord d'Ingersheim : le 12e bataillon s'engagea vigoureusement, puis le 28e, tandis que le 22e restait en réserve. Les Allemands, surpris et en danger, prirent le parti d'évacuer Logelbach et de se replier sur Colmar.

On peut dire qu'à partir du 22 août au soir l'effet de l'offensive sur Sarrebourg et de l'échec subi par nos troupes est produit ; le repli qui devait en être la conséquence immédiate est achevé.

C'est alors qu'arrivent les instructions générales du haut commandement prescrivant les dispositions à prendre pour une nouvelle offensive. Ce n'est pas à dire que la 1re et la 2e armées ne reculeront plus, mais elles le font pour un objet d'offensive prochaine, prescrit et parfaitement déterminé. Deux jours, le 21 et le 22, ont suffi pour remettre l'armée en état et pour qu'elle soit en mesure de rendre de nouveaux services. Les chefs savent ce qu'ils font ; ils savent, qu'en défendant le terrain pied à pied, ils travaillent à une tâche commune, dirigée de haut par la volonté et la sagesse du commandement supérieur.

Il n'est pas inutile de rappeler qu'à cette date du 22 au soir, le général Joffre vient d'apprendre les échecs du Luxembourg et qu'il peut en prévoir le contre-coup sur les batailles déjà engagées dans la région de Charleroi. Mais la puissante machine du commandement, dirigée par le sang-froid et la constance d'un vrai chef, n'en continue pas moins à fonctionner imperturbablement, et les rencontres de l'Est assènent leurs coups efficaces sur l'ennemi, tandis que celui-ci croit n'avoir qu'à triompher dans l'ouest par le succès du grand mouvement tournant.

ORGANISATION DU TERRAIN DANS LA 2e ARMÉE. — Nous savons pertinemment que le général de Castelnau, en plein accord avec le haut commandement, a envisagé, dès le 20 août, l'idée d'une bataille défensive-offensive aux pieds du Grand-Couronné.

Dès le 21 août au soir, on est en place et partout l'on travaille dans ce but ; partout, comme il a été ordonné depuis le 16 août, on fait le plus large emploi de la fortification de campagne. On remue la terre. Le général va lui-même inspecter les travaux et il dit à tout le monde : « Qu'on s'installe, qu'on s'asseoie, qu'on s'organise ! » C'est désormais une conception de la guerre qui s'impose à son esprit et qui commande tous ses actes. Nancy doit son salut à cette méthode réfléchie.

L'ennemi ne presse pas sur nos positions encore flottantes (la liaison complète avec la 1re armée ne sera établie que le lendemain). Un peu de vigueur de sa part eût pu le jeter sur la fissure. Mais, vu les pertes qu'il a subies, il attend probablement des renforts ou des relèves. Quoi qu'il en soit, dans la journée du 21, il a perdu le contact. C'est à peine si ses têtes de colonnes atteignent, dans la soirée, la ligne Vic-Juvelize-Donnelay-Bourdonnaye. Il hésite quand il devrait foncer.

Les mesures défensives, prises dans la matinée du 21 août, et qui sont indiquées ci-dessus, sont complétées dans l'après-midi, la soirée, et continuées toute la nuit.

LE RAVITAILLEMENT EN VIANDE SUR LE FRONT

La division du 9e corps non encore embarquée est envoyée occuper Seichamps et Pulnoy. La 70e division de réserve se maintient au mont d'Amance et à La Rochette, la 59e division de réserve sur les hauteurs Jandelaincourt-Sainte-Geneviève. La 68e division de réserve se reconstitue au sud de Vandœuvre, près de Nancy.

Quant aux corps d'armée, le général les dispose en avant et sur les penchants des hauteurs sud-est du Couronné nancéen, de façon à rejoindre la droite de la 1re armée et à barrer la route de la vallée, tandis que, sur les hauteurs, on prépare le coup de massue.

A l'est et au plus proche de la 1re armée, le 16e corps, dont la 31e division, renforcée en artillerie, est envoyée par le général de Castelnau occuper la position Crion-Sionviller, la 32e division étant disposée en échelons de soutien en arrière. Les avant-postes du 15e corps sont reliés à Jolivet, en avant de Lunéville, avec ceux du 16e corps.

Le 43e régiment colonial qui, à la gauche du 20e corps, avait combattu le 20 août à Chicourt et à Oron et s'était replié sur Château-Salins, avait, lui aussi, repassé la frontière.

On s'était arrêté à Moncel; puis les obus s'étaient mis à tomber sur le village, incendiant les récoltes... On avait repris la route de la retraite... Le silence de cette armée était si poignant que les mille bruits de la campagne commençaient à se taire. On s'arrêta à Cercueil : tous les habitants avaient fui. A Lenoncourt, on fit halte et l'on tâcha de dormir; mais un passage d'automobiles réveilla les soldats. On s'aspergea d'eau fraîche, on secoua la poussière des capotes et une sensation de mieux être rendit un peu de gaieté aux faces creuses. On resta toute la matinée du 22 dans cet humble village. Vers midi, l'ordre arriva de rompre les faisceaux, et la colonne rétrograda dans la direction de Saint-Nicolas. Les uniformes brossés n'étaient plus souillés de fange; ces quelques heures de repos rendirent aux visages la sérénité perdue.

Le régiment, comme au coup d'une baguette magique, était redevenu la machine de guerre vibrante, capable d'efforts surhumains. Sur une colline, dominant Saint-Nicolas-du-Port, nos batteries lourdes et nos 75 tiraient avec fureur. La nuit tout entière était incendiée.

Nos avions regagnaient leurs hangars dans les ténèbres. Une barrière de fer et de feu arrêtait la poursuite, et l'on devinait d'ici la rage des barbares, car tous nos villages flamblaient dans le fond des vallées lointaines...

Or, quelqu'un dit, ce soir-là : « Demain, nous prendrons l'offensive! » Cette parole murmurée trouva mystérieusement un écho dans toutes les âmes. Nancy allait être sauvé (1).

La 68e division de réserve continue à occuper Vandœuvre, tandis que les nouvelles divisions arrivées en renfort, la 74e et la 64e, vont

(1) R. Christian-Frogé, *Morhange et les marsouins en Lorraine*, p. 84.

barrer en travers la trouée de Charmes. La 74e s'installe d'abord sur la rive gauche de la Moselle, gardant les ponts de Charmes et Bainville-aux-Miroirs ; la 64e débarque et cantonne vers Saffais-Burthecourt.

Le 20e corps d'armée, dont l'état moral reste excellent, avait marqué un temps d'arrêt dans la matinée du 21 août, pour bien affirmer sa complète liberté d'action, dans la zone Serres-Hoéville-Erbeviller-Réméréville. Nous avons vu que la retraite se produit avec le plus grand ordre dans ces villages. C'est à peine si quelques obus tombent isolés. Le 20e corps avait rejoint, le soir, la zone de stationnement que nous avons indiquée.

Sur les hauteurs du Grand-Couronné, le général organise la défense immédiate du front fortifié de Nancy.

FIN DU QUATRIÈME VOLUME

ERRATA

Pages	Colonnes	Lignes	
12	2ᵉ	40	lire *un écrivain dont l'enseignement et la doctrine ont eu une influence parfois excessive sur notre état-major.*
31	1ʳᵉ	10	lire *les divisions de cavalerie se portèrent également sur les emplacements qui leur étaient assignés.*
68	1ʳᵉ	16	lire *Teterchen-Bening* au lieu de *Teter-cheng-Benin.*
84	2ᵉ	16	lire *Mouland* au lieu de *Mourland.*
86	1ʳᵉ	45	lire *Grimauty* au lieu de *Grinauty.*
93	2ᵉ	6	lire *les cristalleries de Val-Saint-Lambert* au lieu *du val Saint-Lambert.*

Pages	Colonnes	Lignes	
94	1ʳᵉ	38	lire *Warsage* au lieu de *Wasnage.*
98	2ᵉ	38	lire *Rétinne* au lieu de *Retimée.*
103	1ʳᵉ	20	lire *Pontisse* au lieu de *Pontice.*
131	1ʳᵒ	13	lire *G. Wampach* au lieu de *G. Wanspach.*
134	2ᵉ	22	lire *de Wasserbillig à Remich* au lieu de *Wasserbilliz à Remich.*
145	2ᵉ	45	lire *le fort de Roppe* au lieu de *fort de Roppé.*
148	1ʳᵉ	36	lire *le système consistait* au lieu du *mystère consistait.*

TABLE DES MATIÈRES

CHAPITRE V

LA BATAILLE DES FRONTIÈRES ET SES CARACTÉRISTIQUES PRINCIPALES

CHAPITRE VI

MARCHE DE L'ARMÉE ALLEMANDE EN BELGIQUE.
LE GRAND MOUVEMENT TOURNANT

CHAPITRE VII

LA BATAILLE DES FRONTIÈRES.
LES PREMIÈRES RENCONTRES DE L'EST (19-25 AOUT 1914).
SARREBOURG ET MORHANGE (19-20 AOUT 1914)

CHAPITRE VIII

LES PREMIÈRES RENCONTRES DE L'EST.
LA VICTOIRE DE LA TROUÉE DE CHARMES

TABLE DES GRAVURES

CARTES

www.ingramcontent.com/pod-product-compliance
Lightning Source LLC
LaVergne TN
LVHW020621060726
842526LV00003B/826